宁波市文化研究工程·特色文化研究

浙东古戏台
ZHEDONG GUXITAI

杨古城　周东旭　编著

（宁波卷）

宁波出版社
NINGBO PUBLISHING HOUSE

图书在版编目（CIP）数据

浙东古戏台 / 杨古城，周东旭编著. —宁波：宁波出版社，2019.12
 ISBN 978-7-5526-3783-0

Ⅰ.①浙… Ⅱ.①杨… ②周… Ⅲ.①舞台-古建筑-建筑艺术-浙东②地方戏-戏曲史-浙东 Ⅳ.①K928.71②J809.2

中国版本图书馆CIP数据核字（2019）第291262号

浙东古戏台
ZHEDONG GUXITAI

编　　著	杨古城　周东旭
责任编辑	王　苏
责任校对	应　悦　张雨晴　陈　钰
装帧设计	金字斋
出版发行	宁波出版社
	（宁波市甬江大道1号宁波书城8号楼6楼　邮编　315040）
网　　址	http://www.nbcbs.com
印　　刷	宁波白云印刷有限公司
开　　本	787毫米×1092毫米　1/16
印　　张	38.25
字　　数	588千
版　　次	2019年12月第1版
印　　次	2019年12月第1次印刷
标准书号	ISBN 978-7-5526-3783-0
定　　价	168.00元

本书若有倒装缺页影响阅读，请与出版社联系调换，电话：0574-87248279

序一

周静书

宁波是戏曲之乡，7000年前的河姆渡先民就开始制乐器、行舞乐。古老的四大声腔之一的余姚腔就源于本地的山歌乡调和市井文化，在古代已经声名远播，风靡全国，又被后生的昆曲所吸收融合，直接影响了昆曲的创新和发展。从秦汉到明清，宁波戏曲形式丰富，杂耍、傩戏、傀儡戏、滑稽戏等五彩缤纷。各种民间戏班众多，在庙会祭典、传统节日等民间文化活动中自演自乐，成了广受大众欢迎的文化娱乐形式。曾几何时，全国地方剧种以每年几十种的惊人速度消失，而明清以来宁波的地方剧种一个也未消失，至今还活跃着别具地方特色的甬剧、姚剧、宁海平调以及百年不衰的越剧等众多地方剧种。更令人瞩目的是，这片土地孕育了众多戏剧大师，如明代戏曲大师吕天成，活跃于民国时期的京剧大师周信芳，越剧表演艺术家徐天红、戚雅仙、毕春芳、金采风，越剧名编名导徐进、桑弧等。宁波的戏剧创作也长期繁荣，南戏之祖高则诚的传世之作《琵琶记》就诞生于宁波栎社。

宁波历来具有浓厚的戏曲情俗，宁波人喜爱看戏、编戏、做戏。据我亲历，20世纪60年代至70年代初，宁波城乡几乎都有俱乐部、文宣队，自编自演各种反映现实生活的现代戏。到鼎盛时期，差不多村村都能拉出一台样板戏，把京剧《红灯记》《沙家浜》《智取威虎山》等演得有板有眼。21世纪以来，宁波除公办越剧、甬剧、姚剧、宁海平调等剧团，还新生了数以百计的民间剧团，他们自排自演自营，不断满足城乡人民休闲和文化生活需求，戏剧又一次迎来了繁盛。

宁波又是中国古戏台之乡。秦汉时鄞地风行百戏杂耍，城乡戏场也随之出现。唐宋始，宁波城乡遍建宗祠、庙宇，这些建筑除用来祭祀祖宗和先贤，逢年过节更成了百姓文化娱乐的场所。故宁波城乡在有祠、庙的地方，往往同时建起精美的戏台。直至明、清、民国时期，宁波的戏台几乎遍及乡村，甚至如果哪个村没有戏台，会成为周边村庄的笑谈；哪个村戏台建得不够精美气派，会被邻村轻看。于是乡村戏台如雨后春笋，层出不穷。华丽的螺旋藻井戏台顶越造越精美，越建越高超，以至于今天我们还能看到一批国家保护级的古戏台。虽历经风雨，宁波古戏台如今尚有300多处，这在全国也绝无仅有。新中国成立以后，以镇村大礼堂、大会堂建设为契机，农村戏台、场所也迎来过一次建设高潮。古戏台与新戏台互为补充、相映成趣，从数量上看，可以说到了历史最高峰。改革开放以来，以乡村文化礼堂建设为载体，宁波农村戏场发展进入了新的历史阶段。以撤并后的行政村为主体，农村的戏场建设数量精、质量高、设施优、容量大，戏台发展进入了现代化的新时代。宁波戏台发展呈现出保护利用古戏台、优化构建新舞台的新格局。

21世纪以来，特别是党的十八大以后，国家十分重视历史文化遗产的保护和传承，尤其是将戏曲这一非物质文化遗产的保护与传承列为重点，出台了重要的政策措施。基于这样的历史机遇，宁波作为戏曲之乡和戏台之乡，对优秀戏曲文化的研究和对古戏台的保护正逢其时，又迫在眉睫。宁波地域文化专家杨古城先生一生钟爱乡土文化，上山下乡，走村串巷，坚持田野作业，是宁波文化遗产"活地图"。他曾于2008年荣膺"中国文化遗产保护年度杰出人物"称号，在宁波工艺美术、文化遗产保护等多个领域做出了突出的贡献。如今他年逾八旬，又自觉地率先担负起宁波戏曲的保护研究重任，以几十年艰辛挖掘、整理、考察的研究成果，与后起之秀周东旭共同合作创编了《浙东古戏台》宁波卷这部厚重的学术著作，实在可敬可贺。作品系统阐述了宁波地方戏曲发展脉络，比较全面地展示了宁波古戏台的历史风貌，是奉献给新时代宁波文化的一部传世之作，必将为传承弘扬优秀传统戏曲技艺、保护利用珍贵的古戏台文化，发挥积极作用。毫无疑问，读者不仅能从中真切体会到宁波浓郁的戏曲、戏台文化风情,而且能深切感受到杨古城先生坚守宁波文化的至诚精神,从而受到启迪和激励。我愿以杨先生的高度文化自觉与大家共勉。

应杨先生再三嘱托,谨作此序。

2018年盛夏

(作者为浙江省民协顾问、宁波市民间文艺家协会原主席、宁波大学兼职教授)

目 录

绪 论……………………………………………………001

上篇　宁波戏曲与古戏台文化研究

第一章　宁波戏曲发展简史……………………………013
　第一节　宁波戏曲溯源（上古—唐代）………………016
　第二节　宋元明州戏曲…………………………………018
　第三节　明代浙东余姚腔与剧作名家…………………022
　第四节　清代宁波戏曲…………………………………029
　第五节　宁波昆剧的兴衰………………………………031
　第六节　宁波近现代京剧的兴衰………………………035
　第七节　甬剧的兴起……………………………………042
　第八节　越剧在宁波的兴盛与普及……………………051
　第九节　姚剧的形成与发展……………………………063
　第十节　宁海平调的起源与发展………………………069
　第十一节　近现代宁波戏曲名作家……………………076

第二章　宁波戏曲剧场简史……………………………081
　第一节　浙东史前至汉唐古戏场………………………082
　第二节　宋元时代明州戏场……………………………084
　第三节　明清宁波社庙戏场的繁荣……………………088

001

第四节　明清宁波家庙宗祠戏场 ················· 101
第五节　宁波工商同业会馆戏场 ················· 105
第六节　市集街河、路、桥、亭台戏场 ············ 108
第七节　甬式外埠会馆戏场 ······················ 115
第八节　近现代宁波城厢演艺场所 ················ 122
第九节　宁波各县市区演艺戏场 ·················· 126

第三章　宁波古戏俗与戏台文化 ················· 131
第一节　宁波戏神信仰与戏俗 ···················· 132
第二节　宁波古戏台相关民俗语言文化 ············ 143
第三节　宁波古戏台装饰艺术 ···················· 150
第四节　宁波古戏台对联匾额 ···················· 156

第四章　宁波古戏台保护与传承 ················· 195
第一节　宁波古戏台建筑环境 ···················· 196
第二节　宁波古戏台构筑 ························ 199
第三节　宁波古戏台顶部构筑 ···················· 204
第四节　鬼斧神工的藻井 ························ 207
第五节　宁波古戏台中部构筑 ···················· 213
第六节　宁波古戏台下部构筑 ···················· 219
第七节　其他构筑与附属物 ······················ 221
第八节　螺旋娥罗顶制作技艺 ···················· 225
第九节　古戏台保护与传承 ······················ 229

下篇　宁波地区主要古戏台选介

第五章　海曙区古戏台 ························· 237
第一节　钱业会馆古戏台 ························ 237
第二节　宁波府城隍庙古戏台 ···················· 240

第三节　秦氏支祠古戏台 …………………………243

第四节　董孝子庙古戏台 …………………………246

第五节　月湖花果园庙古戏台 ……………………249

第六节　月湖柳汀关帝庙古戏台 …………………251

第七节　上王村王祠古戏台 ………………………253

第八节　黄古林庙与古林街古戏台 ………………256

第九节　西洋港村陈祠古戏台 ……………………260

第十节　惠民村接胜庙古戏台 ……………………263

第十一节　梅园村楖楂祖庙古戏台 ………………266

第十二节　磻溪村灵威庙古戏台 …………………269

第十三节　秀水村三成庙古戏台 …………………272

第六章　鄞州区古戏台 …………………………………277

第一节　庆安会馆、安澜会馆古戏台 ……………277

第二节　后庙村费君庙古戏台 ……………………282

第三节　横泾村陈祠与跨泾桥古戏台 ……………284

第四节　天童村太白庙古戏台 ……………………288

第五节　下水村王安石庙古戏台 …………………290

第六节　江六村陆祠古戏台 ………………………293

第七节　韩岭村金祠古戏台 ………………………295

第八节　史家码村史祠古戏台 ……………………299

第九节　上周村宝庆庙古戏台 ……………………301

第十节　绿野村灵佑庙古戏台 ……………………304

第十一节　咸祥庙古戏台 …………………………306

第十二节　俞塘村裴君庙古戏台 …………………310

第十三节　井亭村饮飞庙古戏台 …………………311

第十四节　前徐村徐氏家庙古戏台 ………………314

第十五节　梅山村俞祠古戏台 ……………………316

第十六节　陶公山村王祠古戏台 …………………319

第十七节　华山村华祠古戏台 …………321
第十八节　圆巘村李祠古戏台 …………324
第十九节　荻江村张祠古戏台 …………327
第二十节　上山坑村徐祠古戏台 …………329
第二十一节　干墩村乾崇庙古戏台 …………331
第二十二节　潘火桥村蔡祠古戏台 …………334

第七章　奉化区古戏台 …………339

第一节　松岙镇景佑庙古戏台 …………339
第二节　杨村摖拘庙古戏台 …………342
第三节　曹村曹王庙古戏台 …………345
第四节　应家棚村碛镜庙古戏台 …………347
第五节　萧王庙街道萧王庙古戏台 …………350
第六节　葛竹村王祠古戏台 …………353
第七节　栖霞坑村显应庙古戏台 …………356
第八节　方门村西祖庙古戏台 …………359
第九节　竹林村祝灵庙古戏台 …………362
第十节　汪家村云溪庙古戏台 …………364
第十一节　三石村古戏台 …………368
第十二节　董村古戏台 …………373
第十三节　常照村英济庙古戏台 …………376

第八章　宁海县（东乡）古戏台 …………381

第一节　县城隍庙古戏台 …………381
第二节　集义村邬祠古戏台 …………384
第三节　潘家岙村潘祠古戏台 …………387
第四节　涨家溪村金祠古戏台 …………391
第五节　箬岙村褚祠古戏台 …………393
第六节　团堧村戴祠古戏台 …………397

第七节　岳井村蒋祠古戏台 …………………… 399
第八节　海口村皇封庙古戏台 ………………… 402
第九节　下浦村魏祠古戏台 …………………… 405
第十节　柘浦老街关旺庙古戏台 ……………… 409
第十一节　山头村西山殿古戏台 ……………… 413
第十二节　田交朱村朱祠古戏台 ……………… 416
第十三节　里岙村叶祠古戏台 ………………… 419
第十四节　峡山村尤祠古戏台 ………………… 422
第十五节　樟树村孙祠古戏台 ………………… 425
第十六节　加爵科村林氏家庙古戏台 ………… 428
第十七节　山上方村方祠古戏台 ……………… 432

第九章　宁海县（西乡）古戏台 ………………… 437
第一节　岙胡村胡祠古戏台 …………………… 437
第二节　礼村刘祠古戏台 ……………………… 441
第三节　石家村崇兴庙古戏台 ………………… 443
第四节　柘坑村戴祠戏台与永丰庙戏台 ……… 446
第五节　孔家村孔氏家庙古戏台 ……………… 448
第六节　清潭村飞凤祠、孝友堂、双枝庙古戏台 …… 451
第七节　洪家村洪祠古戏台 …………………… 457
第八节　马岙村俞祠古戏台 …………………… 459
第九节　龙宫村陈祠古戏台 …………………… 462
第十节　五松坑村朱祠古戏台 ………………… 465
第十一节　大蔡村胡祠古戏台 ………………… 468
第十二节　梁坑村潘祠古戏台 ………………… 471
第十三节　前金村邬祠古戏台 ………………… 474
第十四节　塘下村镇东庙古戏台 ……………… 477
第十五节　王家村王祠古戏台 ………………… 479
第十六节　长洋村郭祠古戏台 ………………… 482

第十七节　夏樟村孙氏家庙古戏台 …………486

第十八节　岭徐村徐祠古戏台 ……………489

第十九节　上金村娄祠古戏台 ……………493

第二十节　三省村胡祠古戏台 ……………496

第十章　象山县古戏台 …………499

第一节　官山村南殿庙古戏台 ……………499

第二节　石浦镇城隍庙古戏台 ……………502

第三节　爵溪街心古戏台与城隍庙古戏台 ……506

第四节　墙头村欧祠古戏台 ………………509

第五节　黄埠村圆峰庙古戏台 ……………512

第六节　丹城镇姜毛庙古戏台 ……………515

第七节　南充村永丰庙古戏台 ……………518

第八节　东溪村励祠古戏台 ………………521

第九节　东门岛古戏台 ……………………523

第十节　上马岙村黄祠古戏台 ……………530

第十一节　昌国卫大庙古戏台 ……………533

第十二节　杉木洋村徐公祠古戏台 ………536

第十一章　江北区、镇海区、北仑区、余姚市、慈溪市古戏台 …539

第一节　江北区马径村张祠古戏台 ………539

第二节　江北区湾头社区都神殿古戏台 …541

第三节　镇海区澥浦村都神殿戏台 ………543

第四节　镇海区河头村横溪庙古戏台 ……545

第五节　镇海区陈家村后丰林庙古戏台 …548

第六节　北仑区阳东村猫礁庙古戏台 ……551

第七节　北仑区山防村保宁庙古戏台 ……553

第八节　余姚市马家堰村关帝庙古戏台 …555

第九节　余姚市金冠村兴隆庙古戏台 ……558

第十节　余姚市芦田村王祠古戏台 …………………560

第十一节　余姚市鹿亭乡中村仙圣庙古戏台 …………563

第十二节　慈溪市任佳溪村灵龙宫与沙湖庙古戏台 …566

附　录

附录一　宁波地区现存古戏台名录……………………573

附录二　民国《鄞县通志》中的社庙戏俗………………579

附录三　主要参考文献……………………………………591

后　记…………………………………………………………593

绪论

浙东古戏台（宁波卷）

"编戏是才子,做戏是癫子,看戏是呆子。"这是世代相传的宁波老话。其实这三种人相关联的媒介就是分布在城乡各地的古戏台。

古戏台承载城乡先民上千年的记忆和憧憬,不论是种田经商,还是手艺劳作。他们有的目不识丁,说起三皇五帝、才子佳人,却都如数家珍、倒背如流。这就是古戏文和古戏台留给一代代父老乡亲的文化遗产!

随着浙东、江南地域经济和文化的发展,揭示宁波戏曲与古戏台的历史文化传承及社会教化功能显得尤为重要。戏曲和古戏台为中国农民人文历史知识和伦理道德认知的形成,做出过不朽贡献。古戏台与村落文化紧密相连。至今遗存在街巷乡村的庙祠会馆的戏台,总是系连着千家万户百姓的心灵。编戏、做戏、看戏往往反映民众的精神归宿和向往。

宁波古戏场的形成最早可追溯到七千年前的原始时代。当时祭神、敬祖活动已形成手舞足蹈、载歌载舞的原始表演艺术。宁波出土的陶埙、铜钲等都是祭祀舞乐的乐器,演出时必然要有场地,大多是一块高出地面的平台。

汉代继承秦代的旧制"乐舞百戏",民间和官府的演艺场所基本上都要素齐全。在宁波出土的"汉—三国—晋"原始青瓷器上,乐人和舞伎中还有身着胡服的演艺者。

到了唐宋时代,明州城镇形成成熟的戏场,市镇里坊、集市兴起。城里的闹市处,模仿京城建"梨园、教坊"

图 0-1 河姆渡干栏式木构台式建筑复原效果

戏场,平民百姓、官员贵族都有自己的戏文乐趣。

且说康王南渡,浙东明州成为皇城后乐园。城内东西闹市,百戏歌舞之声不绝。据南宋开庆《四明续志》卷七记载,明州城内有"旧瓦子""新瓦子"两座。"瓦子",就是舞乐戏棚。明州子城鼓楼周边的平民百姓只需购票就能进入"瓦舍"和"勾栏"内,可欣赏杂技、说唱、滑稽戏、傀儡戏、杂剧等,总是座无虚席。鼓楼前孙十三娘、李大郎在勾栏前摆茶摊、卖烧饼,每天从早忙到晚,为的是给做戏人、看戏人提供服务。

南宋明州人对于城内勾栏戏棚演出的杂剧百戏非常熟悉,戏中故事角色互相传诵,寺庙僧人也借此传法警世。如阿育王寺月江正印和尚在除夕坐堂留偈云:

万人丛里打驱傩,百戏棚头抽傀儡。

宋代瑞岩寺僧长翁如净也有上堂法语云:

舞衫歌扇,花鼓拍板,总是者个戏棚,卖弄许多伎俩。噫,任他千圣出

图 0-2 河姆渡出土舞乐纹古陶埙

图 0-3 绍兴出土春秋时代越国铜屋和伎乐人

头来,立在下风高着眼。

可知"人生如戏"的戏文故事,透露出明州人看戏成了一种市井文化和世俗乐趣。

南宋时的明州官员贵族多在府第中看演出。其中史氏望族"一门三宰相,四世二封王,七十二进士",左右朝政达120年之久。首位丞相史浩(1106—1194)在76岁退居故里明州月湖宝奎里时,他的丞相府就有家族和宾客的戏场。史浩自编、自导、自赏的歌舞,包含节拍、念白、音乐、装扮、身段等。如传世的《鄮峰真隐大曲》计7套52支。其他如《渔父舞》《柘枝舞》《剑舞》,兼有历史故事、诗词曲调与舞艺演唱的结合。史浩的学生、后来的

图 0-4　宁波出土西晋人物堆塑青瓷罐

图 0-5　宁波保国寺收藏唐代石刻天王伎乐

图0-6 南宋鄞籍丞相史浩

孝宗皇帝也曾是戏迷。官府的"雅乐""蜿蜒曼舞"所呈现的雅态,与市肆戏棚的杂剧俗戏,构成了明州城内戏场盛事,堪称雅俗共赏。

南宋有名的诗人陆游是史浩的朋友,他的族裔住在鄞州东乡。陆游曾两次往返明州、越州间,其诗中有"空巷看竞渡,倒社观戏场"之句,他目睹了浙东乡间空村看社戏之盛。

浙东乡间的"社",原指土地神或土地庙,后来成为乡或村。社戏,指在社中进行的戏艺活动,是社中"年规戏"。陆游的《社日》诗写道:

太平处处是优场,社日儿童喜欲狂。且看参军唤苍鹘,京都新禁舞斋郎。

诗中"参军"和"苍鹘"分别是戏曲中一智一愚、机智发难的角色,由两个俳优演出,犹如今天的对口相声。"舞斋郎"讲的是宋真宗时期(968—1022)的故事,由传说改编。社日演社戏是浙东农村集镇祭神敬祖的一种方式。每到播种或收获的季节,农民们都要立社祭祀,到了明清时代称庙会、赛会。

社戏之盛,更激发文人挥毫舞墨。元代浙南文士高明(1306—1368),字则诚,曾任职四明庆元路(今宁波)推官,晚年寓居鄞南栎社村沈府。至

图 0-7 元代高明著《琵琶记》明刻本插图

正十五年(1355),他将流行于浙东民间的说唱"赵五娘千里寻夫"故事,写成不朽的剧作《琵琶记》,讲述了文士蔡伯喈与赵五娘悲欢离合的爱情故事。陆游早有"斜阳古柳赵家庄,负鼓盲翁正作场。死后是非谁管得,满村听说蔡中郎"的诗句。

明清时代流行"庙脚"制,即每座庙都由数十户以上的百姓供养,这是我国古代社、庙合一的体现。"庙"即护佑一方的神祇,如宁波城内1000户以上庙脚的大型庙有40个,最大的庙脚有5000户,供奉的神灵共达212位。大型庙中无不建戏台,中小型的也尽量建。古明州城内最早的神庙称为鲍郎庙,即纪念晋代鄞籍人士鲍盖的大庙,又名灵应庙。南宋宝庆《四明志》记载,鲍盖生于晋泰始三年(267),永兴三年(306)任鄞吏。他除暴安良、济贫扶困,从唐代圣历二年(699)建庙之后,至明清时,鄞域的鲍郎庙竟有68座(《鄞县志》)。此外,如城内城隍庙以西汉纪信为城隍。王安石、梅福、黄晟、董孝子、郑覃等都被请进了神庙。他们都成为当地人心目中可以崇拜和寄托希望的"菩萨"。

清光绪年间(1875—1908),上海刊印吴友如《点石斋画报》。其中画有宁波东门东殿庙顾大春台京班演出《姜太公八十遇文王》,扮演者忘戴蒲凉帽,台下看众大哗,要求重演,演员不肯,众人上台与演员大打出手,台上台下拳打

图 0-8 清代宁波神庙戏台旧照，戏台不存

脚踢。幸庙中首事出来排解。可见观众大都是老戏迷，台上演员可马虎不了。

旧时庙戏多，是非也多。清同治八年(1869)，江北岸戏迷为过江争看城内彤云社做庙戏，新江桥拥堵塌翻，四百余人丧生江中。后来有"好看彤云社，翻落江桥下。吞到下白沙，捞起豆腐渣"的民谣。此外，在光绪八年(1882)、民国四年(1915)，宁波城隍庙都发生了看戏失火死人的事。

庙戏敬神大多人人可看，而祠堂、会馆敬祖宗、谢同行，却以家族或员工客商为主，男女老幼尊卑有序地共享戏文乐趣。于是在清代晚期，浙东祠堂、会馆戏场似雨后春笋，民间又有更多的戏场和看众。民国《鄞县通志》中便有关于戏场演戏的记载：

> 郡邑两庙旧时一年之中无日无之，药行则演于连山会馆，南北号则演于庆安会馆、安澜会馆，木工则演于鲁班殿……

各地在祠堂戏台数量和建造精丽程度上互相争风攀比。如民国十二年(1923)，甬人秦际瀚在上海经商致富，欲回乡光宗耀祖，重建祠堂戏台。然而族长不让这一支秦家后裔用"秦氏宗祠"之名，只能挂"秦氏支祠"。于是，这一支秦氏父子调集了甬城最好匠师，费时三年，耗银二十余万两，终于造出来一座甬城最亮丽的古戏台——秦氏支祠古戏台，现存天一阁内。

编戏文、做戏文、看戏文，曾经是生活在宁波这块古老土地上的男女老少重要的精神食粮。"方丈戏台小，咫尺世界大"，古戏台台上台下、台前台后，写照多少悲欢离合、酸甜苦辣、恩怨情仇、忠良奸恶，凝结编戏人、演艺人、看戏人、造台人多少辛勤和智慧，至今仍是点缀在浙东土地上的璀璨明珠。这古戏台就是老百姓离不了、忘不掉的一方精神圣地。

本书就是这样一部浙东精神文化和物质文化的发展史。古戏台既见证岁月的变迁、人世的沧桑，同时向广大民众进行历史知识、人伦道德素养的传播宣扬。因此，本书既是对编戏人、演戏人史事、品格的追忆和怀念，也是对古戏台环境构造及相关技艺、文化构成的调研和总结。

古戏台建筑本身体现的手工技艺、美学价值，以及凝聚其中的历史文化、精神寄托，都使它们成为不可多得的实物及非遗文化宝藏。笔者深入细致地研究古戏台文化内涵，目的还在于保护好古戏台和民间文化资源的同时，积极倡导中华传统木作技艺文化的发掘、发现和发展，进一步延续宁波的历史文脉，以此推动古戏台的利用和保护，继续发掘提升宁波古戏台的社会价值。

联合国教科文组织认为："文化是人类的生存和思想方式。"戏剧和戏台起源于人类的信仰崇拜。人类在满足物质生存的需求以后，必然追求精神和思想的满足。古戏台正是人类对美好生活的祈求。古人寄情于舞乐，其一是祀神，其二是娱人，"祀神"和"娱人"是戏曲和古戏台的文化功能最简单的表述。

然而，对宁波古戏台的解读研究并不容易。古戏台终究是一个表演的场所和载体，上千年以来在民间演变和传承，随着时代的发展，其功能已逐步衰弱，适应不了现代科技和经济文化的发展。所以，对于古戏台的传承、保护、利用，正面临新时代的挑战。笔者力求深入浅出地揭示宁波戏曲与古戏台的演变传承和特色，发掘古戏台的深厚内涵，包括有关古戏台的历史、故事、传说以及其与人生、与社会的依存关系，激发更多当代人对先民的信仰、民俗、历史、文化以及古戏台保护、传承、利用的共鸣。书籍是打开社会进步之门的钥匙，只有用这种读得懂、感受得深的方式，才能使宁波戏曲和古戏台引起社会更多的关注。本书提供的数百张精美图片，是从几千幅现场拍摄照片中挑选出来的。图文并茂、资料翔实，是本书的另一个特点。

上篇——宁波戏曲与古戏台文化研究

第一章 宁波戏曲发展简史

中国戏曲,是一种内涵丰富的艺术。历代以来,戏曲的内容、形式变化多端,其类别也是多种多样。中国戏曲有独特的民族风格。王国维先生在《宋元戏曲考》里说:"戏曲者,谓以歌舞演故事也。"戏曲以歌舞为基本要素,和音乐具有密切关系,在表演上以古代俳优为起点,同时有杂技和武术。在戏曲未成为一项独立的艺术之前,歌、舞、乐、优都已存在,进行着各自的表演,不过彼此不相联系,歌自歌,舞自舞。周贻白先生认为,这种状态从西汉一直到唐代中叶。从唐代到宋代,形成了"歌舞合一"的表演方式。而这种表演方式的采用,主要依靠了当时的一班"俳优"或"倡优","俳优"是指以表情动作或诙谐嘲弄逗人笑乐的一类演员,"倡优"是指歌唱或奏乐一类的演员。"优"在春秋战国时代已有活动,楚之优孟扮成孙叔敖的故事,后世叫作"优孟衣冠"。

在西汉武帝时代,已出现了杂技表演,当时名为"百戏",也叫作"散乐"(相对的殿堂之乐叫"雅乐")。其中比较有名的为"角抵戏",东汉时有明确的记载。张衡在《西京赋》里说到一个《东海黄公》的角抵戏,这是一种故事表演,以人虎相斗为题材,用摔跤作为演出形式。这个黄公是东海人氏,而浙东徐偃王的后裔便以东海徐氏自称。

唐代歌舞中有"代面""钵头""苏中郎(踏摇娘)"三种有故事情节的歌舞,此类歌舞形式虽已接近戏剧的表演，但偏重歌舞。俳优中有"弄参军"，又叫参军戏，据说发源于后赵石勒参军周延。将一个有罪的职官，给俳优去自由嘲弄，成为一种艺术形式。

唐代，诗是文学的主角。中国戏曲所用的文本，一大段时间用的是长短句的曲子。而曲之所以为曲，是从诗，尤其是五、七言绝句衍变而来。与其说这一时期没有戏的剧本，不如说这一时期没有南北曲。然而，五、七言诗的应用，则可谓发挥得淋漓尽致。此时的所谓大曲，便是诗的体裁，而且是以五、七言绝句为主，分成片段。据崔令钦《教坊记》载，当时的大曲，经教坊演奏，共有《踏金莲》《绿腰》《凉州》《薄媚》《柘枝》等四十六种。唐代的大曲概为五、七言诗，宋之大曲则为长短不一之词体。另外，唐代传奇（短篇小说）也是后世戏曲故事的一大来源。

北宋初期出现了杂剧，此时的杂剧是夹杂在百戏当中的一个节目，并未形成一个独立的俳场，好比现在马戏团里穿插一段小丑上场的滑稽表演一样，那时管这类滑稽表演叫"打杂剧"。北宋初期的杂剧，据唐代参军戏发展而来，内容以诙谐嘲笑题材为主。南宋依然有，优人讽刺史弥远的故事，即是这类杂剧。据宋孟元老《东京梦华录》记载，在专演杂剧的勾栏里出现了连演八天的《目连救母》，可见民间演出的杂剧和内廷的节目是不同的，虽然把故事表演这一条主线充分地显示出来，但不等于就此成为一项独立艺术。我们尚未发现北宋杂剧的"单本"或"总本"，这一时期的杂剧还在逐步形成中。

南宋出现了温州杂剧，有别于当时那些因题设事的简短形式的杂剧，另称为"戏文"，又因其产生于南方地区，简称"南戏"。南戏的兴起，标志着中国戏剧在故事表演这条主线上显示出新的高度。同时，北宋时代以表演故事为主、在勾栏演出的杂剧，至此已成为一个独立的艺术形式。往后，便以"南戏"专称，从故事内容到表演形式，逐渐吸取其他艺术的长处，加工琢磨，一步一步向前发展。

古代戏曲的发展有两条主要线索。一条是由西周末年的俳优滑稽表演到西汉百戏中的角抵戏，再到唐代的参军戏，故事表演日渐丰富，逐渐成为戏剧的主体。另一条是由原始歌舞到隋朝"九部乐"的制定，再到唐代代面、钵头、踏摇娘等歌舞戏的演出，民间歌舞艺术获得极大的发展，为戏曲官调、曲牌、声韵的成熟提供了有益的借鉴。宋代是戏曲发展的关键时期，在参军戏的基础上，吸收融合历代歌舞艺术和民间说话、讲唱、影戏、杂扮等技艺成就，对滑稽故事表演和歌舞戏两种类型兼收并蓄、融会贯通，产生了宋杂剧、诸宫调、金院本以及戏文等新的文学形式。

到了元代，在宋金杂剧的基础上，元杂剧具备了成熟戏曲的诸种因素，形成了前景广阔的发展势头。元代是我国戏曲繁荣兴盛的时期。元代戏曲主要分为杂剧和南戏两大类，二者各有自己的发展轨迹。由于南戏在元代前期处于发展的薄弱阶段，还不能与杂剧一争高下，所以代表元代最高文学成就的当属元杂剧。

明清两代，在通俗白话小说获得长足发展、取得巨大成功的同时，明清传奇也迎来了古代戏曲史上的第二个高峰。明清之际，戏曲被分为杂剧和传奇两大类。到清中叶乾隆年间，传奇被地方戏取代。

第一节 宁波戏曲溯源（上古—唐代）

河姆渡先民的舞乐

浙东原始时代的舞乐活动始于祭祀崇拜。1973年宁波河姆渡文化的发现，揭示了公元前5000—7000年浙东文明的光辉。诸多戏曲研究家和考古专家认为，浙江河姆渡文化遗物的发现表明了原始时代已存在对天地山川神灵的崇拜，孕育了最原始的祭祀舞乐。诸多出土器物引起我们的关注。其一是河姆渡遗存中发现的图腾崇拜——氏族徽号或原始陶器、象牙器、木质器雕绘的图像，如双鸟朝阳、鸟、鱼、蝶形器等。其二是遗址中发现的大量原始音乐器，如骨哨、陶埙、木筒等。仅骨哨，在有限的发掘范围内竟有160件之多。发掘出陶埙两件，如鸭蛋状。有学者认为，这批音乐器具的发现，证明河姆渡先民已形成一套祈年的风俗和祭祀礼仪。

周秦乐舞

1982年3月，绍兴出土春秋时代的"伎乐铜屋"。铜屋通高17厘米，内跪坐六人，分两排。前排三人，一人为鼓师，面向西，执槌击鼓；另两人面向南，均双手交置于小腹，应为歌伎。后排三人均面向南，两人为琴师，抚琴弹拨；一人为乐师，捧笙吹奏。伎乐铜屋继承了河姆渡文化的特点，并有了新的发展。鄞州出土的青铜钺"羽人竞渡"，狭长的轻舟内坐四人，头戴羽冠，双手划船，刻画了越人娱乐和体育的场景，或与原始祭祀舞蹈、节庆有关。此外，韩岭出土青铜钟两件，当属越国的礼乐歌舞祭器。

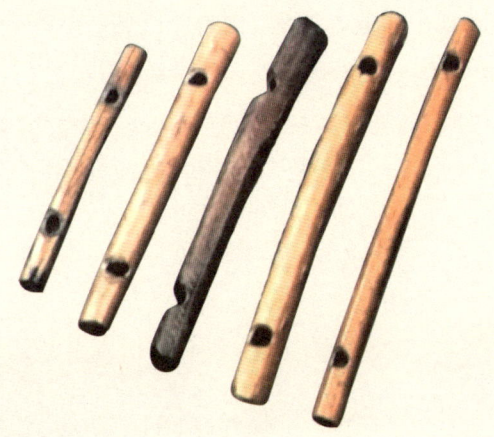

↑图1-1 河姆渡时代骨哨

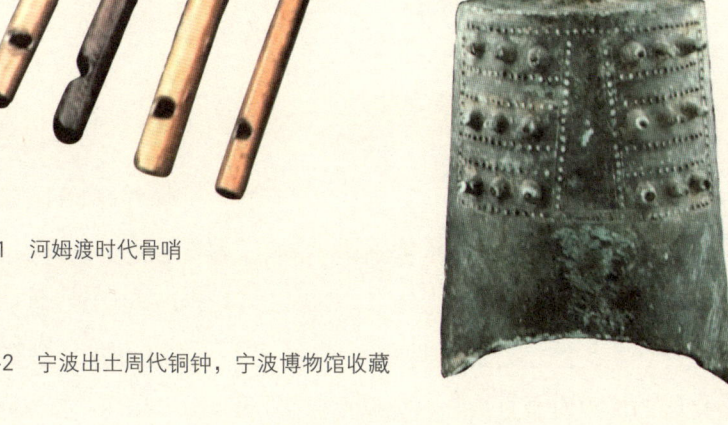

→图1-2 宁波出土周代铜钟,宁波博物馆收藏

汉代百戏之角抵戏

秦汉时代浙东分鄮、鄞、句章、余姚四县,属会稽郡。据廖奔《中国戏曲史》记载,汉代百戏中,有一出《东海黄公》的故事:秦末有白虎见于东海,东海人黄公,少时学法术,能制服蛇虎。他拿赤刀与虎搏斗,终因力不从心丧生虎口。这是汉代角抵戏。

越人风情歌

宁波在夏、商、周三代都属越地,勾践在浙东设句章,建城于姚江之滨。越人自古好歌舞,尤以风情歌舞为多。"连绵葛上藤,一缓复一缍。欲知我姓名,姓陈名阿登。"这首言情歌名叫《陈阿登歌》,首见于南朝刘义庆辑录的《幽明录》,辑者于歌前加序曰:"句章人至东野还,暮不至门。见路旁有小屋灯火,因投寄宿。有一小女不欲与丈夫共处,呼邻家止宿。女自伴夜,共弹琴箜篌。至晓,此人谢去。问其姓字,女不答,弹弦而歌曰……"又见《古谣谚》引《灵怪集》,称:"汉会稽句章人,在东野投宿,有一少女弹箜篌歌曰：……明至东郭外，有卖食母在肆中。此人寄坐，因说昨所见。母惊曰：'此我女，近亡，葬郭外耳。'"可见这是一首为热恋而死的情歌，男女主人公因爱情受阻而双双殉情。此与《搜神记》所记吴王幼儿紫玉之魂与生前情人韩重私会并作歌的《吴王女玉歌》有异曲同工之妙，均为借鬼神喻世事的作品，为后世借鬼言情的"还魂"类戏曲创作打下基础。

参军戏

五胡十六国后赵国时，一个参军官员贪污，就令优人穿上官服，扮作参军，让别的优伶从旁戏弄，参军戏由此得名。参军戏内容以滑稽调笑为主，一般有两个角色，被戏弄者为参军，戏弄者为苍鹘。至晚唐，参军戏发展为多人演出，情节也比较复杂，除男角色外，还有女角色出场。参军戏对后来宋金杂剧的形成有着直接影响。据范摅《云溪友议》云："元稹廉问浙东，有俳优周季南、季崇及妻刘采春，自淮甸而来，善弄陆参军，歌声彻云。"

唐代大曲

唐穆宗长庆前后，大曲流行于明州、杭州一带。白居易《寄明州于驸马使君三绝句》云："平阳音乐随都尉，留滞三年在浙东。吴越声邪无法用，莫教偷入管弦中。"且歌且舞，配有响器及步法的文人官员娱乐演艺，一直承传宋、元、明、清。

第二节　宋元明州戏曲

宋元时宁波称"明州""庆元"，辖鄞县、奉化、象山、慈溪、定海（今镇海）、昌国（今舟山），是浙东经济文化中心。

北宋时，明州城市商品经济得到发展，市肆里坊、集市兴起，舒亶诗中有"草市朝朝合""四郭皆有市"之句。名士王安石、曾巩等任职明州，更促使四明文化鼎盛。市肆里坊兴起杂剧，出现很多市民娱乐场所——瓦舍和勾栏，民间歌舞、说唱、滑稽戏有了综合发展的趋势。

南宋时南方杂剧逐渐演变成南戏。剧本《张协状元》的出现，是中国戏剧成熟的标志。中国戏曲最早的成熟形式——宋元南戏，起源于南北宋之交浙江温州（古称"永嘉"）一带的民间。它是在宋杂剧的基础上，融合南方民间小曲、说唱等艺术元素形成的，以体制庞大、曲词通俗质朴为特点，初具戏曲的基本艺术特征。

城乡百戏表演

南宋瓦舍、勾栏及杂剧在临安兴盛之后，逐渐向周边地区蔓延，在明州（宁波）的一些城镇也兴建瓦舍、勾栏，以便进行商业化的百戏乐棚表演。百戏相当今之杂技、杂耍、说唱、舞乐、哑剧等。据开庆《四明续志》卷七记载，宁波城内有"旧瓦子""新瓦子"两座。慈溪县东西郭酒楼错落相间，"宋元以来皆为戏台，台之面为楼，伎者居之，南北百戏歌鼓之声不断。楼前商舸百货云屯，往往于楼上取乐"（雍正《慈溪县志》卷六、王恂《慈溪县旧景》）。南宋明州人对于乐棚演出百戏是非常熟悉的。宋末阿育王寺僧正印在除夕云："万人丛里打驱傩，百戏棚头抽傀儡，毕竟成得个什么边事？"（元释正澄《月江和尚语录》卷上）瑞岩寺僧如净有上堂法语云："舞衫歌扇，花鼓拍板，总是者个戏棚，卖弄许多伎俩。咦，任他千圣出头来，立在下风高着眼。"这是说戏棚的舞台上演出的是千圣故事，观众在下风抬眼观赏。又云："十二峰前上戏棚，哪吒赤脱占天强。屈烦鼓笛低头舞，弄丑真堪笑一场。"戏棚演出哪吒故事。

南宋有不少明州长人喜爱观赏杂剧，如《随隐漫录》卷三记载四明人倪君奭《夜行船》俚俗词云："年少疏狂今已老，筵席散，杂剧打了。"似乎四明的宴会上曾有杂剧演出，其插科打诨的语言形式亦为倪氏运化到词的创作中了。但是由于宰相史弥远曾遭遇杂剧艺人的讥讽，对杂剧心存芥蒂，"自后相府有宴，二十年不用杂剧"。在这种情况之下，恐怕南宋四明地区的杂剧不会太繁盛。但从慈溪桂氏《家训》中可知《蔡伯喈》之类的南戏已在慈溪（今江北区慈城）公开演出。

民间傀儡戏

傀儡戏表演在宁波比较常见，南宋初天童正觉禅师上堂云："贪缘心，和合相，傀儡棚头呈伎俩。"借傀儡演出比喻万事之相。楼钥和汪大猷闲居在家时曾观看过傀儡演出，楼钥《戏和适斋绝句三首》云："假合阴阳有此身，使形全在气和神。王家幻戏犹坚固，线索休时尚木人。"这是目前宁波地区所能查到的最早的傀儡戏表演记录。稍后吴潜《秋夜雨·依韵戏赋傀儡》词云："腰棚傀儡，曾悬索，粗瞒凭一层幕。施呈精妙处，解幻出，蛟龙头角。谁知鲍老从旁笑，更郭郎，摇手消薄。歧路难准托，田道熟，只宜村落。"吴词所谓"歧路"，指的是"路歧人"的流动卖艺方式。路歧人生存比较艰难，在宁波地区行情最好的是秋收季节，稻田村落是傀儡戏最适宜的表演场所。"鲍老"，有跳鲍老之舞，即民间的"大头和尚"舞。

史浩与大曲

南宋大曲以明州丞相史浩为代表。史浩，字直翁，南宋明州鄞县人，绍兴十五年（1145）进士。他向高宗建议立太子，以此受知于朝廷。绍兴三十二年（1162）孝宗即位，史浩任参知政事，推荐枢密院编修官陆游。隆兴元年（1163），拜尚书右仆射（右丞相）。史浩是宋代著名政治家，与其子史弥远、其孙史嵩之（史弥远之侄）三代为相。他的著作《鄮峰真隐漫录》中保存了许多不易见到的宋代大曲的歌舞词。唐宋的歌舞戏，现在大都已经失传。今能见到的宋人词曲集，大都是个别作者写的独立词调的结集，没有组成整套的演奏用脚本。一般士大夫家中歌女所唱的，也多数是单独的歌，前后不相连续。史浩记录下他创作的好几套大曲的歌词。这批歌舞大曲多在宫廷及史浩在宁波月湖的相府内，由他亲自调教伎艺人演出，每一套又各有段落。现存于世的有七套，分别为《采莲》《采莲舞》《太清舞》《柘枝舞》《花舞》《剑舞》《渔父舞》。

汪勉之、鲍吉甫与《孝顺女曹娥泣江》

宋代杂剧，分北方杂剧（金院本）和南方杂剧。杂剧自元代风行浙东，时有汪勉之与鲍吉甫合作杂剧《孝顺女曹娥泣江》，写汉代孝女曹娥入江寻父的故事。钟嗣成著《录鬼簿》将其列入"方今才人相知者"内，并作有小传："庆元人，由学官历浙东帅府令史。鲍吉甫所编《曹娥泣江》，公作二折。乐府亦多。"天一阁本《录鬼簿》贾仲明所补挽词云："名虽传道职学官，风韵清标貌胜潘，胸中星斗文章焕。心贯通、体广胖，尊瞻视、楚楚衣冠。历帅府浙东令史，补《曹娥泣江》两端。伴黄沙，白草漫漫。"可知，汪与鲍共作《孝顺女曹娥泣江》，而汪所作为一、四折。又知汪氏辞官之后，隐居而终。

高则诚与《琵琶记》

元末，温州人高则诚为避乱寓居鄞县栎社瑞光楼，写下《琵琶记》，被人誉为"南戏中兴之祖"。

高明，字则诚，后人称作"永嘉先生"，温州瑞安人。他的《琵琶记》是在宁波栎社友人沈颐家的瑞光楼上写成的。明王世贞《汇苑详注》一书中记载过有关高则诚撰写《琵琶记》的一段佳话："高明撰《琵琶记》，填至《吃糠》一折，有'糠与米两处飞'之句，案上两烛光合而为一，交辉久久乃解，好事者以

图1-3 清代刻瑞光堂匾，今存

为文字之祥,为'瑞光楼'以旌之。"沈氏楼自此改名为瑞光楼。清代学者万斯同曾写过一首《瑞光楼》:"终宵曲就聚灯花,异事人传高永嘉。还有布衣栎社长,直教老手夺《琵琶》。"区区四句,就把瑞光楼的来龙去脉以及高则诚隐居栎社镇撰写《琵琶记》的故事叙述得一清二楚。沈氏后人写"瑞光堂"匾额,长166厘米,宽79厘米;黑底金字,楷书"光绪十二年九月吉旦瑞光堂嗣孙乐美敬立",至今还在。高则诚于明洪武三年(1370)卒于宁海西店樟树村。

汤 式

汤式,字舜民,号菊庄,象山人,曾为本县县吏。入明,流寓北方,明成祖朱棣在燕邸时,宠遇甚厚,永乐年间常得恩赏。汤式是现今存曲最多、散曲题材最广泛的一位元明时期的曲家。他的曲作创作技巧圆熟,算得上是元散曲跨越时代的殿军。今存作品共有套数68首,小令170首,残曲1首。有杂剧《瑞仙亭》《娇红记》两种,今俱佚。汤式虽然不能与元明一流大家相并肩,但绝不失为一位重要的曲家,应该在中国散曲文学史中占有一席之地。《录鬼簿续编》说他的作品"语皆工巧,江湖盛传之",可知他的作品当时流传比较广泛。

第三节 明代浙东余姚腔与剧作名家

明代,宋元之南戏已发展成为传奇。万历间,屠本畯不满于王实甫《西厢记》的结局,创作《崔氏春秋补传》杂剧四折,内分《出阁》《催妆》《迎奁》《归宁》四曲,神韵直逼前代名剧,祁彪佳《远山堂曲品剧品》将其列为雅品。明代南戏在江南形成四大声腔,即海盐腔、余姚腔、弋阳腔、昆山腔,其中在浙东颇有影响的是余姚腔。此外,传奇杂剧在浙东也很普及,出现了一批著名的剧作家。

南戏四大声腔之余姚腔

南宋至明代，南戏的声腔十分丰富。据徐渭《南词叙录》、祝允明《猥谈》、顾起元《客座赘语》等记载，南戏四大声腔之一的余姚腔在我国产生最早，影响深远，为各种戏曲新兴声腔所吸收，曾风靡全国。目前所知最早的记载是明成化年间陆容《菽园杂记》，但只称余姚有习为倡优者，名曰"戏文子弟"，未说是"余姚腔"。没过多久，祝允明《猥谈》才称其为"余姚腔"。至嘉靖则盛行，《南词叙录》称其已流向江苏、安徽等地。"余姚腔"的特色有：第一，受到北方杂剧的影响，以会稽、余姚地方曲调为主，融合了不少北曲的成分，使之为长江、淮河中下游流域广大群众所接受；第二，以清唱为主，仅以小音量的打击乐器伴奏，演唱时使听者清心，无嘈杂之感；第三，唱口比较平稳柔和；第四，音调低缓轻软，抒情色彩较浓；第五，不受场地限制，可在广场及各种社庙中临时搭台演出；第六，采用后台帮腔伴唱，韵味悠长；第七，不用曲谱，按律入调；第八，演唱和说白中，时而插唱"滚调"。

钱南扬《戏文概论》以余姚腔传播地域之广，不亚于海盐腔，即断其亦"发生于宋代"。明末《想当然》传奇卷首有茧室主人《成书杂记》，说余姚腔"俚词肤曲，因场上杂白混唱，犹谓以曲代言。老余姚虽有德色，不足齿也"。所谓"杂白混唱"，当指"滚白""滚唱"。今人周育德《中国戏曲文化》解释这段引文说，"俚词肤曲"是指文辞通俗；"杂白混唱"是说曲文夹进念白，或许就是"滚调"；"以曲代言"说唱腔简单明快，近似吟诵。"如果这几句话说的就是余姚腔的特点的话，那么余姚腔也是一种趋向于大众化的声腔"，所说甚是。以余姚腔为基础而衍化的声腔有青阳腔、义乌腔等。

明代戏曲演出

鄞人沈明臣《明州杂题》记载了嘉靖时宁波城隍庙传奇演出的盛况："今日城隍异昔时，明州雄奠海东陲。焚香炉下书名字，箫鼓声中赛传奇。""绀殿梨园日日开，乡官才释郡官来。灵风五色金支动，香气成行紫袖回。"浓郁的乡风雅趣使许多文人投入戏剧创作，至万历间达到高潮。

图1-4 现代姚剧《王阳明》剧照

王阳明戏曲教育论

余姚王阳明在《传习录》中说到戏曲的教育作用。"《韶》之九成,便是舜的一本戏子;《武》之九变,便是武王的一本戏子。圣人一生实事,俱播在乐中。所以有德者闻之,便知他尽善尽美,与尽美未尽善处。若后世作乐,只是做些词调,于民俗风化绝无关涉,何以化民善俗?今要民俗反朴还淳,取今之戏子,将妖淫词调俱去了,只取忠臣孝子故事,使愚俗百姓人人易晓,无意中感激他良知起来,却于风化有益。"陶奭龄也强调:"今之院本,即古之乐章也。每演戏时,见有孝子悌弟、忠臣义士,激烈悲苦,流离患难,虽妇人牧竖,往往涕泗横流,不能自已。旁视左右,莫不皆然。此其动人最恳切,最神速。较之老生拥皋比讲经义,老衲登上座说佛法,功效更倍。"

明代宁波戏曲剧作名家

唐、宋时的明州、庆元,在元代改称"庆元路"。明洪武十四年(1381),又改称"宁波"。明代经济发展,宋元杂剧的余势犹存,名家之作也不少。且他

图1-5 明代《琵琶记》插图（来自《中国古代版刻图集》）

们之中很多人还兼作传奇。传奇，是南戏成熟化与规范化的结果。明中叶以后，传奇代替杂剧成为戏曲舞台上的主角。其剧本曲词典雅、体制庞大，名篇佳作不胜枚举，使戏曲文学达到繁盛。表演上则日趋成熟，且多用昆曲演唱。

万历时期（1573—1620），中国戏曲创作进入了黄金时代。创作由"理"倾向"情"，文人创作成为主流，传奇创作成为精英文化的代表。新奇、怪异、趣味的审美追求，是这一时期的三大特点。宁波籍戏曲家屠隆、叶宪祖、周朝俊、吕天成等，在万历剧坛扮演了相当重要的角色，从而在中国文学史、中国戏曲史上留下了光辉的一页。

陈沂（1469—1538），浙江鄞县人。初字宗鲁，号石亭，因少好苏氏学，别号小坡。居于南京，少即有才，十二岁作《赤宝山赋》，传诵人口，与顾璘、王韦称"金陵三俊"，又为"弘治十才子"之一。正德十二年（1517）进士，授编修，进侍讲。嘉靖中忤大学士张璁，出为江西参议，历山东参政，又转山西行太仆寺卿，后上疏乞致仕归，筑遂初斋，杜门著述。善书画，能诗文。著有《维祯录》《畜德录》《金陵古今图考》《金陵世纪》《拘虚晤言》《询刍录》等文集，以及《拘虚馆》《石亭》等诗集。亦能作曲，有《善知识苦海回头记》,《脉望馆抄校本古今杂剧》署作"国朝周王诚斋撰"，据黄仕忠《日本大谷大学藏明刊孤本〈四太史杂剧〉考》,应为陈沂作。周晖《金陵琐事》卷二:"陈鲁南有《善知识苦海回头记》行于世,人最脍炙者《梅花序》。"孙楷第《戏曲小说书录解题》:"剧情甚简直,词意亦不甚超拔。又北曲四折,虽多似一人唱,而诸本每折开场人物往往不属之一人,所以避免重复,兹则每折皆以末胡仲渊开白,实非当行。"

徐阳辉(生卒年不详),浙江鄞县人,字玄辉(或作元晖),诸生,约万历间在世。工诗词,尤善制曲,尝爱同邑屠隆"名妓翻经,老僧酿酒,将军擅翰墨,文士驰戎马"之语,演为剧本,为时所赏。著有《青雀舫》传奇,今存杂剧《脱囊颖》《有情痴》两种。《脱囊颖》的剧情讲述战国时,毛遂为赵国平原君门客,因为足跛,受到平原君爱妾的讥笑。毛遂怒,求平原君杀笑者头,平原君不从。众门客因平原君重色轻贤,纷纷离去。爱妾知后,夺剑自尽。平原君提美人头至毛遂处谢罪,毛遂大为感动,思图报恩。时秦兵进围邯郸,平原君奉命赴楚结盟以救赵,欲带二十勇士而仅得十九。毛遂自荐同行,并以锥处囊中,定当脱颖而出之喻使平原君同意其赴楚。到楚后,楚王畏秦,不愿发兵救赵。毛遂持剑威胁楚王,令其定合纵之约,发兵解赵之围。毛遂也因此被平原君奉为上宾。祁彪佳《远山堂曲品》称其"境界绝似《黄粱梦》"。《远山堂剧品》亦论:"平原之杀爱妾也,为其见跛者一笑耳,乃即以毛遂无跛,无乃蛇足乎?然映出脱颖一段,亦自有致。"

杨之炯(生卒年不详),浙江余姚人,一作杨文炯,字星水。或以为即云水道人。约明神宗万历中前后在世。吕天成《曲品》称:"杨乃宦族清流,犹钓奇于髦士。"传奇《蓝桥玉杵记》(又名《玉杵记》),有明万历三十四年(1606)浣月轩刊本,题云水道人著,《古本戏曲丛刊》初集据以影印。《蓝桥玉杵记》的剧情讲述散仙张苇航与妻玉女樊云英,相约到月宫桂殿重叙旧情。玉帝知后,见其凡念未除,将他们贬往尘寰。张托生为云中博士裴广志之子裴航,云英再世为李逞寿之女李晓云,投生时带有月宫玉杵臼。裴李两家为姑表之亲,遂订儿女婚约。后因李逞寿战败受罚,李家家境困顿,将玉杵臼卖给虢州卞家。裴航与晓云长大后相爱,李逞寿却要悔婚,晓云反对父亲令其别嫁之命,抱石投河自杀,幸得祖母所救,入终南山修仙。裴航被逐后,赴京赶考,行至蓝桥驿,因口渴向茅屋前老妪求水,见帘中女子貌似晓云,向其求婚。老妪令其访购得玉杵臼为聘礼,方许成婚。裴航到京师,一举而中探花,解职后购得玉杵臼,并为老妪捣药百日,终与晓云成百年之好。后二人双双被召还天界,玉杵得还月宫。

屠隆(1541—1605),浙江鄞县人,字长卿,又字纬真,号赤水,别号由拳,晚年又号鸿苞居士。明代戏曲家、文学家。万历五年(1577)进士,曾任颍上知县,转为青浦令,后迁礼部主事、郎中。为官清正,关心民瘼。《明史》载其"落笔数千言立就""诗文率不经意,一挥数纸"。屠家有戏班,曾登场献艺,且带家乐外出。陈眉公《与屠赤水使君》记其家乐活动云:"往闻载家乐过从吴门,何不临下里,使俗儿一闻霓裳之调乎?近若有新声,亦望见示懒病之人,得手一编,支颐绿阴中。便是十部清商也。"屠隆曾校订《西厢记》,有颇多独创之处。他有关度曲的论述亦有新意,沈宠绥编《度曲须知》时赞其"稽采良多"。所著传奇《昙花记》《修文记》和《彩毫记》3种,总名《凤仪阁乐府》。其中,《修文记》48出,有《古本戏曲丛刊》初集影印明万历刊本;《彩毫记》42出,展现李白由夫妻隐逸、扬州散金,到供奉翰林、遭谗引退,最后远谪夜郎又钦取回朝的故事。

周朝俊(生卒年不详),浙江鄞县人,字夷玉,一字仪玉,别字公美。少时爱读书,有才气,擅长作诗填词,句法清婉。其主要作品有传奇10余种,传世的仅《红梅记》,而仅仅这一种就奠定了他在中国文学史和戏曲史上不可动摇的地位。《红梅记》是明代传奇中的一部名作,约作于万历三十七年(1609),它取材于明瞿佑《剪灯新话》中的《绿衣人传》,而更早的文本是元人稗史《绿衣人传》。在这些只有事例、没有名字的资料中,周朝俊以浪漫主义的手法,进行了艺术创造。在艺术上《红梅记》也有很高造诣,祁彪佳《远山堂曲品》说它"手笔轻倩,每有秀色浮动曲白间,当是时调之隽"。其语言科诨不俗,直刺世情。全剧共34出,其中《鬼辩》《算命》《脱阱》等在当时就广泛流传,成为各剧种演出的文本。而剧中主人公李慧娘作为不朽的艺术形象,从此在各地的剧坛上不时亮相。

刘还初(生卒年不详),浙江宁波人,号慈水,别署天放道人、海日先生,堂号大雅堂。或云即刘志远。万历时,曾因直谏而遭到贬斥,降职离京,后任合肥知县,挂冠后逍遥山水间。所撰传奇《李丹记》,一名《再来人》,今存明万历间朱墨套印本,署"天放道人刘还初编,云间陈眉公批评";上海图书馆藏明刊本,题署"四明大雅堂编,云间陈眉公评"。《古本戏曲丛刊》五集据后者影印。

叶宪祖（1566—1641），浙江余姚人，字美度，亦称紫金道人。少入太学，明万历四十七年（1619）进士，知新会县，转工部主事。因建魏忠贤生祠不肯督工，不愿趋附魏忠贤被革职，遂归里讲学。崇祯三年（1630）起补南京刑部主事。叶宪祖的剧作，现有著录者，为杂剧24种，主要有《夭桃纨扇》《碧莲绣符》《丹桂钿盒》《素梅玉蟾》（以上四种合称《四艳记》）、《骂座记》《易水寒》《金翠寒衣记》《北邙说法》《团花凤》等；传奇5种，即《鸾镳记》《玉麟记》《双卿记》《双修记》《金锁记》（一说袁于令作）。现存者，为杂剧12种，即《夭桃纨扇》《碧莲绣符》《丹桂钿盒》《素梅玉蟾》（以上四种，有著录为传奇者，如吕天成《曲品》）、《团花凤》《易水寒》《北邙说法》（以上七种收入《盛明杂剧》）、《骂座记》《寒衣记》《渭塘梦》《三义成姻》《琴心雅调》；传奇2种，即《鸾镳记》《金锁记》。

孙鑛（1543—1613），浙江余姚人，字文融，号月峰，以号行。祖父孙燧，父孙陞。万历二年（1574），考得会试第一名（会元），授兵部主事，不久改为吏部文选郎中。万历三十二年（1604）十月，任南京右都御史，进兵部尚书，并加太子太保，参赞机务。与山阴张元忭合纂《绍兴府志》50卷，一年即成。赵锦在《序》中称此志"其事具，其言核，统之有宗，而析之不紊。详哉旨乎其言之矣。旁诹而博考，酌古而准今，发前所未明，补前所未备，其用心亦勤且精矣"。他的艺术评论著作《书画跋跋》六卷收入《四库全书》，《四库总目》称该书"所论时有精理""亦赏鉴家所当取证"，故历为书画家推重。

李棨（生卒年不详），浙江余姚人，字用甫，号大兰。隆庆四年（1570）乡试中式，为三礼经魁。万历八年（1580）举进士，万历九年（1581）授承天府推官。万历十三年（1585）以忤巡按御史引疾归，此后与张元忭讲学于紫阳、阳明二书院。旋丁父忧。万历十六年（1588）父丧服除，赴京，补官山西盂县典史。万历十九年（1591）迁陕西镇原知县。万历二十年（1592）丁母忧，此后未再出仕。万历三十一年（1603）曾游建阳。万历三十四年（1606），《世史类编》刊行于建阳。著杂剧13种：《库国君》《独居教子》《夏六贤》《周文母》《赵宣孟》《鲁敬姜》《首阳高节》《王开府》《裴渭源》《白鹿洞》《华阳叟》《访师论道》《老归正道》。

吕天成（1580—1618），浙江余姚人，名文，字天成，一字勤之，别号郁蓝生,吕本曾孙。为诸生,兼工古文词。祖母孙氏喜藏书,内多古今戏曲,因得饱览。父吕允昌好戏曲小说,与戏曲家汤显祖等交往。受家庭熏陶,幼即嗜曲。曾师事沈璟,与王骥德过往密切,切磋砥砺,曲艺益加精进。少年作小说《绣榻野史》《闲情别传》,万历间刊行。20岁许已有其所作剧目上演。

第四节　清代宁波戏曲

清代沿袭明代旧制,宁波府由鄞县、慈溪、奉化、镇海、象山五县组成。清代经济发展促进文化繁荣,特别是剧作家群体和地方剧发展成熟。著名剧作家简介如下。

包燮(生卒年不详),浙江鄞县人,字惕三,号惕三道人、芦中人。明末诸生。少工诗,善鼓琴,能度曲。曾赋《明月词》,人称"包明月"。入清后,绝意仕进,以谋食奔走于京洛间。登高吊古,所至有诗。曾居于甬东桃花渡,倦游归,环堵萧然,不废啸歌。著有《夕斋集》。戏曲有传奇《云石会》,顺治八年(1651)作。

裘琏(1644—1729),浙江慈溪人,字殷玉,号废莪子,晚号蔗村。曾参与纂修《大清一统志》,康熙五十四年(1715)进士改庶吉士,年七十二,致仕归。雍正六年(1728)因文字狱案被逮至京,次年死狱中。裘琏著述众多,有《复古堂集》《横山文集》《横山诗集》等。擅写戏曲,有杂剧《昆明池》《集翠裘》《鉴湖隐》《旗亭馆》,合称《明翠湖亭四韵事》。康熙五十一年(1712),为庆祝来年的康熙六旬万寿,裘琏应高士奇之嘱,撰写了杂剧《万寿万疆升平乐府》(又名《万寿长平乐府》)。传奇有《女昆仑》(又名《画图缘》),收入《古本戏曲丛刊》五集。

李凯(1693—1761),浙江鄞县人,字图凌(一作"陵"),一字雪崖。雍正八年(1730)进士。乾隆十九年(1754)为绍兴教谕。平居孝友,叔父殁后,从兄弟俱幼,凯以银米接济,至各成年乃罢。李凯善诗古文词,尤工词曲。

少留心声律之学,与同时范梧友善。梧亦精于音律,互以所作传奇相切磋。李凯尝以所著《寒香亭》相示,范梧见之,自叹不及。传奇《寒香亭》有清嘉庆二年(1797)友益斋藏版之怀古堂刊本。另著有《学庸说文》十二卷、《越吟草》一卷。

孙𡋾(生卒年不详),浙江奉化人,字尚登,号碧溪。乾隆元年(1736)副贡,肄业修道堂。所撰《行文语类》三卷,到民国初,已经风行海内三百多年。有传奇作品《锡六环》和《两重天》(已佚)。《锡六环》由其六世孙、清末最后一代进士孙锵校刊印行,1916年由奉化湖澜书塾刻版。

刘赤江(1760—?),浙江镇海人,字不详,号七余散人、待化老人。嘉庆间举人,嘉庆十五年(1810)至道光二年(1822)历任湖北安陆、来凤、广济、远安等县知县。焦循《雕菰集》卷二《甬江弃妇行》序曾记其逸事:"镇海诸生刘赤江,弃其妻丁,别聘于姜,丁归母家,守志不嫁。学师率学中子弟来报于学,使者革其衿。始刘父利姜之财,姜慕赤江有文名,可希仕进。至是姜恶之,复胁刘父毁婚。刘公亦悔前事,迎丁归。夫妇相泣,和好如初。……邑人以为善。"

姚燮(1805—1864),浙江镇海人,字梅伯,号复庄、野桥、大某(楳)、大梅山民、疏影词史、复翁、老复、二石生等。幼承庭训,及长博览群书,喜游好吟。道光八年(1828),与同道结枕湖诗社,历游江浙名胜。道光十四年(1834)中举,后四次会试均不第,遂绝意仕进,沉潜诗画,时与名士相往来。大学士阮元见他诗画,比其词如姜夔(白石)、画如王冕(煮石),因赠号"二石生"。鸦片战争中,镇海、宁波相继陷落,全家颠沛流离,他目睹英军暴行野蛮、抗英战斗惨烈,诗风为之一变。著有《复庄诗问》《复庄骈俪文榷》《疏影楼词》《今乐考证》《红楼梦纲领》《退红衫》《梅心雪》《苦海航》等,编有《今乐府选》《皇朝骈文类苑》等。所著编为《大梅山馆集》传世。

第五节　宁波昆剧的兴衰

昆剧的传入

宁波昆剧，简称"宁昆"，亦名"甬昆"。宁波本地人又叫它"本班"，以区别于温州的"永昆"，金华、台州的"草昆"，以及嘉兴的"兴工"等昆腔剧种。"甬昆"曾经在宁波地区的鄞县、镇海、奉化、慈溪、余姚、宁海、象山等县广泛演出，盛极一时。甚至在舟山的定海、岱山等地的山区、海岛，也有它的足迹。终年流转演出，几无间歇，受到当地观众的喜爱。

昆山腔是明代中叶至清代中叶中国戏曲中影响最大的一个声腔剧种。明人王骥德在《曲律》中说："昆山之派以太仓魏良辅为祖。今自苏州、太仓、松江，以及浙之杭、嘉、湖，声各小变，腔调略同。"可见这种新腔一出，就在它的周围地区流传广布。

昆腔原非宁波地方产物。据"甬昆"老艺人毕春桂、陈才根、叶奎官等先生回忆，它大约在清康熙、乾隆年间传入。在太平天国之后，逐步兴盛起来。宁波当时是一个商业繁华的城市，内外贸易交流频繁，以海运起家的豪商巨富、官僚地主之家奢侈享乐，自然会留心姑苏一带"流丽悠远"的词曲，引进新声，作为茶余酒后的消遣。据吴云亭、毕春桂先生说，1962 年，苏州市戏曲研究室的同志在研究昆曲的历史渊源及其影响时，发现了一支早年生根于浙江宁波一带的昆曲队伍。他们曾几次派人来甬调查，终于找到了当年名噪一时的老生陈云发、高小华，正旦周来贤，四旦王长寿、林根兰，大面林云生，小面严德才，以及乐师徐信章、张顺正等。不久后，他们被邀前往苏州追忆艺事，口授身传"甬昆"技艺。苏州市戏曲研究室还为他们编印了一本《宁波昆剧老艺人回忆录》，记录了"甬昆"艺人的谈话，这是研究"甬昆"历史的珍贵参考文献。

毕春桂老先生还回忆,浙江昆苏剧团团长周传瑛第一次带剧团来甬演出《十五贯》时,曾于演出之余,举办了有六位"甬昆"老艺人参加的座谈会。又据已故老艺人王长寿口述记录:"过去,有一部分苏州人也搭入'宁昆'班子中演唱。我的父亲小来喜,原籍苏州,从小在家乡学唱昆戏旦角。1848年间,和一同学艺的小冬至,以及其他艺人,跟随太平军到宁波演戏,从此定居下来。后来参加'老绪元'戏班,演四旦。"

"甬昆"的兴盛

据"甬昆"老辈艺人口传,在乾嘉年间,"甬昆"就戏班林立,昆伶如云。当太平军进驻宁波时,"老宝凤"(鄞县姜山绅士顾凤卿创办的戏班)就是为太平军慰劳演出的主要戏班之一。

毕春桂先生说,《三打韩通》是一出有名的武戏,开打非常火爆猛烈,技艺娴熟,动作逼真,深受观众赞赏。"老瑞丰"常常在宁波西门外行宫演出,因别家班子演来没有那么精彩动人,所以口碑流传开来。

此外,"老庆丰""新庆丰"两副班子也很著名,尤其是奉化一带的观众,对这两副班子怀有特殊的好感。当时他们也有两句话:"蜡烛要点大同元红,班子要定新老庆丰。"("大同"是宁波城里的一家南北货店的牌号,所售"元红"蜡烛质量最好)用以表达对它们的喜爱之情。

光绪年间是"甬昆"全盛时期。戏班如雨后春笋,破土而出,激增至几十家。当时著名的有"老庆丰""新庆丰""老聚丰""老凤台""老绪元""老景荣""老三绣""大庆丰""时庆丰""余庆丰""大聚丰""大庆荣"等。各班演员阵容整齐,生旦皆备,而且颇多名角,技艺超群,表演精彩纷呈。其中以"老庆丰""新庆丰""老聚丰"三副班子尤负时誉,观众称它们为"上三班"。后来,"老凤台""老绪元""老景荣""老三绣""大庆丰"五副班子人才辈出,好戏连台,争奇斗艳,深受观众欢迎,当时被誉为"五公座"。

清末民国初,学唱昆曲的人越来越多,蔚然成风,促进"甬昆"技艺日益精进,观众的欣赏水平也随之不断提高。他们看戏时"侧耳会心,点头微笑",简直达到入神的地步。结果"甬昆"就在宁波这块沃土上,深深地扎了根,开了花。

"甬昆"演出范围

"甬昆"演出遍及宁波近邻各县,甚至舟山的沈家门、桃花、六横、金塘等城乡村镇、山区海岛,也能看到。由于时序和风俗的不同,"甬昆"一年四季到各地巡回演出,有繁多的名目。例如,阴历正月初二到十二日演的叫"前灯戏",十三至十八日演的叫"正灯戏",十九至三十日演的叫"后灯戏"。一般地说,凡是正月里演的统称"灯头戏",艺人们都非常重视,有句俗话叫"一年之计在于灯",就够说明"灯头戏"的重要了。

按宁波一带的风俗,二月、三月、四月演的是"年规戏",五月演"关帝戏"。到了六月,虽然大多停锣歇夏,但有的还要演夏戏。六月十一日,又是"老郎神"祖师诞辰,从六月初一到十一日要演"酬神戏",方能正式歇夏。七月下半月,逢"鬼节"做"盂兰盆会",在街上搭台,唱"焰口戏"。如遇旱年,还要唱"龙王戏"。八月演"龙船会戏",又是"羊府胜会"("羊府"系记音,其义不详;也有说"羊府"系掌管稻田的菩萨,每逢八月二十六日要对他庆寿酬神,祈祷五谷丰登)。中秋佳节,也要唱戏,但不多,叫"应时戏"。九月要在各地唱"安神戏""元红戏""出洋戏""回洋戏"等。十月、十一月要演"祠堂戏",也称"冬至戏"。其间十一月十一日,祖师庙还要演"寿戏"。其余时间演出最多的是"庙会戏",直到十二月半,方才歇年。但各班回城,还要演"年脚戏",并为班主义务演戏。由此可见,"甬昆"一年四季演出活动频繁,戏业兴盛,影响范围甚广。

"甬昆"除遍及宁波地区各县,其足迹也伸向外埠,希望能够交流技艺,提高演出水平,扩大自己的影响。例如,1912年夏天,"老凤台"开赴汉口;1912年8月,以"老三绣"为班底,改名"四明文吉祥",开往上海,都是轰动宁波城的新闻。这两家班子,在赴外地演出之前,都挑选别的戏班名角,充实阵容,置办新的行头,排练好戏。因此,一经上演,卖座率很高,曾征服了汉口、上海的观众。但是,这时正是昆曲走下坡路的起始,尽管好戏连台,还是好景不长,没过几个月,上座率便陡然下降,营业清淡。"甬昆"最后一次赴上海药王庙演出的戏班,也是"老凤台",时间在1919年农历四、五月里。

开头也获好评,在药王庙连续演出九天九夜,座无虚席,盛况空前。

"甬昆"的衰亡

据老辈艺人相传,在太平天国以前,徽班也早已流传到宁波一带,与昆曲争夺观众,成为"甬昆"的竞争对手。徽班的剧目很多,大多是历史剧,剧情热闹,文武戏俱备,唱词、道白又比"甬昆"通俗,易为观众接受。因此,戏班业务蒸蒸日上。"甬昆"艺人受到启发,为了适应时代潮流,满足观众新的欣赏需求,也努力编写和排演不少新戏,与徽班相抗衡,以期占领舞台、争取观众。

所谓新戏,就是按照历史小说的故事情节,吸收徽剧、京剧等兄弟剧种的脚本和表演程式,加以改造而成。但它还以昆曲为主,并掺和吹腔、弦索调的曲牌,配合大锣大鼓,演出场面更为热闹。特别是武戏增多了,颇受观众欢迎。最早的"甬昆"新戏有《狮大岭》《龙门阵》《玉麒麟》《造白袍》《七侠五义》《梁武帝》《风波亭》《弥勒戏》等。其中《狮大岭》《龙门阵》《玉麒麟》三出戏文长演不衰,一直流传到"甬昆"衰落时期,仍为观众所爱。因为这些戏文在太平天国以前就已编排演出,经过千锤百炼,炉火纯青,给宁波观众留下深刻印象,所以当地人又誉称它们为"新老戏"。

"甬昆"大量编排新戏,与本身的艺术风格也有不和谐之处,这就使它逐渐走向艺术下坡。

辛亥革命后,上海的剧坛盛行机关布景,卖座率随之大增。因受到票房价值的影响,"甬昆"各班也先后竞相效法,绘制景片,添置幕布,开创了"甬昆"采用布景演出的新局面。不过"甬昆"的布景极为简陋,只是公堂、客厅、卧房、旷野、山岭、溪河之类的景片。演出中最常用的是公堂问案、大厅会客、洞房成亲等几幅。这几幅布景到处可用,又花费不多,也就乐于搬用。

"机关布景"这个新鲜事,一开始确能引起许多观众的好奇心和欣赏兴趣。例如,在《观音得道》中"桃花桂花一齐开"一幕,在树上扎好花朵,点缀其间,再配上干电灯,由两个小角色躲在树身背后,掌握开关。用时只把开关一揿,满台霎时大放异彩,炫人眼目。这时宁波市面上还没有干电,演戏首用干电,观众自然会感到又新又奇。

由于"甬昆"发展到后来,以演武打戏为主,唱昆腔为次,不顾剧情需要,只图场面热闹,结果使原来的昆曲唱功愈见削弱,与优秀传统表演艺术的距离越拉越远,因此起了质的变化,几乎成为"四不象"了。如《溪皇庄》《蚁蜡庙》等新戏中,就没有一句昆腔,只不过唱几段吹腔而已。有的新戏又编排得酷似京剧,一本一本连续地演下去,完全违背了昆曲本身的艺术风格,不符合观众的欣赏习惯及审美趣味,"甬昆"这时也就名存实亡了。

第六节 宁波近现代京剧的兴衰

京剧的传入

京剧系传入宁波的外地剧种之一。乾隆五十五年(1790),为庆祝乾隆八十寿辰,徽州三庆班进京献艺,带来了与昆曲截然不同的一种地方曲调——徽调,给京城观众以耳目一新之感。之后又有四喜、启秀、霓翠、和春、春台等戏班相继进京。徽调以其通俗质朴之气赢得了京城观众的欢迎,从此在京城扎下了根。继徽班进京之后,湖北汉调艺人于道光八年(1828)前后进京,与徽班艺人同台献艺。他们同徽调艺人一样唱皮黄腔,只是更具湖北风格。徽、汉皮黄在京城合流,经过数十年的发展,终于在1840年前后,形成一种独具北方特色的皮黄腔京剧。宫内优厚的物质条件促进了艺术上的成熟。京剧在形成后不久,即于同治、光绪年间迎来了第一个繁盛期。当时出现了一批优秀的京剧演员,受到宫廷官方的喜爱。

清光绪七年(1881),以武净周大升、武旦康黑儿、老生冯瑞祥为首的上海泳霓荣园京剧社首次来宁波江北岸的馥兰茶园演出,京剧团体随之接踵而来。20世纪初至30年代,京剧取代"甬昆"成为宁波最大的戏剧剧种。

早在19世纪80年代,宁波的戏曲演出已经开始转到戏院内。据《甬上剧史》记载,由谷小兰于光绪年间创办的馥兰茶园是宁波首家以戏院形式演出戏曲的机构。该茶园当时主要演出京剧,名角郝福芝、牡丹花颇受关注。但不久,因经营不善而停歇。

宁波戏曲演出的广大市场,吸引了一批外国商人投资。如英国商人惠尔在宁波江北岸建造环球戏园,最初演电影,不久转向更受当时市民喜爱的京剧。

在19世纪90年代,"大四喜"京戏班自天津来到宁波,在老城隍庙举行演出,吸引了数以万计的观众。这次演出由于观众数量过多、热情过于高涨,还发生了意外,旧志记载:"以老城隍庙之广大,尚有挤伤及踏伤、跌伤之人。庙中高约二丈之大铁香炉,为众人所挤倒,庙中站立神像及石几,亦均挤倒挤碎,登屋面而观者亦数千人,瓦片除踏碎外,被足践而

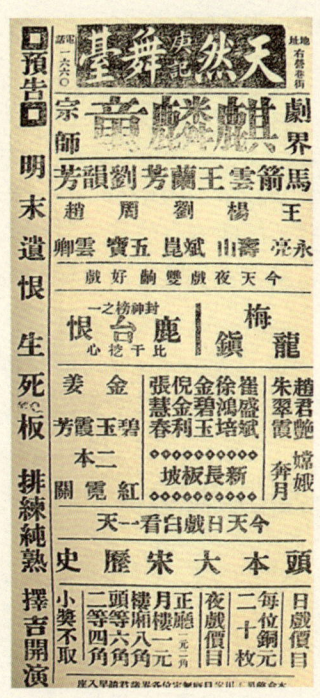

图1-6 民国时期宁波京剧广告

溜下者,亦如檐前之滴水,看楼前之栏杆,尽皆坍下。是时台上方演《恶虎村》一出,观者有惧闯祸及闹事者,因大呼停演。伶人亦鉴于情形如此,遂即在半剧中停止,停后延十余分钟之久。人始渐退,检点轻重伤者约数百人,均通知家属,扶掖而归。"这一场因观剧而发生的意外,从一个侧面说明了当时戏曲演出的受欢迎程度。除了"大四喜",大春台、大连升、大吉升、新大吉升等戏班也先后来宁波演出,将宁波的京剧市场推向新发展阶段。

城内扎根

到了1915年前后,宁波城内有老大鸿寿、宋鸿记、老翔记等京剧班10余家。随着时代的发展,中上层市民已经不能满足于在城隍庙等地看戏,而是把到戏院看戏作为一种日常性的文化娱乐活动。当时,宁波的戏曲演出市场格外繁荣,江北岸的环球舞台、天胜舞台等处云集了众多观众。演出市场的繁荣也推动了更多演出场所的建立。1914年6月,利宁公司的经理武允文在江北岸创立了新民鼓舞台,并渐显竞争力。

1915年3月,演出新剧的俄商美华新剧戏园、春柳戏园相继成立。同年8月,美商在宁波董家河嘴创立群英茶园,不久,又有俄商建起竞舞台。群英茶园邀请王无恐、金玉如等来宁演出新剧,形成与竞舞台同演新剧的局面。

1918年3月,位于江北岸的鸿声茶园也宣告开业,该茶园邀请到了京剧名家盖叫天来甬演出。1914年至1919年这段时间,宁波的戏剧演出形成了传统京剧与新剧并存的局面,演出形式也更吸引观众。如1918年8月29日,华商新民鼓舞台在演出京剧《伐子都》的同时,还"附演电术中外文武奇门戏法";位于宁波李家祠堂侧、美华戏园旧址的"笑舞台"则邀请到"新剧庄严正生"李天然、"新剧第一生旦"王幻身等演出《周郎》《真假爱情》等剧目。

1924年4月5日,盖叫天应商业大舞台邀请来甬演出《乾元山》《就是你》,当时盖叫天的知名度已经相当高,在演出的第一夜,剧场门口就悬挂"客满"牌子。打炮戏《乾元山》中,盖叫天饰演哪吒,身段动作敏捷,又带有稚气,给人以生龙活虎、天真可爱之感,活脱脱像人们所想象的神话中的英勇神童。接着他把手中的缨枪、乾坤圈舞得出神入化,博得观众满堂喝彩。

1925年,随着时局的好转,在戏院组织者的争取下,原来很少能在夜间看戏的宁波观众,也开始有了夜间观看戏曲演出的机会。当时,宁波城内还有老大鸿寿等戏班演出,成为市民的娱乐内容。1927年宁波设市后,这种情况有所改变。1927年,甬江大戏院开始专业电影放映,开启宁波戏剧新篇章。

1931年2月,民光大戏院开幕,拉开了宁波戏曲繁荣的大幕。起初,民光大戏院以演出京剧为主,其开幕演出即为老大鸿寿班的京剧表演。如1938年7月,老大鸿寿班就在民光大戏院演出了六本《狸猫换太子》、二本《战国春秋》等剧目,也有不少观众来观看。

1934年初,右营巷天然舞台建成。经理何志庚请来了以著名武生王虎辰、著名大面刘奎官为首的一副京剧戏班演出《周瑜归天》《狮子楼》等折子戏,以及《桃花女》《白状元祭塔》《狸猫换太子》等连台本机关布景戏,轰动一时。

1935年10月下旬,"麒麟童"周信芳受邀来甬演出,主要搭档演员有王兰芳、马箭云、刘韵芳、刘斌昆、杨寿山、周五宝、王永亮、赵云卿。刘斌昆在

图1-7 周信芳演出旧照

上海,人称"江南第一名丑"。

从20世纪初至40年代,新思潮极大地促进了京剧艺术的发展,京剧又迎来了它的第二个繁盛期。这一时期,京剧的繁荣主要表现在优秀京剧演员层出不穷,而且,这也是京剧流派产生最多的时期,如旦行的梅(兰芳)、尚(小云)、程(砚秋)、荀(慧生),生行的余(叔岩)、马(连良)、麒(周信芳),净行的金(少山)、郝(寿臣)、侯(喜瑞),丑行的萧(长华)等。每个流派的创始者拥有一批数量可观的剧目,所以这个时期也是京剧文学的繁荣期。

这个时期一直持续到20世纪40年代末,许多名角流派曾来宁波登台。抗日战争时期,宁波城区的京剧戏班上演《风波亭》《活捉东洋人》和田汉编写的国防戏《新雁门关》。此后京剧未有大的发展。

宁波专业京戏的兴衰

1949年,中华人民共和国成立,经过十余年的发展,到1959年前后,京剧的艺术生命又到了第三个顶峰。这个时期的繁荣是以演员阵容的强大、梯队的完整为标志的。《白蛇传》《将相和》《穆桂英挂帅》《野猪林》等优秀剧目的出台,也将京剧文学的发展推向了一个高峰。

1950年3月，老大鸿寿改称同心京剧团。1951年与合记大连升合并，组成市合心京剧团，韩树棠任团长，常演剧目有《通天犀》《走麦城》《十字坡》等。后又聘请老生王佑春、武旦王惠琴入团。此外，张翼鹏、张二鹏、丁至云等名角也先后来团领衔主演《齐天大圣》《王宝钏》《武松》《凤还巢》等各个流派名剧。1956年，合心京剧团改名为宁波市京剧团，上演传统剧目，排演现代戏，新编历史剧。1957年，由筱毛豹主演的新编历史剧《枪挑小梁王》获市首届戏曲会演演员一等奖。

1961年12月22日，上海文化局和剧协上海分会邀请侯喜瑞、刘仲秋、钱宝森和筱毛豹举办观摩演出会，分别演出京剧《牛皋下书》《打棍出箱》和《坐楼杀惜》。

1966年"文革"骤起后，百戏俱废，唯"样板戏"一花独放。1970年9月，各县"毛泽东思想文艺宣传队"（简称"文宣队"）成立，农村文宣队亦普遍建立，以排演京剧样板戏为主。招收部分学员组成京剧队，先后演出《智取威虎山》《海港》《奇袭白虎团》《杜鹃山》等，还排演现代京剧《杨开慧》。1974年，京剧队又改名宁波市京剧团。1978年，各县文宣队多改演越剧。至80年代后期，宁波城内外无专业京剧演出。

宁波专业京剧演出团体

宁波市京剧团，1949年前宁波无专业演出团体。原民办宁波市合心京剧团1956年转为国营，改称"宁波市京剧团"。主要演员有韩树棠、筱毛豹、汪雁娇、韩鹏飞、王慧琴等。重点剧目有现代戏《余城宴》、新编历史剧《张苍水》等。该团武生筱毛豹功底扎实，被誉为京剧界"四小武生"之一。1962年，宁波市文化部门为他举办专场演出，其主演的《枪挑小梁王》《反潼关》《嘉兴府》等剧目脍炙人口。1968年8月，该团奉调杭州，成为浙江京剧团的主要班底。1977年底，从省里召回部分演员，重建宁波市京剧团，演出《杨开慧》《秦香莲》等现代和传统戏。1979年12月，因调整戏曲团体，改为"宁波市越剧团"。

宁波地区京剧团，前身为宁波地区"五九"京剧训练班，建立于1970年。曾演出《红灯记》《龙江颂》《杜鹃山》《红色娘子军》和《苗岭风雪》等。1976

年,京剧培训班学员毕业,改称"宁波地区京剧团"。排演连台戏《宏碧缘》、现代戏《四明传奇》,主要演员有韩鹏飞、朱慧文、韩燕鸣、胡瑾葆、陈美莹等。1980年参加省戏曲青年演员会演,韩燕鸣获演员一等奖。1983年实行市管县体制后,改称"宁波京剧团"。1987年,因调整戏曲团体而被撤销。

与宁波有关的著名京剧表演艺术家

周信芳(1895—1975),浙江慈溪人,生于江苏清江浦(今淮安市淮阴区)。名士楚,艺名麒麟童,父亲周慰堂、母亲许桂仙均为春仙班演员。他六岁随父旅居杭州,从陈长兴练功学戏。七岁登台演《铁莲花》中的定生,艺名"七龄童"。1906年后,随王鸿寿赴汉口演出。1907年十二岁时在上海,改用"麒麟童",此后一直沿用此名,是麒派京剧艺术创始人。11岁起学习谭鑫培派老生,1908年到北京的科班"喜连成"做带艺入科(带艺搭班边学边演)实习演员,与梅兰芳、林树森、高百岁同台。1912年返沪,在新舞台等剧场与谭鑫培、李吉瑞、金秀山、冯子和等人同台,颇受熏陶,演技渐趋成熟。1915年至1926年间,先后在上海丹桂第一台、更新舞台、大新舞台、天蟾舞台演出,排演了连台本戏《汉刘邦》《天雨花》《封神榜》等。在此期间两度赴北京、天津演出,将《萧何月下追韩信》《鸿门宴》《鹿台恨》《反五关》等戏介绍给北方观众,人称"麒派"。1935年春天,周信芳夫妇回到上海,投入了抗日救亡运动。周信芳主演全本《武松与潘金莲》,筹集抗日救亡的经费,救济灾区难民。他还编演了许多爱国戏剧,激励了人民抗日救国的热情。

1950年起,周信芳历任上海市文化局戏曲改进处处长、华东戏曲研究院院长兼华东京剧实验学校校长、全国人民代表大会代表(1954年起,连任3届)、上海京剧院院长(1955年起,创院院长)等职,并加入中国共产党。

1965年,江青到上海京剧院抓"现代戏"。周信芳编演的现代京剧《海瑞上疏》成为他的罪状书,被诬蔑为"大毒草"而受到迫害。1975年3月5日清晨6时去世,直到死后始获得平反。1978年8月16日在上海举行了周信芳的国葬。

筱毛豹(1897—1975),浙江桐乡人。出身伶工世家,十岁师从施长春,并受盖月楼等名家教益。十三岁登台演出,十四岁在上海春桂茶园挂头牌,被誉为"四小武生"之一。此后,长期在杭嘉湖一带水路班子流动演出。二十岁后,搭宁波宋翔记、老大鸿寿、合记大连升等京班演戏。抗日战争时期,一度去奉化难童班、鄞县山班教戏。后因两次受伤,改演文武老生。1951年任宁波合心京剧团副团长。1956年任宁波市京剧团主要演员。筱毛豹功底扎实,武功精湛,以擅长短打驰名。杭嘉湖一带,戏台往往搭在河岸(称河台)和船上(称船台),在台上再搭高台,观众爱看武戏,筱以高超的技巧、惊险的动作,博得观众的喝彩。因善"小翻""旋子",身轻如燕,落地无声,被誉为"旋子大王"。所演《铁公鸡》张嘉祥、《嘉兴府》鲍自安等人物皆武艺超群,常斜露胸膛,故又被称为"赤膊小生"。中年改唱文武老生以后,武功更为娴熟,文戏亦凝重老到,"四功五法"无一不精,冷戏不冷,热戏不火,均能恰到好处。如演《坐楼杀惜》之宋江,以眉眼传神,以念白取胜,配以髯口、水袖功,刻画人物心理;演《枪挑小梁王》之宗泽,则唱做并重,以"快枪"特技突出其忠勇善战,老当益壮。1957年以《枪挑小梁王》参加省第二届戏曲观摩演出大会,荣获演员一等奖。他还擅演包公戏,1954年在上海连演三月包公戏,场场爆满,轰动一时。1961年应邀去上海与侯喜瑞、刘仲秋等名家合演,珠联璧合,各呈异彩。

杨春霞(1943—),浙江宁波人,生于上海。1954年考入上海市戏曲学校习艺,曾先后受教于朱传茗、言慧珠、魏莲芳、杨畹农等,攻京剧青衣、花旦。1961年毕业后分配到上海青年京剧团当演员。同年赴港演出,《白蛇传》一剧使其初露头角,后向张君秋、李玉茹、荀令香、雪艳琴、李金鸿等著名艺术家学戏。1964年随中国艺术团访问法国、意大利等六国。1970年调上海京剧团。1971年又调北京京剧团当演员,主演《杜鹃山》,并被拍摄成戏曲电影艺术片。1974年随团赴阿尔及利亚访问演出。1979年调任中国京剧院演员,先后主演了《王昭君》《锦车使节》等新编剧目。1981年随中国京剧院一团赴德国和瑞士访问演出。1988年获第六届戏剧梅花奖。二十年来,她演出过传统戏、新编历史剧和现代戏多出,既尊重传统,又勇于革新,尤其注重人物感情的挖掘。嗓音圆润清亮,扮相端庄俊美,表演细腻逼真。

张佩丽(1941—),出生于北京。其父张哲生曾任上海海关汉文科书记职,酷爱京剧,师从金少山,是名闻江南的金派名票。她从小受父亲熏陶,十三岁登台演唱,就博得满堂掌声。翌年向余派名家薛浩伟学戏,为她后来成为专业京剧演员打下基础。1958年随其父从上海来到宁波,考入宁波市京剧团。由于她天赋条件好,再加上肯学肯钻,受到剧团领导重视,曾先后赴沪,得到余派老生张文涓、谭派高手迟世恭、杨派传人汪正华的指导。又经她自己的刻苦揣摩,张佩丽在长期的舞台实践中逐渐形成兼有余、杨两派特点的演唱艺术。1962年参加宁波市戏曲会演,获演员一等奖。20世纪60年代中期,曾两次借调杭州京剧团,与京剧名家宋宝罗、张二鹏、赵麟童同台演出《沙家浜》《红灯记》等剧目。1971年调回宁波地区京剧团训练班任教。"文革"后,她在父亲及丈夫冯立坤(宁波京剧团导演兼大面演员)帮助下,在家中排演传统戏,开始演老旦。

第七节　甬剧的兴起

甬剧起源

甬剧是用宁波地区鄞地方言为主演唱的戏曲剧种,是由曲艺滩簧发展起来的地方小戏,属于花鼓滩簧声腔。最早在宁波城区及附近地区演唱,当时称"串客"。1880年"串客班"到上海演出后又称"宁波滩簧"。1924年宁波滩簧在上海遭禁演后称"四明文戏"。1938年上演时装大戏后又称"改良甬剧"。直到1950年,这一剧种才正式定名为"甬剧"。

甬剧起源有三说。一说由宁波地区田头山歌、马灯调融合盲人"唱新闻"发展而来。据老艺人程阿林说:"唱新闻大约产生在明朝末年。"起初的唱新闻,仅倒敲笃板。后来为招徕听众,又变为每段末句伴奏小锣、小鼓。从此,盲艺人由农村走向城市,在宁波各地卖唱新闻。新闻的平板、伴奏乐器,和早期甬滩完全一致。现存的甬剧老戏,如《双落发》《双兰英》《石门县》等,就来自唱新闻。唱新闻经多年发展,其曲调及一些故事情节深入民间,为很多裁缝、木匠、泥水匠、船老大所会。他们开始只唱新闻,到乾嘉年间"苏滩"传入浙江以后,又慢慢学唱滩簧的曲调,并参加当时马灯班逢年过节的城乡演出,而且从"苏滩"搬来简单动作和胡琴伴奏的新形式。由于滩簧的唱腔比新闻和马灯优美,演技比盲艺人活泼,内容比以前丰富,其中较优秀的,在串门子、走亲戚、赴喜宴时,自然得到主人邀请,搞些客串之类的余兴节目,这便是宁波"串客"的由来。清代余治《得一录》卷十一写道:"吴俗名滩簧,楚中名对对戏,宁波名串客班。"串客的出现,意味着宁波滩簧的雏形,已经在戏剧史上正式宣告诞生了。

一说甬剧是"串客"与宁波乱弹的合流。清光绪间,宁波"串客"进入上海,经历了宁波滩簧、四明文戏、改良甬剧、新甬剧几个阶段,形成了能适应广大观众审美要求、有独特艺术风格的戏曲剧种。20世纪20年代初,宁波滩簧的女演员筱爱春、筱凤春、筱瑞香、王小兰等人,从舟山到上海,扮相好、嗓子美,由女子演彩旦,在各方面胜过男旦。女小旦立刻红极一时,崛起于夜上海的茶楼、戏院。于是甬剧史从"男小旦时期"进入"女小旦时期"。早期所演剧目大都是一生一旦、二生二旦等小戏,如《借披风》《绣荷包》《拔兰花》《卖馄饨》《秋香送茶》《双落发》等,大抵表现男女爱情故事。伴奏比较简单,以一锣一板为主。

又有甬剧源于乾隆末期的民间小唱之说。乡间佃农每于劳动之余,用山腔野调即兴编唱民间生活故事。嘉庆间,受"苏滩"影响,始在胡琴伴奏下,表演有简单情节的唱篇,逐步形成小戏。道光时,农闲间始有组班在村镇进行营业性演出,称"客串"班,演唱者均为男角,有《摸蛳螺》《卖橄榄》《借披风》等50余出剧目。不久,班社纷起,足迹几遍宁属各县。光绪十六年(1890),宁波名艺人邬撮来等首次赴沪演出成功,遂有20余班相继入上海,改称"宁波滩簧"。其后改进音乐、唱腔、表演、化妆、服饰等,演出日益正规。1920年起改男女合演,排演整台多幕的清装戏和时装戏,称"四明文戏",《拖油瓶报恩》《三县并审》《石门县》等均为著名剧目。1938年后称"改良甬剧",其时改编演出的有清装戏《天打张继宝》、幕表时装戏《少奶奶的扇子》,并上演宣传爱国精神的《空谷兰》《白兰抗敌》《茶花女救国》等剧。

甬剧的改良和发展

1939年在中南饭店最早公演的《天打张继宝》，是由黄君卿据周信芳同名京剧移植改编的。从此，先由叶峨樵、柴鸿茂、黄君卿，后由王宝云、贺显民，负责每三天编一本新戏，写交戏班子演出。一类是表现城市现代题材的西装旗袍戏，如《秋海棠》《三轮车》《筱丹桂》《四小姐》《红伶泪》《再相逢》《走投无路》《阖家欢乐》《断送青春》《风流少奶奶》《双泪落君前》《啼笑姻缘》《姐妹花》《空谷兰》等，堪称代表剧目；另一类是表现近代题材的清装戏，有爱情戏《金生弟》，鬼戏《阴阳团圆》《人仇鬼报》《冯小青》，公案戏《三县并审》《药茶记》（原名《石门县》《钉鞋记》）《杨乃武与小白菜》等，以《金生弟》与《三县并审》的影响最大。1958年《三县并审》被剧作家天方写成文学剧本发表。作为改良甬剧传统剧目主要代表的，应是《金生弟》。改良甬剧10年，总共上演了四五百本清装和西装旗袍戏。

1946年，金翠香与张秀英合演《天字第一号》后，暂时脱离甬剧；金玉兰、张秀珍由宁波到上海，参加张秀英的班子，演于新乐剧场；徐凤仙的班子另演于恒雅剧场。金翠香、徐凤仙、金玉兰、张秀英，后来都是50年代上海和宁波新甬剧重要代表人物。这时候，改良甬剧达到全盛。

1947年，徐凤仙、张秀英一度重新合作，演于新乐。恒雅剧场改由金玉兰主演。1948年，徐凤仙在上海停唱，金玉兰并入张秀英的新乐班子。主要反映夜上海生活的改良甬剧，因不适应日益高涨的革命文艺新潮流，已成强弩之末。它的兴衰历时仅十年，但它奠定了宁波滩簧新的基调，留下了一大笔西装旗袍戏和清装戏的艺术遗产，为后来的上海堇风甬剧团和宁波市甬剧团培育了一批骨干，因此有着不容抹杀的成绩。改良甬剧不失为甬剧发展史上重要的一页。

新中国成立后，已活跃在上海、宁波等地的著名甬剧艺人有贺显民、徐凤仙、金翠香、金玉兰、黄君卿等。在沪艺人组织的剧团合并为"上海堇风甬剧团"，留甬艺人组成宁波市甬剧团。农村的业余剧团也以甬剧与越剧并重。

上海堇风甬剧团以改编整理传统剧目为主，如《半把剪刀》《天要落雨娘要嫁》《双玉蝉》《典妻》等。宁波市甬剧团以编演反映现代生活的剧为

图 1-8 甬剧《天要落雨娘要嫁》《典妻》演出旧照

主,如《两兄弟》《亮眼哥》《红岩》等,同时也整理了如《田螺姑娘》等一批传统戏。

1957年甬剧小戏《换工记》在《浙江文艺》刊出,此后甬剧演出渐少。1979年后甬剧创作和演出再度兴起,一些业余甬剧团重演大型传统戏和传统折子戏,并创作演出现代戏。姜山文宣队的《东风吹春》《三盖印》分别于1979年和1981年参加宁波地区的文艺调演。1985年浙江省第二届戏剧节中,姜山甬剧团演出甬剧小戏《哭笑不得》,获得创作奖。

新中国成立后,随着观众欣赏水平提高和演出市场竞争激烈,宁波滩簧在演出剧目、唱腔及伴奏、舞台美术及化妆上,都有一定程度的丰富与发展。宁波、上海两地甬剧团演出的区域主要集中在宁波、上海、舟山等地。其中上海堇风甬剧团曾在1962年进京演出,宁波市甬剧团在1990年和1995年两次赴京演出,均产生较大影响。目前甬剧专业表演团体仅存宁波市甬剧团一家。代表演员有中国戏剧梅花奖、文华表演奖得主,国家一级演员王锦文;上海白玉兰戏剧表演艺术奖配角奖得主,国家一级演员沃幸康等。

甬剧著名剧目

早期"串客"时期的剧目无考。据说早期常演的剧目共有72出,习惯被看成甬剧传统剧目的代表。重要的7出:《卖橄榄》《绣荷包》《庵堂相会》《拔兰花》《卖草囤》《荡河船》《卖青灰》。另外还有:《赠兰花》《赠六件》《绣香袜》《绣花鞋》《绣龙衣》《打花色》《打筒宝》《双投河》《双卖花》《小卖花》《买郎眠》《游码头》《采石榴》《背过桥》《车木人》《闹龙舟》《东楼会》《借披风》《还披风》《过五关》《七个月》《十魂牌》《王老才》《翁郎中》《阿增算命》《背包过门》《男告私情》和《小唐王》等32出。

另一类是小丑为主的"草衣(草花)戏",计有《香佛手》《卖冬菜》《摸蛳螺》《扒垃圾》《唐小六》《陆永和》《双磨豆腐》《后磨豆腐》《公媳唱曲》和《卖馄饨》等10出。

此外,尚有《大闹花灯》《大捉五通》《三圣进门》《父子争风》和《瞎子捉奸》5出有很多登场角色的"众家戏"。《女磨豆腐》《打媳拜堂》《背板凳》《捉牙虫》《四老爷》等8出是从别的剧种移植过来的"梨园"戏。

甬剧名作

《天要落雨娘要嫁》,由天方根据其父、上海堇风甬剧团老艺人张信康口授的民间故事改编。主要剧情为:相传清代,浙江鄞县有个寡妇林氏,家贫如洗,靠三亩薄田抚养独子杜文。有一年连日大雨,水将成灾,林氏粮尽路绝。好心的陈四娘从中作伐,劝林氏改嫁江西珠宝商周厚德。杜文闻讯,求母苦守。林氏进退维谷,与子相约:若天晴,稻禾得救则守;若下雨,为儿活命则嫁。然而天不作美,非但大雨不止,稻禾尽淹,族长杜太公又趁火打劫,霸占了他们母子唯一的三亩薄田。林氏山穷水尽,只得改嫁。杜文伯父杜袭礼以为有辱门风,与族长在林氏成亲之日,抢走杜文。林氏既嫁,念子心切,临去江西之日,等候其子于村口。杜文因受袭礼影响,不敢受母赠银,竟一别而走。林氏无奈,只得以纹银百两,相托宗叔杜八哥暗中照应杜文。十九年后,杜文改名杜宗书,幸亏其母托付八哥之银,度过灾荒,上京赶考得中状元,官至礼部尚书。但想起其母改嫁之事,犹以为耻。某年春闱,宗书亲为主考,不意新科进士中有周麒、周麟两人。据其乡贯年龄,父名母氏,恰是其母林氏与后夫所生之子,以为有失官本,偏偏其事为副主考杜副官所知,恶意讽刺。杜宗书羞恨交集,决意赶至江西为娘"祝寿"。林氏寿诞之日,阖家喜气洋溢。杜宗书假扮乞丐,为母祝寿,林氏惊喜万状。谁料宗书却拿出"祝词"羞辱其母失节。林氏见此,一腔悲愤,怨抑难伸,乃谓"不意子孙荣贵,我乃得此下场",遂含恨自尽。及至八哥赶到,历述林氏当年为儿一番苦心,痛斥宗书不孝不义,宗书已悔恨莫及!

《半把剪刀》,由天方根据甬剧传统剧目整理改编。主要剧情为:纨绔子弟曹锦棠在省城捐得候补道,摆宴庆贺。宴夜,婢女金娥遭他奸污受辱。曹锦棠另娶名门梁惠梅为妻。惠梅在娘家已有情人,并怀孕。因其事为金娥弟弟根福知道,怕泄露贻祸,假计诬金娥为贼,驱赶出门。曹锦棠也因金娥有孕,怕事发露丑,顺水推舟。金娥临产,根福为其姐终身着想,暗把婴孩送与徐姓大户为子,取名天赐。金娥遍觅婴孩不得,痛不欲生。适徐家得子,要找乳母,见金娥清秀,便招至家中。十八年后,曹锦棠任宁波知府,在徐家见天赐才貌出众,强招为婿,把己女亚男许其为妻。新婚之夜,金娥见亚男骄横,忠言相劝,反遭殴击。金娥情急自卫,失手误杀亚男,慌乱中遗下半把剪刀。曹闻女死,誓要治天赐死罪。鄞县知县周鸣鹤以为凶器未全,难定真凶。曹锦棠以权势相胁,死罪乃定。行刑之日,金娥决心至法场自首,途中巧遇失散十八年的弟弟根福,方知天赐即当年失去的婴孩,急忙赶至法场辩仇救子。曹锦棠在光天化日之下丑态毕露,金娥母子得以团圆。

《双玉蝉》,由王行根据同名莆仙戏移植改编。主要剧情为:某年谢观澜去杭州贩货,过江不慎失足落水,幸被绍兴沈举人相救。感恩之下,酒后误将十八岁的女儿芳儿配与年仅两岁的沈举人之子沈梦霞为妻。不久,沈举人病故,临终托人将梦霞送至谢家抚养。谢观澜悔恨之余,欲悔此婚。无奈双方族长为维护封建礼教,强迫芳儿收养。于是,一场老妻少夫的悲剧由此开始。

《田螺姑娘》,主要剧情为:谢端在水边拾到白螺,便拿到家中养在水缸里。每次外出回来,谢端都发现饮食已备。他便暗中窥探,原来有一个年轻姑娘在烧饭。谢端趁姑娘在烧饭时走了出来,此后,便与姑娘结成了夫妇。土豪金百万知道谢端有个漂亮的妻子,便多次故意与谢端为难,但每次都由"田螺姑娘"设法巧妙地渡过了难关。

1988年,《田螺姑娘》被搬上荧幕,并获电视剧"飞天奖"。编剧为余盛春、苏立声,导演是王梨,主要演员为陈莎莎、虞杰。

《典妻》,根据宁波籍作家柔石的小说《为奴隶的母亲》改编而成。特邀全国著名编剧罗怀臻、著名导演曹其敬编排,由宁波市甬剧团演出,王锦文主演。主要剧情为:民国时期,浙东农村的一户贫苦人家,丈夫谋生计屡屡受挫,并染上赌博酗酒的恶习,幼子春宝又久病不愈。穷困逼迫之下,丈夫以一百块大洋将妻子出典三年。妻子泪别病儿和丈夫,委屈地走出旧家,迈入新家门槛。新家的主人是个年长的秀才。因为娘子多年不育,又不允许丈夫纳妾,所以典妻借腹,传宗接代。新家富裕,秀才对妻也不坏,可妻还是惦记着旧家,惦记着儿子。一年后,随着妻和秀才生的儿子秋宝降临,妻也似乎渐渐融入了新家。秀才甚至信誓旦旦地许诺妻,要在三年期满后正式纳她为妾。秋宝的百日庆典,亲夫突然来了,这下又唤醒了妻对春宝和旧家的怀念。尤其是秀才夫妇竟当面诬陷妻的亲夫偷窃,并且无情地辱骂和羞辱妻,妻终于明白了自己的实际地位,她对秀才的一丝幻想也随之破灭。期满回家的日子,妻竟不能和秋宝再见一面,妻的心又不由自主地留在这个伤心而又屈辱的"新家"。妻的归家之路是这样漫长,一颗母亲的心被掰成了两半,她只能不断幻想着,幻想着亲夫能够改掉恶习,重新振作;幻想着春宝的病能够治好,健康活着;幻想着一家三口能够团聚……可是,当妻终于跨进自家门槛的时候,儿子春宝已经病得奄奄一息……

甬剧著名艺人

邬撮来(生卒年不详),浙江奉化人。约生于1840年,1890年首先率领宁波滩簧班子到上海演出。到上海时,他已年逾半百,却老当益壮,艺术不衰。他擅长扮小丑、演草衣戏。80余岁高龄时,还能为倪杏生等做《康王庙》《扒垃圾》等戏的示范演出。约于1930年病逝,享年90岁。

邬撮来后一辈的老艺人有大钉子、阿春、阿十麻皮、红脚梗等。后又有黄阿元、杜通尧、月月仙、烂桃子、小钉子、沈春林、应云发、项桑贵、康集昌、宋猛火、倪杏生等。

再后一辈的艺人中,产生了第二代男小旦,如筱阿友、筱文斌、筱阿土、筱菊花、吴少山、董泉水、黄阿高、张德元、朱芝云等。筱阿友以后的第三代男小旦,有他的学生筱桂宝、筱金兰、筱文斌、筱桂芳等。代之而起的是筱爱春、筱凤春、筱瑞香、王小兰以及筱姣娣、孙翠娥、金翠玉、金翠香等女小旦。

20世纪三四十年代的甬剧名角,有著名的"四小名旦"赛芙蓉、项翠英、王才香、傅彩霞,以及徐凤仙、贺显民、金玉兰、张秀英、王宝云、黄君卿等。

徐凤仙(1922—1991),浙江宁波人。幼年家贫,3岁丧父,稍长学唱宁波滩簧,受到几位前辈艺人传授,十二岁即登台。唱腔流畅,不久就声名鹊起。1942年秋,徐凤仙赴沪,与著名甬剧演员贺显民合作,在皇后剧院演出《余姚西施——华旦》和《倭袍》,获得成功。她和贺显民曾共同研究甬剧的四声平仄,探讨弹拨音乐。以往甬剧演的几乎都是即兴发挥的幕表戏,徐凤仙和贺显民努力进行改革,甬剧团开始采用剧本剧。1943年底,徐凤仙和贺显民在"新乐宫"登台。1949年,徐凤仙和贺显民结婚。婚后,在宁波组建凤仙甬剧团。1953年,上海生生甬剧团派人邀请他们夫妇赴沪,将剧团改名凤笙甬剧团,演出《大雷雨》,连续满座一个多月,这是甬剧从草台戏走向大型正规剧的开始。1956年,私营凤笙甬剧团改为国营堇风甬剧团,徐凤仙被选为艺委会主任。1958年,上海的星光、新艺、众议、生生等甬剧团并入上海堇风甬剧团,徐凤仙在《典妻》《半把剪刀》《天要落雨娘要嫁》《东风吹春》等剧中均任女主角,其中《半把剪刀》《天要落雨娘要嫁》等著名悲剧先后上演,连演连满。徐凤仙在《半把剪刀》中饰演女主角金娥,显露了她的艺术才华,结尾一段长达四五十句的高亢悲愤的唱腔,催人泪下。1961年,上海堇风甬剧团被评为上海市先进单位。之后,《半把剪刀》等剧赴京调演,深受好评。

贺显民(1922—1968),浙江镇海人,生于上海。原名国忠。幼随姑父曹显民学唱,曾以"筱显民"艺名在电台说唱宣卷,继从老艺人朱宝声学唱四明南词。抗战中期,客串宁波滩簧,自编自演《华姐》一剧,开清装戏过渡到旗袍戏先河。从此,由电台走向舞台,闯出改良甬剧新路,与甬剧著名花旦徐凤仙同台演出后,揣摩百家之长,技艺大进。1949年冬,贺、徐结为佳偶。1949年后,夫妇俩在宁波组建凤仙甬剧团。1953年赴沪加入凤笙甬剧团。1956年任堇风甬剧团团长,致力甬剧改革,融汇四明南词,创造"新悲调",发展"五更调"等民间小调。又将大小提琴、小号等引入乐队,以烘托舞台气氛,增强表现力。

贺显民在舞台上塑造各类角色五十余个,被文艺界誉为"性格演员",在《半把剪刀》一剧中,把角色复杂的内心世界刻画得恰到好处。行家评论其表演是"眼中有戏,心中有戏,身上有戏,连背后也有戏"。

金玉兰（1927—1989），浙江宁波人。原姓周，十三岁从滩簧艺人陈翠娥习艺，学唱《孟姜女》等滩簧小调，始在城区国医街演唱。1941年随黄阿高等男旦学徽班表演基本功，结合自己嗓音特点，运用阴阳嗓子演唱传统戏剧目。1943年师事柴彬章，学唱四明南词，后将四明南词曲调运用于滩簧戏中，形成自己的演唱风格。1946年演出于宁波"大世界"，沪上甬剧演员金翠玉看她演出后收为义女，并带到上海参加演出，改名金玉兰，先后于八仙桥、恒茂里、恒雅剧场演出传统小戏和新戏。1950年5月，参加凤仙甬剧团，1952年随徐凤仙进上海堇风甬剧团。次年返甬，加入宁波市甬剧团。1954年在《两兄弟》中饰王春香，以唱腔清亮婉转、表演细腻传神获华东地区戏曲会演一等奖。嗣后主演《田螺姑娘》《红岩》《女状元》《鸡毛飞上天》等。

曹定英（1947—2000），浙江宁波人。1959年12月考入宁波市戏曲学校甬剧班。由于当时的甬剧培训班不仅教甬剧，而且开设了越剧、京剧、曲艺、杭剧和歌舞等课程，因此，曹定英在戏校打下了较为扎实的"唱、做、念、打"基本功。1978年，曹定英回到了重建不久的宁波市甬剧团，在《杨淑英告状》《半把剪刀》《天要落雨娘要嫁》等剧目中，清板达百句以上。曹定英演唱自然流畅，咬字清晰有力，能根据人物感情的需要，正确把握节奏，合理安排板眼。1979年曹定英出席全国第四次文代会。1980年参加浙江省专业剧团青年演员会演，获一等奖。1984年参加全国第四次戏剧家代表大会。1982年在浙江省第三届戏剧节上扮演《荡妇》中的梅女，荣获演员一等奖。曹定英在三十年的舞台生涯中，共塑造了四十多个人物形象。

杨柳汀（1947—），浙江宁波人。1961年起从事甬剧艺术，攻小生。他戏路较广，无论演文戏还是武戏，正角还是反角，都善于抓住人物的性格特征，演什么像什么。表演讲究身段的造型，舞蹈、武功尤为出色。三十年对甬剧艺术执着的追求和研究，构成他独特的表演风格。他多次获得全国、省、市表演艺术奖。1987年获浙江省第三届戏剧节演员一等奖。1989年在《杨乃武与小白菜》中饰演杨乃武，获浙江省戏剧中年演员精英大奖赛优秀表演奖。1989年被评为宁波市首届文化艺术节暨第三届戏剧节十大戏曲明星。1995年11月浙江省文化厅艺术委员会授予金艺奖。1995年在《罗科长下岗》中饰演罗忠民，获全国戏曲现代戏交流演出优秀表演奖。2002年在《典妻》中饰演秀才，获宁波市第九届戏剧节演员特等奖。

第八节　越剧在宁波的兴盛与普及

越剧起源及传入宁波

1906年3月27日(阴历三月三),嵊县东王村香火堂前,由落地唱书艺人袁福生、李茂正、高炳火、李世泉等借用四只稻桶垫底,铺上门板,演出小戏《十件头》《倪凤煽茶》和大戏《双金花》(后半本)。这是中国越剧第一次登台试演,越剧(最初称"小歌班")从此诞生,该日被称为越剧诞生日。

1911年,新昌、嵊县"的笃班"流入宁波,在宁波兴盛。它们吸收京剧、梆子等老剧种的艺术营养,表演上得以成熟。又受到了余姚滩簧戏"鹦哥班"的影响,终于发展成了越剧的雏形小戏。当时,小戏多为反映民间百姓生活的剧目,像《箍桶记》《卖婆记》《王小二过年》《浪子回头金不换》等,演唱形式与今天的姚剧十分相像。

拥有水陆码头的宁波,给小戏的传播和发展提供了重要的舞台。小戏传到宁波后,开始受到京剧、绍剧的影响,上演古装戏。当时,浙东涌现出了300多个小歌班,与嵊县山水相连的余姚、奉化很快成了小歌班表演的舞台。1912年,小歌班又相继流入慈溪、镇海、宁海、象山等地的农村。

1915年,小歌班从农村走向城市,在宁波市区的祠堂庙宇或居民大墙门内搭起的舞台上,表演《珍珠塔》《赖婚记》《双金花》等。

1917年5月13日,小歌班初进上海,在十六铺"新化园"演出,因表演粗糙简陋,观众寥寥无几。后续有三班艺人来上海,但均告失败。在学习绍兴大班和京剧的表演技巧后,艺术水平有所提高。1919年小歌班始在上海立足。

1927年,施银花、屠杏花、赵瑞花所在的越剧戏班首次在宁波城区东大路(今中山东路)国货商场进行短期演出,挂出了"绍兴文戏、文武女戏"的牌子。发挥女声特点的"四工调"代替了"丝弦正调",女子越剧终于在宁波生根。随后,姚水娟、筱丹桂、王杏花相继率班来甬,竞芳于甬城舞台。其后,袁雪芬、尹桂芳、马樟花、范瑞娟、傅全香、竺水招、徐玉兰、毛佩卿等著名演员先后在甬城演出。其时,宁波农村的越剧戏班多达几十,宁波遂成为女子越剧普及发祥地之一。

1930年以后,女子越剧戏班开始大量涌入宁波。此时,在兰江大戏院、甬江大戏院、中南大戏院、天然舞台等各个甬上戏剧舞台,越剧名伶施银花、筱丹桂、姚水娟、竺素娥、赵瑞花、商芳臣、徐玉兰、毛佩卿等相继登台亮相。她们中许多人先在宁波唱红,然后红遍杭州,轰动上海滩。在宁波期间,她们努力向京剧、绍剧等其他剧种学习,大胆创新,揭开了越剧革新的新篇章。当时遍布宁波全城的十多处戏台,不仅为越剧培养了大批至今仍在受益的戏迷,也为不少后来的越剧名家提供了充分的锻炼机会。赫赫有名的"越剧十姐妹"中,袁雪芬、尹桂芳、筱丹桂、傅全香、徐玉兰、竺水招都在宁波演出过。

1935年,施银花、姚水娟、筱丹桂等在甬城掀起了一股女子文戏热。是年7月3日,"高升舞台"演于大光明戏院,《宁波商报》已称它为"越剧"。

图1-9 民国"越剧十姐妹"旧照(来自绍兴市嵊州越剧博物馆)

当时大光明戏院经理谢志平觉得"高升舞台"原用"的笃班""绍兴女子文戏"作为剧种名称太土气,难登大雅之堂,故与裘光贤协商把"绍剧"别名"越剧"易嫁给"绍兴女子文戏",筱丹桂也被谢志平捧上了"越剧皇后"的宝座。

1935年11月,施银花领衔的"素凤舞台"演于甬江戏院,宁波《时事公报》刊出了"重金聘请越剧泰斗青衣悲旦施银花"的广告;次年春节期间,施银花回嵊城演出,2月9日《剡声日报》登的也是这条广告。同年,赵瑞花领衔的"瑞云舞台"在宁波演出时,《甬报》又称赵瑞花为"越剧魁首"。

1937年袁雪芬来宁波,在共舞台(今江北玛瑙路)演出了3个月。1938年4月3日的《宁波商报》上,则印有筱丹桂作为头牌在天然舞台演出《华丽缘》的大幅广告。

宁波越剧改革

1938年,名伶姚水娟吸收文人参与越剧变革,称"改良文戏"。这时期,最有名的演员是被称为越剧四大名旦的"三花一娟",即施银花、赵瑞花、王杏花、姚水娟。青年演员如筱丹桂、马樟花、袁雪芬、尹桂芳、徐玉兰、范瑞娟、傅全香等,也已崭露头角。而徐玉兰则于1942年6月来宁波天然舞台担任头牌小生,长达2年之久。宁波籍越剧艺术家对越剧唱腔流派的形成功不可没,戚雅仙、毕春芳、金采风、徐天红等都形成了自己的唱腔。1942年,袁雪芬对越剧进行全面改革,形成了"新越剧"。1946年5月,《祥林嫂》被搬上舞台,标志着越剧改革进入一个新的阶段。越剧在唱腔、表演、舞台美术等方面,有了巨大的突破。

1949年后,政府重视民族戏曲,从20世纪50年代到60年代前期,创作出一批在国内外有重大影响的艺术精品,如《梁山伯与祝英台》《祥林嫂》《西厢记》《红楼梦》等。到20世纪60年代初,越剧团已遍布全国20多个省市。

1959年,宁波各地农村业余剧团演出传统越剧,风行一时,鄞籍演员毕春芳、金采风也在上海越剧界崭露头角。然而,越剧在"文革"中被斥为"靡靡之音",并被禁绝。1974年后始有《半篮花生》等政治主题越剧出台。1978年后,群众业余越剧团以团办工厂、以团靠挂工厂的方式亦工亦艺,演出大型传统戏、传统折子戏和现代戏等。1984年后,各县民间越剧团体纷纷涌现,其中鄞县越剧团折子戏《哭灵》在地区和省小百花调演中分获优秀演出奖。

常演剧目

宁波越剧常演剧目主要有:《梁山伯与祝英台》《王老虎抢亲》《五女拜寿》《红楼梦》《西厢记》《何文秀》《玉堂春》《血手印》《打金枝》《玉蜻蜓》《碧玉簪》《珍珠塔》《祥林嫂》《西园记》《春香传》《白蛇传》《孟丽君》《李娃传》《盘夫索夫》《盘妻索妻》《柳毅传书》《沙漠王子》《九斤姑娘》《陆游与唐琬》《孔雀东南飞》《追鱼》《情探》《金殿拒婚》等。

宁波越剧主要剧团

宁波市越剧团,前身为佩卿姐妹剧团,1951年5月由毛佩卿的佩卿剧团和邢艳芬的新艺剧团合并而成。1956年改为宁波越剧团,毛佩卿为团长,邢艳芬为副团长,编导刘涛,舞美设计王云标,乐师吴林志、金岳灿。主要演员有毛佩卿、邢艳芬、汪秀贞、杨桂芳、叶小宛、许子龙、潘少楼。上演剧目《盘龙镯》《大同府》《文成公主》《黄金梦》《林冲夜奔》《李闯王》《西厢记》《红楼梦》等。1954年,《闯宫》参加浙江省首届戏曲观摩演出,主演毛佩卿获演员一等奖。同年,参加华东区戏曲观摩演出并获奖。1962年,毛佩卿赴京出席全国群英会。1965年,为适应现代戏发展趋势,宁波市杭剧团并入,改建为男女合演的宁波市越剧实验剧团。"文革"期间,剧团解体。1979年10月,宁波市京剧团撤销后,留下部分青年艺术人员改演越剧,又调入越剧老演员杨桂芳、应佩佩、鲍玲贞、沈锦波等为教师并加入演出,由谢枋任编剧,刘思维任作曲,鲍玲贞兼任导演,成立了宁波市越剧团。先后排演了《情探》《团圆之后》《貂蝉》《碧玉桃花》《钗头凤》等剧。由于演员年轻、功底扎实、阵容整齐,在沪、杭、宁、绍、温一带演出屡获好评。1980年,以折子戏《行路》《情探》参加浙江省青年演员会演,姚建平获一等奖,洪芬飞获二等奖,华慧波、苏万三、刘宁国获三等奖。以后相继演出《钗头凤》《莫问奴归处》《双龙剑》《七娘救夫》《琼浆玉露》《归长安》《桃花梦》等剧,在省历届戏剧节中获奖。1990年,赴香港演出《琼浆玉露》《杜十娘》,反响强烈。1991年,赴新加坡演出《归长安》等剧,再获成功。1992年,宁波艺校毕业生接班,组建成宁波小百花越剧团。1994年,《三刺女皇》拍摄成电视连续剧,剧团原挑大梁的花旦洪芬飞获全国第九届戏曲电视剧"天安奖"最佳演员奖。

宁波地区越剧团,1959年10月,宁波专员公署(辖今宁波、绍兴、舟山三地区)为兴办一个重点越剧团,以嵊越剧一团(原新昌越剧团)为基础,抽调专区所属各县越剧团的优秀中青年演员和艺术骨干,组建全民所有制的宁波专区越剧团。唐嘉善为团长,魏仙凤、筱湘卿等为副团长。主要演员有筱湘卿、魏仙凤、黄香娟、裘绿绿、沈申儿、章素芳、孟群亚、费绿姣等。上演剧目有《杨门女将》《越剧姐妹》《潘杨讼》《云中落绣鞋》《江姐》《孟丽君》等。花旦黄香娟主演的《杨乃武与小白菜》连满数百场。1969年冬,宁波地区革命委员会为演出"样板戏",抽调宁波市越剧实验剧团、宁波市甬剧团等单位中的部分演员,扩建成120人的宁波地区毛泽东思想文艺宣传队。1970年春,又抽调宁海平调剧团的主要演员和武功演员,强化"样板戏"演员阵容。1972年定名为"宁波地区越剧团",试验男女合演,陆续演出《奇袭白虎团》《杜鹃山》《沙家浜》《平原作战》等剧。主要男演员有杨柳汀、王金启、卓胜祖、王利棠、孙常遇、张伟忠等,女演员有鲍玉英、吴红霞、虞秀玲、周艳芳等。艺术骨干有编剧沈岳星、孙蔚龙、王信厚,导演张荣标、刘春莲、邢艳芬,作曲刘思维、李微、童昌元、鲍茂功,舞美周东昭等。1978年9月,著名演员毛佩卿等返团工作,恢复上演《齐王斩后》等古装戏,累计演出近千场。1980年,排演《拷红》,参加浙江省专业剧团青年演员调演,吴芝芬(饰红娘)、张伟忠(饰张生)获二等奖。1981年,小戏《会亲》获浙江省现代剧调演剧本三等奖和演出奖。剧团不久撤销,部分艺术人员进入宁波市越剧团。

宁波小百花越剧团,前身为宁波市越剧团。20世纪80年代前期,浙江小百花越剧团成立,1989年新建的宁波艺校招考了35名青年进行规范的艺术教育,并邀请诸流派代表人物亲自授艺。1992年,经严格考试后毕业,组建成宁波小百花越剧团,集"越剧十三派"传人,充满生机活力。演员有范派小生白银飞,徐派小生张小君,金派花旦陈莉萍,张派老生杨慧月、郑春芬,老旦丁铭焱,吕派傅派花旦赵海英、吴俊、陈珠,陆派小生裴云雁,尹派小生杨魏文等。编剧有柯武松、王晓菁,导演有张强林、鲍玉英,作曲有童昌元、刘思维、刘建宽,舞美设计有鲍茂功、周树夫等。七八年内,共演出50多台戏,新剧目有《周吴郑王》《招驸马》《琼浆玉露》《三刺女皇》《孟姜女》等。传统剧目有《盘夫索夫》《碧玉簪》《打金枝》《碧波金鲤》(据《追鱼》改编)、《玉蜻蜓》《秦香莲》《红楼梦》等。以青春活力、阵容整齐、流派纷呈的整体优势,二上北京,三闯津门,轰动武汉,倾倒蓉城,香飘沪宁线,誉满上海滩,两度访演香港,一举名扬两京。演员和剧目多次在省戏剧节中获奖,不少演员还在全国或地区性大赛中获大奖,在1994年中国小百花越剧节上,有4名演员分获金、银、铜奖。

鄞县越剧团,创建于1969年。剧团早年上演《狸猫换太子》《包公斩国舅》《凤箫怨》等一批大型古装戏和现代戏。其中《母子奇遇》《花轿错》影响深远,并被拍摄成电视剧发行。

20世纪90年代以来,越剧《琥珀情》在浙江省第五届戏剧节中获优秀演出奖和演员一等奖等18项大奖,后又拍摄成4集戏曲电视剧,获1994年全国戏曲电视剧"天安奖"一等奖。大型历史剧《卧龙求凤》获中国小百花越剧节银奖。现代戏《多雾的早晨》获省第六届戏剧节优秀演出奖和演员一等奖等10余项大奖,还被评为宁波市"五个一工程"提名奖。《洪涛奇情》在1997年浙江省第七届戏剧节中获新创作剧目奖和优秀演员奖等12项大奖,并再次被评为宁波市"五个一工程"提名奖。

近年来,该团携带越剧精品先后在深圳、无锡、天津、北京、上海、杭州等地演出,中央电视台等新闻媒体多次报道、选播。

1999年精品剧目《梁山伯与祝英台》《何文秀》《琥珀情》《重生缘》的演员,在范瑞娟、傅全香等名师悉心指导下,演技大为长进,于8月25日首次赴中国香港献艺,获得好评。

余姚县越剧团,原为余姚县文化馆以大华舞台为基础,吸收本县在外地客串演出的流动演员,于1951年组建成的群力越剧团,后改名为余姚县越剧团。主要艺术人员有叶彩金、杨鸿芳、戴仁花、张水英、朱秋华、戚爱珠、谢婉珍、章慧芳、颜瑛、邵亚娟、戴志娟等。

1995年,演出张金海编写的现代戏《人生大转盘》,在省戏剧节中获优秀演出奖、剧本奖。1997年,演出《悠悠情缘》,获省戏剧节新剧目奖。后充实新生力量,改名余姚市小百花越剧团。

慈溪县越剧团,组建于1950年,原为和合姐妹越剧团。先后任正副团长的有张秀英、胡笑笑、陈姗岳、方维岳等。主要艺术人员有胡笑笑、张少鹏、张秀英、丹桂红、袁素贞、陈雅莲、张惠君、岑宝珠、陈丽君、王岚、胡丽央、周美龄等,青年花旦沈申儿抽调到宁波专区越剧团。现已撤销。

镇海县越剧团,组建于1952年,原为大喜越剧团。历年正副团长有王斐花、张南琴、黄志政、张曦。主要艺术人员有王斐花、张廷凤、张南琴、张南仙、竺桂英、郑凤姣、俞燕珍、竺鹏飞、魏秀珍等。其中大学毕业的编剧张曦,20世纪90年代为浙江省文化厅厅长、浙江日报社社长。现已撤销。

奉化县越剧团,组建于1955年,曾名曙光越剧团,前身为1953年建立的红玉姐妹越剧团。正副团长有凌香娟、蒋红玉。主要艺术人员有蒋红玉、徐玉凤、郑华玉、杨春光、王建华、董晓蕾、邬月星等。现已撤销。

象山县越剧团,组建于1960年,为原上海精华越剧团及象山友联越剧团合并建成。团长吕嘻嘻。主要艺术人员有尹瑞芳、陈梅芳、张亚萍、吴巧燕、蔡莹、萧亚萍、平慰祖、胡既未、纪顺利等,优秀青年老生董柯娣选送浙江小百花越剧团。现已撤销。

宁海县越剧团,组建于1983年。全团54人,先后由袁哲飞、唐洁妃任团长。行当齐全,能演各类文武大戏。主要演员有花旦唐洁妃、葛素娟、陈婉琪,小生董慧兰与尹派男小生夏永盛等。常演剧目有《五女拜寿》《桃花井》《孟丽君》《瑞云》等10多台大戏。创作的大型剧目多次在省、市戏剧节中获奖。1999年创作的大型历史剧《方孝孺》,参加宁波市第八届戏剧节,获剧本、导演、作曲、舞美等12项大奖,其中唐洁妃、潘菊红、林彩虹获优秀演员奖。曾多次被评为省先进单位,并被评为浙江省甲级剧团。

宁波籍越剧名艺人

徐天红(1925—2010),浙江余姚人。10岁学戏,习老生。随科班到慈溪、宁波、上虞一带演出,经常一饰多角。1940年到上海,拜马潮水为师。相继与赵瑞花、马樟花、小白玉梅、袁雪芬、尹桂芳、竺水招、筱丹桂、徐玉兰、戚雅仙等人合作演出。

1941年，参加上海天星越剧团，为头肩老生（当家老生）。1943年，初到大来剧场参加袁雪芬进行的越剧改革，任头肩老生。在《香妃》《明月重圆夜》《琵琶记》等剧中，成功地扮演角色，并灌有唱片，风行沪上。1945年，参加红星越剧团，与竺水招并挂二牌，红极一时。1946年，组成天红越剧团。1947年8月，为筹建越剧剧场和越剧学校，积极参与《山河恋》联合义演，为"越剧十姐妹"之一。1950年2月，与戚雅仙组成合作越剧团，任团长。1950年9月，与尹桂芳重组芳华越剧团，任副团长。

1954年，参加华东区戏曲观摩演出大会，扮演《屈原》中的张仪，获表演二等奖。1960年8月，调入上海越剧院，所演《梁祝》中的祝公远《二堂放子》中的刘彦昌都很成功。在"徐策跑城"后，又有了"徐天红跑车"。曾在1948年袁雪芬主演的电影《祥林嫂》中饰鲁四老爷。1950年与戚雅仙合作主演了彩色越剧影片《石榴红》。在1962年拍摄的彩色越剧影片《红楼梦》中饰贾政。1982年，参演越剧电视剧《西园记》《孟丽君》。

戚雅仙（1928—2003），浙江余姚人，生于上海，幼少科班里学戏。三年满师后，经常为袁雪芬配戏，还和袁雪芬一起灌制《明月重圆夜》的唱片。后来，戚雅仙先在芳华越剧团和尹桂芳、竺水招同台，又参加玉兰剧团，和徐玉兰合作演出。她俩合演的《香笺泪》成了戚雅仙的成名之作。1949年后，她演出了《龙凤花烛》《白蛇传》《玉堂春》等很多剧目，在表演和唱腔上逐步形成了自己独特的艺术风格，成为一个新起的流派"戚派"。"文革"前的十六年中，戚雅仙逐步进入艺术巅峰期，演出了《梁山伯与祝英台》《卓文君》《白蛇传》《血手印》《琵琶记》《玉堂春》等一大批传统、古装剧目以及现代戏。1954年，与尹桂芳合演《屈原》（饰婵娟），在华东戏曲会演中获表演一等奖。1979年，她和舞台老伙伴毕春芳再度携手合作，重建了静安越剧团，演出了《楼台会》《血手印》等。这一年，已52岁的她挑起了剧团团长的重担，还先后三次率团赴香港演出，传播"戚派"艺术。

金采风（1930— ），浙江鄞县人，生于上海。原名金翠凤。她工闺门旦，兼擅花旦。唱腔继承袁（雪芬）派，并吸收施银花、傅全香的音腔成分，自成一格，有"金派"之称。最有代表性的角色是《盘夫》中的严兰贞、《碧玉簪》中的李秀英。代表作有《盘夫索夫》《庵堂认母》《碧玉簪》《西厢记》《红楼梦》《彩楼记》《汉文皇后》《桑园访妻》等。拍摄了新中国成立后的第一部越剧电影《祥林嫂》,饰演彩色越剧影片《红楼梦》里的王熙凤。

1952年,演出传统老戏《桑园访妻》一折,在第一届全国戏曲观摩演出大会上获演员三等奖。1954年,主演的传统剧《盘夫索夫》参加华东区戏曲观摩演出大会,获表演一等奖。1980年,回故乡宁波鄞县演出。1987年,与吕瑞英、刘觉、张桂凤合演电视剧《西厢记》,扮演崔莺莺。1988年,与曹银娣、萧雅合演的《汉文皇后》由上海电视台拍摄成电视剧。

毕春芳(1927—2016),浙江鄞县人。12岁入鸿兴舞台学戏。1948年,参加袁雪芬领衔的雪声剧团,后转入范瑞娟、傅全香领衔的东山越艺社。1950年,与戚雅仙搭档共组合作越剧团。她在唱腔和表演上不断创新,形成独特的风格,被公认为"毕派"创始人。

毕春芳唱腔明朗豪放,流畅自如,具有粗犷的男性特点。如:《光绪皇帝》中借鉴了黄梅戏的音调;《血手印·法场祭夫》中借鉴了京剧的曲调成分;在《卖油郎》中,她塑造的是一位卖油郎秦钟的形象,唱腔在洒脱飘逸

图1-10　2009年4月16日毕春芳在宁波逸夫剧院演出照(来自2016年8月15日"浙江在线·中国宁波网")

中含有畅快悠扬的韵味。这是毕春芳唱腔的独到之处，这种风格在越剧中不多见。如她在《王老虎抢亲·戏豹》和《三笑·点秋香》等唱段中，就运用这种夸张的唱法，获得了极佳的艺术效果。《点秋香》中"相爷堂内把话传"这段（四工腔）爽朗流畅，唱中夹白，许多业余爱好者经常演唱。2016年，逝于故乡。

毛佩卿（1919—1988），浙江嵊县人，原名毛秀娟。1931年5月，到镇上大华舞台绍剧科班学艺。1933年，大华舞台解散，首次到宁波演出，参演的第一部戏是《红鬃烈马》，饰薛平贵。演出中她有意识地将绍剧的唱腔融入越剧唱腔中，观众感到耳目一新。1935年，入宁波素凤舞台戏班。抗战全面爆发后，戏班解散，赴沪参加姚水娟领衔的越吟舞台戏班，饰二肩小生，与傅全香结为姊妹，艺路渐宽，唱腔一新。又因饰薛平贵一角再获赞誉，报上称她为"后起之秀"。后来与邢竹琴搭档演出《梁祝哀史》《吕布与貂蝉》等戏，又获成功。1942年，她与商芳臣、林黛英一起组建了标准越剧团，首次领衔主演，在上海民乐剧场演出，始饰头肩小生（当家小生）。1946年，领衔组班来甬，演出《沉香扇》，时有"香艳杰作，拿手好戏"誉称，遂定居宁波，以天然舞台为主要演出场地，先后与白玉琴、潘少楼等搭档，推出了《双喜临门》《好花结好果》《黄金梦》《文天祥》《李闯王》等10余部新戏，颇受欢迎。1947年，上海"越剧十姐妹"义演《山河恋》，她在宁波率班响应，上演了《文天祥》《国破山河在》等以爱国主义为主题的戏。1950年，组建佩卿剧团。1951年，与邢贤芳新光剧团并建为佩卿姊妹剧团，任团长，演出《锦绣河山》《西厢记》等古装戏，同时组建宁波越剧团，1956年任团长。1954年，主演《闯宫》获省首届戏曲观摩演出演员一等奖、华东戏曲会演奖项。1955年，剧团改为国营宁波市越剧团，任团长。1959年在宁波戏曲学校任越剧教师。1960年5月，出席全国群英大会。1962年，复回剧团，赴京出席全国群英会。1978年后，任导演及越剧教师，男小生张伟忠等即为她的门生。1988年，病逝宁波。

尹瑞芳（1929—2011），浙江象山人，原名干掌珠。13岁背井离乡去上海谋生，经人介绍，正式拜誉满春申的名小生尹桂芳为师，改名尹瑞芳。1946年，尹桂芳在上海红得发紫，被广大观众誉为"越剧皇帝"。她与越剧舞台姐妹合作成立芳华越剧团，尹瑞芳在其中担任配角，在《浪荡子》《梁祝》

《西厢记》《宝玉与黛玉》《屈原》等剧中扮演不同年龄、身份、性格的正反派角色，以酷似其师的扮相、唱腔和表演风格，塑造了一个个可爱的形象，受到上海观众的好评。1956年至1962年，曾五次到象山主演《梁祝》《花逢春》等剧目。1962年，芳华越剧团从福建回"娘家"上海演出，她与戴忠桂合演《梅玉配》，连演一个多月，上座率居高不下。1978年，受象山越剧团邀请，在《红楼梦》《梁祝》等剧饰演主角并兼导演。主演的《红楼梦》曾轰动一时。1979年，在《冤雪龙泉井》中，她继承其师经验，吸收京剧中某老生唱腔的因素和绍剧中激越高亢的音调，成功地塑造了剧中的人物形象。1985年，她加盟宁波市越剧团，担任《七娘救夫》的男主角。1980年开始，她担任象山越剧团文艺学校教师，培养出董柯娣、陈丽炯、任志莲等著名尹派新秀。在1982年浙江省戏曲小百花会演中，荣获优秀园丁奖。1988年以后，她自筹资金，创办"小芳华"越剧团，招收、培养小学员，在宁波兰江剧院、上海大世界、长江剧场、江苏扬中、丹阳、海门等地演出，倾倒了广大越迷。

史济华（1940—），浙江鄞县人，生于上海。1954年，考入华东戏曲研究院越剧演员训练班，工小生。毕业后，进入上海越剧院实验剧团任主要演员，先承徐派，后师范派。基本功厚实，文武兼擅，唱做俱佳。其演唱音质醇厚，音域甚宽，可与女演员唱同调。在组织唱腔和演唱技法上，均有相当功力。1960年演出的《十一郎》是其成名作，显示了文唱武打的不凡功夫，备受观众欢迎。他在《白水滩》一场中翻打跌扑和耍铜棍，表现出高超的技艺。与女主演卢成惠的一段"洞房成亲"唱腔，被中国唱片社灌制成唱片，成了新中国成立后越剧男女合演的第一张唱片。在《祥林嫂》《龙江颂》《桃李梅》中的主要唱腔，亦被灌成唱片。他戏路宽广，不仅擅长文武小生，也善演丑角戏，曾扮演过《盗银壶》中的武丑、《色官审案》中的官丑，还在"莎剧"《第十二夜》中扮演过外国小丑马伏里奥，其幽默、夸张的表演，令人忍俊不禁。代表作有《十一郎》中的穆玉玑、《祥林嫂》中的贺老六、《第十二夜》中的马伏里奥、《凄凉辽宫月》中的赵唯一、《色官审案》中的郑则清等角色。在宽银幕越剧艺术影片《祥林嫂》中饰演贺老六，电视艺术片《秦淮烟云》中饰钱牧斋。还在电视剧《济公智破无头案》《深夜大搜捕》中担任过角色。曾任上海戏剧家协会主席团委员，上海市第二届、第三届、第四届文代会代表。

筱水招（1933—1994），浙江宁波人，原名许静芝。中国剧协会员，曾担任江苏剧协理事,南京市政协委员,江苏省第五、第六届人民代表大会代表。在上海先拜竺水招为师,工旦角。后私淑袁雪芬,唱袁派,成名后逐渐形成了自己的演唱风格,音域不高,但韵味醇厚。20世纪80年代,在表演艺术的巅峰期,为培养团内越剧新人,她毅然决定走下舞台,走上讲台,去江苏省戏曲学校任教。代表作有《柳毅传书》中的龙女三娘、《双看相》中的看相人、《相思树》中的小红、《石榴红》中的村姑、《白蛇传》中的白素贞、《南冠草》中的钱秦篆、《桃花扇》中的李香君、《盘夫》中的严兰贞、《天雨花》中的荀含春(获1957年南京市戏曲会演一等奖)、《报童之歌》中的方瑛、《江姐》中的江姐等。

徐惠琴(1923—1993),浙江宁波人。1935年春,进入宁波高升舞台科班学戏,先习旦角,后改学大花脸。1937年至1939年,与赵瑞花、李艳芳、姚月明合作,在老闸戏院等处演出。1939年至1947年,与尹桂芳、竺水招等合作,在上海民乐、同乐、龙门、九星等戏院演出。1947年,"越剧十姐妹"联合义演《山河恋》。是年秋,与徐玉兰、戚雅仙、王文娟等合作,在国泰、明星、卡尔登等戏院演出。1952年7月,随玉兰剧团参加了中央军委总政文工团越剧队。1953年春,入朝参加中国人民志愿军政治部文工队,荣立三等功。1954年回上海后,一直是上海越剧院的主要演员。嗓音宽厚洪亮,功架优美,吸收了京剧花脸的唱腔特色和表演长处,有"越剧大面王"之誉。在拍摄电影《追鱼》时,扮演真包公,并根据导演应云卫的要求,毅然剃掉额头上的头发,使女演男的艺术形象更为逼真。1954年秋,在《春香传》中扮演老狱卒,获华东戏曲观摩演出大会表演二等奖。曾兼任上海越剧院学馆教师,悉心培养越剧大面演员。曾随团出访朝鲜、越南、泰国、新加坡、中国香港等国家和地区。

除了以上介绍的几位,还有不少宁波籍越剧表演艺术家,如陆锦花、李慧琴、焦月娥、曹玉珍、姚月红、胡佩娣、庞天华、曹银娣、朱祝芬、方亚芬等,不胜枚举。

第九节　姚剧的形成与发展

姚剧的形成

姚剧属滩簧类地方剧种之一，前身为"余姚滩簧"（简称"姚滩"），产生并始流行于浙东余姚，脱胎于当地"车子灯""采茶篮""旱船"等民间歌舞及"雀冬冬"等民间说唱艺术，形成于17世纪中叶，至今已有250余年历史。

早在清乾隆年间，姚滩已盛行于余姚、上虞等城乡，因多在元宵灯节前后演出而被称为"灯戏"或"灯班"。这种职业性"灯班"被各地称作串客戏、花鼓戏、鹦哥戏。

19世纪初以后，姚滩向江浙扩演，到光绪年间一度进入上海，受苏滩、沪滩等滩簧剧种影响，形成浓郁的乡土风格。起初纯属民间自娱活动，后逐步发展成半职业性演出。由于行当简单，表演朴实，语言风趣，富乡土味，颇受民间欢迎。清末民国初鼎盛一时，班社共达40余个。但剧目中多淫秽内容，常遭抵制、查禁。20世纪20年代渐趋衰落，抗日战争爆发后几成绝响。

姚滩曾不断向外扩展流传，曾与"小歌班"（越剧前身）艺人合作演出于上海"华兴园"。姚滩艺人马楠本、周兰英等均挂牌演出于"永乐园""高升楼""如意楼"等演艺场，在旅沪的宁绍帮观众中红极一时。艺人小山宝、大桂香演唱的姚滩《卖小糖》，曾由高亭公司灌制唱片。姚滩班社的规模一般为"四花"（生角）、"四旦"（俗称"八勿拆"）、"三后场"、"一里厢"等12人左右。上演剧目多为一花（生）一旦的"对子戏"和多角"同场戏"，如《卖草囤》《打窗楼》《十不许》《前、后落发》《大闹花灯》等，被称为"七十二本"传统戏。姚滩的音乐唱腔以活泼流畅、节奏明快见长，而极具民间性。演唱曲调以"基本调"（平四、紧板）为骨干，辅之以各种"小调"（杂曲），唱词、道白皆通俗易懂，民间语汇丰富，表演风格质朴自然、幽默诙谐，生活气息浓郁，为广大观众所喜爱。

姚剧特色与余姚姚剧团

姚剧以"一花一旦"的"对子戏"为主演唱。剧目以反映农村生活及爱情题材为多，念白用余姚方言，通俗淳朴，表演粗犷，唱腔优美醇厚，节奏明快。

1956年6月，部分老艺人组织姚滩小组，对滩簧进行改革、创新，姚滩更名为"姚剧"。

1976年11月16日，原余姚县文艺宣传队正式改名为"余姚姚剧团"，一大批姚剧界的老同志先后归队。

1979年10月，余姚姚剧团带着他们改编整理的小戏《错进错出》《秋香送茶》《杀狗劝夫》，参加了浙江省国庆30周年献礼演出，获浙江省文化局颁发的演出奖。姚剧团以原创剧目蜚声剧坛。其中《半夜鸡叫》《搭壁拆壁》《强盗与尼姑》《沙场泪》《传孙楼》《龙铁头出山》《鸡公山风情》《女儿大了，桃花开了》等一大批原创剧目，曾分别在全国调演中获得佳绩。2004年，应邀赴中国香港演出，也获好评。

图1-11 现代姚剧演出照（来自余姚市非物质文化遗产中心）

姚剧团具有专业高级人员10名,有著名姚剧表演艺术家、国家一级演员沈守良、寿建立,国家一级编剧张金海,国家一级导演徐玉虹,国家二级作曲家张钱苗,国家二级演员王育红、柯东琴,国家二级演奏员翁晓芬、倪乐辉、万铭华,以及徐大生、陈剑峰、沈忠良、楼利辉、段华群、黄利明、黄飞、景洁丰等一大批优秀中青年演员。

进入20世纪80年代后,随着国家进一步改革开放,新思想逐渐改变人们传统的审美习惯。戏曲作为民族传统文艺样式,也受其影响,演出上座率下降,有的剧种和剧团出现生存危机。在此大环境下,姚剧和姚剧团自然也不例外,演出范围缩小,观众减少,艺术生产面临困境。如何摆脱困境,引起行业思考。终于,他们找到了一条繁荣创作和提高艺术质量的道路。1984年,恰逢宁波市举行首届戏剧节。剧团领导紧紧抓住这个展露剧团艺术水平的契机,力求从剧目创作和"表导演"各方面都做出新的探索。剧团排演了由黄韶创作的新戏《强盗与尼姑》,在宁波市首届戏剧节中获得广泛好评。

1985年9月,加工成熟后的《强盗与尼姑》参加了浙江省第二届戏剧节。该剧以其总体艺术的齐整和谐获奖18个,其中黄韶获剧本一等奖,徐玉虹获导演一等奖,沈守良、张钱苗获作曲二等奖,张宝华获舞美二等奖,寿建立、沈守良均获演员一等奖,王育红获青年演员一等奖。

1986年4月,《强盗与尼姑》登上上海舞台,在大众剧场共演八场。这是"文革"后姚剧团首次赴上海演出。时隔二十余年,尽管有了许多陌生感,但好听好看的《强盗与尼姑》还是很快吸引了不少初次接触姚剧的上海观众。

1989年,为了迎接宁波市第三届戏剧节和浙江省第四届戏剧节,姚剧团排出了两台风格迥异的现代戏——悲剧《野杨梅》和正剧《桃园记》,充分显示了姚剧团雄厚的艺术实力和勇于开拓、敢于竞争的气魄,是姚剧发展史上又一次新的拓展。

姚剧名艺人

黄韶(1934—),浙江余姚人。黄韶共创作了《耕田》《玉兰拜寿》《三认输》《搭壁拆壁》等戏剧作品,并与他人合作创作了姚剧《雷锋》。其中尤以

1964年创作的剧本《搭壁拆壁》影响最大,此剧曾参加1964年浙江省戏曲现代戏的观摩演出大会。

自1981年到1989年,黄韶先后创作了《强盗与尼姑》,与人合作创作《沙场泪》《桃园记》。这些大戏不仅被搬上姚剧舞台,而且均获得浙江省戏剧节剧本奖。其中尤以黄韶独立创作的大型近代历史剧《强盗与尼姑》影响最大,获1985年浙江省第二届戏剧节剧本一等奖。

宋士祁(1914—1986),浙江上虞人。1954年后,从事中学教学,业余发表过剧评。1962年调入姚剧团任编剧,创作了现代戏《凤凰桥》《娘家行》《三朵云》等剧目,同时他也是姚剧《柏树坡》《红梅报春》的主要执笔者。1963年,参加《自有后来人》改编,改编后的姚剧《红灯记》由中国唱片社上海分社灌制唱片。

黄承炳(1913—2004),浙江余姚人。1929年开始从事姚剧艺术工作,先工小旦,后又转生角。1949年后,他发起组织了"余姚滩簧小组",任组长。自1956年余姚姚剧团成立至1969年因"文革"解散,一直担任姚剧团团长。在半个多世纪的姚剧舞台生涯里,黄承炳为振兴发展姚剧艺术事业做出了巨大贡献。

胡家良(1915—1960),浙江余姚人。年轻时曾拜姚滩名旦孙春阳为师,悉心学艺。专工草花戏,姚滩传统戏《卖草囤》《卖小糖》是其拿手好戏。他表演风趣,白口尤清楚,并以"小棕棚"之"九调十三腔"闻名四乡。

孙春阳(1902—1967),浙江余姚人。1921年,拜姚滩老艺人孙宝声为师,从事姚剧演出。他一反师父行当,不唱花脸而专工旦堂。演唱运腔独特,曲调优美;表演传神逼真,风趣幽默。同时,在培养姚剧新人方面也有较大的贡献,胡家良、张长水、胡银林等都是经他传授而有成就的姚剧著名演员。

刘芙蓉(1919—1986),浙江余姚人。1934年,拜刘渭泉为师,学唱余姚滩簧。演唱婉转柔和,清晰而富有感情。曾在姚剧传统戏《打窗楼》中饰演张桂英,获宁波专区戏剧会演演员二等奖。同时,她还在现代戏《漳河湾》中饰演重九嫂,清装戏《杨乃武与小白菜》中饰演小白菜,现代戏《祝福》中饰演祥林嫂。

费凤鸣(1940—),浙江慈溪人。曾在《五姑娘》中饰演五姑娘,《党的女儿》中饰演李玉梅,《搭壁拆壁》中饰演单彩云,《半把剪刀》中饰演陈金娥等主要角色。善于刻画人物，唱腔圆润优美，表演细腻传神。1957年，获宁波专区戏剧会演演员三等奖。1959年，出席宁波专区先进工作者大会。1960年，被评为余姚县"三八红旗手"。曾任余姚姚剧团副团长。20世纪80年代后，成为姚剧戏训班负责人之一。

胡永弟（勇棣）（1937—），浙江慈溪人。1954年开始从事姚剧演出，是20世纪60年代姚剧团的主要演员。1981年，在《烦恼的喜事》中扮演陆阿祥，获浙江省现代戏会演表演奖。后又在《强盗与尼姑》中扮演钱举人，《沙场泪》中扮演耿老头，《桃园记》中扮演王福堂，《野杨梅》中扮演九叔公。1991年，在浙江省现代戏调演中，扮演《传孙楼》中的李乡长，获演员二等奖。

胡秀纹（1941—），浙江慈溪人。专工老旦。曾在《战士在故乡》中饰张大嫂。1957年，扮演《半夜鸡叫》中的周妻，荣获宁波专区会演演员三等奖和浙江省戏曲观摩演出大会演员三等奖。1976年，在宁波专区会演中演出《玉兰拜寿》，被评为优秀演员。1981年，参加浙江省现代戏会演，获表演奖。在浙江省第二届、第四届戏剧节中，获演员三等奖。

沈守良（1943—），浙江余姚人。1964年4月，考入姚剧团任演员。扮演的主要角色有《半夜鸡叫》中的周扒皮、《刘介梅忘本回头》中的刘父、《一百廿个放心》中的老爷爷、《红灯记》中的鸠山、《焦裕禄》中的焦裕禄、《柏树坡》中的马志松、《枫叶红了》中的陆峥嵘、《半把剪刀》中的曹锦棠、《杀狗劝夫》中的赵连璧等。曾获浙江省第二、第三届戏剧节演员一等奖，宁波市第二届戏剧节优秀演员奖和1991年浙江省现代戏调演演员一等奖。

许竹安（1948—），浙江余姚人。1961年，招为姚剧团随团学员，先拜张长水为师，后又跟费凤鸣学小旦戏。1964年，参加浙江省戏剧调演，在《搭壁拆壁》中饰唐小芬，受到好评。后又在《接枪》《朝外货》《红灯记》等剧中扮演主角。1980年，参加浙江省青年演员会演，饰演《双推磨》中的苏小娥，获演员三等奖。

杨渭勋（1949—），浙江余姚人。1964年，招为姚剧团随团学员。一年后，调余姚县曲艺队，任曲艺姚滩队演员。1969年，调入余姚县文宣队。扮演过《沙家浜》中的郭建光、《杜鹃山》中的雷刚、《艳阳天》中的肖长春、《江姐》中的兰队长、《红云岗》中的方排长等主要角色。

寿建立（1955—），浙江绍兴人。1970年1月，考入余姚县文宣队，工小生。先后扮演的主要角色有《红云岗》中的方铁军、《艳阳天》中的肖长春、《江姐》中的华为、《乔老爷上轿》中的乔老爷、《于无声处》中的欧阳平、《真假爱情》中的李胜、《碧落黄泉》中的汪志超等。1980年,在浙江省青年演员会演中荣获二等奖。他是浙江省历届戏剧节唯一获得三次一等奖的演员。

姚剧名剧目

新中国成立前,余姚滩簧演出有七十二本小戏:

《捉蛇》、《顶碗记》、《绣香袜》、《梟米记》、《卖小糖》、《卖草囤》、《双卖花》、《采石榴》、《大嫖院》、《扒灰佬》、《磨剪刀》、《小唐皇》、《男告私情》、《大闹花灯》、《背凳》、《失荷包》、《绣龙衣》、《打胎记》、《卖馄饨》、《卖冬菜》、《大卖花》、《双投河》、《打菜芯》、《荡湖船》、《借酒壶》、《秋香送茶》、《女告私情》、《毛道士打醮》、《逼吊》、《绣荷包》、《绣花鞋》、《单看相》、《卖石榴》、《卖青炭》、《陆卖饼》、《赠六件》、《打铜宝》、《大红纱》、《买郎眠》、《郎中看病》、《瞎子捉奸》、《呆大烧香》(又名《前草囤》)、《黄老传》(又名《跳窗》)、《小卖花》(又名《单卖花》)、《打五关》(又名《采木香》)、《十不许》(又名《十劝郎》)、《阿增算命》(又名《双妻圆》)、双看相(又名《双江湖》)、《卖佛手》(又名《黄老天看相》)、《借披风》(又名《前披风》)、《还披风》(又名《后披风》)、《童子郎》(又名《矮堂》)、《卖小布》(又名《前荡湖船》)、《瞎子挨阵门》(又名《五起早》)、《阿狗拜堂》(又名《童养媳》)、《小红纱》(又名《借红纱》)、《看水碗》(又名《提牙虫》《大江湖》)、《双采桑》(又名《大唐皇》)、《借衣》(又名《三堂头》)、《讲唐皇》(又名《马浪荡》)、《水作》(分《前水作》《后水作》二本)、《庵堂相会》(分《前庵堂》《后庵堂》二本)、《拜三官》(分《前三官》《后三官》二本)、《双落发》(分《前落发》《后落发》二本)、《打窗楼》(分《前窗楼》《后窗楼》二本)、《垃圾划》(分《前垃圾》《后垃圾》二本,《后垃圾》又名《唐小六》)。

其他姚剧名剧有《桃园记》《强盗与尼姑》《传孙楼》等。

第十节　宁海平调的起源与发展

平调的起源

宁海平调,又称"宁海本地班",在宁海北部亦称"调腔"。平调是浙东古老的地方戏曲剧种之一,属于新昌调腔的分支,起源于明末清初,以宁海为中心,流行于象山、黄岩、温岭、临海、仙居、天台、奉化等地,至今已有三四百年历史。

宁海平调的起源有几说。一说源于新昌调腔的"山坑班"。山坑是宁海最典型、最富魅力的景观,故宁海平调具有棱角分明、不同凡响、几近绝唱的禀性。一说来自宁波昆剧的"甬昆班"。其剧目和曲牌与新昌调腔接近,演唱风格较细腻、平柔,其小丑的道白不用绍兴方言而用苏白,均有昆曲的韵味。

清咸丰三年(1853),冠庄人潘亚青创办平调科班"潘紫云"。光绪十八年(1892),璜溪口邬其静办起"老聚元"。光绪二十一年(1895),县城南门杨玉佩组织"新翔记"。光绪三十三年(1907),义门邬和恩举办"宁舞台"。宣统三年(1911),竹林王善增办"童聚丰"。民国三年(1914),大里王养培办"新聚丰"。民国六年(1917),义门邬有法办"共舞台",梅枝田田启仁办"老如意"。以后,还有"王聚元""杨聚元""大宏庆""翔舞台""中山舞台"等平调戏班。仅宁海一县,就有十多个班社。

平调的特色和发展

平调唱腔以曲牌体为主,多为阴、阳两声结合。一般老生发音较高亢、洪亮,多用鼻音;小生较挺拔、有力,多用假嗓;净角较粗犷、雄壮,声带振幅大。

演员一人前台唱,后场众人帮唱,遇到较长拖腔时,往往会根据字韵,将句末一字割裂开来,按其音韵行腔。白口以宁海官话为准,声音洪亮,听起来很动听。表演以耍牙绝活最精彩,口含四颗、八颗甚至十颗野猪獠牙,时而快速弹吐,时而刺进鼻孔,时而上下左右歙动,或有两颗刺出鼻孔,尤其是有两颗牙始终藏于口内,仍要唱、做、念、打,这一绝技称为"绝活",可与四川变脸媲美。相传此技已有一百多年历史,为老艺人杨先达(艺名"红毛老生")所擅长。另外有些表演技巧如老艺人刘乾木(小丑)的"雀步",葛时烟(小生)的"抱瓶滑雪""一马双鞍""买菜吐红"等,均有较高难度,也是宁海平调的特色。

1957年4月,在县文化部门扶持下,由杨先达、葛时烟等13人组成平调演出队,陆续招收青少年演(学)员。1957年,赴杭州演出传统剧目《金莲斩蛟》(《小金钱》的一折),受到好评。

1960年初,正式成立宁海县平调剧团。1961年10月,改称"宁海平调剧团",并组织力量抢救平调传统剧目,整理出传统剧83本,通过老艺人的口授,记录了平调唱腔。

"文革"期间,大量平调剧本、服装、道具被毁。1969年,剧团解散。

1978年10月,复建宁海平调剧团。1980年8月,以《金莲斩蛟》片段参加省青年演员会演,叶全民、蒋玲波分获一等奖和二等奖。1982年9月,陈亚娟、葛素娟、夏永盛获省"小百花"奖。此后,平调剧未再演出。传统剧目中,《小金钱》与耍牙的技艺紧密结合,成为宁海平调中最富特点的代表剧目。

1999年10月,参加文化部在湖南长沙举办的"映山红"全国戏曲会演,荣获表演、导演等11项大奖。2004年7月,宁海平调《银瓶仙露》又应邀赴杭州参加中国第七届艺术节展演,受到好评。2006年5月20日,宁海平调经国务院批准,列入第一批国家级非物质文化遗产名录。

宁海平调演出队

1955年6月,三门县文化馆干部倪立兴发现,在县文化馆门口有一位卖糖老人会唱宁海平调,于是采访他。此人演唱了一支又一支宁海平调曲牌,倪立兴很感兴趣,即向当时的三门文教科干部朱尔仁汇报。县文教科十分重视这件事,认为这不仅是一件挖掘民间艺术的工作,也关系到抢救一个地方剧种的问题。经了解，此人是宁海平调第七代老艺人章良朋。于是县文教科又请章良朋召来林以奎、葛桐官、周明礼、邵肯堂、葛时烟等宁海平调老艺人，请他们到村里的俱乐部去教年轻人唱宁海平调。

1956年5月，三门县举行了首届民间音乐、舞蹈、戏曲大会演，由宁海平调老艺人为主排演的《张公仪辞朝》《弥陀寺》大获好评，三门群众对这一古老戏曲剧种产生了浓厚的兴趣。10月，三门县文教科、文化馆在宁海平调演出取得成功的基础上，试办了"三门平调演出团"。参加演出团的主要艺人有章良朋、马增兴、刘增桃、邬学熊、何三春、刘小金、葛时烟、杨先达、林以奎、周明礼、刘乾木、葛桐官、邵肯堂、宋金标、徐锡金、徐近况、顾禹霖、朱新福等23人。1957年7月，三门平调演出团首次赴杭州参加由省文化局主办的内部汇报演出，在杭州东坡剧院演出了折子戏《金莲斩蛟》，受到浙江省委宣传部副部长黄源的赞赏，被誉为"全国一枝花"。同时，浙江省文化局肯定宁海平调为浙江省颇有特色的地方剧种，并拨款500元给三门平调演出团，作为抢救宁海平调的补助费。

1957年7月底，根据浙江省文化局意见，三门文化馆派谢育正、葛时烟来宁海，经口头协议，宁海县文教科同意将原三门平调演出团的剩余人员接回宁海，并着手筹建半职业性质的"宁海平调演出队"。

1957年底，杨先达、葛时烟、周明礼等一批艺人回到宁海。根据宁海县委宣传部、文教科的意见，不久便排出了《双合缘》《双龙锁》《鸳鸯带》《金莲斩蛟》等宁海平调传统剧目，并到宁海、象山等地农村巡回演出达四个月之久。1958年8月，宁海县委宣传部、文教局正式同意建立"宁海平调演出队"，确定杨先达、葛时烟、刘增桃为负责人，全队共12人。因当时宁海已有专业的宁海县越剧团，而平调还不具备办团条件，故批准成立"宁海越剧团平调演出队"。1959年底，根据浙江省文化局指示，宁海越剧团支援东阳县，而"宁海平调演出队"被保留在宁海。

象山县平调剧团

1960年1月，在宁海、象山并县期间，经象山县政府决定，并报浙江省文化局同意，"地方国营象山县平调剧团"正式成立，任命沈煜生为象山平调政治辅导员,杨先达为团长。1961年10月,宁海复县,象山平调剧团改称为"地方国营宁海平调剧团"。当时剧团的主要演员有杨先达、葛时烟、林以奎、邵肯堂、刘增桃、刘乾木、韩燕飞、钱行正等。全团共有演职员30余人。

"文革"结束后,宁海文宣队首次以宁海县平调剧团的名义,重新创作排演了反映宁海人民反帝斗争的大型平调近代剧《王锡桐》。1978年3月,剧团再度加工排演,改名为《王锡桐起义》,又演出300余场。9月,宁海县文宣队经县委、县政府批准,正式更名为"宁海县平调剧团"。1979年5月,夏永盛、洪汝飞等23名学员成立第一期宁海平调戏训班,经过三年训练,先后排出《百花公主》《白蛇传》《穆桂英》三出大戏及《御笔楼》《柜中缘》《金莲斩蛟》等小戏、折子戏。1981年,戏训班经考核合格,并入剧团演出。戏训班成员成为宁海平调第五代演员。

著名平调艺人

周明礼(1882—1960),浙江奉化人。1899年开始从事宁海平调演出,先工小旦,后做小生、花脸、老生等。几十年舞台生涯中,周明礼先后与各平调班社搭班演出,到过上海、宁波、舟山、临海、天台、奉化、三门、象山等地。饰演的主要角色有《小金钱》中的李蛟、《鸳鸯带》中的老生、《双龙锁》中的小生、《碧玉簪》中的小旦。1959年,宁海平调剧团特请周明礼来回忆记录已失传的宁海平调剧目、曲牌。经他的努力,很多失传的平调传统剧目又得到了恢复。

杨先达(1905—1984),浙江宁海人。1919年开始学唱宁海平调,1937年在宁海、象山、三门等地演出,擅长老生,嗓音洪亮,"唱念做"俱佳。其中,在《鸳鸯带》中饰演陈正刚,表演尤为突出。另外,他扮演的《小金钱》中李蛟的"耍牙"是宁海平调艺术中的绝技。1937年抗日战争全面爆发,杨先达被迫离开舞台,直到1957年才返回,加入三门平调演出团,并赴宁波参加文艺会演。他的"耍牙"绝技受到省、市戏剧专家的好评。他是宁海平调剧团的组建人之一。

葛时烟(1912—?),浙江宁海人。1924年,拜竺小忠为师,学习宁海平调,擅长小生。1929年到1949年,先后参与宁海王善余班、杨玉佩班、大三庆班、阿昌班，象山吕善林班、大四喜班、杨水小班等戏班演出。1956年10月，加入三门平调演出团，并为负责人。1957年7月，到宁海平调演出队，担任艺委会主任。葛时烟是1949年前最后一位平调艺人，因而他既能较多地继承传统平调的艺术风格，又能吸收现代平调的改革成果，曾在多部现代戏中扮演主要角色。他是宁海平调剧团的组建人之一，为宁海平调的继承、改革、发展做出了较大的贡献。

顾美凤（1940— ），浙江象山人。1957年10月，参加宁海平调演出队，擅演旦角，是新中国成立后第一位宁海平调女演员。进团三年，先后在《鸳鸯带》《朱仙镇》《双龙镇》《赠锦裘》《双合缘》《碧玉簪》《葵花配》《循环报》《四喜缘》《金果园》《分玉镜》《玉龙镜》《合卺缘》《蜈蚣传》《闹阴阳》《忠岳传》等五十多部平调传统戏中任主要旦角。顾美凤表演稳重、自然，嗓音甜美，吐字清晰，善于抒情，且体现传统戏剧的内涵，被观众誉为宁海平调的"顶家旦"。

王万里（1948— ），浙江宁海人。1963年，考入宁海平调戏训班，擅长丑角。曾在平调剧目《三月三》中扮演刘三贵，《逼上梁山》中扮演高衙内，《王锡桐起义》中扮演禁子，《风雷渡》中扮汪保长。《王锡桐起义》也是他执导的剧目。1984年后，在宁海县文化馆组织平调戏训班，随后又组建了业余的宁海繁艺平调剧团，并执导了传统剧《金莲斩蛟》《火烧白雀寺》。

叶全民（1956— ），浙江宁海人。1970年，考入宁海县文宣队，擅演大花脸。曾在《王锡桐起义》《逼上梁山》《劈山救母》《仙露》《红梅阁》《梵王宫》《小姣奇传》等大小剧目中担任主角。1980年，参加浙江省青年演员会演，饰演《金莲斩蛟》中的李蛟，受到专家好评，获青年演员一等奖。叶全民唱腔高亢，表演刚劲，是宁海平调剧团较有影响的青年演员。

夏永盛（1966— ），浙江宁海人。1979年5月，考入宁海平调戏训班，擅长文武小生。在平调移植剧《白蛇传》中扮许仙，《仙露》中扮李方春。1982年1月，参加宁波地区学员会演，在《断桥》中扮许仙，获优秀学员奖。同年9月，参加浙江省"小百花"会演，荣获"小百花奖"。

葛素娟（1964— ），浙江宁海人。1979年5月，考入宁海平调戏训班，擅长花旦。在平调移植剧《百花公主》中扮演百花公主，《小姣奇传》中扮郑小姣，《仙露》中扮演李红桃。1982年9月，参加浙江省"小百花"会演，在《断桥》

中扮白素贞，荣获"小百花奖"。

宁海平调传统剧目

大型戏有"前十八本"和"后十八本"。"前十八本"以家庭戏为主，剧目为：《双合缘》《双巧缘》《仁义缘》《双龙锁》《分玉镜》《双玉佩》《碧玉簪》《鸳鸯带》《凤头钗》《玉龙镜》《挂玉环》《循环报》《双金花》《葵花配》《报恩亭》《节义报》《白玉环》《四喜缘》。"后十八本"题材多样，剧目为：《三星炉》《赠锦袭》《白雀寺》《闹阴阳》《七侠图》《孔雀袭》《朱仙镇》《忠岳传》《鬅蓬山》《游龙传》《小金钱》《三凤配》《义冤报》《合巹缘》《洗怨录》《巧姻缘》《龙虎缘》《闹金钟》。

新中国成立以来，宁海平调剧团移植上演过《三月三》《芦荡火种》《琼花》等现代戏，创作和改编《银瓶仙子》《王锡桐》《为奴隶的母亲》等二十多部剧目。其中，神话剧《银瓶仙子》（又名《仙露》）表演上吸收传统剧《金莲斩蛟》中"耍牙""抱瓶滑雪"等较有特色的技艺。

1949年后演出的有：传统剧《金牛岭》《潞安洲》《天门阵》《白门楼》《御笔楼》《百花赠剑》《贵妃醉酒》《陈琳救主》《偷诗赶船》等；移植的古装戏《碧血扬州》《三请樊梨花》《佘太君斩子》《白蛇传》《劈山救母》《红梅阁》《穆桂英挂帅》《双枪陆文龙》等；移植的现代戏《南海长城》《沙家浜》《红灯记》《奇袭白虎团》《琼花》《杜鹃山》《社长的女儿》《夺印》《双红莲》《三月三》《朝外货》《红管家》等；创作的古装大戏《王锡桐》《银瓶仙子》和现代小戏《寻伞》《高山春梅》等。相传，《小金钱》中《金莲斩蛟》（俗名《娇娇斩独角龙》）的故事发生在香山乡桶盘山。《偷诗赶船》（俗名《小尼姑追船》）发生在薛岙埠头。以上剧目中，《金莲斩蛟》久演不衰，曾两次参加省会演。1977年，《王锡桐》一剧在本县及邻县共演出400多场次。1978年9月，《劈山救母》在城关连演18场，创最高纪录。

附：平调代表作简介

《小金钱》，"后十八本"之一。相传为清代章翰林所作，原戏沿袭南戏不分场的写法,有前、后两本,各独立成戏。前本中的《金莲斩蛟》片段是1949年后平调剧目中的代表作。

《鸳鸯带》,"前十八本"之一。该戏将家庭伦理与公堂戏糅合在一起,1949年后曾几次加工,久演不衰。故事讲述吴江县书生王三秀为赴考,至娘舅家借银,不幸途中染病,巧遇刑部尚书之子闻斌相救。二人十分相合,便各以其妹互许,以鸳鸯带为信物。之后,两人便一同赴考。

《王锡桐起义》,1963年,徐忠杰根据宁海近代反帝斗争史实创作。1977年5月,杨东标根据徐忠杰原作,再充实有关史料重新创作。由于该戏采用的是本地真人真事,因此很富有感染力,在宁波、奉化、慈溪、三门及本县演出都有数百场,深受广大观众欢迎。故事讲述1902年,大里村秀才王锡桐出于义愤,组织"伏虎会",闹县堂,举义旗,活捉朱国章,为民出了一口气。

《银瓶仙子》(又名《仙露》),故事讲述火龙山妖精独角龙年年选女成亲,残害生灵。为灭龙妖,李方春来到千里之外的冰莲洞求取仙露。

图1-12 宁海平调《金莲斩蛟》在岙胡古戏台演出照(来自宁海县非物质文化遗产中心)

第十一节 近现代宁波戏曲名作家

冯允庄（1914—1982），浙江宁波人，又名冯和仪，笔名苏青。肄业于南京国立中央大学英语系，因结婚辍学，迁居上海。1937年起，以写作为生，成为20世纪三四十年代上海颇有影响的女作家。1951年2月，参加上海市文化局主办的戏曲编导学习班，结业后应聘任合作越剧团编剧，年底转任芳华越剧团编剧。曾编写了《江山遗恨》《卖油郎》《屈原》《宝玉与黛玉》《李娃传》等剧目。其中《屈原》参加1954年华东区戏曲会演，获得了演出奖；《宝玉与黛玉》连满300多场，创剧团演出纪录。1959年1月，芳华越剧团支援福建，她被安排到红旗锡剧团任编剧。

成容（1922— ），浙江宁波人，生于上海。1944年，进雪声剧团任编剧，改编创作了《梅花魂》《凄凉辽宫月》（与人合编）、《一缕麻》等戏。1950年4月，参加华东越剧实验剧团，创作了第一个现代戏《传家宝》（根据赵树理小说改编）。紧接着，又参与传统剧目《梁山伯与祝英台》的整理。旋即又编写了《白蛇传》，由袁雪芬、范瑞娟、傅全香主演，赴北京参加第一届全国戏曲会演展览演出，获二等奖。1954年，改编《打金枝》（与苏雪安、徐筱汀合作），参加华东区戏曲观摩演出大会，获演出奖。1959年，创作现代戏《秋瑾》，为剧院向国庆10周年献礼的剧目，由袁雪芬主演。共改编、创作了古装戏、现代戏等大小剧本20多部。

徐进（1923—2010），浙江慈溪人。1943年春，考进袁雪芬领衔的剧团当编剧。写的第一部戏是由袁雪芬主演的《月缺难圆》。此后，又在芳华剧团、玉兰剧团、东山越艺社和云华剧团，分别担任编剧或主持剧务部。1949年前，为这些剧团写了几十部戏，较有影响的有《木兰从军》《葛嫩娘》《天涯梦》《明月重圆夜》等。根据《天方夜谭》故事改编的传奇剧《沙漠王子》和现代戏《浪荡子》《秋海棠》等戏，当时由尹桂芳、竺水招主演，演出盛况空前。

1950年4月，参加国营华东越剧实验剧团，参与集体改编越剧传统剧目《梁山伯与祝英台》，增写了《乔装》《逼婚》两场戏。该剧1952年参加第一届全国戏曲观摩演出大会，获剧本奖。1953年春，和桑弧合作，将《梁山伯与祝英台》改编并摄制成我国第一部彩色影片。1986年，又将《梁山伯与祝英台》编写成五集越剧电视连续剧，由上海电视台录制、播出。

谢枋（1926—1987），浙江於潜人，原名国柱。之江大学肄业，新中国成立初在宁波保险公司工作，后专事戏剧创作。历任宁波市甬剧团编剧，宁波市越剧团编剧、副团长，宁波市文化局创作研究室副主任等职，被选为浙江省第六届人大代表。1985年，加入中国共产党。戏剧作品主要有：20世纪60年代与胡小孩合作甬剧《甬眼哥》；70年代与胡小孩、天方合作甬剧《三篙恨》，获1980年省剧协剧目创作奖，后又改编为戏曲电影《花烛泪》；80年代创作《慧梅》，由越剧表演艺术家王文娟主演，红遍大江南北。

孙蔚龙（1927—），浙江萧山人。1950年开始戏剧创作，近四十年内创作、改编了古代戏曲《钓鱼城》《程婴救孤》《杀狗记》《牡丹花开》《龙凤夺珠》《齐王斩后》等大小剧目70余部。其中《齐王斩后》颇负盛誉，省内外四五个剧种、数十个剧团争相上演，历演30余年而不衰，现为甬城剧坛名人。孙蔚龙自幼爱好文学，高中求学时，嗜诗词，学于殷涤生。

红枫（1927—2019），浙江镇海人，原名李祖康，笔名国苏、慕尹、寒青。1949年开始从事戏曲创作，得前辈编剧陶贤的指导，曾与陶贤、计大为、陈曼等一起，编写过《小村芳草》《车辚辚》《生死恋》等剧本。1949年后，曾参加上海市第一、二、三届地方戏剧（曲）研究班。1950年夏，进合作越剧团，与戚雅仙、毕春芳等共事40年之久，创作了50余部剧本，其中不少戏成为剧团的保留剧目。如《龙凤花烛》一剧，连演连满将近半年。《王老虎抢亲》一剧，一改合作越剧团擅演悲剧的风格，久演不衰。该剧不仅被收入《中国地方戏曲集成·上海卷》，而且由（中国）香港长城电影制片公司拍摄成越剧戏曲片。所作历史剧《彩虹万里》，曾获1951年上海市戏曲竞赛演出一等奖、创作二等奖。《龙凤花烛》《彩虹万里》《白蛇传》《拜月亭》等十多个剧本上演后，由上海文艺出版社等单位出版单行本发行。

傅骏（1931—2006），浙江宁波人，生于上海。原名傅金堂，曾用笔名萧虹、金虹、梅和老等。中国戏剧家协会会员、上海戏剧家协会理事。1951年

2月,考入上海市文化局主办的第一届戏曲编导学习班。结业后分配到高剑琳、筱水招为主演的更新越艺社,并为该团编写了新戏《英雄与才子》(又名《桃源梦》)。不久进入合作越剧团,为该团写的第一部作品是由戚雅仙演唱的《婚姻曲》,风靡一时,灌成唱片后广为流传。之后,编写的《卓文君》《玉堂春》《还我台湾》(又名《郑成功》)、《血手印》等,也相继被搬上舞台。20世纪50年代末至60年代初,开始创作现代戏,作品有《母与女》《火凤凰》《女共产党员》《一个平凡的母亲》等。较有影响的有历史剧《文姬归汉》和现代剧《红色医生》,其中《红色医生》成了剧团的保留剧目。

纪乃咸(1935—2010),浙江象山人。中国戏剧家协会会员。1949年底,考入华东军政大学浙江分校,后参加中国人民志愿军入朝作战。1958年,考取上海戏剧学院戏剧文学系。1961年,分配到上海越剧院,从事编剧工作。曾任创作室副主任、主任、副院长等职。1990年,调上海艺术研究所,任副所长。曾先后与人合作创作了《菜市春》《鲁迅在广州》《花中君子》《风月秦淮》《秦淮烟云》(戏曲电视片)等剧目。其中《鲁迅在广州》一剧为越剧舞台塑造鲁迅先生的形象做了可贵的尝试,开拓了剧种表演题材,获首届上海戏剧节剧本奖。

柯靖难(1939—),浙江象山人,笔名柯武松、靖难。1957年,考入宁波市杭剧团学艺,后改任甬剧、越剧演员。曾饰演少剑波、白玉堂、黄天霸、十一郎和周瑜等角色,其中白玉堂一角在观众中有较大影响。其时因剧团缺少编剧,他就兼学写作,曾改编、移植、创作《探寒窑》《千万不要忘记》《夺龙珠》等剧目。"文革"期间,一度被下放到工厂做车工。不久,调回宁波市文宣队(后改为京剧团),参演"样板戏"。又因文宣队无专职导演,他就兼任教师和导演。曾导演《海港》《铁流战士》《小刀会》及之后的《秦香莲》《唐宫奇冤》《状元扫地》等十多个大小剧目。20世纪八九十年代,在宁波市越剧团(后改为宁波小百花越剧团)担任专职编剧。

戚天法(1940—),浙江慈溪人。曾任慈溪市文化馆副馆长、宁波市文化局副局长、宁波市文联副主席。现任中国作家协会会员、中国戏剧家协会会员、宁波市戏剧家协会名誉主席、宁波市电影家协会名誉主席。创作、合作大型舞台戏曲剧目《琥珀泪》《桃花梦》《孟姜女》《洪涛奇情》《卫城刀》《花好月圆》《项女断指》《金僮怨》等。中国戏剧出版社为其结集出版《戚天法剧作选》。

裴明海(1941—),曾任宁波地区越剧团编剧、宁波地区群众艺术馆副馆长、宁波市文化局副局长、宁波市文联副主席、宁波政协文教卫体委员会副主任、浙江省民协副主席、宁波市民间文艺家协会主席。现任中国民俗学会会员、宁波非物质文化评审委员会委员、宁波市文联顾问、宁波市民间文艺家协会名誉主席。曾创作出版《诠译大冯——冯骥才述评》(传记)、《闲来弄风》(散文诗词)、《鸟的传说》(民间文学)、《戏剧与民俗杂谈》(合作)等著作。主编出版《艺坛人生》《宁波爱国主义民间故事集》。分管宁波戏剧工作期间,主持出版《宁波甬剧发展史述》《余姚姚剧发展概述》《平调发展史》等三种图书,并主编《宁波剧作家优秀作品选》。退休后,受聘宁波市地方志办公室和市文化广播电视出版局,出任《宁波市志(1991—2008)》(风俗卷)、《宁波市志(1991—2008)》(文化卷)主编。

杨东标(1944—),浙江宁海人。毕业于中国艺术研究院研究生部编剧班,曾任宁波市文联党组书记、副主席,宁波市作协主席。现为中国文联全国委员会委员、浙江省作协副主席、宁波书画院院长。曾获"宁波市突出贡献知识分子""浙江省当代作家50杰"称号。1970年起,发表各类文学艺术作品,迄今已发表出版300余万字。文学作品有散文集《柔石二十章》《说戏与戏说》《看企鹅回家》《一线文缘》等,其中《柔石二十章》获浙江省委宣传部"五个一工程"奖、省作协优秀作品奖;戏剧集有《杨东标剧作选》,收入戏剧作品九部。

张金海(1944—2015),浙江慈溪人。中国戏剧家协会会员,国家一级编剧。曾创作《皇后易嫁》《民女封后》《传孙楼》《龙铁头出山》《人生大转盘》等近三十个大型戏曲剧本,出版过《张金海黄韶剧作选》。荣获全国优秀编剧奖,作品获全国"五个一工程"荣誉提名奖,并多次获得浙江省戏剧节剧本一等奖、省委宣传部"五个一工程"奖。2004年退休后,与杨东标合作,创作了历史剧《王阳明》、现代剧《五月杨梅红》。

王信厚(1944—),浙江省剧协顾问,国家一级编剧。曾任宁波甬剧团书记、团长,中国戏曲现代戏研究会理事。1963年起,先后任宁波戏训班、宁波越剧团、宁波甬剧团编剧。1983年,赴上海戏剧学院高级戏曲编剧班进修,长期从事编剧工作。曾创作甬剧、越剧、儿童剧、滑稽戏等数十部大戏及多部电视剧。甬剧作品有《秀才的婚事》《罗科长下岗》(与张金海合作)、《马虎厂长》《邻舍隔壁》《阿寿哥》《风雨一家人》(与孙仰芳合作)、《风雨祠堂》《宁波大哥》(与孙仰芳、王晓菁合作)等。

孙仰芳(1951—),国家一级编剧,毕业于黑龙江省艺术学校编剧大专班,结业于中国戏曲学院97高级编剧研修班。主要作品及相关荣誉有话剧《一个人与他的梦》《红马》《青铜偶人》以及以蒋经国先生为主要人物的《溪口往事》,由浙江话剧团演出,并荣获第14届"田汉戏剧奖"剧本一等奖;戏曲剧《石美人》《青瓷美人》《中国凡·高》以及与王信厚合作的现代甬剧《风雨一家人》《桑兰》,曾获浙江省"五个一工程"奖,浙江省第七、八届优秀剧本奖与优秀编剧奖;广播剧《中国妈妈》《宝岛红枫》《天使的承诺》《包玉刚的婚床》,两度获得浙江省"五个一工程"奖,三度获得中国广播剧一等奖与三等奖。曾受聘浙江省文化厅,为《中国戏曲志·浙江卷》编委。2003年,出版《孙仰芳剧作选》,2020年,出版《孙仰芳剧本新作选》。

第二章 宁波戏曲剧场简史

中国戏场源于原始人类敬神祭祀的乐舞场所。这类活动,最初只是出于宗教和巫术的需要,一般选择山林空地、崖壑坝坪或台地等适合制造氛围的自然地形。其附近一定有峭壁、岩石、森林、流水,以便创造一个宗教氛围空间,使人体验深含宗教意味的符号和图形。农耕阶段,人类脱离了森林沟壑,在适宜耕作的平原丘陵地带定居下来。宁波在4000—7000年前的河姆渡时代已孕育出原始戏场雏形。

中国古戏场是中国戏曲文化的重要组成部分,是沟通神与人、表演与观众的最主要媒介。中国古戏台与古印度梵剧剧场、古希腊古剧场同称世界三大古老戏剧演艺场,然而只有中国的戏曲文化仍在传承。扎根于各地城乡的古戏台,多已列入文化遗产,得以保护。

中国古戏场有数千年历史,从原始到发达、简朴到豪华,透露出社会经济发展的痕迹。广义地说,古戏台是古代大千世界的缩影,在方丈之中演绎千百年兴衰于嬉笑怒骂间,将先人的生活和思想淋漓尽致地表露,这可能是其他任何一种文化艺术手段难以替代的。正如宁海县岙胡古戏台对联道:"数尺之基,走遍天南地北;一方平台,演尽古今风流。"鄞东太白庙戏台对联道:"佞直忠奸,明看他一台青史;悲欢离合,隐示人片刻黄粱。"

有资料显示,全国约有古戏台十万座,然而较完好的已不足一万。所谓"古戏台",是与现代剧场、戏院相比较而言。一般认为,采用古代的形制和建筑材料、建筑技术,不改变原状重修的戏台仍可称为"古戏台"。

第一节　浙东史前至汉唐古戏场

史前祭祀舞乐场

浙东古戏台最早形成可追溯到原始社会。据大量考古资料证明，在四千年前的原始氏族社会祭神、敬祖活动中已形成手舞足蹈、载歌载舞的表演艺术，其演艺场所即古戏台的雏形。各地发现的原始岩画和石器、陶器上都有生动的图像。据《吕氏春秋·古乐》，舜、禹都有令部下从事演艺活动的记载。

古代宁波属越文化圈，汉代继承秦代"乐府"旧制"乐舞百戏"，舞乐演艺作为戏曲的前身，成为先民不可缺少的精神生活。特别是祭祀和节庆，民间和官府的演艺场所基本具备了戏曲发展的社会条件和物质要素。2011年6月，于宁波江北区句章故城遗址出土的春秋时代原始青瓷礼乐器，也证实宁波先民们已享受舞乐之美。此外，汉代佛教传入，佛道及民间信仰促进城乡崇拜活动。如宁波出土的汉晋青瓷器上的乐人和舞伎，还有身着胡服的演出者，说明原始的戏台也应该产生了。

但是，古代的祭祀和舞乐场所只是戏曲演艺场的雏形，要成为戏场或戏台，还必须与经济的发展和文明的进步相适应。

从古籍和出土器物看，我国先民最初的演艺场所以露天的为主，在土墩或广场表演最为便捷。《诗经·陈风》："坎其击鼓，宛丘之下。无冬无夏，值其鹭羽。"意思是说，在鼓乐伴奏之下，于山坡下四季歌舞。

秦至唐百戏舞乐场

秦汉时代，出现了贵族宴饮舞乐的场景。从今存汉画像砖、画像石来看，

图 2-1 唐五代宁波天宁寺塔舞乐石刻

当时的汉代百戏演出主要在家室厅堂、屋宇殿庭、广场上进行，没有专门的演艺场所，广场演出尚未见有处所的记载。据晋代陶瓷器上的纹样显示，似乎随处皆可作表演场。到了隋朝，已有明确记载，当时已有一种安置观众的"看棚"。唐人继承隋代风俗，可以被正式称为"戏场"的应该是神庙里的戏台，它们和神庙的殿宇廊庑共同构成一个整体演出环境。最早有记载的是唐代佛寺中的"戏场"，敦煌壁画可窥一斑。在唐代，寺庙中已有专供演艺的戏台，长安城不仅有寺庙戏场，还有唐明皇的"梨园"、杨贵妃的"沉香亭"等。宁波开元寺唐代壁画就有舞乐场面，与敦煌画中戏舞场景一脉相承。

唐、五代前的宁波古戏场记载鲜见于文献，也缺乏考古实物的印证，只能从古代笔记和地方志里找到只言片语。唐代，宁波城市已成规模，天封塔、天宁寺、开元寺、灵应庙等已建造。子城建成后，官员祭祀与民间舞乐必然需要场地。但缺乏证据，只能推想。宋之前的专用剧场，亦难寻其规模制度。故宁波的戏场史只能从宋代说起。

第二节　宋元时代明州戏场

戏台，宋元时称"舞亭""戏场""勾栏""瓦肆""戏楼""乐楼""万年台"等。北宋建立于公元960年，结束了长达二百年之久的唐五代分裂局面。经济发展促进市肆文化的产生，在《清明上河图》中已绘有街头说唱场面。宋吴自牧《梦粱录》说："街市有乐人三五成队，擎一二女童舞旋，唱小词……或于酒楼，或花衢柳巷妓馆家祗应……"又有《东京梦华录》记载："构肆乐人，自过七夕，便搬《目连救母》杂剧，直至十五日止，观者倍增。"《目连救母》脱胎于佛教，逐渐形成"警世"杂剧。而其他类似南戏唱念舞动的戏曲也逐渐形成。

逐渐成熟的宋元古戏场

宋代以后，浙东大量乡俗庙宇的演剧环境发展，延及明清，愈衍愈盛。但是，神庙戏场毕竟不是专门的演剧场所，真正戏场的产生还是源于宋代勾栏的出现。宋代城市商业经济发展，以及商业游民阶层大量出现，使市井娱乐发达起来，并向社会提出了建设专门剧场的要求，于是城市游艺区瓦舍里的勾栏剧场应运而生。从北宋前期到明代前期这四百余年时间里，中国戏剧的演出场所以瓦舍勾栏为主，神庙剧场为辅。

特别是南宋，浙东经济文化因康王南渡而强势崛起，唐时的梨园、教坊流入民间，即为勾栏、酒肆、瓦舍等演艺场地，且始称"戏场"。于是，宋代就分为皇府的"雅乐"和民间的"散乐""杂剧"。诗人陆游族裔在明州，他曾多次往返越州、明州间，诗中有"空巷看竞渡，倒社观戏场"之句，可见浙东戏场戏风之盛。南宋《武林旧事》载临安城内有23处瓦市，其中北瓦内有勾栏13座。南宋"朝中紫衣贵，皆是四明人"，鄞县史氏家族"一门三宰相，四世二封王，七十二进士"，左右朝政达120年之久。明州首位丞相史浩（1106—1194）在晚年著"大曲"，即诗词与舞蹈结合的演艺，边唱边舞，曾在宫廷和府第中排练演出。曲中有"乐声表至和，在乎民共乐。百姓或怨咨，八音徒振作。朝歌商纣擒，暖响奏婴缚。四海得欢心，全胜听弦索"之句，可见偏安一隅的南宋王朝太平祥和，年节庆典、祭祀时与民同乐，庙祠、教坊、戏场无不鼓乐喧天。南宋晚期至元代，江南杂剧和南戏流行。据新旧《鄞县志》记载，杂剧自元代入鄞时有汪勉之与鲍天佑合作的《孝顺女曹娥泣江》。南方的经济文化发展胜于北方，南戏剧目有记载的竟有65种。南宋晚期，浙东王应麟在《三字经》中，鼓励读书明智。其中写到的帝王、名臣、孝子、贤人，大都已经成为民间戏剧中的形象，在戏场中广泛传诵。

城厢瓦舍、勾栏等杂剧戏棚

由于宋室南渡的缘故，城厢瓦舍、勾栏戏棚首先被带到了行都临安。南宋咸淳《临安志》卷十九记载：

> 故老云：绍兴议和后，杨和王为殿前都指挥使。以军士多西北人，故于诸军寨左右，营创瓦舍，招集伎乐，以为暇日娱戏之地。其后修内司又于城中建五瓦以处游艺。

从这则资料可以看出，地处南方的临安市肆里原来没有瓦舍、勾栏的设置。大量北方军士涌入临安后，他们的指挥官就按照北方的习惯，把汴京的瓦舍、勾栏搬到这里来。其最初的目的只是满足军士们闲暇时候的娱乐需要，以后就发展为和汴京一样的市井游艺了。

南宋初期，由于"绍兴和议"之后战事暂息，明州经济文化迅速发展，大量北方中原移民涌入浙东城乡，人口激增。城中约6.6万人，城外11乡约5.6万人。城厢还集中不少贵族、艺人，手工业、商业和饮食游艺开始兴盛，演艺文化在城镇的街巷里坊占有一席之地。当时的商业性游艺场所叫作"瓦舍"（或"瓦子""瓦肆""瓦市"），瓦舍里设置的演艺场所称作"勾栏"（或"勾阑""钩栏""构肆"），进场是要付费的。

据宋人笔记文献记录，明州城厢人士以观看杂剧为多。如四明倪君奭《夜行船》词："年少疏狂今已老，筵席散，杂剧打了。"杂剧主要在勾栏戏棚中表演，也可在酒宴中演出。宋人张端义笔记中有史弥远曾遭杂剧艺人讥讽，此后其相府二十年不用杂剧的记载。

贵族大曲小唱戏场

堂会戏的演出场所是最随意的，由于戏曲表演具有虚拟性和时空自由性特征，不需要专门的布景和舞台装置，因此对于演出场所没有特别的要求。另外，戏曲演出的场面可大可小、可繁可简，这就为堂会演出的随意处置提供了便利。《坚瓠集》里记录了一则"制阃演戏调史相"的故事：

史丞相用事，选人改官，多出其门。制阃大宴，有优扮为衣冠者数辈，皆称为孔门弟子，相与言"吾侪皆选人"。一人出曰："吾宰予也。"夫子曰："于予与改，可谓侥幸。"其一曰："吾颜回也。"夫子曰："回也不改。"谓予曰："四科之首而不改，汝何为独改？"宰予曰："吾钻遂改。""回何不钻？"回曰："吾非不钻，奈钻弥坚耳。"予曰："汝之不改宜也。何不钻弥远乎？"一座皆失色。

制阃，谓统领一方的军事元帅。在统帅府宴会的时候，有三个角色，一为孔子，一为宰予，一为颜回。宰予得到了提拔，而颜回德才兼备却不得提拔，为什么呢？宰予说，颜回，你没去钻营。颜回说，我去钻了啊，我钻的是弥坚。宰予就说，那就不奇怪了，因为你钻错了地方，你应该去钻弥远。弥坚、弥远指史氏兄弟。

史弥远家宴堂会观剧，得益于其父亲史浩丞相是宋孝宗的老师，史浩不但制"大曲"，而且亲自在府中调教步曲歌舞。我国现存的大曲中，以史浩作品最为完善。史浩的大曲共7套52支。他的幼子史弥坚后来继续堂会大曲小唱，和夫人共同表演，在宋代传为佳话。在史氏家族影响下，明州其他贵族的堂会大曲也同样很有声色。鄞人高文虎家伎何银花就长于歌舞弹唱。

城乡岁时风习戏场

宋元时,明州城乡节庆游乐活动丰富多彩,元旦、元宵、清明、社日、端午、七夕、中秋、重阳、除夕等节庆,游艺舞乐都不错过。从除夕傩戏驱鬼、冬至元旦开门迎春,至上元灯节,半个月游艺活动不断。

元旦,即今之春节,是宗族团聚、亲朋邻里庆贺之节。城厢游艺最烈为元夕观灯和表演,各种杂技歌舞几乎全在元夕演出。吴潜诗词中有大量关于当时"随地作场"演艺的描写,如百戏舞队"七子八仙三教,耍队相挨"。这类戏场仅为一高出地面的土石台或由竹木临时搭建,称"露台""路台",南宋陆游有"圣主忧民罢露台"之句。

社日是宋元以祭神为中心的岁俗,一般在农历春分前后。社神信仰源自远古天地崇拜,至宋代发展为一乡一村的保护神。祭神内容中必有祭拜及舞乐,而舞乐又形成"赛会",祀望神灵护佑。北宋时,鄞西林村社庙春秋分社赛祷。多次来过明州的诗人陆游,写过"佛庙村伶夜作场"之句。农民从四方涌入社庙戏场,观看社祭赛会,而社庙茶肆戏场也应运而生。

宋代百戏戏场多从汉唐衍传,其中如汉唐武术、杂技、杂耍、歌舞、说唱、变戏法之技,也可流动演出,成为年节风习赛会之一项。名士楼钥《戏和三绝·藏撅》记:"尽教逞技尽多般,毕竟甘心受面谩。解把人间等嬉戏,不妨笑与大家看。"藏撅是古代魔术的一种。

街头田间傀儡百戏戏场

南宋与元代,百戏演出方式十分丰富,分工日趋精细。如傀儡戏,由于无需正规演出场所,用一块布围起即可表演,故在四明城乡很普遍。楼钥有《戏和适斋绝句三首》:"假合阴阳有此身,使形全在气和神。王家幻戏犹坚固,线索休时尚木人。""适斋"即鄞名士汪大猷。由诗可知,这就是明清的提线木偶戏。

又有明州制使吴潜《秋夜雨·依韵戏赋傀儡》:"腰棚傀儡曾悬索,粗瞒凭一层幕。施呈精妙处,解幻出、蛟龙头角。谁知鲍老从旁笑,更郭郎、摇手

图 2-2　旧慈溪县清道观戏台（来自《宁波旧影》）

消薄。歧路难准托。田稻熟、只宜村落。"此中"歧路"指流动演艺人，他们的卖艺场所主要在街巷村落。

宋元以来，"明州称多贤，文献聚如积"，王应麟、戴表元、袁桷、张可久等著于学问、诗词、曲调。民间有更多的戏场和看众，明州府各县都有东岳庙，其中庆元城中有两座，城隍庙也在二州四县建立。其他如鲍盖庙、遗德庙也很普遍，鄞县另有岳飞庙、羊府庙等，都建有戏台。

第三节　明清宁波社庙戏场的繁荣

中国戏曲的第二个繁盛期是明清时期。入明之后，戏场、戏台、剧场逐渐形成。戏曲佳作、戏曲名角不断涌现。明清时期浙东古戏台的大量涌现，既与地域经济和文化的发展有关，又显露出社会风气面临的问题。贫富差异、社会动荡造成社会变革,古戏台的存在警示世人共同努力,维护社会稳定、家族安宁。古戏台以敬神敬祖的祭祀演出活动为主要功能,同时也是乡风教育之所。

明清社庙戏台的成熟与繁荣

明王朝统一中国后,商品经济发展,城乡人口增多,宗庙、市集迅速兴盛,各地的庙会、祭神、敬祖及地方性赛会活动大大丰富,因此祠台、庙台、街台、桥台等逐步增多。从明晚期起,古戏台就完全融入城乡生活中了。

与宋元杂剧戏场、南戏戏场及其他民间演艺场所相比,明清以后的戏场规模逐渐扩大,构造日益精巧考究。在互相攀比和效仿下,戏台的勾栏、檐拱、顶棚、卷棚等式样变得华丽。尤其是木结构,大多采用艳丽的色彩和繁复的彩绘。清代中晚期,戏台斗拱的装饰性和藻井的华丽性尤为突显,有的祠庙出现双连贯或三连贯藻井。如奉化董村一村四台,象山石浦城隍庙一庙三台,鄞州庆安会馆、安澜会馆内各有两座戏台。

宋元时,宫廷、庙宇、祠堂的戏台纷纷重修为有顶盖、有看场、分前后台的戏场。其中最重要的是开放型的庙会戏台和宗祠戏台,而原来的厅堂乐棚戏场逐渐消亡。这类神庙戏台中的城隍庙戏台,为朱元璋出生庙祠,为称帝后下旨所建,此后各地城隍庙戏台成为县城内最大的教化戏台。宁波从宋代起建城隍庙,明初都进行了重建、扩建。由于祭神也是娱民和教民,一年数次的祭典或庙会让成千上万的百姓共享看戏乐趣,并同时接受礼乐教化,因此戏台成为整组建筑的中心。戏台顶部多是歇山顶,饰以藻井。戏台必面对神殿,演戏也即敬神。看戏场地既能遮阳避雨,又可适当采光,形成出檐深广的卷棚廊、勾连廊样式。

清代出现的商业化戏园,是对神庙剧场的一种复制模仿,结构与神庙剧场相同,即在戏台三面环绕建楼,构成一个四围空间,中间有露天的天井。这种形式的建筑容易受到自然气候影响,很快就被改造,即把整座建筑全部覆盖起来,里面形成大厅式的空间,由此成为清乾隆时期至民国时期近两百年间的代表性式样。

过去,村民一年中难得看几次戏,故做戏的信息传出之后,古戏台周围

图 2-3　宁波清代福建会馆天后宫戏台（来自《宁波旧影》）

总是人声鼎沸、热火朝天，在无序之中遵守规约，直到戏场散尽，留下多少唏嘘感慨。古戏台前部优先安排贵宾、长辈，左右两厢安排女宾及来客，一般看众都集中在檐下和堂前。男女老幼、四邻八舍在戏台前互尊互爱，戏台外的杂货、食品、玩具、游乐等店铺以及算命、看相等摊点共觅商机。古戏台也为当地的经济发展做出了贡献。

清代段光清在《镜湖自撰年谱》中说到咸丰二年（1852），他在宁波做官时，路遇鄞东石山弄村古庙正在做戏的一段往事："余至石山弄，山上人聚如蚁垤。入庙，拥挤无座位，神殿前有戏台。余登台上，人声沸腾，要余出示平粮价、定盐界……"但后来百姓也明理，戏照做，段光清回府后也迅速处理这事。

明清是宁波古戏台兴造和演出的繁荣期，其一，经济和商贸不断发展，城镇和乡间集市普遍，国事泰安，民享太平。其二，手工业市场化，工匠技艺提高，竞争激烈。其三，一大批文人钟情戏曲研究，自编自演了很多戏，且有大批看众和戏迷。尤其是以屠隆（1542—1605）为代表的宁波剧作家，"能新声，颇以自炫。每剧场，辄阑入群优中作技"。如万历三年（1575）重阳节，屠隆在嘉兴烟雨楼演出得意之作《彩毫记》。其四，明代晚期民间宗祠戏台普及，民间组织演出更为广泛，因此促进了古戏台建设。

文人精于戏曲研究和创作、乡镇平民和官贵看戏成俗、城乡戏班大量涌现，这些因素都促进了宁波古戏台的发展和成熟。明清的浙东民间戏场主要有社庙戏场、宗祠戏场、会馆戏场、路亭戏场、道观戏台等。其中，社庙戏场最为繁荣。

社庙戏场的形成和发展

南戏起源于宋元，到明代演化出传奇，是其成熟化与规范化的结果。大约在明代万历年间，一些庙宇在建筑结构上做出改造和调整，把两侧的廊房向中轴线靠拢，并改为两层楼；两侧转折处分别与戏台和神殿相连，完备的神庙剧场就形成了。此外，明嘉靖之后开放民间建宗祠、家庙，而祭神与娱人成为神庙、宗祠的共同功能。这种神庙剧场、宗庙戏台又被各地兴起的商业会馆模仿，通过酬神和演剧来为商行的经济活动服务。随后进入日常生活，成为私家院里的小型剧场范式。其后又成为清宫廷戏台范本，为清代以后兴起的专门化剧场——城市戏园提供了建筑上的经验。

中国最初的戏曲表演与古人对神灵的崇拜有关。早在商周时，我国已出现神庙和祀祠，都是祭祀场所。这类基本上没有教义的乡土泛神崇拜，始终没有形成宗教，而一直延续至今。宋代之前的祭天、祭神、祭祖活动，都在固定场所表演戏曲和歌舞。南戏本来就是娱人的，神是人根据自己的形象和个性创造的，演戏既然能娱人，必定也能娱神。所以礼神敬神的重要活动之一便是演戏。如鄞县城乡在唐代建神庙7处。宋代城内建神庙23处，其中有天后宫戏台、董孝子庙戏台；在乡间建庙54处，也各建戏台。元明以来，佛教寺院内的演戏之风在浙东已绝迹，而在道观和神庙新建或改建戏台十分普遍，旧《鄞县志》记载新增乡间神庙200多处。凡神庙都建有戏台，作为敬神酬神的必备设施。戏台设置正对神殿已成定制。祭神娱神是建庙的主要目的，在精神上起到抚慰世人、沟通神灵的作用。更重要的是，中下层民众的社交活动也以神庙为媒介。

庙又称"社庙"。社，古指土地神，北方称地母、后土神，又称"里社"，每年立春、秋分两次祭祀。社在古代又是地域单位，古有"方六里为一社"。又

图 2-4　宁波月湖清代花果园庙戏台亭（来自《宁波旧影》）

有"二十五家为一社"。社戏又称"庙戏"，在社日扮演各类杂戏又称"社火"，宋代起，在江南农村特别流行，陆游诗中多次出现，鲁迅先生也写有《社戏》一文。

宁波城内最早的神庙称鲍郎庙，为纪念晋代鲍盖所建。南宋宝庆《四明志》记载，鲍盖生于晋泰始三年（267），永兴三年（306）任鄞吏，因除暴安良、济贫扶困备受爱戴。唐圣历二年（699）建庙之后，直到明清，鄞城的鲍郎庙竟有68座。其他较特殊的庙主有梁山伯、王元暐、张世杰、康用锡、郑世忠等。

宁海县建有数十处白鹤庙，神主为东汉赵炳，台州临海人。民间传说宋高宗赵构逃到台州临海时，金兵追袭不舍，赵炳显圣，白雾漫天。高宗逃过一劫后，封赵为白鹤大帝，自明代起建庙设戏台。此外，如：宁波城隍庙以西汉纪信为城隍；余姚仙圣庙祭祀当地龙王山神；奉化曹王庙和宁海皇封庙都纪念北宋开国大将曹彬；镇海后丰林庙尊苏武为神，韩世忠和梁红玉端坐在北仑猫礁庙和镇海横溪庙戏台前，他们都成为当地人心目中的"菩萨"。宁波的习俗中有"红庙、黄寺、黑祠堂"之说，故神庙的外观一般以红色为多。

关于晚清和民国时期宁波地方演戏之盛,民国《鄞县通志·文献志》做了十分详细的记载,如在宁波演出的有昆班、徽班、绍兴班、台州班等。"邑中之戏多演于各庙中,旧时城区各业均有同行且均有会,多演于郡邑两庙中。""一年之中无日无之。"除了固定的祭祀节庆外,平时也好戏连台,如酬神戏、祝寿戏、开业戏、发财戏、生辰戏、孝顺戏等。

宁波地处东海之滨,离中原千里之遥,除了主要民俗沿袭中华旧制,地方民俗也十分丰富且悠久。宋宝庆《四明志》记载浙东民风"尚鬼好祀",形成古越文化与中原移民文化相融合的地域民俗文化,特别突出社庙崇拜,明清形成广建寺庙之风。

在我国古代神权、族权、皇权互为联动的社会中,神庙成为各阶层共同维护的秩序媒介,对大众文化教育起着促进作用。如宁波府城内外,有戏台的神庙有500处,镇海县近300处。每个庙一年演戏1—3次,每次1—5天。由庙戏、庙台养活戏班,并在竞争交流中提高技艺、丰富剧目,戏台建筑也更加富丽精美。

庙脚制度的建立

明清时期流行"庙脚"制,即每座庙由十户以上的百姓供养,这是我国古代"社庙合一"的体现。

浙东社庙十分突出庙脚制管理。民间俗称的"庙脚",是姓氏家族集中聚落发展成熟的标志,即庙社直接归属于在村落居住的家族,由村落家族推选崇拜的圣贤、名士、神仙、名医、孝子等为保护本境域的主神,称为"境主""侯王"。特别是浙东沿海多海盗倭患,因此在宋代保甲制基础上,官民组建的"堡"(相当于民间防卫组织)成为庙脚的基干。如镇海县浮林庙庙脚有七十二堡。庙脚,也即庙宇的功德主,古称供养人,负担庙的一切修缮、庙会做戏及日常管理等。这恰恰迎合了北宋末期以后大量外来移民寻求安定的心理,建庙求太平是明清城乡民众的普遍心态。每村每人都入籍于庙,世代相袭,成为庙脚,又俗称"庙下"。明清以后,由于神庙数量剧增,庙脚群中相继出现了以当地士绅、家族宗长、工商业主、慈善人士为代表的"庙董"

图 2-5 鄞西羊府庙戏台外景

或"首事"。城内有的天后宫、城隍庙还请道士管理。

  大型的庙脚数量可达 2000 户以上,如鄞州区的㑇飞庙、咸祥庙,海曙区的黄公林庙和象山的昌国大庙等,其中咸祥庙达 7000 户。500 户至 1000 户庙脚的为中型庙,如鄞西白龙王庙、梁山伯庙,鄞东老东亭庙、太白庙等。100 户上下的社庙数量最多,如鄞西秦始皇庙、檟楂祖庙,鄞东青山庙、王安石庙等。海曙古林镇石马塘羊府庙记载的庙户为 8 户,实际上增至百户。庙虽小,同样建戏台酬神。

庙戏与赛会

  戏场有"庙"必有"会",有"会"必有"赛"。清末,浙东有名的祀庙达千余座,半数以上有庙会庙戏。如鄞西梁山伯庙农历三月初一和八月十六举办庙会庙戏,长达七天;象山定塘镇镇潮庙农历五月二十七庙会,抬着"平水大帝""十八先贤"行会做戏,集众成千上万。

清光绪十八年（1892）12月19日，宁波江北岸使君庙演戏失火造成三四百人伤亡。宁波城内城隍庙也发生过演戏失火、死伤数百的惨事。民国《鄞县通志》记载："八九月之间，东西两乡几无村不醵钱演戏，谓之会戏。但此或不演于境庙而演于各村中者，旧家巨族各祠中。"可见，会戏除了在会馆演，祠堂境庙也可演出。慢慢地，会戏发展为集市，振兴了经济，便利了商贸，通称"庙市"。赛会、庙市不断发展和成熟，衍生出以庙社为中心的各类庙会戏。

城乡赛会也是祭神娱人之举。《鄞县通志》载："城乡皆有赛会之举，城区之会有四月半会、九月半会、十月朝会……高桥会自三月七日起至十日止。沿街挂灯结彩，各村演戏设祭，颇有村歌巷舞之乐。"明清时代，庙会又衍生出赛会，互相竞技。如四月半的都神会，自四月十一至十三日，抬着五位都神菩萨出行巡游，队伍中有头牌、台阁、鼓亭、鼓船、珠龙、金猊、玉象、彩马等，伴随着十番锣鼓、九连灯、打秋千、踏高跷等表演，穷奢极侈，斗妍夸丽。城内外赛会都由民间街坊或商业会社组织，湖西有老文华社，南路有协兴社，西路有风

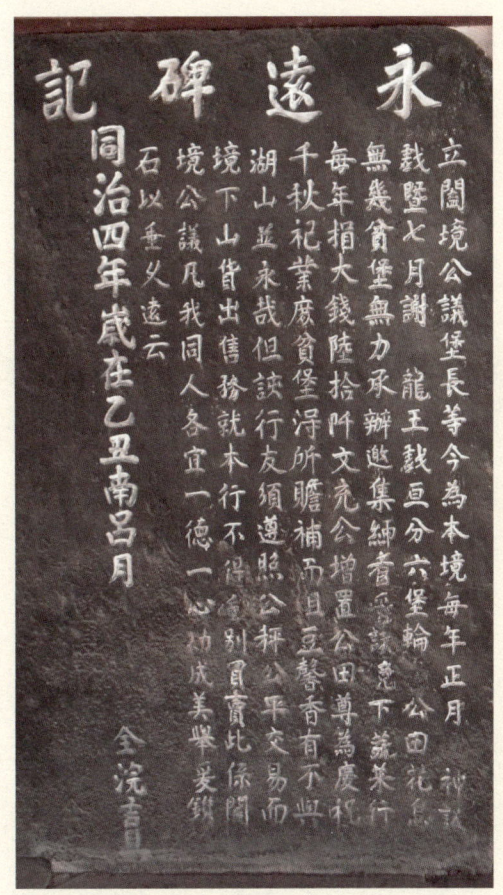

图2-6　鄞东王安石庙庙戏规碑

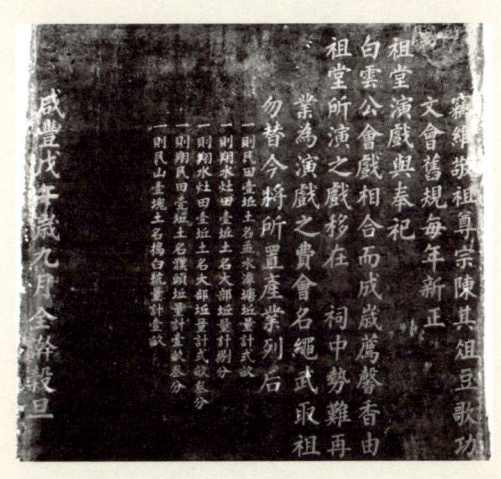

图2-7　鄞东韩岭村戏场清代筹款碑记

云社,江厦有文英社、三星社、彤云社、翰香社、得胜社等,各以区域而定。其中,彤云社为糖行街所出,尤极靡丽。

赛会与多神戏场

民国《鄞县通志》记载"赛会":乡间西乡有高桥会,南乡姜山有礼拜会,自三月七日起至十日止,沿街挂灯结彩,各村演戏设祭,颇有村歌巷舞之乐。姜山礼拜会,每逢闰年行之,每赛必三四日,分东西南北四路往邻村迎赛,夜则必集姜山,鼓角喧天,灯球耀日,往往有异神之先后而酿成械斗者,故当局者惩焉。

六月间,西乡鄞江桥、东乡邹溪、南乡茅山斗门桥等处均赛稻花会,各乡往观者颇众。

八九月间,东西乡均有会,但此实秋社,其会不过神前仪仗及少许旌旗头牌与彩亭连灯而已。此外正月东乡若曹隘、西乡若黄古林又有纸会,均临时发起,无定例也。

九月半会、十月朝会则仪仗简单,绝不如四月半之奢靡。赛会之时,无论城乡,每有自荷桎梏、系缧绁作楚囚形,着红衣者曰红犯,着青衣者曰青犯,或有裸露上体、陷钩于臂、悬香炉,曰"肉身灯",是为重犯,媚神邀福,奇形怪状,有未可偻指者。

演戏赛会经各衙门府县提道,皆设香案迎神并赏赐银牌,故是会一次之"赛",耗费奚啻万金。至光绪壬辰,以大教场兵民械斗,始废格不行。

宁波府城县城皆立城隍之庙,庙会者曰会岁,凡三次,曰清明、曰七月半、曰十月朝,迎城隍神于北门外,位于郡厉坛旁,榜无祀鬼神而祭之,祭毕而回殿。

鄞东云龙镇前徐村有始建于宋大中祥符年间(1008—1016)的寿春庙,祀汉梅福。庙脚以徐姓为主,共6堡12柱1200户,庙会分春秋二祀。春祭二月初四神诞,三日庙戏。秋祭八月十七、十八两天,菩萨出巡行会演戏,观看龙舟竞渡。途中有几村将驳船并结,上搭戏台,称"河台",台上演戏,由一对龙舟牵引边演边驶,到胡墅桥。三村河台在神前排开,各台再演戏。各戏台都力争请好班出演争锋,演出不到一小时,再赛龙舟。

还愿戏、谢神戏、灯头戏、安神戏

鄞东东钱湖陶公山演出河台戏谢神。山上有上塔山庙,庙祀治湖有功的宋鄞县知府李夷庚等。有庙脚3600户、万余人,每年九月十一至十五演戏敬神。同时进行龙舟竞渡和会戏。特色是近岸湖中搭连船河台,数个河台同时演出,甬上名角多于此斗戏成名。一般上午竞渡胜者赏酒,下午斗戏,入晚方歇。

旧时乡间缺医少药,民间有疾病,多到社庙神前问疾免灾,祝祷平安康复,许愿病愈后做戏三日酬神。或者经商、建房事先祝告神祇,功成之后还愿做戏。

演戏时菩萨端坐神殿,供五牲福礼,香火日夜不断。有的台前摆酒席,名为"戏酒",戏毕席散即庙会结束。

城内庙神巡行与戏风盛大,乡村也不逊色。被称为灯头戏的上元灯祭,又分前灯、后灯。前灯头从正月十三赶起,后灯头从正月十八延续到二月初。民国《鄞县通志》载,乡间之戏多演于境庙。东乡若韩岭、管江、邹溪、咸祥,

图2-8 鄞东太白庙戏台演戏后拆开戏台,菩萨出巡

南乡若茅山，西乡若黄古林等处，自正月十三日起至十八日止皆有灯祭。其他如蜜岩、大雷等处，正月间各庙皆有戏，但仅一日或二日。

鄞东下应袁家村杨树桥有都神殿，清光绪年间两次重修，内供五都神。会期二月初八至初十，出会每天巡游附近十余村，三天行程近百公里。巡行结束，回殿演戏两日两夜，名曰"安神戏"。

镴会、纸会戏场

鄞东天童老街有太白庙，祀唐代孝子杜雍。宋代建庙，明代重建于太白山麓。有正月元宵行会做戏，九月十四至十七为庙戏。近庙有蔡、王、徐、谢、应五姓为庙脚，推选柱首负责戏务，三年一任，其中尤以九月镴会戏著名。镴会戏因行会器都用锡镴制成而名。此会戏始于明代崇祯年间，近年又恢复。

纸会即以纸制艺术品为主体的纸灯庙会，如旧鄞县黄古林纸会、瞻岐纸会。黄古林纸会中心场地在黄公林庙内戏台和街河戏亭。从庙中出会抬菩萨，自愿组会，在正月二十二夜行会队伍长达二三里，游完回庙，庙戏也收场落幕。瞻岐纸会为大旱天请龙、求雨、祭龙、迎龙演戏出会。

余姚社赛庙市戏场

早在春秋战国时期，余姚就有村民"社赛"的庙会祭祀之俗。唐宋时期，民间有扮演各种杂戏和祭祀舞蹈的"社火"活动。古代区域划分以"社"为名，所谓"社赛"，就是各社村民在庙会期间举行迎神赛会，余姚俗称"迎礼拜"。

从县志中考查，明清原属姚北地区的云柯乡境内就有庙、祠、寺、院、庵、观，多达一百十九座。有庙必有会，有会必有戏。庙戏有两种：一种是市集形式，以商品交易为主，庙内有祭祀演戏等活动；一种是把神像抬出庙外巡行，谓之迎神赛会。庙会初为乡民祈报祭赛，随着生产发展需要，又有了市集交易。旧时，余姚各地乡镇都有定期的庙会市集，有的设在市镇街道两边，俗称"拦街"。各乡各村的市集都不尽同，有的没戏台，事先搭建临时戏棚、大院，有的露天进行。

图 2-9 余姚马家堰关帝庙戏台清代规碑

余姚庙会举例：正月初三梁弄庙会、正月初八万寿寺庙会、二月半庙会和山货市集、二月廿八城北屯山庙会和山货市集、三月廿七梅山（今属慈溪）庙会和竹木农具市集、九月初三青山庙会、九月初一至初九朗霞八堡庙重阳庙会、九月十九至廿二临山天后宫庙会、九月十九泗门镇娘娘庙会、十月初一周巷平王庙（今属慈溪）拦街、十月初十方桥庙会、十月半马渚庙会、十月廿三泗门万福庵庙会、十月廿七至十一月初四天元市（今属慈溪）拦街、十一月初彭桥（今属慈溪）庙会。

余姚各地庙会日期，一般据当地庙神的诞辰或生产时间而定，会期三至五天，也有长达近十天的。庙会多在春秋两季，春季购买生产必需品，秋季添置衣着、年货。据《六仓志》载："孝义有万寿寺聚社，凡农具、厨物，购置咸备，妇女烧香尤众。"以祈求长寿为主，亦有到附近财神殿去求元宝，以验一岁中财运好坏的。又如余姚城内二月半庙会，主要是竹木铁器农具交易，旧时从接官亭到第一山关帝庙，长达三里。朗霞八堡庙重阳庙会、马渚十月半庙会，主要交易生活必需品。天元市拦街多有宁绍帮的旧衣店，多至二十几家，四季衣衫各式都有。各地庙会市集，万商云集、百货竞销、宁绍商号纷至沓来。南货北货、药材皮货、竹木农具、农土特产、棉布绸缎、文房四宝，还有江湖杂耍、星相测字、草药郎中、针灸火罐、大力士卖膏药、大阳伞拔牙齿……无奇不有。新中国成立以后,在党和政府的领导下,继承庙会传统,去掉封建迷信内容,发展为社会主义性质的物资交流大会、商品展销会等,促进生产,搞活流通。

迎神赛会中,庙里的神像有"坐宫"不出巡的,也有"行宫"抬出去巡游的。迎神赛会有两种,一种是纪念性的,也包含祈求丰收、消灾纳福之意;一种是为了求雨、灭虫灾、驱瘟疫等。前者总是在菩萨的诞期或忌日,每年定期举行;后者往往是遇到灾害,临时择日迎赛。

宁海县庙戏戏场

宁海地处宁波南部,西依天台山,东靠象山港和三门湾,北部与奉化邻接。新中国成立前属台州,故地域文化以天台风俗为主,不少建筑、习俗都与宁波有区别。如本地戏俗,一年中有正月"正戏"、夏欢戏、金秋"阳春戏"、十二月"冬戏",其中正戏戏期长达半月。正月初八之前多为祭祖戏,敬神戏在初八以后。这神主即当地"境主"。敬神与上元灯戏相连,特别是双龙会、女太子、圣朝桥、闹天宫等,一直到正月十八下灯。贡品有麻糍、点心、水果、干果等,体现神人共乐的欢庆场面。

然而宁海境内的境主菩萨,多无名可考。但宁海县上百座庙神中有数十处都祀奉白鹤大帝赵炳。这赵炳为东汉时东阳人,善咒术,居临海白鹤山。据宋《赤城志》载,宋高宗南渡时,被金兵追至台州章安。海上突然云雾迷漫,神人赵炳显灵。高宗脱险后封赵炳为白鹤大帝,以浙东六郡为庙食地,故宁海东乡尤多白鹤庙。

由于宁海靠海,近海潘家岙祠堂每年鱼汛前都要祭龙王,演龙王戏。地处市集的茶院乡路亭戏台为关羽老爷做戏。

慈溪社庙戏场

据陆容《菽园杂记》记载,慈溪在明代已是戏文之乡,民间"有习为倡优者,名曰戏文子弟,虽良家子不耻为之"。明代时,慈溪学子金榜题名,以搭台演戏加以庆贺。清代冯汝霖、冯汝霆兄弟双双登科时,前后新屋的冯家就在五马桥头道地搭台请戏班子,演戏五天五夜。清末民国初,社戏多与敬神祀祖有关。正月灯头戏,正月初二至十二前灯戏,十三至十八正灯戏,下半月后灯戏;二月、三月、四月年规戏;五月关帝戏;六月至十一月酬神戏,其中,六月为老郎神祖师诞辰;七月半盂兰盆会戏;入冬有冬至戏、年脚戏、开光戏、还愿戏等。戏场设在庙祠道观或临时搭台。城内大关圣殿、小关圣殿、柳山庙、秦家祠堂,一年四季有戏,多由豪商巨富出资请戏班。今存梅调鼎书"寓褒贬",就是原城内钱家祠堂戏台匾额。

晚清至民国前期,旧慈溪县内(今江北区慈城镇)的戏剧活动大多与敬神祀祖有关。一年四季的灯头戏、礼拜戏、庙会戏、端午戏、龙王戏、太平戏、花熟戏、拦街戏、蓬头戏以及开光戏、还愿戏等,是封建文化的重要组成部分。当时流行的剧种有徽班(京剧)、绍兴大戏、新昌高腔及余姚滩簧等。民国十五年(1926),嵊县女子越剧班(的笃班)开始在境内演出,深受欢迎,不久成为慈溪县内主要剧种。

新中国成立前,原慈溪县城(今慈城)内无专门剧院,以祠堂、庙宇为演出场地。龙山所的城隍庙、胜山乡的胜山庙、沧田乡的潮神殿等都建有十分讲究的戏台,并附化妆、住宿用房及可容上千人看戏的场地。当时,女子越剧和滩簧戏班不得进祠庙,在空地上临时搭台演出,称为"草台戏"。1954年县城迁至浒山后,曾在城东北隅建成竹柱草顶剧场,供演戏之用。

第四节 明清宁波家庙宗祠戏场

明代家庙、宗祠戏场的发展

宗法制度是封建专制的基础。宗祠,古称宗庙或家庙、族庙、祠堂等,介于神庙和社庙之间,主要用于家族的聚会、祭祖、明礼、娱亲等。在数千年前的农耕文明时代，中国形成了宗法社会。帝王的统治及于县，县以下乡村大多由血缘姓氏村落宗族进行自治性管理。

这类血缘宗族，由"始迁祖"的直系后裔代代聚居繁衍，形成一个血缘家族或村落。村落宗族按"礼"，以一位宗族长辈为主形成管理中心，而宗祠就是维系各家各户关系的媒介，那里供奉历代本族祖宗先贤神主牌位。四时八节，族亲共聚举行祭祀，从事调整全族丁口派系、行辈婚丧、谱牒及礼仪教育等活动。由于祠堂的祭祀、旌表、教育、和亲功能，中心部位的戏台就成为祠堂建筑的中心，也成为村落的人聚中心、信息中心、文化中心。

宗祠最初是墓前的纪念性建筑物，《周礼》规定，古者天子为七庙，诸侯五庙，大夫三庙，士一庙，庶人祭于寝，平民百姓不建宗庙，只能"家祭"。宗祠不仅用来祭祖，更是处理家族事务的族权机构。直到明代晚期，《明会典·祭祀通例》规定，庶民祭里社、乡厉及祖父母、父母，并得祭灶，余皆禁止。我国古代的乡里称社庙，即祭祀祖宗。清雍正《圣谕广训》云"立家庙以荐蒸尝"，达到"敬宗收族"的目的，同时维护地方安宁。故稍有规模的村落和市井，在同宗姓聚居处大建宗祠和戏台。

宗祠戏台的位置一般都在仪门与祖堂之间的"明堂"中间。明堂，明教化之堂。目不识丁的乡民在这里也可明教化礼仪、知古今善恶。明代，商品经济发展。嘉靖十五年(1536)，世宗皇帝下诏"许民间皆得联宗立庙"，立时

图2-10　奉化葛竹村王氏宗祠戏台

民间宗祠遍地，宁波今存半数以上宗祠始建于明代晚期。清代中晚期，祠堂在规格上攀比竞争，不少祠堂重建重修，又成为光宗耀祖的场所。如宁海的魏祠，用"劈竹做"，两班工匠竞争做相同的工程，哪家做得好，就让这家做到完工。于是，宗祠戏台逐渐成为宁波古戏台的主体。村落宗祠戏台的重要性突显，成为当地建筑文化的代表。

清代宗祠戏台的规制

清代雍正、康熙时期明确民间宗祠的社会功能，包括敦孝悌、笃宗族、和乡党、重农桑、尚节俭、隆学校、讲法律、明礼仪、训子弟、息诬告、完钱粮、联保甲、解仇愤等。因宗祠戏台首先需满足祭祖的功能，而祭祖做戏突出忠孝节义，以儒家文化伦理道德教诲家族子孙，所以宗祠内所有雕刻装饰、书画、匾联都必须符合庄严肃穆的氛围。特别是早期祠堂采用暗色偏多，在清代晚期才崇尚华丽。

明代以后，宗祠戏台已超越本身敬祖明礼、瞻宗睦亲的功能，而注重人文，成为本族宗亲团聚之所，用演戏的方式敬重祖宗、教化道德、和睦乡里。宗祠演出剧目都严格选择，不外忠臣孝子、赏善罚恶的劝世戏。戏台布局和装饰逐渐完善，看场分配更有讲究，规定男女不混杂看戏，专设男厢、女厢、贵客厢、平民厢。

浙东也有将庙祠合一的，故兼有神庙的庄严和宗庙的肃穆。如宁海西店镇崇兴庙、奉化杨村㩦拘庙。祖堂即神殿，正中端坐的菩萨即祖宗，神龛两旁立文武仪卫，村民可进庙求签许愿。清代晚期，稍大一点的宗族乡村祠堂内，一进门就是戏台。奉化溪口镇董村竺氏，四个房派建了四座祠堂，有四个戏台。奉化溪口镇三石村有三个大姓，每姓祠堂都建戏台。可见当地村民的好胜心和自豪感。其中最突出者采用"劈竹做"，因此有的祠堂左厢和右厢的样式和材料完全不同，如宁海县桥头胡镇潘家岙潘祠、长蛟镇下浦魏祠等。

由于祠堂的产权归家族所有，祠堂是族人心目中至高无上的圣地，故基本上每座祠堂都建立了"祀田"，即太公们商议决定在族人共有田产中拨出部分，租用收入归祠堂开支和日常管理。这相当于神庙、社庙的"庙田"或"社田"，保证祠堂和戏台得到必要的维护修缮。如鄞州区东钱湖镇韩岭村金祠内戏台旁有道光、咸丰、民国年间四块古碑,都为祠堂建修的捐资碑。其中咸丰戊午(1858)为"祖堂演戏与奉祀白云公会戏"成立"绳武会",族中特置五处地产,共七亩三分。

有的祠堂有祠规,如一般不开中门,牲畜禽兽不入,污物不入,经商者不入,不演色情淫戏或谤毁道德的戏文等。

平时祠堂亦可供族人办婚丧喜事,特别是丧事,因此有的祠堂后进或阁楼有放寿材(未用的棺材)的。祠堂内规定可办族塾,聘请教师授课等。

神庙和祠堂的主要功能都是祭祀,神庙演戏给神灵看,祠堂演戏给祖宗看。因此,祠堂建筑群必须为封闭性单体群落,用四合院中轴线布局,正门大多朝南,一般分前进、中进、后进,戏台与前进相连,三面凸出于中进明堂中。中进中心建筑称中厅、拜厅,为两厢、明堂。后进又称大堂、享堂、寝室、大厅或祖堂。祖宗神主牌位面对戏台。一般祠堂春秋两次祭祀,上午祭祀仪式结束,下午祖宗与子孙共享戏文乐趣。调查中发现,祠堂建筑不及神庙建筑规整严谨。不少依山傍水的祠堂因地理环境限制,只能因地制宜建造,如鄞州俞家山俞祠只能在朝北山地的山沟之南平土建祠,祠门朝北。有的祠内建筑也可改变朝向,如宁海县马岙俞氏从西边天台五峰山迁来,特意布局,可站在祠内祖堂西望十余公里外的五峰山。

宁海县家庙宗祠戏场

据《宁海县志》等资料记载,宁海县现有近四百个姓氏,汉之前原住民姓氏稀有,东汉之后才有大量外地姓氏迁入,唐宋之后从福建及浙东、浙南迁入最多。由于靠山面海,陆路交通不便,故散落在山间海滨的古村多呈封闭状态。明以后,建祠崇祖成风,强化本家族的凝聚力,使族人有安全感,此外还起到教育族人明义知礼的目的。而不少祠堂本身就是族学——族人子弟的启蒙塾学。

宁海祠堂的另一重要功能为娱祖娱人,深居僻地的乡人将演戏祭祖与酒肉祭祖放在同样重要的位置,故清代中晚期新建或重建的祠堂将戏台作为重要组成部分,攀比之风盛行。因此,宁海县祠堂戏台数量占全部古戏台的五分之四。

如强蛟镇下浦村每逢南瓜丰收时,都会请来戏班在祠堂演戏,热闹时连演十几夜,邻村的人也都来看,多时几千人,有些上了年纪的老人干脆就住在村里。演的剧目都是传统戏,如《魁星点状元》《送蟠桃》《双龙会》《狸猫换太子》《梁山伯与祝英台》等。

第五节　宁波工商同业会馆戏场

工商同业会馆的建立

工商同业会馆在汉唐就已兴起,它是同行业商人、艺人、族人在城市内修筑的,供聚会、联络或办事的馆舍,是商贸流通发展的产物。宁波在秦汉时的地名"鄞"就与经商有关。宋、明时期,同籍民间商业和手工业者组织了行业会保护本业成员利益。这类地域性、行业性的同乡会、商会、商社,不少都以当地神庙为基础场所,有的也新建,每逢节庆,祭神演戏。《鄞县通志》载:"药行则演于连山会馆,南北号(航帮)则演于庆安会馆、安澜会馆,泥、木、漆、竹、石工则演于鲁班殿(木、漆、石、竹、泥同业会),都建有戏台。其他如都神殿则演于二月,关帝殿则演于五月,互相敬神有多至十余日者。至若街戏,旧时商铺于孟兰会之次日,沿街用木板搭台演之,谓之谢神戏。"城内战船街为满足钱庄业酬神娱客的需要,在建造钱业会馆的同时,修建了一座精丽的古戏台。

宁波各地的玄坛殿(或称"财神殿")多为商人神庙,龙王庙则多与渔民有关,如鄞县城内的连山会馆(奉化同乡会)、鲁班殿。今存者仅市区2处会馆,各县市会馆及戏台无一幸存。

宁波最早的天后宫即福建航帮会馆。特殊的地理位置孕育了古明州的商贸流通。宁波最早的外来移民会馆建设于宋绍熙二年(1191),福建海商沈法旬在江厦建妈祖庙,又称"天妃宫",其实就是会馆。里面除了神殿,就

图 2-11 宁波庆安会馆砖刻门楼

图 2-12　宁波钱业会馆行业戏场

是福建航运员工议事、宿食的场所，俗称福建会馆或同乡会。戏台采用福建海运石料，福建工匠与甬上工匠通力合作建成，规格宏伟，惜毁于战火，仅存历史照片。

南号、北号航帮会馆戏场

在宁波，保存较完好的是与福建会馆一江之隔的航帮业会馆，即庆安会馆和安澜会馆，又称"南号"和"北号"。

庆安会馆今存甬东天后宫内，先在原妈祖庙建祭神的前厅古戏台，又在清末新建后进的会馆戏台。此外，与庆安会馆古戏台一墙之隔的还有安澜会馆的两个古戏台，即原"南号航帮"的妈祖庙祭神戏台和会馆戏台。

安澜会馆以经营从闽南运来的木材为主，久而形成了门前的木行路。该会馆始建于道光三十年（1850），西面对着三江口的姚江激流，是闽广航帮宫会合一的建筑。前殿供奉的是天后，有戏台，即"宫台"，主要功用是娱神；后殿就是南号海商的议事场所及客商享用的会馆戏台，仅能容百十来人。

钱业会馆后门紧靠滚滚东流的姚江。民国十三年（1924），宁波的钱庄业已颇为发达,在钱庄分布密集的江厦街近旁的战船街,建起了一座钱庄业同业会馆,建成的会馆成为63家钱庄银号的议事和聚会场所。中西合璧的建筑群内,古戏台依然采用宁波特有的样式。

第六节 市集街河、路、桥、亭台戏场

城乡路头草台戏场

有些戏因演出场地多在村口路头,所以又名为"路头戏",一说"路头戏"的意思是有一定的"套路",老百姓又或称之为"爬山戏"。演员一会儿从舞台一边爬上,一会儿又从另一边爬下,很滑稽。舞台多半是露天搭台或利用庙祠里的老戏台,很简陋,所以又把戏班子叫作"草台班"。因为班子成员多半在农忙时务农,闲时出外演戏,随凑随演,因此也叫作"凑拢班"。

路头戏内容随编随演,十分自由。如无戏可演,前一天晚上戏师傅(类似编导)会找一本小说,构想一下,然后把大体内容叙述给演员,并分配角色,"生旦净末丑,唱念做打舞",让演员们上台自由发挥。有这样一个故事,有一次戏接不上,挂牌的问戏师傅明天什么戏。戏师傅一下子没想到,就随口说了一句"想不到",听的人就写了个"想不到",挂了出去。最后,戏师傅只得编了一个"想不到"的戏。

路头戏班子,一天两场戏,白天演"家戏",晚上演"国戏"。家戏以家庭伦理故事为题材,演绎父子、兄弟、婆媳、妯娌、夫妻之间的琐事,演员不多,以小生、小旦为主,倡导"家和万事兴"和孝悌观。国戏内容多取材于一些历史演义小说,如《杨家将》《三国演义》等,帝王将相,"你方唱罢我登场",十分闹猛。一般还会在夜场演出前加一折武戏,多取材于神话或英雄故事,如《大闹天宫》《收白龙》《夜走蜈蚣岭》《白水滩》《嘉兴府》等,适合年轻人和小孩观看。因为孩子睡得比较早,而且武戏多半没有唱词,只图个热闹。

看完之后，孩子就可回家睡觉。

正戏开场前，要"闹台场"，约莫一刻钟的时间。甬谚有"铜锣响，脚底痒"，起着很好的广告作用。而且闹台场的锣鼓演奏集合所有锣鼓经，演奏员会闹台场，就可以跟班混饭了。

草台班长期活跃在乡间，许多路头戏在演员之间口口相传，慢慢成为流行，老百姓都耳熟能详。而且不少作品经过文人润色改编，成为久演不衰的经典。而现在一些民营剧团大多不能演路头戏，没人传承的路头戏，也渐渐成了"广陵散"。

神诞祝寿戏场

草台班做戏的时间如果是神诞日，就要准备祝寿戏，热闹至极。笔者小时在农村见过两种祝寿戏，一是天官寿，二是八仙寿。如今两戏在城里的舞台上早已绝迹，而乡间依然存在。

天官寿讲的是众神仙给天官庆寿，八仙寿讲的是八仙给王母庆寿，前者称"大庆寿"，后者称"小庆寿"。而演出哪种祝寿戏，多数随戏班阵容而定，戏班演员多一般选择天官寿，演员少就选择八仙寿。

天官寿是很闹猛的，四个扎大靠的将军扬鞭而上，英姿飒爽，分别是值日、值月、值年、值时四公曹。他们得知今天是天官寿诞，便不约而同地去天宫拜寿。随后赶来的是福、禄、寿、喜四星。接着是招宝财神，戴一个金色面具，捧着一个大元宝。随后是文昌帝君、南极仙翁、送子观音，此外就是麻姑。这些神仙一般只在神话小说里读到，如今纷纷走上舞台，为天官祝寿，赐福人间。最后上场的是"贼仙"东方朔，扛着一株蟠桃树。祝寿完毕，玉帝命令将蟠桃赐给台下众人，于是东方朔便说上一大堆押韵合辙的吉祥话，然后摘桃扔于台下，看戏人则纷纷哄抢为乐，俗称"抢蟠桃"。听说先前东方朔是个白胡子老头，由老生行出演。后来因为要念一大堆白口，显然是小丑最擅长的，就改由丑角来演。东方朔是汉武帝时的一个优，《史记·滑稽列传》里有许多他的故事，而偷桃的故事，最早见于晋代张华的《博物志》，后来渐渐成为民间祝寿的题材。蟠桃则是江米粉做的，巧妇们精心做成寿桃样，点上朱红，是不错的糕点。

相对来说，八仙寿冷清许多，吕洞宾、汉钟离、韩湘子等八位神仙给王母娘娘庆寿，而献蟠桃的依然是东方朔，其演出套路与天官寿基本雷同。

由此看来，祝寿戏不过是老百姓对未来生活寄予的一种美好理想，通过戏剧这种艺术形式来表现而已。

最早的戏台中，没有顶部的称"露台"，即高出地面的演艺场，难免日晒雨淋。要能遮阳避雨，最简陋的即江南"草台"。露台、草台也能满足很多人的戏瘾。中国戏场的演出空间，诸如露台、庙台、祠台、船台、街台、勾栏、酒肆、茶馆等，昔日几乎到处可见，与当地自然环境和人文环境紧紧契合，成为宋元以来民俗文化中的一道亮丽风景线。

宋代以后，乡村的草台对应的是城镇的瓦舍和勾栏，都是面向平民大众的戏场。这类平民戏场既有临时搭台的，也有相对固定的路亭戏场。自宋至明清，观演场所更趋多元化。露台、草台在宁波已几乎无存，建于水面上的河台也难觅真容。路亭戏台具有全开放性，观看场地可自由选择，或水上，或岸边，或树下，或广场，极少有座位。如今，浙东的路桥街亭戏场仅存6座。

集市桥台、街亭戏场

此类戏场以街为台，平时为路亭，做戏时在4条石柱离地1.7米处安装横木搁板。戏台后场常与亭边的建筑物相通。由于难设固定的座位，观众大多站着看戏，场面壮观，而秩序也不免混乱。过戏瘾、看热闹与街头集贸游艺活动相结合，别有一番风情。如今宁波仅保存4处街亭戏台。

桥亭戏场。海曙区古林镇九狮桥旁黄公林古庙外的街道上，有浙东地区罕见的傍水街亭戏台。庙外戏台建在临水街道上，俗称"街心戏台"，紧傍河道，后台就是始建于明代的资善观，故又称"资善观戏台"。平时是街上一座精巧的路亭，演戏时在石柱槽孔搁上木板，4条石柱上各刻有捐资人姓氏。观众可以在河的对岸、河中的船上或过河的桥上看戏，所以又称"街河台"。戏台始建于清代初年，重修于道光二年（1822），是浙东地区很有特色的傍水戏台。戏台的歇山翘角、檐枋藻井，全都漆朱绘彩，风情万千。

桥台戏场。鄞州区邱隘镇横泾村有宁波唯一的戏台桥，又叫"跨泾桥"。村中大多姓陈，为南宋奉国军司马陈昌后裔。村里水路纵横，为方便泾水南北的陈氏子民往返,陈氏祖先于宋代建了"跨泾桥"。后各朝均有重修,民国版《鄞县通志》记载:"县东横泾市西,跨小塘河,为横泾市往来要津。"现桥为清同治九年(1870)重修。临河又有宽近10米的河街,于是村民将桥面石板拼宽,成为一个桥头戏台,坐南朝北,阔4米,进深3.9米,呈方形。北向为两间亭屋,是看戏的席位;桥南侧设有硬山顶的走廊;西向的明间原为演戏时的后台,即三元殿神祠;边墙上嵌有清嘉庆甲子年(1804)立的公禁石碑一通,高1.7米,宽约0.8米,以正楷书写:"桥旁建立亭台,本为中秋敬神,只许桥上演剧,不许拴牛、摆糖摊、赌博、打架。"也不许在桥上乱扔垃圾、堆放杂物等,禁止火烛。

据村中一位年逾六十的陈姓老人介绍,大约在明代后期,横泾陈氏族人在跨泾桥旁建造了一座供乡人看戏的戏台。可见这座戏台桥至今至少已有200年的历史了。据回忆,过去每逢农历八月十六,戏台桥上都会演戏,有绍剧、越剧等,热闹非凡。桥台平时为村民避雨休憩之所,到了演戏时日,台上鼓乐喧天,台下舟楫蚁聚,岸边人潮涌动,俨然成了真正的"天然舞台"。一到晚上演出时间,桥上更是灯火通明,经商的、看戏的、烧香的、做戏的,都集中在以戏台为中心的小塘河上下,正如陆游的一首诗中描述的:"东风忽送笙歌近,一片楼台泛水来。"

柘浦街台。宁海县茶院乡柘浦街有一座孑然无依的单体木结构戏台,对街就是关帝庙,街口是集市中心。这座原本靠三门湾港涂而繁荣千年的古村,由一条可追溯到晋代的老街串起。因为这里是象山去宁海的必经之路,曾有客栈、饭馆、南北果品店、油盐米布店。当初这里还是海舶商船集散地和避风港,七八十年前,每逢农历三、六、九,有"十日三场市"。戏台前的一对石柱直径盈尺,高3.5米,上部圆,下部方,刻有"咸丰乙未菊月"字样,至今已有150年以上的历史。这是宁海现存唯一的老街古戏台。

月湖河台。在水面上搭建戏台,称河台。宁波水乡旧有水上、水边搭台之风。新中国成立前,海曙区月湖花果园庙前隔河建有一座水上古戏台,看场就在庙门口或水面的船上,近年重建。

爵溪戏亭。象山县爵溪老街有十字街的戏亭,平时不演戏时就是路亭。街头路亭戏台大多是当地市镇集市贸易发展的产物。古人以为"生意兴隆靠神助",故戏台多朝向神灵。这座街台充分利用一座四方形街亭,演戏时

图 2-13
象山县爵溪街道戏台

图 2-14
海曙黄古林街河戏台

图 2-15
鄞东横泾村石桥戏台

在石柱离地一人高卯口上搁上枋木、戏台板,将亭旁一商户二楼用作后场,与戏台相通,形成三面可观的街台,台下仍可走人。

镇海八部庙街戏台。镇海区九龙湖镇汶溪村八部庙街亭戏台,也是一座街台。古时,汶溪民物富庶,商贾云集。汶溪老街临溪而筑,有千米之长,自西向东,分上街、中街、下街。街市往北迁到公路旁后,现在的老街显得冷冷清清,只有几家店铺。老街上最引人注目的是八部庙街亭戏台。据民间传说,此地为越丞相文种大夫归隐处,故原称"文溪","一曲文溪水,传言越相居"。汶溪的八部庙位于九龙湖镇汶溪村下街155号旁。据资料记载,八部庙始建于清嘉庆(1796—1820)年间,庙神三国黄忠,占地面积292.5平方米,由前殿、戏台、后殿三部分组成。前大殿面阔三间,单层,进深四柱八檩。街亭戏台设在庙前街心,面阔4.7米,进深4.1米,藻井横跨街面两侧,为固定式。戏台只设四石柱,分街两侧,集市、节庆、演戏时,可在石柱榫口设梁,架成戏台,其藻井结构特殊、古老。后大殿面阔三间,单层,进深四柱十檩。总体格局完整,梁架结构牢固,屋面完好。

佛寺道观戏场

汉末魏晋南北朝以后,佛寺、道观普遍宣教,在院内或广场进行乐舞表演。但自宋末至明清,多不演戏,仅如慈溪清道观戏台还经常演出。

古史记载,秦汉之际,梅福隐于浙东,鄞地梅岙、梅梁、梅山、梅岭等地名都与梅福有关。名道葛洪、陶弘景等隐鄞东灵峰、宁海、象山蓬莱。余姚鹿亭及丹山赤水则依托四明山成道教圣地"第九洞天"。特别在唐乾封元年(666),高宗诏各州各置一观一寺。开元二十六年(738),城内建开元宫,佛寺与道观法会戏场分别宣弘佛法和道法,法会演变为信众参与的宗教舞乐活动。唐天宝八年(749),在慈溪城外建清道观,后废。南宋绍兴三十年(1160),由道士叶景虚重建,在道观右侧建东岳行宫,后请尚书楼钥题匾额,观名为"列仙游馆"。明洪武二十四年(1391),清道观道士王智静将邻近"至道""崇寿"两宫并入道观。据《宁波市志》等资料记载,清代晚期鄞县城乡有道观56所,其他县市各不超过10所。

清道观建筑后已重建,建有高出地面的楼阁式戏台。

傀儡戏台

傀儡戏,浙东旧俗称木偶戏,可在戏台或广场、街头演出。明清傀儡戏继承宋元遗韵,然无固定演艺场所。据《鄞县通志》载,傀儡戏有三种,俗皆称为"小戏文"。一种较大者,谓"帐头孩",皆邑中堕民为之,围幕布作场,由人在下挑拨机关,则傀儡自舞动矣,其唱白亦皆在下之人为之;一种小者,其舞台作正方形,颇辉煌,亦由人在下挑拨机关,其所唱曲调大半皆京腔,俗曰"孩儿戏";还有一种较小者,舞台如一方匣,以一人立于矮足几上演之,谓"独角戏",亦曰"凳头戏",为之者皆外来游民。帐头孩多民间许愿酬神演之,孩儿戏多喜庆事演之,凳头戏多在街市演之,演毕向观者索钱,亦有赁之以供大众观看者。

宁海县木偶戏分三种——布袋木偶独角戏、套杆木偶戏、牵线木偶戏,新中国成立后逐渐退出戏场。现在,布袋木偶戏已列入当地非物质文化遗产保护项目。

象山县木偶戏主要流行于高塘岛,民国从温岭迁入,演布袋木偶戏和提线木偶戏。2008 年,提线木偶戏被列为宁波市非物质文化遗产。

图 2-16　象山县木偶戏

第七节　甬式外埠会馆戏场

会馆在唐宋之前已有雏形,即在远离故乡的城镇设立一处暂居处,供同乡同行办事、歇宿、求助或沟通讯息,宋元以后逐渐完善,明清日臻成熟。

唐宋以来,宁波商人与海内外贸易往来,造就了早期的宁波帮,即旧宁波府所属鄞县、奉化、慈溪、镇海、定海、象山六县在外埠经营的商人和手艺人。宁波帮崛起于明清,商埠开放带给宁波商帮闯荡天下的雄心,宁波工匠凭借"宁波帮走天下"的优势,将戏台的建造技艺带到外地。不少留在外埠的带有甬式形制的古戏台,无不与当地宁波帮有关。宁波商帮崛起于浙东,创业于北京、天津及汉口、成都等地,甚至远及海外。三百年前,宁波人创建于北京的银号会馆正乙祠戏楼至今尚存。清代初年,慈溪商人在北京设浙慈会馆。乾隆三十六年(1771),宁波商人在常熟建宁绍会馆。乾隆四十五年(1780),宁波商人在汉口建浙宁公所,相当于会馆。嘉庆二年(1797),宁波商人费元圭、潘凤占、王秉刚等在上海创办四明公所。

清末民国初,宁波帮在上海影响尤其显著,故上海建有一批最早的会馆和商会,其中闸北的钱业会馆也即宁波会馆,建成于光绪十四年(1888),馆内有一座歇山翘角螺旋娥罗顶的古戏台。新中国成立后,该会馆曾改为塘沽路小学。1975年,戏台迁入豫园内,被誉为"江南第一台",被列为全国文保单位。

上海钱业会馆戏台

据1941年统计,在上海,宁波人设有钱庄11家、银行17家、银号5家。光绪十四年(1888),于上海北市闸北建钱业会馆,会馆内由宁波工匠按宁波规制建造精丽的古戏台,称"上海滩第一戏台""江南园林第一台"。该戏台雕梁画栋、藻饰精美,俗称"打唱台"。戏台外观为歇山顶亭楼式,台宽4.5米,深4.5米,高1.5米。顶部为甬式螺旋娥罗顶,22圈螺旋线与20道径线相交,圆口方框雕28只凤凰。1949年后,会馆改塘沽路小学。因市政建设,1975年戏台迁至南市(南市,曾为上海市辖区。2000年,该区被取消)豫园内。上海文化部门认为,这是目前上海地区保存较完好的清代戏台,对研究我国古时"歌台舞榭"建筑具有重要的参考价值。

这座木结构戏台高两层,歇山屋顶,飞檐陡翘,气势壮观。戏台不仅藻饰华丽,而且其藻井等建筑结构具有良好的传声效果,中间是一面圆形明镜。戏台正面狮子、凤凰、双龙戏珠、戏文人物等木雕图案,造型精美,栩栩如生。当年钱业会馆常假古戏台作祭供和宴请演唱之用,热闹非凡。戏台东西两厢为两层看楼,安放着仿古红木靠椅和条桌,共有200个座位。现在还经常举办戏曲活动。

戏台前后与大殿相连,戏台与正殿之间留有一片广场,广场铺青砖地面,可容纳数百名观众。台唇的左右两侧台柱雕梁画栋、金底楹联、重檐斗拱,联曰:"天增岁月人增寿,云想衣裳花想容。"1988年,豫园东南部内园

图2-17 上海豫园甬式古戏台及其藻井

扩建,园部邀请同济大学古建筑专家陈从周教授主持设计,竣工后题名"曲苑"。曲苑古戏台开放后,经常举办各种传统戏曲演出,特别在旅游季节,天天演昆剧、京剧等传统折子戏。昆曲泰斗俞振飞老先生对古戏台特别钟爱,不仅以清润俊逸的书法为古戏台两侧的石柱题写对联,而且把谢幕演出场地选择在曲苑古戏台。

上海四明公所戏台

上海市人民路830号原有一处名为"四明公所"的地方,这是旅沪宁波商人和手工业者的行会组织,建于清嘉庆二年(1797),占地30余亩。咸丰三年(1853),毁于战火。后重建,北部为寄柩处和义冢。道光二十九年(1849)开辟法租界后,公所被划入租界范围,法租界公董局一直觊觎这块土地。同治十三年(1874)和光绪二十四年(1898),公董局使用武力,两次企图强占公所和墓地,并打死、打伤市民多人。上海市民群起反抗,各行业举行罢市、罢工,迫使外国人放弃侵占公所。公所内有正殿、后殿、土地祠、

图 2-18 原上海四明公所(今迁青浦大观园)戏台及其藻井

戏台和关帝殿等，祀祈酬神常有演出。四明公所于1951年冬闭馆，现为上海市文物保护单位。1979年至1981年，拆建至青浦县淀山湖"大观园"景区梨香院内。

梨香院戏台坐南朝北，前有广场，北为大厅。戏台面宽6米，高4米，深6米，三面向观众；左右有一对圆形石柱，高近7米，刻有对联："辨忠奸不外人情天理，思果报即在目见耳闻。"戏台离地1.7米，可过人。顶为歇山结构、翘前二角，藻井三面卷棚顶，中心木构八角攒尖。前台侧设有花栏杆，台分上下两层。1991年，浙江小百花越剧团在此演出越剧折子戏。

北京正乙祠戏场

正乙祠，原为明代财神庙，清康熙六年（1667）由在京的浙江银号商人集资，建立祠堂。康熙五十一年（1712）翻建为"浙商银号会馆"，并在正乙祠内设戏楼。1712年起，作为在京浙江商人举行祭祀、联谊的场所，因供奉道教正一派财神赵公明，故称"正乙祠"，后又名"银号会馆"或"浙江银业会馆"。该会馆是京城不多的工商会馆之一，北京市级文物保护单位，是北京唯一基本完好保留至今的纯木质戏楼，占地面积约一千平方米，坐南朝北，位于北京市西城区前门西河沿220号。

据史料记载，明永乐帝登基初，宁波韩岭人金忠任兵部尚书，改北平为北京，下令迁江南九郡富豪，宁波富豪首进北京，其中有黄润玉一门。不久，原镇海、鄞县、慈溪商人"建造殿宇、戏楼"。光绪九年（1883），北京已建有九处宁波人会馆。据乐承耀先生研究，甬商在北京创办钱庄"四恒号"（即恒兴、恒利、恒和、恒源）已历200余年，信用最著，流通亦广，是京师著名"钱铺"。因此，由浙商或宁绍商建造的银行业会馆中的浙商戏台，应为宁波帮所造。

正乙祠戏楼是戏曲艺术诞生、发展、繁荣的见证地。许多老一辈艺术家如程长庚、谭鑫培、梅巧玲等都曾在这里演出。不少当代著名艺术家如梅葆玖、谭元寿等也光临此楼献艺。

图 2-19　天津广东会馆戏台及其藻井

天津广东会馆戏场

旧时的天津广东会馆位于旧城南门内大街 257 号,始建于清光绪二十九年(1903),光绪三十三年(1907)竣工,集资 9 万两白银建成。它既体现了岭南的建筑风格,又与宁波商帮相关。

1985 年会馆大修,在此基础上成立了全国第一家集戏剧文物史料收集、保管、研究、宣传于一体的专题性博物馆——天津戏剧博物馆。迎面有一对黑漆金字抱柱联:"粉墨辨忠奸,曼舞轻歌皆世态;筝琶弹喜怒,繁弦急管尽人情。"戏楼设计独特,看台分楼上楼下两层,座席分散席、茶座、包厢三种。

这个戏楼和戏台的布局同北京故宫、颐和园的戏楼戏台酷似,但规模略小,可容纳七八百人。戏台设计的吊伞宝顶别具匠心,顶子用数以百计的变形斗拱,构成鸡笼式藻井,贴金漆朱,属宁波地方特色。重约 10 吨,外方内圆,堆砌结榫,蝶旋而上。不仅造型别致,还起到音响的效果,演员在这个伞顶下演唱,不用扩音器也可声达全场。

苏州全晋会馆戏场

全晋会馆位于苏州中张家巷,为清代寓苏之晋商出资建造,始建于乾

图 2-20　苏州全晋会馆戏台及其藻井

隆三十年（1765），曾毁于兵火，光绪五年（1879）至民国初年又建新馆，占地面积约6000平方米，坐北朝南，分为中、东、西三路。中路依次为头门、戏楼、正殿等。

戏台建于关帝殿对面，分上下两层，上层高2.7米，深6.24米，宽6.55米。台顶覆盖黑色筒瓦，龙吻脊，飞檐翘角，俊秀柔美。檐口额枋缀饰浮雕，上有双凤对翔、二龙戏珠；金狮倒垂台柱，蝙蝠静伏裙壁。拾级登台，可见戏台顶部正中有甬式常见的"鸡笼顶"，凹进的穹顶呈内旋式半球体，外径约3.5米，深约2米。四周由曲木拱搭成架，叫作"阳马"，既起到支撑的作用，又是一种独特的装饰。拱头甩出，共雕成324只蝙蝠，漆成黑色，又相间着306朵金黄色的云头圆雕。整个甬式"鸡笼顶"用大红底色烘托，顶部正中置一铜质圆明镜，熠熠发光。它与四方形的台面上下呼应，构成天圆地方、天动地静的意境，寓意方中含圆、静中蕴动、阴阳平衡、对立统一的思想。

戏台与后台之间以六扇大屏门隔成，门的上半部镂缀吉祥图案，下部镌有名人书画，通常作为背景底幕。台下留天井戏坪，戏坪两旁建有厢楼。因晋人崇仰关羽，所以每年农历的五月十三关帝神诞、九月十三成神之日及上元节，都要在此演剧，酬神致祭，鸣钟击鼓，场面恢宏。每当经商者生意兴隆、财源广进时，也要举办庆祝活动。光绪、宣统年间，戏台以演昆剧为主。民国以后，出现昆剧与京戏等并演的局面。

福州马尾船政天后宫戏台

船政天后宫位于福州马尾婴脰山，清同治七年（1868）春动建。正殿供妈祖神像，殿上方有同治御赐"德施功溥"及"天上圣母"匾。1929年，天后宫改为林孝女祠。抗日战争后，宫中文物散失严重，1971年被拆毁。重建后的船政天后宫占地面积7205平方米，建筑总面积1500平方米，门楼高12米，主殿5开间，进深8.3米。总布局为一轴二进二院，一进为门楼，二进为供奉妈祖的中堂大殿，后院为魁星阁。为保持原来风格，船政天后宫上下中庭、大殿、魁星阁，全部采用波罗格木建造，中间雕花用香樟木刻成嵌上。巧合的是，有"红顶商人"之称的胡雪岩，当年是马尾船政创办期船政提调，即财政部部长，今天重建船政天后宫的技术队伍，正是重修胡雪岩故居的浙江文物建筑单位，他们在重建古戏台时采用了宁波特色的螺旋蛾罗顶藻井，戏台外观也与宁波古戏台相同。

2006年10月，马尾区政府在原址重建船政天后宫，主体工程于2008年初竣工。2009年4月18日妈祖诞辰纪念，举行妈祖金身开光大典仪式，正式对外开放。

第八节　近现代宁波城厢演艺场所

城乡新式戏院舞台

根据宁波旧地方报纸刊登的资料，宁波最早的戏院是幻仙戏园。1910年还能找到这个戏院的旧址（1910年8月28日《四明日报》）。到了20世纪第二个十年，宁波市区先后建成了天胜舞台、鼓舞台、华商新民鼓舞台、华商笑舞台四家戏院。除了笑舞台由钟笑吾率领的一副戏班专演新剧，如《瞎三话四吃耳光》《笨贼》《莫名其妙》等，其余三爿均演京剧。到了20年代，又造起了商业大舞台、新新舞台、甬江戏院、四明大戏院，多数也是演京剧。如1924年，盖叫天曾演出于商业大舞台，一时称盛。

世时推移，天胜舞台、华商笑舞台、鼓舞台均于1926年后歇业；华商新民鼓舞台、商业大舞台、新新舞台、四明大戏院也于1930年后相继停演、拆除；甬江戏院于抗战前后关闭。

唯有天然舞台半个多世纪以来长盛不衰，名角如金少山、林树森、麒麟童、李万春、小达子、李少春、筱丹桂、徐玉兰等均在这里显过身手。

天然舞台

鼓舞台有一位合股老板名叫何志庚，宁波姜山人，是个京剧迷，有很多门徒,绰号"姜山阿庚"。鼓舞台关闭后,他就集资在宁波最热闹的东门口和义路建造起一座"天然舞台",设备十分简陋。后面可看到高耸的、尚未拆完的城墙。剧场楼上、楼下的木头长凳可坐近千名观众。

初建的天然舞台专演京剧。当时宁波人对"京派"演员的艺术欣赏水平不高,为此何志庚多聘请"海派"演员来甬演出,如文武老生刘汉臣、青衣花旦姜云霞、时派花旦李艳芳等,演出过《李陵碑》《三堂会审》《路遥知马力》《兴周灭纣》《宋十回》《梅龙镇》等传统剧目。

图2-21 1935年,宁波天然舞台、中南大戏院在报纸刊登的广告(来自绍兴市嵊州越剧博物馆)

天然舞台初开时,因华商新民鼓舞台、新新舞台、商业大舞台等均演京剧,因此影响不是很大。1932年以后,才后来居上。

1932年春,天然舞台开始上演连台本武侠公案戏《彭公案》,从上海请来了名老生刘汉臣饰三河县知县彭朋、名丑孟鸿茂饰怪侠欧阳德,并请绘景师绘制机关布景。加上剧情离奇、悬念迭出,灯光效果奇佳,吸引了大量观众。

自从《彭公案》一炮打响后,天然舞台生意越来越好,开演或散场时,人如潮涌,严重影响东门口的交通。1933年下半年,当时的宁波市工务局勒令拆除天然舞台。何志庚到处奔波,想方设法筹集资金,终于在1934年初,于开明街附近的右营巷,重建一座占地1240平方米、砖木结构的天然舞台。舞台高15米,宽13米,深10.5米,后面还有1米宽过道。观众席分两层,共有1320个座位。场内设备条件和整个剧场的规模,曾一度居宁波各剧场之首。

右营巷天然舞台建成后,第一个演出的京剧戏班中挂头牌的是著名武生王虎辰,挂二牌的是著名大面刘奎官,还有名伶金少山、周信芳、李万春、李桂春、厉慧良、唐韵笙等。他们演出过《狸猫换太子》《法门寺》《断李后》

《连环套》《包公探阴山》《萧何月下追韩信》《徐策跑城》《大宋历史》《鹿台恨》《明末遗恨》《生死板》《四进士》《清风亭》《长坂坡》《泗州城》《泥马渡康王》《东皇庄》《庆顶珠》《恶虎村》《大溪皇庄》《战宛城》《十三妹》《上天台》《龙凤呈祥》《斩黄袍》《南天门》《富贵长春》《塔子沟》等戏。此后，还邀请过越剧名角筱丹桂、贾灵凤演出《昭君和番》《文武香球》《龙凤锁》《西厢记》《马寡妇开店》《得女为媳》《珍珠衫》《孟姜女》《日月镜》《孟丽君》，徐玉兰、施银花演出《盘夫索夫》《双兰英》《碧玉簪》《方玉娘哭塔》《上海小姐》《游上林苑》《小方卿》等。

1980年，该台因危房停止营业。1987年，这座宁波首屈一指的大剧场，全部拆除。

兰江剧院

20世纪30年代，随着民光大戏院、天然舞台、大光明戏院纷纷落户市区，原本盛极一时的江北岸反而显得冷清。

兰江戏院始建于1933年，创建人陈阿水，原址在江北岸槐树路，1937年改建于桃渡路。戏院为砖木结构，有700多个座位。兰江戏院建成以后，长期被越剧演出占领。有越剧名角筱丹桂、商芳臣、贾灵凤、张湘卿、周宝奎登台。据《宁波民国日报》1936年11月26日一篇报道记载："越剧坤伶筱丹桂，姿色可人，技艺极佳，前在兰江戏院献艺，为顾曲周郎所交口称誉。"从此，筱丹桂就在兰江戏院走红。后戏院又请尹树春、赵瑞花、钱妙花、张茵等名角献艺。1956年，兰江戏院改为公私合营。1962年，自筹资金，再一次进行大规模拆建改造，并改名为"兰江剧院"，采用砖木和混凝土综合型结构。整个建筑分门厅、观众厅、舞台三部分，观众厅顶棚装置"满天星"灯光池座，周围增设隔音板，提高了照明度，改善了音响效果。楼下楼上加起来共有1132个座位，整个剧院占地面积2160平方米。舞台上口宽度11米，高度6米，深度9.7米，面积76.8平方米。另外还有排练场、食堂和宿舍。

兰江剧院在1997年又进行了一次较大规模的装修改造，2002年被拆除。

大世界游艺场

1932年6月12日,位于宁波灵桥南侧的大世界游艺场开张。这座与上海著名的"大世界"同名的游艺场,位于灵桥菜市场旁,一开张便引起了宁波市民的广泛关注。开张当天,"观客拥挤,于晚间八时客座早已告满,后来者有抱隅之叹,……至九时许门外伫立者已聚集达一千余人"。大世界的演出内容较丰富,戏曲、曲艺无所不有,其中京戏最有名,很受普通市民欢迎。

其他戏院

大光明戏院。1932年,在原新新舞台旧址上建立起了大光明戏院,放映电影的同时,也演出如《孝子得道》《秦香莲》等传统戏曲节目。1935年,大光明力邀杭州"武林歌剧"(杭剧)的演出团"春秋社"来宁波演出。抗战时停业。

中南戏院。中南戏院位于中山公园附近,20世纪30年代中期建成。中南戏院以越剧为特色,演出了一系列机关布景戏,拥有稳定的观众群,但不久停业。

共舞台。1936年,宁波江北岸玛瑙路建立共舞台,共有800多个座位,以京剧、越剧演出为特色,不久停业。

甬江大戏院。位于开明街开明坊,以演出京剧为主。抗日战争爆发后,京剧观众逐渐减少,杭剧、越剧获得了越来越多的观众,戏院因而关门。

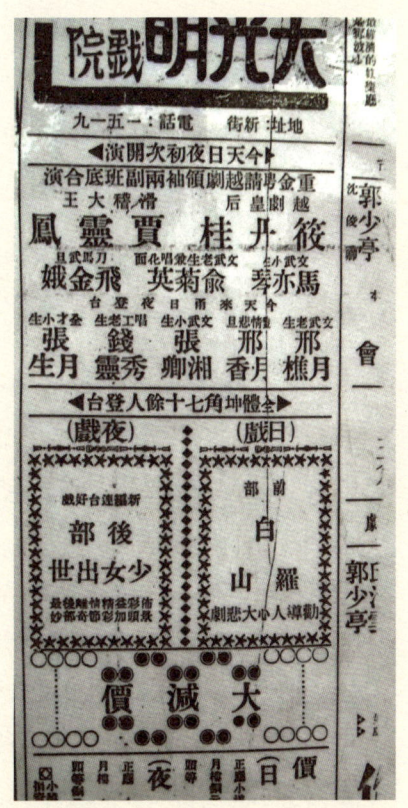

图2-22 1935年,宁波大光明戏院演出广告(来自绍兴市嵊州越剧博物馆)

第九节　宁波各县市区演艺戏场

宁海戏场

新中国成立前,宁海县归属台州府,与嵊州新昌邻近,民间的戏剧活动甚为普遍,凡百户以上的村庄都要在祠堂神庙戏场演传统年规戏。一年当中有正戏(正月元宵节演出)、夏戏、重阳戏、十月戏、冬戏等。演戏都利用原有数百处祠堂庙宇作为场所,如城内的城隍庙、花楼庙、孔庙、水亭庙、东岳宫等。乡村戏场较大的有:大里的双枝庙、深甽的隔水庵、西店的王家庙、朱行桥的皇封庙、大路的洞口庙、冠庄的都总庙、黄坛的慈云寺、茶院的白鹤庙、七市的土地庙等。

宁海原有本地戏越剧、徽剧、三坑及平调,还有绍兴高腔、金华婺剧、温州京剧、黄岩乱弹等。

20世纪20年代初,嵊县女子越剧班来宁海流动演出,剧目有《梁山伯与祝英台》《玉蜻蜓》《箍桶记》《卖花记》等60多出。民国二十七年(1938),邑人钱宝森、葛逢源等在县后钱家祠堂搭棚,办起城内第一个售票的固定剧场"越声剧团",嵊县越剧班落户宁海,演员30人,演出剧目包括《盘夫索夫》《三看御妹》《双珠凤》《十美图》等近百出。民国二十九年(1940),改称"宁光戏院",演出越剧《白蛇传》《杜十娘》等。民国三十一年(1942)毁于火,旋借东岳宫和合台继续演出。不久迁回钱家祠堂,建有500多个座位的戏台。民国三十四年(1945),陈昌茂等改组原"越声剧团"为"宁光戏院",演员30多人,演出《洪秀全》《牛郎织女》《白蛇传》《西厢记》《孟丽君》《牡丹亭》等100多出剧目。

1950年7月,原"宁光戏院"改称"宁海群众剧团",演员29人,配合土地改革宣传,演出《刘胡兰》《王贵与李香香》《祥林嫂》《相思树》等。1951

年2月,配合抗美援朝宣传,演出《信陵公子》《一封慰劳信》《踊跃送公粮》《父子争先》《大庆丰年》《夫妻合作》《孙伯医病》《巾帼英雄》《彩虹万里》《气壮山河》《玉面狐》《王秀莺》等剧。同年9月,演出《人间地狱》《太平天国》《十六年血仇》《陈胜王》等。

1961年10月,宁海成立"宁海越剧团"。1964年,吸收"酒泉地区越剧团"遣散的部分演员,演出剧目《血泪塘》《亮眼哥》《战斗在敌人的心脏里》等。

光绪二十七年(1901),北乡璜溪口邬善良组织徽班"老大全福",在乡间演徽剧折子戏《铁公鸡》《独木关》《三岔口》等100多出。光绪二十九年(1903),在上湖石板庵培训新演员文武老生李洪高、文老生李洪福、三花徐富根和其他角色30多人,能演剧目80多出。民国时期,宁海本籍演员有老生王仁沛、王庆元父子,小生陈洪词,二花章体进,老生陈子川,花旦潘吉成、夏月仙、于素艳等。民国二十九年(1940),南门王洪中组织徽班,后改名"新大鸿寿",演出《金钱豹》《水帘洞》《铁弓缘》等剧,巡演各地。

1963年,杭州市京剧团来演出,著名京剧演员张二鹏、宋宝罗演出《空城计》《借东风》等。后温州京剧团、金华婺剧团、黄岩乱弹剧团、新昌高腔剧团、平阳木偶剧团、宁波市京剧团、宁波市越剧团等先后来宁海城乡,还有来自外省的安徽芜湖京剧团和沈阳杂技团等。

1967年,省文化局主管部门批准拨款修建宁海剧院,地址桃源南路15号。宁海剧院建成后,省级剧团演出的有江苏省京剧团、江西省杂技团及浙江省京剧团、越剧二团、绍剧二团。演出剧种有京剧、越剧、姚剧等,还有著名京剧演员李丽芳来演出《玉堂春》。

三坑乱弹剧也是宁海的地方剧种之一,相传与平调同源于昆曲,声调高亢圆润,帮腔强劲悠扬。亦用锣鼓引板,其曲牌、音乐、表演等方面,均与平调相似。据在世的老艺人说,三坑剧起于明代,传自新昌三坑村,故有"新昌高腔"之名。其曲调亦间有部分昆腔与乱弹,故又名"三坑乱弹"。演出剧目有《征东传》《汉光武》《阴阳手》等120多出,流行在当时的台州、宁波等地。

光绪九年(1883),东岙西刘人名子令者,首先组办三坑班"老永庆"。光绪二十二年(1896),胡陈鲍序照组办三坑小科班"聚庆丰"。民国四年(1915),涨家溪金福云办三坑班"金永庆"。民国八年(1919),南门王洪中办起"新三舞台"。新中国成立后,由于三坑艺人在世不多,无专业剧团组织,仅个别农村业余剧团偶聘老艺人教演几出戏,因此至20世纪70年代已无三坑戏演出。

宁海平调是宁海历史较久的地方剧种之一,故又名"本地班"。约始于明而盛于清,相传已有三四百年的历史。当时流行在宁海、象山、临海、天台、仙居、黄岩、温岭、奉化、舟山等地,后风靡至杭嘉湖一带,一般在乡村庙祠演出。

象山戏场

晚清至民国初,象山县内流行剧种主要有高腔、越剧、平调、乱弹及徽剧等,多由外地剧团演出。民国九年(1920)后,出现新昌、嵊县人组成的越剧"的笃班",深受民众喜爱,流传渐广。民国二十七年(1938),宣传抗日救亡,一度演出文明戏(话剧)、活报剧,参加者多为当地青年学生及知识分子。新中国成立初风行歌剧、秧歌舞,主要由学校师生演出。此后各类剧种纷呈迭现,仍以越剧为主。1984年,全县20个剧团中,除木偶、幻术团,余皆为越剧团。

民国时,象山县内无专业剧院,多以祠堂庙宇为演出场所。丹城姜毛庙、石浦号房皆是。1952年,丹城工商联合会集资,于南教场筹建光明剧场,竹柱竹瓦,设座960个,1954年春节营业。翌年1月,石浦镇工商联合会亦集资扩建号房为商联剧院。1956年改名人民剧院。同年5月,于光明剧场侧另建象山人民剧院,设座1048个,职工10人。1978年,石浦人民剧院改作文化站舍。1980年,另建石浦剧院,设座1350个,职工13人。1984年,投资198万元,于丹城镇建设路兴建象山剧院,设座1209个,职工35人,为全县规模最大、设备最完善的剧院。

慈溪戏场

新中国成立初,农村业余剧团迅猛发展。1951年春第一次大会演时,慈溪全县共有农村业余剧团250余个,多数演越剧,亦有演姚剧或绍剧的。配合当时土地改革、镇压反革命、抗美援朝以及农业互助合作运动,演出大量自编节目以及《白毛女》《刘胡兰》《借红灯》等剧目。这一时期，影响较大的有泽山剧团、横河剧团、师桥剧团、沙黄剧团、庵东剧团、相公殿剧团、坎东剧团和浒山镇剧团等。1956年，部分农村剧团纳入农村俱乐部，并成立了集体性质的慈溪越剧团。

1976年，慈溪县人民大会堂重新翻建。1978年竣工，设座1793个，成为县内设备最齐全、规模最大的兼用剧院，并允许农村业余剧团做半营业性演出，全县农村剧团又迅速恢复到132个。不少剧团曾到外地演出，上演的几乎全是传统剧目。在此期间，沪杭各地的专业剧团亦相继到慈溪演出，戏剧活动空前活跃。1978年，慈溪越剧团复名，不断扩大编制，到1982年底，有演职人员70人。1984年起，戏剧活动呈萎缩趋势，到1998年，农村业余剧团仅存数十个。1987年4月，因累年亏损，县人民政府决定撤销剧团建制，对人员另作安排。该团建团以来，共演出大型传统剧50余部、大型现代剧20余部，并演出了一部分自编的小型剧目。

20世纪70年代，慈溪农村已有36个乡(镇)建成了简易会堂，有个别乡(镇)还建成了设备较完善的大会堂，可作一般演出使用。80年代，有29个乡(镇)会堂经过翻建，成为影、剧两用的新型剧院。到1987年底，农村剧院总座位达36700多个，即全县农村平均每25人占有1个座位。

奉化戏场

清乾隆元年(1736)，奉化文士孙埏著杂剧《锡六环》，讲述布袋和尚历经戒律考验成一代高僧的故事。清代中晚期，奉化西乡乡村戏台有越剧、绍剧、京剧演出，东乡以越剧居多。民国初，奉化民间有木偶戏。1921年，竹林村毛宗世创建"毛家帐头孩班"，他一人能唱老生、小生、老旦、小旦、花脸等。1955年，毛吉义承父业，与妻女同演《火烧红莲寺》等剧目。

奉化乡村演戏多在祠堂神庙。据统计，1988年，有较完好的古戏台60余处。1935年，周阿茂在大桥镇建木棚戏场，名"鸿寿戏院"，设座300个，1939年拆除。1946年，何宝善在大桥镇百岁坊建国民戏院，设座560个，1952年停业。1952年后，奉化再建砖木结构人民剧场，设座千余。1985年，新建奉化剧院。

镇海戏场

镇海地处海隅,清与民国时,戏班多来自外地,曾有绍兴高腔、昆曲、京剧、越剧、滩簧等演出于神庙戏台。1949年前,县城内已建戏班。1950年更名"大喜剧团",1954年改"镇海越剧团",有演职人员80余人,1959年改"宁波越剧二团"。镇海大碶、郭巨、柴桥(今均属北仑区)等曾分别组建过业余剧团,后解散。

第三章 宁波古戏俗与戏台文化

十里不同风,百里不同俗。戏俗,带有明显的地域性。宁波戏俗随自然地域和人文环境因素等影响,具有个性化特征。

古代演戏多为娱乐,所谓"文以载道",中国人喜欢寓教于乐。浙东人把戏叫作"戏文",戏也是一种"文"。鄞州五乡镇石山弄村一个老祠堂的戏台有一副楹联:"古今同感要在可泣可歌;宗族聚观莫非教忠教孝。"算是把中国人的演戏宗旨全概括了。

第一节　宁波戏神信仰与戏俗

老郎神戏俗信仰

旧时优伶身份低贱，称"堕民"。他们信的是老郎神，建老郎庙。《鄞县通志·庙社》记载："老郎殿，德聚镇效实巷，祀汉耿弇，旧例六月一日起十一日止演戏，此庙下户口多属堕民。"在城西还有"忠佑庙"，"德聚镇尚书街大双桥，分祀宋沙诚，旧例五月五演戏，现设私立西城育德初级小学，此庙下户口多属堕民"。这里记载的两个庙，都为演戏艺人所崇拜。又说："今之庙社即古之社也，古者人民聚落所在，必奉一神以为社，凡其会要约必于社申誓焉，故村社之多寡，即可见其时民户之疏密。"许多堕民从事戏曲行业，从《鄞县通志·演剧》可以得到印证："戏班有昆班、徽班、绍兴班、台州班之别，昆班邑中堕民为之。徽班则天津人为之，杂以新昌、嵊县人。绍台等班则自绍台两属而来。其所唱之曲调，昆班为最雅，徽班次之，绍台班又次之。其班有班主，管理全班之事，俗称行头主，旧时堕民之有资产者为之。"

再说说老郎殿。清代文献记载，全国各地普遍建有老郎庙，实际上就是戏曲艺人借供神而聚集议事的场所，所以老郎殿即是梨园公会。宁波的老郎庙虽没有明确说明是梨园公会，但看其庙下的编户就知道，它就是梨园公会。我们可以从其他城市的一些文献记载中得到印证，如光绪七年（1881）苏州《重修老郎庙捐资碑记》载："老郎庙始为苏城昆腔演戏各班聚议之所，大殿供奉祖师神像，每逢朔望拈香惟愿。"梨园公会的职能是：对内管理艺人的日常事务，解决矛盾，调和关系，维护秩序；对外从事经营业务，并作为艺人的代表参加社会事务，维护艺人的共同利益。梨园公会即戏曲业的行业协会。

那老郎又是谁呢？《鄞县通志》里说是汉耿弇。耿弇，东汉光武帝的开国功臣,他怎么会成梨园神呢?有学者认为"耿弇"或是"耿光"之误。清孙星衍嘉庆九年(1804)所撰《吴郡老郎神庙之记》说:"余往来京师,见有老郎庙之神。相传唐元宗时耿令公之子名光者,雅善霓裳羽衣舞,赐姓李氏,恩养宫中,教其子弟。光性嗜梨,故遍植梨树,因名曰梨园。后代奉以为乐之祖师。"杨懋建的《梦华琐簿》里说"闻诸父老,老郎神耿姓,名梦",后又说"吴人晨起禁言梦,诸伶尤甚,不解其故。……禁言梦者,讳其神也"。也有说老郎神主为翼宿星君。《晋书·天文志》载:"翼,二十二星,天之乐府,主俳倡戏乐。"还有说老郎神是唐明皇或者后唐庄宗。可见,艺人们对梨园主的认识本来就很模糊,只要有一个神人作为自己精神上的主人就行了。

在浙东,戏班一般都供奉唐明皇为祖师爷,在衣箱盖的背面上贴一张红纸,上写"唐明皇之位",帽架上挂皇帝帽。演员扮上后,要对神位拜,一年之中无日免之。药行演于连山会馆,南北号演于庆安会馆、安澜会馆,木工演于鲁班殿。都神殿演于二月,关帝殿则演于五月,互相敬神有多至十余日者。

图3-1 明代版刻唐明皇后宫教戏图

至若街戏,旧时商铺于盂兰会之次日,沿街用木板搭台演之,谓之"谢神戏"。乡间之戏多演于境庙。东乡若韩岭、管江、邹溪、咸祥,南乡若茅山,西乡若黄古林等处,自正月十三日起至十八日止,皆有灯祭,俗称"灯头"。灯头又有前灯头、后灯头之分,后灯头于十八日后或二月间行之。此外,神之诞期有"诞戏",八九月间有"愿戏",冬至日有"冬至戏"。

现在,宁波城内的董孝子庙、关帝庙、城隍庙、秦氏支祠、钱业会馆、庆安会馆、安澜会馆等处均有戏台。鄞州境内村镇的许多庙宇祠堂也有古戏台。在节庆日、神诞日演戏的风俗仍保留着。

戏场点戏、戏价、演戏禁忌

点戏,一般指由戏班开出一张戏单,让出钱的老板或者懂戏的、有名望的人来点。点戏自然是一门学问,假如不懂戏的剧情,单从戏名上看不出。清代陈维崧《迦陵词》中有一段自述:"余尝坐寿筵首席,见新戏有《寿春图》,名甚吉利,亟点之,不知其斩杀到底,终坐不安。其年云:亦尝坐寿筵首席,见新戏有《寿荣华》,以为吉利,亟点之,不知其哭泣到底,满座不安。"常常说人生如戏,戏情和现场气氛相背的话,不免大煞风景。

戏班每到一个地方,如果没人点戏,就由戏班做,第一场戏和结束场戏都不能演悲剧,要演大团圆的戏。剧中不能出现乞丐、落难人,更不能出现死人的情节。一旦犯忌可能就拿不到戏金,还要罚戏道歉。有这样一个事儿,说是戏演到最后,主人公死了,突然想起这禁忌,只好另外上了一个"仙人"把他救活,这样才蒙混过关。

不能演同姓的故事,特别是不好的剧情,所谓"家丑不外扬"。如杨姓的,一般不演《杨令公碰死李陵碑》或《双龙会》《金沙滩》等杨家遭难的戏;姓严的,不演《打严嵩》;姓岳的,不演《风波亭》;姓曹的,不演《击鼓骂曹》;姓周的,不演《三气周瑜》。如果犯了忌,就有挑衅的意味。《剧说》卷六记载了许多这样的故事:"相传有秦姓者选《琵琶记》数出,座有蔡姓者不怿,秦急选《疯僧》一出演之,蔡意始平。有林姓者选《孙膑乍疯》一出,孙姓者选《林冲夜奔》一出,皆出无意,若互相消者。"《琵琶记》演蔡伯喈事,《疯僧》即疯僧济公戏秦桧的故事。如果两个村不和,故意点戏,不让邻村来观看,往往

图3-2 民国初宁波东殿庙演员出错,观众要求重演,与演员发生冲突(吴友如绘)

会引起宗族矛盾。

再者,不能出错。行头,戏班的服装,蟒、靠、帔、褶子、盔帽、靴鞋,什么角色穿什么衣服都有规定,而且戏谚说:"宁穿破,不穿错。"穿错了,万一观众较起真来,就得重做。剧情不许出错,不许偷工减料。所谓"外行看热闹,内行看门道",有些戏班演历史戏张冠李戴,台下精通的人就会指出,那戏班可能拿不到钱。演员不能唱错,不能忘词。这些差错在舞台上都是禁忌。

戏价,一般取决于时节忙闲和剧团好坏。《鄞县通志》上说:"每台之费,视时节之闲忙、戏班之优劣而定,优者每台二十金,劣者每台十余金,至五六金而灯烛供神之费不与焉。"钱一般由老板出,如果老板不出,老百姓就自己凑份子。而且在演戏时还要扔赏包,讨彩头的话也要出钱。台上演悲戏,唱莲花落,观众也会向台上扔钱、水果和香烟等物。

三跳戏

三跳,即《跳加官》《跳魁星》《跳财神》三个小戏,是浙东的傩戏。在正本大戏演出前,都要附加演出,企盼加官晋爵、财源滚滚、国泰民安,表达老百姓的共同心愿。

《跳加官》,一般由老生扮演加官,身穿红色蟒袍,头戴乌纱帽,手抱朝笏,戴白色脸谱面具。踏锣鼓经上场,十分有节奏感,至台口即向观众拱手长揖恭贺。三拜后,拿起预先置放在桌上的条幅,装着仔细看的样子,看完后手舞足蹈,仰天大笑,然后一一向观众展示,条幅一般书写"一品当朝""风调雨顺""国泰民安"等颂词。展示完毕,舞步下场。"加官"的原型据说是五代十国时的冯道,人称"官场不倒翁",历事五朝八姓十一君,官位屡屡升迁,常禄不衰。欧阳修在《新五代史》里详细记载了这位长乐翁。

加官下场之后,紧接着就是《跳魁星》。魁星一般由丑角扮演,穿魁星衣,戴魁星面具,右手持笔,左手捧斗,俗称"魁星点斗",踩"魁星锣"锣经矮步上场。出场亮相后,由后场演员代为高声念道(因为"魁星"的面具

图3-3 象山戏台开台俗、跳魁星

是用嘴巴咬住的，自己无法开口）："魁星出华堂，提笔写文章。麒麟生贵子，必中状元郎！"面向三方观众表演连点三元，舞、旋、踢，集优美、滑稽、力量为一体。把笔题空时，伴随后场棒锣声响，并有人员代为高喊："解元！会元！状元！连中三元！"方才舞毕下场。魁星是古代神话二十八星宿之一"奎星"的俗称，道教尊"奎星"为主宰文运兴衰的神。后世的贡院一般都有"奎星楼"或"奎星阁"，象征文运亨通。旧时，"魁星点斗"还是书法、年画等的热门题材。

最后就是《跳财神》了。财神也由丑角演员扮演，戴金色面具、大帽，穿黑色或绿色蟒袍，手捧金元宝，伴大锣大鼓踏财神步上场。见桌上有酒，大喜欲饮，又担心酒后误事丢失金元宝，急将金元宝藏起。藏好元宝便畅怀大饮，酩酊大醉后，忘了藏宝处，又惊又急，手忙脚乱地四处寻找，终于找到。最后——"送"给观众，在唢呐曲中下场。还有的"财神"上场后，捧着元宝舞到台头，欲纵元宝，又调皮地跑开，如此再三，才将元宝扔下。台下早有老板等候，接到元宝后，发红包，表示财源滚滚。财神就是赵公元帅，真名赵公明，又称赵玄坛，终南山人。秦时避世山中，修炼得道成仙，除瘟禳灾，主持公道，凡求财者均能让其称心如意。

"三跳"的共同特点，一是戴面具，二是跳舞，有点类似傩戏，保留了许多原始戏剧的形态。

开台与关台

宁海旧俗，新建戏台或重建（修）旧台，首场演出一定要择个吉日，隆重地举行祭台仪式，宁海人称"开台"，含有恳请当方土神庇佑、驱邪破煞之意。该仪式一般由族长或建造庙宇的主持人出面，聘请专业戏班。当时参与开台的剧种有徽班、宁海平调班以及的笃班（越剧）等等。由于演出剧种不一样，其仪式的内容略有分别，但主要程序大致相同。

开台（祭台）前要做好准备，台正中前方摆好一桌，桌上除摆有五牲福礼（五牲即牛、羊、猪、犬、鸡，也有只摆猪头、鹅的）和香炉、蜡烛、棒香等祭品，还须摆一斗早谷、一箩糯谷（象征五谷丰登）、一杆秤（象征称心如意）、一碗净水（象征四季太平）、一叠酒盅（象征传宗接代）以及笔墨、砚台等物。

桌上还折叠放着一张写着"××省××府××县××乡××村××祠堂(或××庙)开台大吉"的大红纸。此外,桌底下放着一只被缚住双脚的大雄鸡,因前面有桌幔围着,观众看不见。戏台左前柱悬挂着米筛、镜子(象征镇邪)。

仪式开始,"鲁班仙师"(有人说祖师)头戴八卦巾,嘴挂黑三绺,身穿蓝袄子,腰系丝带,脚着皂靴,手执拂尘,走至桌前点烛燃香,祝告天地,祈求神灵消祸禳灾,保佑太平。接着,他用工具丈量选好的地基,然后伐木取材,建造戏台。然后,他作法念咒,手持拂尘,从上场门到台口,预先放好七块合扑的瓦片,踏起天罡七斗步法,一步一步共七步,把瓦片全部踏碎。随即提起桌上的大毛笔,在砚台上蘸饱墨汁,从下台棚的台柱起,按顺时针走向,依次在四根台柱上写"刀、枪、剑、戟"四个大字。待放好毛笔后,到上、下场门之间一张桌子的围帔下捉出一只活雄鸡,绕场至台中央,右手抓鸡头,左手抓鸡脚,到台右角顺转几圈,台左角倒转几圈,再至台中央,一把拧下鸡头,按原来次序把鸡头上的血涂在"刀、枪、剑、戟"四个大字上。再将鸡血洒在台板上,这叫祭台。最后拿起桌边的祭文(黄纸朱砂书写),高声朗读"××省××府×××县××乡××村××祠堂(或××庙)开台大吉",同时要念《大悲咒》。完毕,拿起盛着净水的碗,先将净水含在嘴里,然后朝台的四方喷去,俗称"净台"。开台(祭台)仪式至此完毕,祖师下场。

中国人讲究有始有终,既有开台戏,也应有关台戏,俗称"扫台",意为清扫戏台。时间一般定在连续上演几场戏后,准备近期停演之时。因为在上演的时候,曾有扮演的凶神恶煞出现;或者在大家兴致勃勃地观看时,有些邪物乘机进村,需要清理清理,故称"扫台"。农村一般在正月初四上演,多选大团圆之类的戏目。戏终时,必请关老爷扫台,意为把妖魔鬼怪通通赶出村子,以保本村平安。这时演员扮作关云长,头戴将军帽,身穿绿战袍,脚着皂软靴,手持青龙偃月刀,威风凛凛地上场。在戏台上,关云长双手平握大刀,东南西北走圆场、耍大刀,称为"四方大合"。大刀定要端平,不能被人看出一点忽上忽下的感觉,否则演戏的村今年会不太平的,今后万一遇上失火、夭殇等,群众即要埋怨,自然而然,族长要赖戏文钱。再出场时,刀尖上已吊着一长串已点燃了的鞭炮,表示此台已经扫干净了,此时主家要送红包。

开台关台之俗从明末清初一直延续到道光年间，其间宁海曾发生"大虫"之乱，虎患频繁，全县现存的宗谱内有多处老虎伤人的记录。《徐霞客游记》开卷就写道："自宁海出西门，云散日朗，人意山光，俱有喜态。三十里，至梁隍山。闻此於菟夹道，月伤数十人，遂止宿。"为了驱除虎患，不让老虎进村作怪，村民筹款演戏，由赵玄坛（俗称"伏虎将军"）进行扫台。其扮相是脸色黝黑，蚕眉豹眼，戴将军帽，穿黑战袍，执金刚鞭，扫台时扬鞭，其他动作、规矩与上述大致相同。

民间戏场中的赋子民俗

"赋子"是民间艺人将古典诗词、曲艺说唱、民间歌谣、谚语等结合在一起的套词，是唱词的素材。宁波民间路头戏的情节多半是即兴编的，戏师傅给演员分配角色后，演员上了台，念白即兴说。所以先前艺人们在学戏时就要学许多"赋子"。唱词可以根据赋子编，比如赋子中有说身份的《帝王赋子》《卖婆赋子》《乞丐赋子》《贼骨头赋子》，三教九流的人物出场，什么人说什么样的话，多半三句话不离本行。如《卖婆赋子》载："三月桃花红如火，里厢走出我卖婆。头上鲜红插一朵，手里拎只小包裹。东边做媒统是我，西边做媒也是我。总叫铜钿银子多，活拆夫妻也会做。只要谢媒银子多，牌坊也会抬过河。哪怕独眼跷脚麻皮婆，哪怕瘸脚驼背癞子哥。我嘴巴时会吐莲花，讲得女像西施在浣纱，讲得男方相貌似潘安，讲得鸭蛋会夹脚爬，讲得白鲞像箭射，讲得烂泥菩萨会唱歌。反正双方一洞房，生米已经来煮熟。管奈夫妻和勿和，谢媒银子总赚落。"活脱脱把一个贪财、不讲道德的媒婆形象展示在观众面前，而且这些话从媒婆自己口中说出来，"真情告白"，更有讽刺意味。再如《窦娥冤》里赛卢医一出场就说自己的医术是"活人医不死，死人医不活"，可谓有异曲同工之妙。

要表述人物样貌，则有《丑妇赋子》《美女赋子》；要表述景色，有《春景赋子》《秋景赋子》《夕阳赋子》《夜景赋子》《花园赋子》《西湖赋子》；要表述天气，有《大雪赋子》《大风赋子》。在茶坊，有《茶坊赋子》；在金殿，有《金殿赋子》；上了衙门，有《公堂赋子》；去烧香拜佛，则有《佛殿赋子》。行事也有赋子，比如上京赶考，有《赶考赋子》；结婚洞房，有《洞房赋子》。有关于风俗类的赋子,如《花灯赋子》;有战争类的《观阵赋子》;感怀类的《知足赋子》;描写生病的《难药赋子》……基本上,涉及戏曲内容情节的"赋子"应有尽有。演员从学戏开始就熟背这些赋子,上了舞台,只要稍微加工一下,就不愁没有词了。

还有些赋子运用比喻、夸张等修辞手法,想象力丰富,充满浓浓的民间智慧与幽默。如《卖青炭》中朝奉调侃白牡丹的那段唱词:

说起侬个白牡丹,名气实在勿推板。
过路人碰着侬白牡丹,绊着石头跟斗掼。
烧饼司务看见侬白牡丹,一炉烧饼烧成炭。
豆腐店倌看见侬白牡丹,做做事体会昏还,
三个铜钱笃豆腐,一作豆腐剩块板。
裁缝师傅看见侬白牡丹,长衫裁起变短衫,
裤裆底下钉纽襻,害伊生意回话还。
铁匠师傅看见侬白牡丹,擎起榔头乱来掼。
(把)徒弟脑浆敲记出,害得伊去坐牢监。
肉店老板看见侬白牡丹,拎起提刀乱来斩,
啪啦嗒,五个手指都斩断,光剩一块手底板。

看到这段幽默风趣的词,我们自然会想到《陌上桑》里对罗敷的侧面描写:"行者见罗敷,下担捋髭须。少年见罗敷,脱帽著帩头。耕者忘其犁,锄者忘其锄。来归相怨怒,但坐观罗敷。"

再看《赖婚记》,孙谷梅因后母要赖婚,公然顶撞后母,不肯嫁给马家,要守信用嫁给邬玉林。后母十分生气,说了许多损话:

若要玉林转翻身,哗啦啦岩山劈开变黄金。
若要玉林转翻身,铁树开花结铜铃。
若要玉林转翻身,毛竹脑头倒生根。
若要玉林转翻身,冷饭抽芽三寸芯。
若要玉林转翻身,扫帚柄里出冬笋。

图 3-4 《点石斋画报》里的戏场仕女(吴友如绘)

若要玉林转翻身,鸭蛋铺路到南京。
若要玉林转翻身,雷峰塔搬场到北京。
若要玉林转翻身,砻糠好搓渡船绳。
若要玉林转翻身,黄犬出角变麒麟。
若要玉林转翻身,乌龟脱壳变猢狲。
若要玉林转翻身,白鲞剖开放勒水里扭几扭几会还魂。
若要玉林转翻身,鲤鱼嘟答嘟答飞过山头顶。
若要玉林转翻身,东洋大海积灰尘。
若要玉林转翻身,六月河水冻成冰。
若有一件会照应,捺格男人会翻身。
倘若一件勿照应,要翻身今生今世难翻身。

然后孙谷梅也努力顶了回去,说:

若要女儿到马家,除非是玉皇大帝做主婚人。
若要女儿到马家,要王母娘娘牵红绳。
若要女儿到马家,要二十八宿来迎聘。
若要女儿到马家,金童玉女来提红灯。
若要女儿到马家,四大金刚来做抬轿人。
若要女儿到马家,喜娘要请观世音。
若要女儿到马家,赞礼要请吕洞宾。
若要女儿到马家,要齐天大圣来做戏文。
倘有一件办不成,今世休想儿过门。

这些词,稍一看,就很像《上邪》。只不过,一个雅,一个俗。这些词都由赋子整理出来。同样在传统戏《珍珠塔》里,方朵花嘲笑方卿不能中高官,跟孙母嘲笑邬玉林的词如出一辙。可见老百姓的智慧无穷尽,充满着泥土味的词,稍作加工,便成经典。虽然现在舞台上的词都由剧作家来写,但好的剧作家从不忘学习那些不知名的民间艺人的智慧成果。

第二节　宁波古戏台相关民俗语言文化

十二月花与戏名歌谣

以下罗列十二月花与戏名歌谣：

正月梅花是新春，戏文泪洒相思地，可恨张公子无情义，丫鬟下书把舌剪，王怜娘产子在饭店。

二月兰花盆里青，盘夫索夫严兰贞，严嵩奸贼恶势行，多承兰贞情义深，暴露真情难活命。

三月桃花是清明，彩楼招亲吕蒙正，岳父嫌贫想退婚，屈居寒窑求功名，得中状元后翻身。

四月蔷薇红似火，文必正巧见二阿婆，倪凤献茶艳子多，霍府卖身书童做，为了珠凤闯了祸。

五月石榴榴青青，蔡伯喈赶考上京城，赵五娘家贫难活命，肩背琵琶把夫寻，千里迢迢上京城。

六月荷花水上开，梁山伯读书杭州来，草桥相会祝英台，义结金兰亲兄弟，志同道合两无猜。

七月凤仙是七巧，活捉严保田兰花，护送到了太平桥，金银珠山都还我，表弟落监活被我。

八月桂花阵阵香，金榜题名王十朋，家中生活苦难讲，山中遇到大娇娘，情义夫妻回家乡。

九月菊花白又黄，宝玉黛玉红楼梦，丧尽天良王熙凤，移花接木来拜堂，害得宝玉做和尚。

十月芙蓉小阳春，申贵生山堂看戏文，草庵相亲王志贞，两人耽搁卧房

图3-5 清代木版彩印画

中,庵堂偷色命归阴。

十一月水仙冷冰冰,唐僧西天去取经,西方妖多路难行,沿途多亏孙悟空,一心一意把师送。

十二月蜡梅唱完全,白娘娘报恩配许仙,贼秃法师施奸计,活拆夫妻十八年,小青相救重团圆。

谚语、儿歌

以下罗列相关谚语、儿歌:

铜锣响,脚底痒,阿奶抱我到晒场。台上站起九花娘,雪白粉嫩好貌相。那边走出年老将,老爷胡子长又长。你一刀,他一枪,乒乒乓乓打一仗。我问阿奶是啥格戏?阿奶是:摇摇头来不声张。

铜锣响,脚底痒,阿爷背我到晒场。椅上坐着瞎眼婆,白发满头可怜相,外面来了黑老爷,威风凛凛好貌相。进门没讲几句话,跪倒地上叫亲娘。我问爷爷啥格戏?爷爷说:问啥泥鳅短来黄鳝长。

正月舞龙跑马灯,六月乘凉唱新闻,七月斗会夹串客,十月行会做戏文。

图 3-6　江北区湾头都神殿戏台前都神会

俗话、俚语

宁波老话里有许多跟戏曲有关的词语，用戏曲人物、行当、表演、剧目、剧情、名角等来打比方，很有意思。

宁波人形容能说会道的女人为"阿林娘"，阿林娘是《碧玉簪》里的婆婆，性格幽默，为减少家庭矛盾而讨好媳妇。宁波人形容一个人长得黑，就说这人像"包龙图"一样，或者说是"包公""包文正"，其实这些都指北宋名臣包拯，他铁面无私。许多公案戏都跟包公有关，舞台上的包公画黑脸。宁波人见一个人猥琐，就叫他"娄阿鼠"，娄阿鼠是昆剧《十五贯》里的一个贼。

形容一个人小气、吝啬，就说这人像"方卿姑娘"，"方卿姑娘"是《珍珠塔》里方卿的姑姑。方卿家道贫困，去姑姑那里借钱，姑娘不但没借钱给他，而且还嘲笑他。形容一个女人很凶，就说她跟"三叔婆"一样，或者是"三快阿姐"，三叔婆、三快都是越剧《九斤姑娘》里的人物。三叔婆人称"奇怪刁"，因为九斤姑娘父亲张天保不小心砍死了她的一只偷食猫，她就上门来大呼小叫"敲竹杠"。形容一个女人爱打扮，就说她是"貂蝉囡"；做一件事两头答应，就说"应罕董卓，应罕吕布"，这都出自《连环计》。

形容人吃里爬外，就说"吃曹操饭，做刘备事"。形容一个人福气好，可以饱食终日，就说"脚翘王天豹"，王天豹是《王老虎抢亲》里的花花公子。

形容一个人做事情被人抢了功劳，就说"薛仁贵征东，张士贵得功"。这个谚语出自《红袍盖苏文》。形容一个男人的事业因女人而败坏，就说"纣王宠妲己，万里江山败勿及"。形容事情莫名其妙，就说"哑子开口龙虎斗"，这个谚语出自《龙虎斗》，讲赵匡胤与呼延赞的故事，是绍剧传统戏。

形容一个人会哭，就说这个人像"哭旦"。哭旦是戏曲旦行里的一种角色，多演悲剧。"做小花脸"指用调侃、幽默的方式来缓解矛盾，因为小花脸是丑角，多演一些滑稽搞笑或不正经的人物，能调节气氛。两个人相互配合，恩威并施，就说"一个唱红脸，一个唱白脸"。红脸、白脸是净行的称呼。

比喻做事情捕风捉影，就说"兜落帽风"。"兜落帽风"故事出自《狸猫换太子》，包公出巡，遇到一阵大风吹落帽子，说是肯定有冤情，便叫张龙、赵虎去"兜落帽风"。形容荒唐无际的事，就说"卖青炭"。形容丢人现眼的人，叫作"钓金龟"。《卖青炭》和《钓金龟》都是戏名。

花言巧语或歪曲道理，叫作"调花腔"，花腔是戏曲唱腔中装饰性很强的腔。自己编造的话，叫作"自造腔"。宁波话中暗示说成"甩翎子"，戏曲小生中有专门的翎子生，如周瑜、吕布戴的冠上都有长长的翎子。形容一个人做事很拼命或落魄无路，叫"头发甩散"，"甩发"是中国戏曲表演中很常见的程式动作，小生"甩发"一般都表示落难。争光、露脸叫作"扎台型"。不入流、不上档次叫作"勿上科"。爱凑热闹叫"轧戏文场"。虎头蛇尾叫作"上台镲锣"，镲锣即小锣，意思即说戏文开场时镲锣敲得很热闹，到后来没声音了。

许多名角的演出深入人心，其名字也用来做比喻。比如宁波人说"雪清爽，梅兰芳"，即用梅兰芳干净利落的表演风格来形容做事风格。比如形容黄金搭档，就说"梅兰芳配金少山"，梅兰芳演的虞姬与金少山演的霸王配合起来，满台生辉。

宁波戏文老话

长期以来，人们把戏文中的用具、角色、情景等用语应用到日常生活中，这些意义独特的宁波老话包含着丰富的生活哲理。

扎台型：舞台上唱做俱佳的名角儿，吸引观众的台柱。生活中比喻爱面子、看重门面。如：为了扎台型,伊（相当于他、她、彼）宁可多花几百元钞票。

坍台：过去演草台戏,搭起来的台材料简陋,演出中偶尔会因台板松动而坍塌,使演员出洋相。生活中形容丢脸、失面子。如：这种话讲出去勿怕坍台？

拆台脚：地方上的两派人之间产生矛盾,一方拆去正准备演戏的另一方的部分台脚,使其演不成戏。生活中形容一件本能成功的事,被某些人反对而受挫折。含义与"吵场子"的戏文语近似。如：蛮好的事,你拆啥台脚？

做小花脸：戏剧中扮演嬉笑逗乐的丑角。生活中比喻不严肃、不易生气的人。如：夫妻吵架后互不理睬,有人劝男的"到老婆面前去做做小花脸嘛"。

老旦戴花：戏文中指打扮得花里胡哨的花婆旦。生活中比喻异常的衣着或与年龄不相称的打扮。如：介大年纪了还穿这种衣服,真是老旦戴花。

唱高调：绍剧中的一种曲调,高腔激昂。生活中比喻脱离实际的言论。如：这种人只会唱唱高调,有本事伊自己来做做看。

做假戏文：宁波老话有"编戏是才子,做戏是癫子,看戏是呆子"的说法,认为台上演的戏都是假的。生活中形容制造一种假象蒙蔽人们。如：一对夫妻像是在闹离婚,有人说"勿要相信伊,这是在做假戏文"。

掼锣槌：演戏中敲锣的人因受气或其他某种原因临时掼掉锣槌不干了,使戏演不下去。生活中形容正当用人之时,有人却以辞职要挟,也比喻说有胁迫性的重头话,含义与"掼纱帽"的戏文语近似。如：一点小事情掼啥锣槌呢？

闹头场：做戏前先打一通锣鼓以招集观众,故有"铜锣响,脚底痒"的宁波老话。生活中比喻做一件事的领头者。如：开会讨论时第一个发言者说"大家不说,我先来闹闹头场"。

此外,"还有压台戏""背台板""说的比唱的好听""出台"等等。(以上摘自屠明华《宁波老话中的戏文语》,2014年3月9日《宁波晚报》,有删改)

顺口溜、拳令、谜语

顺口溜：

毛头小娘"的笃班",宁波滩簧女夹男。

徽班跟斗多,绍剧唱高调。

勿像勿成戏,真像勿成艺。

学戏先学声,打铁先打钉。

台上一招鲜,台下三年功。

冷死花旦,热死武生。

七分锣鼓,三分唱功。

台上无大小,台下立规矩。

会打三班鼓,必要六班人。

文章不嫌百回改,好戏还需十年磨。

戏目名称多,多在俗话中。

庵堂相会情义好,天要落雨娘要嫁。

牛郎织女鹊桥会,负荆请罪将相和。

曹操兵马八十万,赵云走来揩屁眼。

甘罗十二为臣相,太公八十遇文王。

柳隆卿怕太平,蔡伯喈逐日挨。

破帐蚊子多,破戏锣鼓多。

请来草台班,走拢闹热看。

做节日戏文,拜庙里菩萨。

编戏是才子,做戏是癫子,看戏是呆子。

戏文连三天,货摊绕十里。(鄞江桥十月十庙会)

锣鼓响,脚底痒,戏文场里张。

打了开锣鼓,好戏在后头。

老大鸿寿徽班,"落落动"生山。("落落动"为行头主别名,"生山"指卖力)

三本铁公鸡,刀枪满天飞。

火烧连营寨,刘备烧煞快。

山歌勿唱忘记多,道路不走草成窝。

樱桃好吃树难栽,小曲好唱口难开。

癞头哥摸蛳螺,这里蛳螺大又多。(宁波滩簧剧目)

金生弟慢慢走,金生弟撑船泥撞船。(宁波滩簧剧目)

图 3-7　民国民间六十甲子戏曲歌谣春牛图

拜过唐明皇,做戏心不慌。(唐明皇是戏宗)

(摘自朱纪法《乡土谚语》)

拳令:

一捧雪,二进宫,三娘教子,四杰村,五台山,六月雪,七星灯,八拆庙,九更天,拾玉镯。

谜语:

小小一座四方地,千军万马可操练。两国军士刀斧见,文武百官上金殿。(谜底:戏台)

(摘自傅瑞庭《宁波谜语新编》)

第三节　宁波古戏台装饰艺术

雕　刻

雕刻艺术是中国文化中的瑰宝，是造型艺术的重要门类，分为雕刻和塑造。雕刻又分玉雕、石雕、牙雕、木雕、竹雕、微雕等，塑造又分泥塑、面塑、灰塑等。古戏台应用的主要雕刻艺术方式为石雕、木雕和砖刻。

石雕工艺最为远古，在明清时代，民用石雕得到发展普及，多采用本地材料，如宁波著名的梅园石、小溪石、大隐石。古戏台台前柱大多用石雕，柱础也精雕细刻。木雕是戏台最常用的传统艺术，雕刻方法有浮雕、沉雕、

图3-8　宁海县一市镇东岙村王祠戏台台门石狮

图3-9 奉化棠云古戏台木雕《智取生辰纲》

通雕、圆雕等几种,大多需用漆色再装饰。砖刻应用于戏台屋顶,用黏土制坯、窑中高温烧制而成。

彩　画

中国建筑彩画具有独特的艺术风格,是千百年来工匠们在实践中根据木结构建筑特点总结出的一套绘制工艺。雕梁和画栋就是指建筑装饰。

在建筑上画彩画不单是美学的要求,还有维护社会礼制和保护木质构件的实际意义。《论语》中已经有"山节藻棁"的记载,《礼记》载:"楹,天子丹,诸侯黝。"彩画的文化内涵往往通过暗表,中国彩画图案就是把几种自然界的东西组合在一起,寓意着吉祥内涵。如蝙蝠和桃组合起来,寓意"福寿"。又如上面画一个蝙蝠,下面画一个玉磬(磬是古代敲打的乐器),寓意"福磬(庆)"。

从工艺上说,中国古建彩画的独到之处,就是通过调动色彩和材料,来营造一个美的意境。比如彩画基本是颜料加水胶,涂饰以后,彩画工艺叫"胶色",用现在的话说,就是不发光的水粉效果。因此又添加一些亮度很高的金箔,通过反差,来追求一种有光与无光的装饰意境。但为了保证画面清洁,有的绘制胶粉彩后罩上薄透明光漆。此外,又有用油性材料绘制的,大多是民间漆匠画工所为。表现手段除了平涂,还有"沥粉",它是用一种特殊工具,把胶水加上石粉调成一种浆糊状物(土粉子),装在猪尿泡制作的囊里面,囊前加上一个旧式的笔帽,前边是一个孔,通过手的挤压,囊

图 3-10 奉化溪口葛竹村王祠戏台彩画八角藻井

图 3-11 宁海西店清潭村老祠堂戏台额枋彩画

里面的土粉子成线状落到装饰画面上。当它固化以后,成为一条贴覆在画面的半圆形线,叫"沥粉"。

灰 塑

灰塑,又名堆灰、灰批,是从砖雕和泥塑派生出来的一种室外传统建筑装饰艺术,具有浮雕的艺术效果,内容有山水、花卉、鸟兽、人物、书法等。在唐朝就已经存在,以明清两代最盛行。

宁波灰塑,采用蛎灰,按比例配上细沙、骨膏、麻筋、明矾、胶料等原料,调成黏性大、干后硬结的灰泥,然后在事先设计好的鱼、龙、花、鸟、人物的铁、木头骨架上进行雕塑的装饰。灰塑曾主要装饰在古建筑的山墙、墙头、屋脊、檐角、照壁、门楼、门窗上。古戏台建筑的屋顶部经常使用,主要为正脊、垂脊的龙头、蚩吻、垂兽、瓦上将军、名花瑞草等。

图 3-12
庆安会馆戏台
顶脊灰塑关羽

图 3-13 鄞西鄞江镇梅园村祖庙戏台屋顶彩色灰塑瓦上将军

板 书

板书是民间演艺团体留在古戏台后场墙壁上的题字,带有很大的随意性,一般用毛笔、粉笔书写。书写内容有演出剧目、演出时间及剧团名称等。

古戏台板书并不展示书法艺术,信手涂鸦,却传递了以下信息:当地观众最喜欢看什么戏、一个剧团演几天几场戏等。从板书可见,民间艺人白天晚上都有演出,后场就是宿食扮装处,生活清苦。板书也起到广告留言的作用。在调查中发现,自清末民国至今,戏场板书保留下来的不多了。

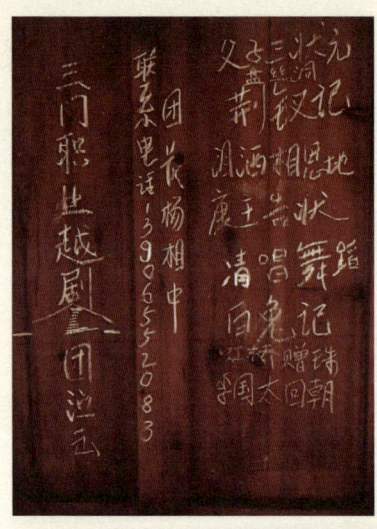

图 3-14
鄞东塘溪镇华山村戏台戏班子留字

图 3-15 宁海县镇东庙戏班子留字

碑 记

在地面立石作为永久性纪念物，称碑；其上镌刻文字，称碑刻。有人认为圆首且上小下大的是碣，竖长方形的是碑。正面为碑阳，背面为碑阴，左右为碑侧，下部为碑座，主要起承重和装饰作用。中国古代碑刻与语言文字有着极为密切的关系，它清晰地记录了中国语言文字的发展轨迹。

中国古代碑刻历经上千年发展，分布广泛，形式多样，数量巨大，内容丰富。其中不少古戏台的碑刻真实记载了古戏台的历史及相关信息。

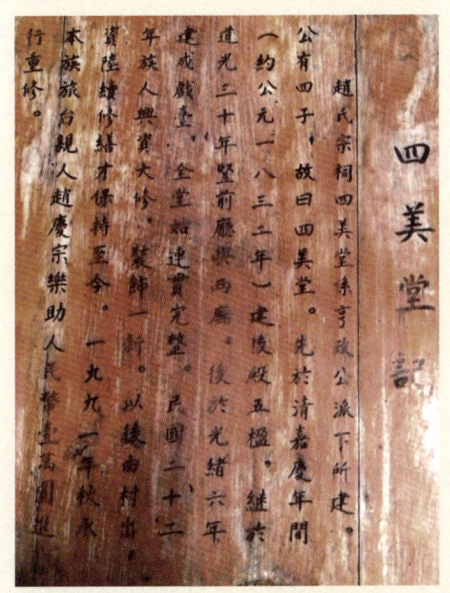

↑图3-16 奉化三石村赵祠戏台板牌

→图3-17 奉化萧王庙重建碑记

第四节　宁波古戏台对联匾额

对　联

对联又称对子,亦称楹联,原是写在楹柱上的对仗文字。它格式工整,平仄协调,是一字一音的独特汉语言艺术形式。在一千七百余年的历史传衍过程中,楹联与骈赋、律诗等传统文体形式互相影响、借鉴,历北宋、明、清三个重要发展时期,形式日益多样,文化积淀逐渐丰厚。

对联的种类有春联、喜联、寿联、挽联、装饰联,以及戏台、祠堂、风景名胜和各种特殊场合对联等。对联以"副""对"为量词,一般以两行文句为一副,并列竖排展示,自上而下,先右后左,右边为上联,左边为下联。不管何类对联,用何种形式,必须具备以下特点:

一要字数相等,断句一致。除有意空出某字的位置以达到某种效果,上下联字数必须相同。

二要平仄相合,音调和谐。传统习惯是"仄起平落",即上联末句尾字用仄声,下联末句尾字用平声。

三要词性相对,位置相同。一般称为"虚对虚,实对实",就是名词对名词,动词对动词,形容词对形容词,数量词对数量词,副词对副词,而且相对的词必须在相同的位置上。

四要内容相关,上下衔接。上下联的含义必须相互衔接,但又不能重复。

明清以后宁波庙宇、祠堂、会馆都建有固定戏台,台口、台柱常挂各种对联。以戏台为媒介的戏台联主题多扬善惩恶,包含深刻的伦理道德、生活哲理,同时还要简明易懂。如"舞台小天地,天地大舞台""借虚事指点实事,托古人提醒今人"。宁波澥浦镇都神殿戏台联:"信耶梦耶,传非真耶;秦欤汉欤,将近代欤。"令人称绝。

图 3-18 鄞东乾崇庙戏台对联

图 3-19 奉化杨村戏台对联

  戏台对联集文学性与艺术性为一体，有的把戏里的故事描述出来，有的把戏外的场景述说清楚，有的借题发挥，寄寓新意。这类对联多强调戏剧的现实意义，蕴含人生哲理，构思奇特，寓意深长，妙趣横生，耐人寻味，给人一种赏心悦目的感觉，回味无穷。

匾 额

宁波古戏台除了左右台柱的对联,正中檐下横枋上还有挂着的匾额。匾额,是中国古建筑的重要组成部分,相当于古建的眼睛,也是中华民族独特的民俗文化精品。

匾额中的"匾"字古也作"扁",《说文解字》对"扁"作了如下解释:"扁,署也,从户册。户册者,署门户之文也。"而"额"即悬于门屏上的牌匾。也就是说,用以表达经义、感情之类的属于"匾",而表达建筑物名称和性质之类的属于"额"。因此,合起来可以这样理解"匾额"的含义:悬挂于门屏或台亭上作装饰之用,反映建筑物名称和性质,表达人们义理、情感之类的文学艺术形式。

匾额大多文字很少,也无复杂的结构款式,主要讲求适情应境,文辞精粹。匾额常与对联相辅相成、相得益彰,成为我国集建筑、文学、雕塑和书法等于一体的独特艺术形式,为古戏台增色不少。

图3-20 清代书法家梅调鼎书戏台匾

图3-21 鄞西祖庙戏台匾

附录:宁波古戏台对联匾额选

[海曙区、鄞州区]

宁波府城隍庙:

千万场秋月春风,弹指间蝴蝶梦来,琵琶弦上;三百副金樽檀板,关情处桃花扇底,燕子灯前。

月湖环形戏台:

座在周围,观众眼光成立体;台无前后,演员背脊见功夫。

看今朝,净旦丑生新气象;评往昔,荣枯得失大文章。

董孝子庙:

为劳千里使;奉诏亦知心。

东汉以来千古;有虞而后一人。

报母心坚,不避汉廷三尺法;复仇事了,何知帝命两朝茶。

声奏兰陵,一曲和平神听乐;舞呈莱采,千秋兴衰孝思同。

月湖柳汀关帝庙:

人在玉壶,掩映双湖日月;事垂金鉴,分明一部春秋。

旧宁波戏馆:

南江新曲调;槐园旧衣冠。

调比京津原有别;音传甬土亦堪听。

语带乡音,偏宜甬海;调殊凡响,惯走江湖。

旧宁波都神殿:

信耶梦耶,传非真耶;秦欤汉欤,将近代欤。

庆安会馆:

满座良朋迎客笑,请请请;一场好戏待君评,来来来。

海上灵趋,情移水仙操;房中乐奏,节协寿人歌。

安澜会馆:

七拍舞霓裳,犹是云中乐奏;一声歌水调,依然海上情移。

欲共幽人洗笔砚;苕枝缀玉写疏香。

鳌柱长维,母德并符与地厚;鲸波永息,神慈普荫海天遥。

图3-22 海曙关帝庙戏台对联

上海原闸北钱业会馆：
天增岁月人增寿；云想衣裳花想容。

北京正乙祠：
演悲欢离合，当代岂无前代事；观抑扬褒贬，座中常有剧中人。

钟公庙街道后庙村费君庙：
保佑鄞塘时调玉烛；扶持汉室业佐金刀。

不朽有勋名，生继卧龙扶蜀汉；无疆流惠泽，长存肸乡镇鄞江。

邱隘镇横泾村陈氏宗祠：
邪正忠奸俱为榜样；笑啼怒骂尽是文章。

宋室三鲍夫；明代五衙门。

源远流长，毋忘我族宗功祖德；枝繁叶茂，且看谁家子孝孙贤。

东吴镇天童村太白庙：
佞直忠奸，明看他一台青史；悲欢离合，隐示人片刻黄粱。

逢战乱，负母抱子寻天童；学圣贤，孝为人本胜太白。

东钱湖镇下水村王安石庙：
看了戏便知八股文章开承转合；听其音可察四书题句虚实重轻。

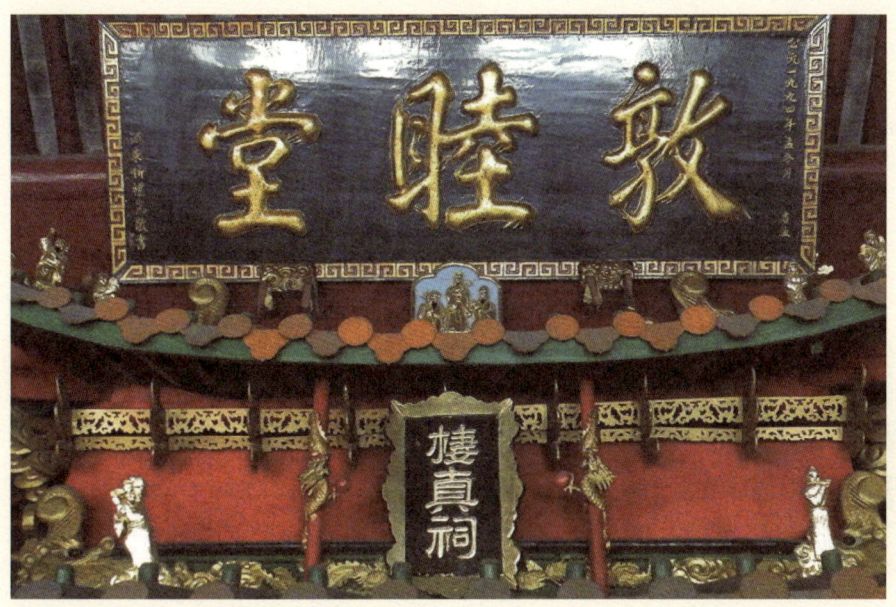

图3-23 鄞东前徐村徐氏戏台匾额

任鄞令严律己施政有方；行青苗解民困有口皆碑。

东钱湖镇韩岭村金氏宗祠：

今乐犹古乐，工歌借作采蘋看；迎神复送神，岁荐惟思诒高远。

德传百世，丹心昭日月；名耿千秋，刚正映湖山。

先祖尚书积德千秋；后继儿孙世昌万代。

东钱湖镇下水岙绿野村灵佑庙：

视思明听思聪，莫认作歌舞近戏；往者过来者续，当知其次第成文。

东钱湖镇俞塘村裴君庙：

有功于民，合三岛五畿兵戈尽戢；欲报之袯，宜千秋万祀俎豆常新。

对文笔山，庙貌共山光并秀；镇蟠龙地，神威与地脉齐灵。

平寇鸿功唐室著；保民遗爱浙东传。

东钱湖镇陶公山村王氏宗祠：

祠临万金明镜水；门迎百步笋翠峰。

剡水流长源远，英杰代传恢先绪；槐荫德懋泽深，鸿儒辈出振家声。

晋室显名宗，七叶簪缨，孝友常怀先世盛；魏州瞻归荫，三槐门第，公卿定卜后人多。

明代至今十七世箕裘衮远绍；钱湖钟秀五百年堂构重新。

东钱湖镇大堰村裴君庙：

征于色，发于声，特地装成世界；听其言，观其行，凭空勘透人情。

东钱湖镇史家码村史氏宗祠：

祖德留遗惟忠与孝；孙谋绍述非读即耕。

下应街道江六村陆氏宗祠：

莫作等闲观，在彼在己设身处地；每当休暇日，即此即可论世知人。

承祖德，振国威，利民生，何分孰男孰女；弘宗风，绘宏图，令辉煌，重任唯予唯汝。

下应街道潘火桥村蔡氏宗祠：

雅颂有遗音和平入听；衣冠传古迹忠孝移情。

塘溪镇上周村宝庆庙：

背倚仙岩崇永古；面对堇水祀千秋。

得丧穷通，但见许多悲喜事；忠奸贤否，曾传无数古今人。

普天日月开昌盛初嗣宝会；同庆民乐贺太平万古流芳。

图3-24 鄞东邱隘陈祠戏台对联

山青水碧功臣第,风舒日爽平安境;唐时绩著史册昭,躬耕勤读唐代风。

塘溪镇北岙村裴君庙:

北曲南词,一幅有声图画;奥言奇语,满篇无字文章。

唐室避佞臣隐居两岙;尽忠捍社稷流芳百世。

威灵赫赫坐观浙东,永享人间血食;神光奕奕普照四方,长佑阖境平安。

塘溪镇童村童氏宗祠:

虚弄干戈原是戏;略加点缀便成文。

塘溪镇邹溪村邹溪庙:

一方平台演出忠奸真世态;数尺之基唱来欢悲皆人情。

塘溪镇上城村黄氏宗祠:

尺地展开图画竟是生成;片时演出文章何等活泼。

塘溪镇华山村华氏宗祠:

衣冠遵古制演出新文;弦管颂先芬歌传旧德。

佩明诏孝悌力田;遵雅言诗书孰礼。

读书明德即贤孙;爱国忠君是孝子。

塘溪镇东山村钱氏宗祠:

彩舞侑先灵欢娱绮席;笙歌珩烈祖调谱梨园。

及阶须拾级而登;咫尺去先型不远。

群昭群穆序其伦;交户交阶观有格。

咸祥镇裴君庙:

乐曲奏罢声韵不留,何日再聆妙音;戏剧演过形影无存,几时重睹高艺。

紫气东来,古庙重辉杨公祠;乾坤鼎定,善心托起裴君楼。

社有裴君福庇苍生;天降福星削平大难。

咸祥镇杨公祠:

知斯县治斯水,开五河筑六闸,受益农耕泽吾嵩山;建兹祠立兹像,集万金纠千工,恩怀业绩颂我杨公。

二百年遗泽长存征献考文,争诵治鄞攻略;千万户蒙庥几偏饮和食德,难忘捍水功深。

至治有元音鸣球戛击;太平无异事鼓腹含哺。

咸祥镇朱氏宗祠:

清风朗月,不用一钱买;传神写照,正在阿堵中。

咸祥镇王氏戏台：

衣冠写楚相,平生九京可作;苗裔忆开天,遗事数曲新番。

咸祥镇芦浦村舒氏宗祠：

东邻浦口涛声振;西接华峰黛色浮。

岩嘴长临双涧水;夕阳偏映半山红。

咸祥镇里蔡村蔡氏宗祠：

离合悲欢谁是本来面目;初终聚散如何站定脚跟。

横溪镇梅山村俞氏宗祠：

梅尉是芳邻,谱出仙家新乐府;桃源真乐土,恍逢秦代古衣冠。

源出河间绵世泽;支分洋岙振家声。

洋岙源流远;河间世泽长。

青山环宅外;碧水流门前。

祖称名宦,德泽犹如龙井;族聚深山,风光仿佛桃源。

横溪镇孔家潭村张氏思荣堂：

可兴可观,孝子忠臣同百世;惟妙惟肖,英雄儿女各千秋。

横溪镇吴徐村梅岭庙：

你行有几步,俨然各处路途,曲曲弯弯无所不到;我看未多时,岂料当年情事,明明白白仍旧可观。

横溪镇上山坑村徐氏宗祠：

假笑啼中真面目;新声歌里旧衣冠。

姜山镇定桥村陈祠：

锣鼓震世醒,祸福倚忧;琴弦委婉诉,人间曲直。

姜山镇井亭村伙飞庙：

莫名垂宇宙;伟业光明州。

日月行天,忠烈丰功留史册;江山磐石,英雄伟业炳春秋。

姜山镇茅山村茅山庙（灵隐庙）：

谁毁谁誉善恶难逃千古论;观人观我是非应自寸心知。

姜山镇陈家团村陈氏宗祠：

走马回塘源近接;鸣凤卜世氏长绵。

数百年遥追宋世；一支派盛演鄞江。

旭日耀辉喜，百业俱兴；淑气濒催庆，万事皆顺。

云龙镇冠英村小梅庙：

悲欢离合逢场作戏亦真亦假；善恶忠奸粉墨登场孰是孰非。

云龙镇前徐村徐氏家庙：

整衣冠分别历朝文武；设子弟形容当世忠奸。

秀水名山代钟梓里；霜露满阶感怀先德。

云龙镇圆峨村李氏宗祠：

善恶忠奸，共看古今皆如此；悲欢离合，须知世事尽同然。

思无邪（台额）。

云龙镇姚家浦村姚氏宗祠：

吴兴绵世泽；妫汭肇家声。

雪窦拱前，文峰耸秀；甬江环佐，秀水流芳。

继祖先功德名重垂千秋；续儿孙贤孝世代永流传。

春祠夏礿，祀事孔明；木本水源，子孙勿替。

垣墉巩固贻厥孙谋；堂构森严绳其祖武。

云龙镇前后陈村水氏宗祠：

风飘彩袖流芳远；声绕雕梁逸韵长。

日月乾坤，禹垂千世；天地沧桑，水兴万物。

夏禹王赐水有功续水姓；兴水利三过家门而不入。

老祖宗积德造福惠世人；贤子孙兴旺发达传万代。

兴水利、治水患，恩泽黎民百姓；承王位、建王朝，功被子孙万代。

云龙镇陈浪岸村陈氏宗祠：

百姓故事演人间真情；平民歌舞唱天下太平。

和风甘雨四海沐春晖；尧日舜天万民增福泽。

不是孝悌友恭，更有何事可乐；只此谦和雍睦，自然到处皆春。

首南街道干墩村乾崇庙：

到底看来，管还你评量公道；就中想去，要知他劝化婆心。

此曲只应天上有；人间那得几回闻。

行云流水（台额）。

出将、入相（门额）。

首南街道石家村石氏宗祠：

古今同感要在可泣可歌；家族聚欢莫非教忠教孝。

五乡镇石山弄村新东亭庙：

亦真亦假尽演人间善与恶；似虚似实遍唱世上祸及福。

风调雨顺万民欢；国泰民安普天乐。

行善家业多兴昌；作恶天理定昭彰。

古林镇黄古林庙：

芝里风淳，四境浑成长乐地；梨园调古，一场高唱太平歌。

橡影倒映三面水；人声遥接五更鸡。

地属通衢，鼓吹声娱过客；门临巨港，弦歌韵入流泉。

古林镇俞家村娘娘庙：

兴废存亡，可以悟矣；富贵利达，由此观之。

古林镇西洋港村陈氏宗祠：

亭坐崇远堂，风情醉千秋靓景；祠拥西洋港，陈姓扬万世胜名。

地接桃源花气近；舟通石马橹声长。

山远绵延涵浩气；水清荡漾吐灵光。

思无邪（台额）。

石碶街道上王村王氏宗祠：

假笑啼中真面目；新声歌里旧衣冠。

横街镇惠民村接胜庙：

休言旧词翻新调；可笑今人学古人。

鄞江镇梅园村樨楂祖庙：

是假还真，人在世间都作戏；无往不复，我云台上早题春。

九狮台（台额）。

事母合欢心，明山锡山并传乞果；称祖从树所，东庙南庙分报灵楂。

冬笋留名同此真心一点；甘棠遗爱专由普济三方。

鄞江镇建岙庙：

顷刻间百般事业；方丈地万里江山。

看不清莫嚷，请问前头高见者；站得住便罢，须留余地后人观。

愿听者听，愿看者看，听看自取两便；说好就好，说歹就歹，好歹只演三天。

鄞江镇禅岩村吴氏宗祠：

要看早些来，大文章全凭起首；须观完了去，好结果总在后头。

鄞江镇梅园村槙楂南庙：

装成邪正阵形，纷纷悦目；看到忠奸果报，处处惊心。

洞桥镇新屯庙：

古调传关汉卿、马致远；新声出王九思、康德涵。

图 3-25 鄞西白龙王庙戏台石柱联

图 3-26 鄞西西洋港陈祠清代圣旨石

龙观乡磻溪村灵威庙：

晤将来,惟期子孝臣忠;鉴已往,务使风淳俗美。

高桥镇望春桥村白龙王庙：

歌扇舞衣,演来旧事;金箫玉管,谱出新声。

高桥镇秀水村三成庙：

艳曲最关情,歌罢犹扮留去客;明灯还彻夜,更残尚待宴游人。

高桥镇薛家村薛将军庙：

奏乐取霓裳一曲;歌诗在天宝六章。

罗拜俨从辽海至;长歌如听汉关旋。

鼓乐悠扬,如听昔日长歌,千秋称快事;灯光灿烂,恍是当年罗拜,万古颂忠臣。

歌声嘹亮入云中,恍疑东征凯奏;灯影辉煌盈殿内,何殊西击昆仑。

高桥镇梁祝村梁山伯庙：

三尺歌台,演绎世上嬉笑怒骂;一部传奇,诉尽人间离合悲欢。

[奉化区]

松岙镇后畈村景佑庙：

人须学好,休教鼻上画蜻蜓;戏莫认真,试看梦中飞蝴蝶。

图 3-27　奉化松岙景佑庙古戏台台额

庙貌巍峨,高挹南山爽气;神灵赫濯,长留东海雄风。

公有文武,才存殁英灵俱不朽;民知威德,感古今遐迩永多绥。

松岙镇五百岙村五百岙庙:

碧桃春水波迴翁然舞蹁跹;火树银花如渡新岚歌流转。

松岙镇海沿村李氏宗祠:

凡事莫当前,看戏何如听戏好;为人须顾后,上台终有下台时。

舞台方寸悬明镜;优孟衣冠启后人。

裘村镇双竹桥村丁松庙:

台上笑,台下笑,台上台下笑惹笑;看古人,看今人,看古看今人看人。

汇千秋忠孝节义,重重演出,莫道逢场作戏;将古今悲欢离合,细细看来,管叫拍案惊奇。

裘村镇裘村保德庙:

顷刻音演出千秋事业;方丈地打成万里乾坤。

裘村镇杨村㩻拘庙:

男婚女嫁洞房花烛假姻缘;文成武就金榜题名虚富贵。

义勇同殉节崖山陆;忠贞配成仁柴市文。

迁徙瑞云山下物华天宝人杰地灵;定居沙墩张公后裔盛兴才丁二旺。

裘村镇曹村曹王庙:

水回曲槛无穷碧;山向吾曹分外明。

宋室建勋歆万民康乐;曹溪流德泽四境祥和。

曹溪玉水供汤沐;半壁银山作树屏。

西坞街道老祠堂:

假此陶情淑性;何殊暮鼓晨钟。

西坞街道雷山村雷山庙:

御灾神威灵常在;捍患功深泽八村。

英灵赫濯垂千古;俎豆馨香报四时。

庙镇雷山雷峰媲美;神临斗岙斗宿争光。

狮峰拱秀庙貌巍峨;龙煦钟灵神威显赫。

春尝秋祀俎豆馨香;卫国惠民屏藩巩固。

西坞街道西邬村盘龙公祠老祠堂:

假此陶情淑性；何殊暮鼓晨钟。

西坞街道亭山村圣姑庙：

亭山戏鹤闻音舞；康水游鱼听不沉。

三天还愿戏；一首报恩诗。

西邬街道茗山龙王庙：

古事见今朝,过去今朝皆古事；虚华当实境,后来实境亦虚华。

莼湖街道桐照村陈君庙：

庙貌重新,再展气象；神威显赫,肃起仪容。

凿井以饮耕田以食何有帝力；扬帆而去满载而归全凭神灵。

莼湖街道朱家店村上琅溪庙：

门随琅水德泽不随水流去；庙镇莪山声灵恒与秀峰存。

雨顺风调泽福黎庶怀禹句；民安物阜力归击让戴尧天。

竹苞松茂千秋盛；常山毓瑞万古荣。

做个好人,心正身安茶饭香；行些善事,天知地鉴众人敬。

琅溪碧水任龙腾；常山彩霞照凤舞。

莼湖街道鲒埼马夹岙村伏波庙：

低昂赴节随歌板；激荡回风漾舞衣。

莼湖街道吴家埠村降渚庙：

生旦净末丑,说尽世上忠奸事；宫商角徵羽,唱彻人间喜怒情。

莼湖街道下陈村陈楼庙：

金榜题名空富贵；洞房花烛假姻缘。

江口街道前江村琏琳东庙：

三四吏官,全理朝廷事；五六兵将,保安天下民。

江口街道前江村琏琳西庙：

自修齐至治平着眼,堪称大学；寓褒贬别善恶留心,即是春秋。

江口街道禾家桥村邬氏宗祠：

盛盛盛盛盛盛盛；行行行行行行行。

江口街道王溆浦村孝思祠：

欲知世上观台上；不识今人看古人。

江口街道孙俞村琏琳新庙：

术幻熹微,播钧天必响;台崇咫尺,缀大地真形。

风土人情,一曲通千古;礼义廉耻,五音洽四维。

锦屏街道樟岙村南山庙:

笑骂尽文章,离合悲欢,唤醒人心梦梦;古今言果报,贤奸忠佞,难逃天网恢恢。

萧王庙街道汪家村云溪庙:

唐封越国三千户;宋赐江南第一家。

看香火于斯原来神祀祖;唯英雄如晨乃得世称王。

龙水南来,源合云溪绵世泽;凤山北峙,脉连禽孝振文风。

神麻千古溯云风;子姓万家联日岭。

胙土分茅怀武德;御灾保寇志新安。

争胜花屏练带间;仰威风马车云里。

棠溪甘领重明禋;总管杭饶歙六州。

黟水白渠留伟绩;褒封唐宋元三代。

看香火于斯原来神祀祖;唯英雄如晨乃得世称王。

政传十一事常著迹在人间;王者五百年独应运于身公。

云溪流不息只因惠济源深;越国泽犹新总是神灵德厚。

法戒昭然(台额)。

萧王庙街道棠云许家山村江氏宗祠:

风云日月碧秀堂;春显锦山峰观壮。

光宗耀祖鸿鹄志;芳名百世载千古。

进忠补过(台额)。

退思、进思(门额)。

萧王庙街道柳家村柳氏宗祠:

欲知世上观台上;不识今人看古人。

宗功启百代文明;报德振千秋大业。

柳发万枝条条皆连本;树高千丈叶叶终归根。

馨清、玉洁、孝悌、忠信(门额)。

鉴古(台额)。

萧王庙街道棠云龙溪庙:

人情叵测,谐谑处立见人情;世故难知,演出来同观世故。

庙显灵威光四境;神施恩泽护八乡。

萧王庙街道何家村何氏宗祠：

堂势尊严昭奕代祖功宗德;孙支繁衍承万年春祀秋尝。

德业并山河,俎豆馨香同四海;勋名昭日月,烝尝禴祀及千秋。

萧王庙街道青云村孙氏宗祠：

青山照影歌祧厚;剡水流商衍脉长。

萧王庙街道上汪村云溪祠：

当代岂无前代事;座中常有戏中人。

祠前凤飞东流水,人杰地灵;村后牛眠西翠竹,物华天宝。

敬长老知道德高风传梓里;尊君神明礼仪亮节照后人。

萧王庙街道塘湾村杜中丞庙：

彩袖舞来花欲笑;彤箫吹彻月当空。

萧王庙街道萧王庙：

声入剡溪,唱到西江月白;曲终界岭,看遍南楚峰青。

萧公功德千载颂;政通人和百业兴。

剡水九回绵圣泽;同峰八乡壮神威。

半壁青山永留古迹;一潭碧水成沐深恩。

溪口镇亭下村嵩溪庙：

善恶殊途报酬不爽;忠奸异性笑骂攸分。

异曲同工（台额）。

溪口镇栖霞坑村显应庙：

历代衣冠皆从今日演;数人谈笑尽是古人风。

一潭碧水沐新恩;八乡黔首庆召棠。

溪口镇董村：

忠奸善恶结因果;悲欢离合演情缘。

万年支派水流东;百代孝慈山仰泰。

尊祖敬宗孝孙有庆;教诗说理明德维馨。

溪口镇三石村陈氏宗祠：

赋诵明山乐地为诗客慕;光流赤水洞天遇羽仙游。

临流托宇,古今九曲有群贤;家编青史,世代传载续家风。

溪口镇三石村赵氏宗祠：

左月山右鱼山,部娄千秋绵德泽;前曲水右赤水,源流万代共馨香。

燕翼贻孙谋,美轮美奂;鸿猷承祖德,肯构肯堂。

曰耕曰读,奕世蒸尝不替;作孝作悌,春秋俎豆常新。

溪口镇武岭门外武山庙：

三尺舞台容百代;一重帷幕盖千秋。

阅透古今忱戏局;演来天地亦台基。

万代衣冠皆从今日演;数人谈笑尽是古时风。

上下五千年,出几个帝王将相;东西三两步,演一场龙虎风云。

大文章,只此人情物理;名将相,无非孝子贤孙。

溪口镇里岙村大王庙：

静取在山寄情于水;清气若兰虚怀似竹。

溪口镇董村后祠竺氏宗祠瑞本堂：

功名富贵一时事;离合悲欢千古情。

溪口镇董村上堡竺氏宗祠：

修武演文,阐发前人节操;描忠写孝,激扬后世纲常。

溪口镇上白村徐氏宗祠：

谁是谁非,情形逼肖;或迟或早,果报分明。

溪口镇状元岙村竺氏宗祠：

观瞻才子佳人,事无妨碍;借鉴帝王将相,情有助帮。

溪口镇蒋氏宗祠：

大文章,只此人情物理;名将相,无非孝子贤孙。

溪口镇畸山庙：

剡水背西流,秀毓万家灯火;同山向东崎,运开旷世人文。

元旦辛祈、小春报赛,八百年祀事聿修;杖鸠白叟、竹马黄童,亿兆人承平永享。

毓秀钟灵,功高梁石;栽培倾复,道体穹苍。

尚田街道葛岙村安山庙：

虚弄干戈真是戏;又增点缀便成文。

图3-28 奉化溪口畸山庙柱联和三石村陈祠匾额

尚田街道鸣雁村响岩庙：

神不能言假新声而当读法；民知报德奏今乐以表思诚。

善欲人见不是真善；恶恐人知便是大恶。

入庙莫非参拜，如果一心正直，见予不拜亦无妨；显灵必待诚求，若是平日凶残，任你诚求岂有益。

尚田街道方门村西祖庙：

杨柳腰，舞出雪回烟起；榴花枝，迎来云过雁飞。

尚田街道排溪村灵昌庙：

仰面看人若是；低头问自如何。

尚田街道栲溪周氏宗祠：

台前有泪原非我；座上无声已入神。

尚田街道桥棚村原追远堂：

业茂追宗，戏唱和谐曲；功圆续谱，文书喜庆篇。

大堰镇常照村英济庙：

鉴古证今，假笑啼中真面目；引商刻羽，新声歌里旧衣冠。

大堰镇竹林村祝灵庙：

视思明,听思聪,如有所立卓尔;诚于中,形于外,如见其肺肝然。

大堰镇李家村李氏宗祠:

一曲阳春唤醒古今梦;两班面目演尽忠奸情。

舞来柳絮三更月;吹落梅花一笛风。

高山流水、游鱼飞龙(门额)。

大堰镇岔坑村灵济庙戏:

庙宇自昔皆肃穆;明月从今照古人。

驻云飞、和且平、歌舞处、大雅堂(台额)。

止舞升歌(门额)。

大堰镇箭岭村王氏宗祠:

前古后今,绘出忠良节孝;假人真事,宛然离合悲欢。

大堰镇大周村:

镜中花(台额,"文革"时涂改为"兴无灭资")。

大堰镇田畈村叶氏宗祠:

宋朝宰相家声;唐室天官德泽。

大堰镇后山村汪氏宗祠:

青峰白涛(门额)。

[宁海县]

长街镇长街村王氏宗祠:

搬上舞台,真伪忠奸皆人戏;源于生活,悲欢离合总关情。

长街镇大湖村胡氏宗祠:

色艺双臻推陈出新八音齐奏;唱腔一绝讽今喻古五彩纷呈。

长街镇山头村西山殿:

海扬义帜旗山举;村有腴田忠烈留。

长街镇岳井村蒋氏宗祠:

乐曲常新歌盛世;琴声依旧谱和平。

世无恒产有恒心;居未积金先积德。

长街镇上兴村振英庙:

名苑奇葩,斗艳争芳庆盛世;银弦金鼓,欢歌载舞报太平。

图3-29 宁海县渡头村正对戏台的清代状元匾

图3-30 一市镇箬岙村褚氏宗祠对联

理通天地秘；道佑善良人。

长街镇洋湖村永丰庙：

半夜天演出千秋事业；数尺地囊来万里河山。

强蛟镇下浦村魏氏宗祠：

万物静观皆自得；四时佳兴与人同。

汾水龙门六传文教，遐支永哉；清潭燕翼莫感孝恩，春露秋霜。

强蛟镇加爵科村林氏家庙：

事异忠奸，看人心各判；报分善恶，知天道无差。

祖德长流，前朝声价开庆桂；书香继起，奕世簪缨仰九龙。

强蛟镇峡山村尤氏宗祠：

各有心肠，终属存仁心者获福；同是面孔，究竟涂花面者吃亏。

梦入梨园，堪破无形蝴蝶；目空天下，谁知有象鸢鱼。

人鉴台（台额）。

一市镇箬岙村褚氏宗祠：

有性灵人，胜读五经廿一史；没意趣汉，只知九调十八腔。

唐室元勋，登瀛洲而炳大节；台山甲姓，分泂浦而有余庆。

表东海以卜居，兰桂绳绳光俎豆；缅南宫之遗范，簪缨奕奕荐馨香。

白雪吟余春树绿；青霜舞处夜光红。

笔架山高思祖德；银钩水曲护孙支。

装点来，千古浮生若梦；思量去，一场无声如棋。

天无浮云语；地有流水声。

一市镇山上方村方氏宗祠：

妆点来，千古浮生若梦；思量去，一场世事如棋。

死者长已矣，想当日慷慨捐躯，蔓延且不顾十族；生果幸免乎，念来兹馨香告庙，芹祝赖以永千秋。

读圣贤书，岂敢忘仁取义；为祖宗计，暂作易姓更名。

奸恶由来无结果；忠良到底有团圆。

一市镇东岙村王氏宗祠：

想姬公礼乐攸关，原非嬉戏；看优孟衣冠假借，总是虚文。

一市镇东岙村褚氏宗祠：

装点来，千古浮生若梦；思量去，一场世事如棋。

梨园虚构，善恶千姿；舞台演艺，美丑百态。

一市镇里岙村叶氏宗祠：

南一台（台额）。

一市镇梅枝田村白鹤庙：

梅枝比邻，莫同他乡故里；沧桑世事，都归鼓板金樽。

一市镇东岙村东洲庙：

文教正邪似示当须低头思己过；世传真伪如斯休从仰面看人非。

冀千载翰墨文明光迎笔架千山秀；笃万民栽培福泽座镇荷花万象新。

泽被东洲，好似尧天开景运；恩流西屿，犹如舜日复光华。

一市镇旗门杨氏宗祠戏台：

洞里管弦云里曲；水中楼阁镜中人。

楼当太乙星辰近;池映天心景物新。

摹拟前人心事;讴歌盛世文章。

一市镇西刘村刘氏宗祠:

得意时,千古快事;入心处,咫尺无门。

力洋镇田交朱村朱氏宗祠:

正是古人当着眼;弗因前事不关心。

力洋镇力洋庙:

转盼间,演百年事业;容身处,当千里程途。

茶院乡柘浦街关旺庙:

事业勋名于今为烈;衣冠人物亘古常昭。

明光照帝德,昭彰威振四海;丹药妙芬芳,圣佑黎民千秋。

茶院乡上徐家村徐氏宗祠:

三五人可作千军万马;六七步如行四海九州。

瞬息间前朝后代;方寸地万水千山。

式歌且舞(台额)。

茶院乡张家村张氏宗祠:

乐修礼明真富贵;臣忠子孝大文章。

茶院乡平窑村张氏宗祠:

数尺地走尽天南地北;半夜天衍遍万古千秋。

茶院乡下王村王氏宗祠:

秦欤汉欤将近代欤;是耶非耶其信然耶?

茶院乡许家山戏台:

光宗耀祖鸿鹄志;芳名百世载千秋。

风云日月碧秀堂;春显锦山峰观壮。

进忠补过(台额)。

退思、进史(门额)。

越溪乡盘屿村吴氏宗祠:

彩袖飘歌舞,一曲霓裳酣夜月;瑶琴杂笑谈,七分春色艳朝霞。

越溪乡长山殿:

生旦净丑尽演古今盛衰事;喜怒哀乐皆为人世冷暖情。

桥头胡街道涨家溪金祠：

《思无邪》(台额)。

神、听、和、平(顶额)。

出将、入相(门额)。

桥头胡街道东吕村吕氏宗祠：

此曲只应天上有；斯人莫道世间无。

古今一辙(台额)。

顷刻间做出千年事业；咫尺地变作万里江山。

西店镇洪石村石氏宗祠：

一幅有声图画；几行无字文章。

西店镇集义村邬氏宗祠：

恩褒自苛铭金版；惠泽于今衍宝桥。

西店镇樟树村孙氏宗祠：

背靠凤山夜听潮；面对沧江日观海。

大海东浪千点白；灯影半江细雨红。

西店镇孙公遗德庙：

千秋宗社镇樟林；一剑威名扬海国。

西店镇海口村皇封庙：

帝敕荣颁，永作水乡保障；皇封宠锡，常留海口威名。

庙社声灵冠六乡；英雄韬略垂千古。

海疆鼍鼓壮神威；天阙龙章崇伟烈。

沧州日色朝临宇；铁岸潮声夜到门。

神镇海邦，四姓咸怀旧泽；庙修阎里，千秋足唤新模。

庙貌巍峨，西拥凤山佳气；神功浩荡，东环蜃水息波。

西店镇王家村王氏宗祠：

听月窟清音返虚入浑；传梨园佳处兴古为新。

春秋通关怀霜露；水木长绵溯本源。

百代孝慈山仰止；万年支脉水流长。

西店镇石家村崇兴庙：

一枝花开向牡丹亭，沉醉东风情不移；四声猿惊回蝴蝶梦，浩歌明月想当然。

西店镇塘里村胡氏宗祠：

演悲欢,当代岂无前代事;观褒贬,座中常有戏中人。

古今真乐府;天地大梨园。

西店镇老詹村詹祠：

如梦如意(台额)。

金声玉振(门额)。

宁海县城关储氏宗祠：

阳春一曲传忠孝;雅乐千秋报本源。

跃龙街道石舌章村章氏宗祠：

琴瑟共鸣祝石舌建村八百年;鼓乐齐奏贺章氏创业廿八代。

前童镇岭南村陈氏宗祠：

莫个闲看(台额)。

桑洲镇田洋卢村卢氏宗祠：

演忠演孝,无非扶持正道;殊正殊邪,总是维护族规。

梅林街道岙胡村胡氏宗祠：

数尺之基,走遍天南地北;一方平台,演尽古今风流。

飞云驻(台额)。

来兮、归去(门额)。

堂构森严种子孙;孙支繁衍焕宗泽。

梅林街道五松坑村朱氏宗祠：

天理昭昭,浩气冲霄汉;真情脉脉,书香满乾坤。

半入云(台额)。

经教千秋长绵祖泽;天朝洪福犹振孙志。

遵祖宗一脉真传克勤克俭;教子孙行经道途唯读唯耕。

古祠越百载;宗祖荫万家。

深甽镇大里村王氏宗祠：

大都生好心人得福;究竟居恶意者吃亏。

观止矣(台额)。

深甽镇马岙村俞氏宗祠：

图3-31 宁海县马岙俞祠戏台匾额

逸事话当年,乐奏升平,岁歌大有;闲情消永昼,花簪妇女,竹马儿童。

山左发祥祖德宗功,百世子孙崇寝庙;江南著姓铭旌勒鼎,千秋俎豆荐馨香。

发源由剡邑;溯本自青州。

五峰思木本;双涧溯泉源。

深圳镇龙宫村陈氏宗祠:

自剡南迁缑北派别支繁;襟狮山带龙溪地灵人杰。

根发淮阳,枝繁宇寰绵世泽;源自平湖,流芳龙溪振家声。

深圳镇大蔡村胡氏宗祠:

明眼者直视观我;慧心人可当读书。

柳影弯月迎凤鸣;狮象雄立听鼓声。

祖功宗德流芳远;子孝孙贤世泽长。

深圳镇梁坑村潘氏宗祠:

支分康谷源流;派出荥阳世泽。

左昭右穆,历世音容如在;春祀秋尝,千年血食长存。

深甽镇长洋村郭氏宗祠:

悲欢离合或今或古;嬉笑怒骂非幻非真。

祖德无穷,千秋常祀典;儿孙百代,万古绍书香。

长觐先祖忍辱负重唐朝再造;洋益后人茹苦含辛今日辉煌。

发迹金华根深叶茂;分支康谷源远流长。

登此堂以序左昭右穆;入此室无忘祖德宗功。

深甽镇长洋村真君殿:

弦歌清音宣德泽;宫商雅韵颂神功。

深甽镇夏樟村孙氏家庙:

祖武绳其址基仍旧;孙谋贻厥栋宇凉爽。

深甽镇岭徐村徐氏宗祠:

古之人今夜可见;事虽假而情亦真。

梨园古迹(台额)。

引商、刻羽(门额)。

深甽镇柘坑村永丰庙:

图 3-32　江北区复建城隍庙移建古戏台台联

数尺之基走遍天南地北；一方平台演尽古今风流。

可以观（台额）。

深甽镇清潭村敦善堂飞凤祠：

借虚事指点实事；托先人提醒今人。

有声画谱描人物；无字文章写古今。

深甽镇清潭村双枝庙：

价值千金春一刻；愁消万古曲三终。

一曲阳春唤醒古今梦；二般面目演尽忠奸情。

戛玉、鼓琴（台额）。

敲金、吹笙（台额）。

作恶多端，入庙烧香焉有益；问心无愧，见神不拜又何妨。

深甽镇洋湖村永丰殿：

半夜天，演出千秋事业；数尺地，囊来万里河山。

[江北区]

庄桥街道马径村张氏宗祠：

韵事悠悠，到此别开图画景；江山古矣，只今犹奏管弦声。

孝友家风绳其祖武；诗书凤好诒谋子孙。

天下无不是底父母；世间最难得者兄弟。

甬江街道湾头社区古戏台：

绘声绘色，莫道逢场作戏；载啼载笑，无非触景生情。

旧慈溪县城隍庙：

盛盛盛盛盛盛盛；行行行行行行行。

北仑戏台：

真真假假台上，逗人一乐；是是非非人间，由己三思。

新碶街道算山村老庙：

假笑啼中真面目；新声歌里古衣冠。

大碶街道石湫村王家祠堂：

无字文章，亦风亦雨；有声图画，可舞可歌。

大碶街道徐洋村徐氏宗祠：

每闻清歌,令人欣赏;有时妙舞,绝世丰神。

春晓镇干岙村阳山庙:

皎然明月临歌席,善也清风拂舞衣。

春晓镇民丰村茅山庙:

把往事今朝重提起;破功夫明日早些来。

白峰街道华峙村华峙庙:

清歌籁引千秋事;古调教传万世文。

白峰街道司前村云雩庙:

玉楼天半笙歌起;蓬岛仙班笑语和。

白峰街道阳东村猫礁庙:

后之视昔亦犹今;逝者于斯未尝往。

霞岸横栏,永固堤塘御卫防;梅子对岐,重新庙貌焕文章。

俎豆常新,阖境永沾惠泽;炉香远绕,两塘密布人烟。

千门月华,满城管弦乐太平;九陌灯彩,万里河山铺锦绣。

神灵显赫,人人肃似雷霆;圣泽无私,处处恩同雨露。

白峰街道山防村保宁庙:

与君高唱踏歌行;为我小试奏艺技。

借得山河灵秀气;添来庙宇吉祥光。

坐塔向南安乐地;面山飞舞凤朝天。

郭巨街道福民村大涂庙:

集一世事业,实非真意;观千古功名,原是戏场。

图3-33 北仑区阳山殿古匾额

[镇海区]

蛟川街道陈家村后丰林庙:

任他为诈为奸,徒博眼前快意;果尔伴忠作孝,永留身后嘉名。

虚弄干戈原是戏;又加点缀便成文。

当年北海历风霜;此时丰林流惠泽。

南渡君臣增感慨;襄阳耆书有仪型。

九龙湖镇河头村横溪庙:

礼乐干戈一席地;悲欢离合片时间。

九龙湖镇汶溪村八部庙街亭:

平众勤王勋垂唐代;隐居弭盗泽被明州。

澥浦镇澥浦村都神殿:

磊落石棱,相接梭城之胜境;回环形势,遥连澥浦之名山。

海阔天空在昔澎湃夸浩荡;地灵人杰于今圜抱乐升平。

妙舞蹁跹,风情无价;艳歌宛转,弦索齐鸣。

非幻非真,名为作戏;或今或古,实仿真情。

图 3-34 镇海区后丰林庙面对戏台的纪念苏武神殿对联匾额

澥浦镇十七房村黄公庙：

南渡君臣增感慨；襄阳耆老有仪型。

瓣香分伍庙，英魂俨涌浙潮回；匹马扼蛟门，浩劫长消沧海变。

遗迹阅沧桑，但看刻石纪功当代鸿文传郑相；神旗拥童叟，犹是见碑堕泪使君旧里念羊公。

澥浦镇沿山村鹿山戏台：

怒哀乐，且看这段情由；孝奸邪，立见当场报应。

[慈溪市]

掌起镇任佳溪村灵龙宫：

洒满恩膏，长使人间鼓舞；拨开云雾，会闻天上笙歌。

掌起镇任佳溪村沙湖庙：

可以兴，看来多少贤奸事；斯为美，歌出承平雅颂声。

观海卫镇锦堂村蛤蜊山原都神殿：

亡而为有，虚而为盈，约而为泰；视其所以，观其所由，察其所安。（原址仅存台柱）

图 3-35 慈溪市掌起镇灵龙宫戏台对联

图 3-36　余姚市四明山镇芦田村王氏家庙戏台台额

[余姚市]

牟山镇马家堰村古戏台：

旁观者清，做戏何如看戏易；结果要好，下场更比上场难。

此曲只应天上有；斯人莫道世间无。

一水生分宁绍界；东西咫尺半边街。

东南街道金冠村兴隆庙：

大丈夫休粉涂脸；贤弟子莫学油腔。

鹿亭乡中村仙圣庙：

坎坎鼓蹲蹲舞，千秋永歌圣德；熙熙来攘攘去，万民共被神圣。

四明山镇芦田村王氏宗祠：

此事未经人道过；今朝都到眼前来。

天擘图画（台额）。

三槐绵世泽，贻厥孙谋；九佰树风声，绳其祖德。

敬所尊爱所亲，肯望能由是路，入则孝出则悌，何为不得其门。

树滋堂（后额）。

原余姚城隍庙：

台上笑，台下笑，台上台下笑茝笑；看古人，看今人，古人今人人看人。

原马渚镇开元八楞柱村岳庙：

幻亦传真，俱是形容尽致；文雅以戏，居然声色化成。

朗霞街道朗霞戏台：

盖世英雄，难免无常二字；眼前富贵，犹如春梦一场。

朗霞街道朗霞村八堡庙：

欲以新馨维世道；聊将旧剧振人心。

河姆渡镇永清观：

雪压竹枝头向地；风吹荷叶背朝天。

低塘街道芦城庙：

四海九州方丈地；千秋万古刹那间。

梁弄镇黄竹祠：

玉佩冷摇沧海月；舞衣晴曳碧天霞。

曲度新声歌婉转；波回弱态舞蹁跹。

倚鹤听楼头，谁窃宫墙李谟笛；乘鸾来天外，人疑洛浦子乔笙。

[象山县]

西周镇官山村南殿庙：

登高望远，三面云山千家村；长啸临风，一川星月万里流。

西周镇伊家村伊氏宗祠：

一曲商音，扮演就千古兴亡胜负；数声越调，妆点出百年离合悲欢。

假笑啼中真面目；新声歌里旧衣冠。

君圣臣忠虽借古；父慈子孝却如今。

还将旧事演新事；聊借今人作古人。

离合悲欢皆假境；孝慈忠信是真心。

布文修武宛然经济；嬉笑怒骂尽是文章。

为报为祈，所愿岁登大有；且歌且舞，庶儿神听太平。

锣鼓喧闹，响振乌岩之谷；讴歌嘹亮，声腾清水之滨。

处世不必认真，都是梦中为蝴蝶；做人总须学好，休教鼻上画蜻蜓。

墙头镇欧氏宗祠：

歌舞倚春声，长此八千新岁月；蒸尝逢美景，居然六一好林泉。

墙头镇大雷庙：

神功浩荡，民安物阜万家春；殿宇辉煌，烛灯飞花千载盛。

灯明宝座祥麟彩凤同仪;香满金炉玉树琼花并蒂。

普万姓因膏均沾德泽;惠一方保障永锡康宁。

墙头镇孔氏宗祠:

戏其戏呼,戏推物理越戏越真;曲是曲也,曲尽人情愈曲愈妙。

先人播越数千里,展转滨西沪,仰大雷,赐斯福地;后裔安居几百年,辛勤披荆棘,树桑梓,喜入盛时。

曲阜旧家风,诗礼相传,留得麟经昭万世;洞庭新庙貌,馨香以祝,绵延凤德永千秋。

巍巍大雷山,佑孔氏祖脉长存、宗风永继;浩浩西沪港,彰族人立身无愧、创业有成。

泗水溯渊源,两字惟传诗礼;尼山留苗裔,千秋永享蒸尝。

墙头镇下沙村何氏宗祠:

花旦青衣,雅调久萦西沪港;老生武净,高腔远绕白岩山。

金声玉韵(台额)。

爵溪镇城隍庙:

天知地知,你知我知,何谓不知;善报恶报,迟报速报,终须有报。

古今人何处不相及;天下事当作如是观。

晓塘乡黄埠村圆峰庙:

金铃对舞红蓬拆;玉笛飞声赤凤来。

熙春台(台额)。

丹城镇姜毛庙:

真伪忠奸皆入戏;悲欢离合总关情。

搬上舞台,真伪忠奸皆入戏;源于生活,悲欢离合总关情。

富境无穷民,当补赏元宵,五夜笙歌,万家欢乐;贵耳不贱目,别开生面处,二般士女,一样聪明。

丹东街道陆家村陆氏宗祠:

响遏行云(台额)。

丹城街道钱尚书祠:

吴越戴王恩,射潮著绩,志在保民,若教排练登场,干羽两阶群景仰;唐虞传道脉,上表留书,功高卫圣,倘使编成剧本,讴歌一曲乐同赓。

歌席奏闻蓬岛馆;舞台排作锦衣山。

钱得一文同赐券;图开百寿并留书。

陌上花开歌韵缓;阁中秋曙剑光和。(以上录民国十六年修《吴越钱氏象派宗谱》,戏台不存)

新桥镇东溪村励氏宗祠:

当日声名垂魏郡;迄今支派衍东溪。

公南迁,始祖到东溪筚路开基业;喜枝派,后昆分四海门庭耀辉煌。

今古鉴(台额)。

石浦镇城隍庙:

演出炎凉真世态;唱来悲乐是人情。

响彻乌岩人宣湮郁;乐歌燕寝神听和平。

怡和台(台额)。

天知地明,行些善事百世臻福;心正体安,做个好人千秋有德。

图3-37 象山县石浦城隍庙后戏台藻井匾额

石浦镇东门岛王将军庙：

优孟衣冠启后人；戏台方寸悬明镜。

石浦镇东门岛天后宫：

一曲越剧唤醒今古奇观；两副面孔演尽悲欢离合。

石浦镇东门岛城隍庙：

你背地做些什么，好大胆，还是瞒我；我这里轻饶那个，快回头，莫去害人。

行些善事，天知地鉴鬼神钦；做个好人，心正体安魂梦稳。

石浦镇关帝庙：

绎彼此，演古今喜怒哀乐；洞世事，谙人情悲欢离合。

石浦镇昌国卫大庙：

曲是曲也，曲尽人情，愈曲愈妙；戏其戏乎，戏推物理，越戏越真。

承平豫泰（台额）。

石浦镇延昌社区宋皇宫：

贲古国，负壮志，一代少宸；沥汗血，扶江山，一生丹青。

龙定乾坤，一统河山靖；国举民殷，万里社稷崛。

面对铜瓦，眼观夷舡，看渔舟归；背依后岗，耳听宋韵，赏商贸旺。

宋皇浩气长存，确保平安，户户安乐；百姓承恩受泽，增添福寿，家家康泰。

忠宫台（台额）。

涂茨镇汤岙村周氏宗祠：

台坐东南，且舞且歌，演出忠良谐大武；祠环山水，有声有色，钟成人物绍元公。

贤庠镇木瓜村瞿公庙：

妙舞蹁跹，别开竹浦云容，珠岩雾态；清音嘹亮，雅答青菜樵唱，乌屿渔歌。

大徐镇杉木洋村徐氏宗祠：

弦管齐鸣，声振南洲望族；绮罗交舞，辉腾东海名宗。

新桥镇黄吉岙村林氏宗祠：

林公祖，鸡鸣三移一脉流传；教子孙，克勤克俭唯读唯耕。

新桥镇东溪村励氏宗祠：

当日声名垂魏郡；迄今支派衍东溪。

公南迁始祖到东溪，筚路开基业；喜枝派后昆分四海，门庭耀辉煌。

新桥镇山根村顾氏宗祠：

祖辞丹徒，奉君治象，呕心沥血；宗选龙峰，教子理国，发愤图强。

出自丹徒，当日声名垂象邑；莅滋赤水，迄今脉衍繁龙峰。

泗洲头镇上马岙村黄氏宗祠：

半夜二更半捐躯殉难斩蛟；中秋八月中立功垂名千古。

教子孙二条正路，唯耕唯读；继祖业一脉真传，克勤克俭。

泗洲头镇下马岙村黄氏宗祠：

真真假假真不假，公侯将相皆为假；假假真真假也真，喜怒哀乐才是真。

泗洲头镇戏台：

兽舞凤仪，歌祖德系溯茸山；台环泗水，云笛金管奏新声。

东陈乡东陈村鉴池公祠：

礼乐盛明，舞蹈升堂；前却规矩，进退宫商。

切莫认真，转眼荣华空热闹；也休作假，劝人忠孝可兴观。

作恶享荣华，终无结局；为善遭磨难，仍有团圆。

东陈乡东陈村陈氏宗祠：

善恶最无私，看到下场，不如罢手；鉴观其勿远，做将上等，全在存心。

图 3-38　象山县贤庠镇木瓜村瞿公庙对联

东陈乡普陀何村何氏宗祠：

春风阆苑三千客；明月扬州第一楼。

东陈乡樟岙村神庆庙：

金榜题名虚富贵；洞房花烛假姻缘。

庙内神圣保百姓平安吉庆；境界黎民创家业招财进宝。

定塘镇中站村镇潮庙：

戏假意深咏古喻今；忠奸是非时至则明。

定塘镇新岙村俞氏宗祠：

好事须牢记；邪端切莫为。

定塘镇大湾山村海头庙：

妙曲吹开百花艳；神姿舞得万众欢。

第四章 宁波古戏台保护与传承

宁波现在完整保存的古戏台有300余座,其中百年以上的约占一半。特别是大量清代以来修建的古戏场,是见证我国戏曲、戏场发展的宝贵实物,如宁海县已列入全国文物保护单位的十座古戏台,及庆安会馆、钱业会馆和天一阁秦祠戏台等。从建筑学的角度对古戏台进行系统、全面的考察,对于促进古戏台的保护与传承,具有十分重要的意义。

图4-1 宁波庆安会馆前戏台

第一节　宁波古戏台建筑环境

　　浙东古戏台多依山傍水,地理环境多变,古村落形成一定规模,兴建祠堂、神庙戏台之风随之盛行,于是产生高山、海滨、水乡、闹市等各自不同的外环境。如奉化溪口三石村三个大姓,共千余人,各姓都建宗祠和戏台,三座戏台不同朝向。又如溪口董村一姓分四房派,共三千余人,各房都建宗祠和戏台。朝向和地形各不同,当地建筑匠师会考虑得十分周到。特别是开门,一般都有前、后、边、侧多道门,有利于观演人群聚散。明清时期,祠堂为祭祖重地,戏台为祭祖时演戏所用,每逢丰收之年,族内庆贺,村里都会请来戏班子演戏。鉴于崇祖敬神和相互攀比的心理,有的地方山岙祠庙和神庙戏台密度很高。如宁海县深甽镇地处深山,交通不便,总面积173平方公里,有22个行政村,人口3.7万。原有古戏台近50处,平均800人一座戏台。今尚存20余处古戏台,平均1800人一座戏台。再如奉化大堰镇地处三县交接的崇山峻岭中,面积130平方公里,有40个行政村,2.64万人。现存祠庙古戏台23处,平均千人一处。

　　古戏台是一个酬神娱人的空间,具有神圣性与世俗性并存的文化特质。戏台的出现与繁荣带有浓厚的地域色彩。在宋以前,浙东已有了用于戏曲表演的场所,不过这个时期大多只是根据需要临时搭建。

　　戏台犹如一面镜子,折射建造者的文化品位和雕饰手艺。戏台又称"万年台",接受几代人的指点和评判。戏台成为剧作者、演员和观众和谐交流的媒介。

　　宋元时代是中国古戏台的形成时期。北宋崇宁、大观年间,浙东出现了"瓦子""勾栏"。"瓦子"就是娱乐场所集中的地方,"勾栏"就是演出南戏杂剧的戏台、戏场。勾栏出现于宋代城市的各类技艺表演场所,多在当时的瓦舍中搭建。勾栏之名源于表演台周围的矮栏杆。表演场地升高,三

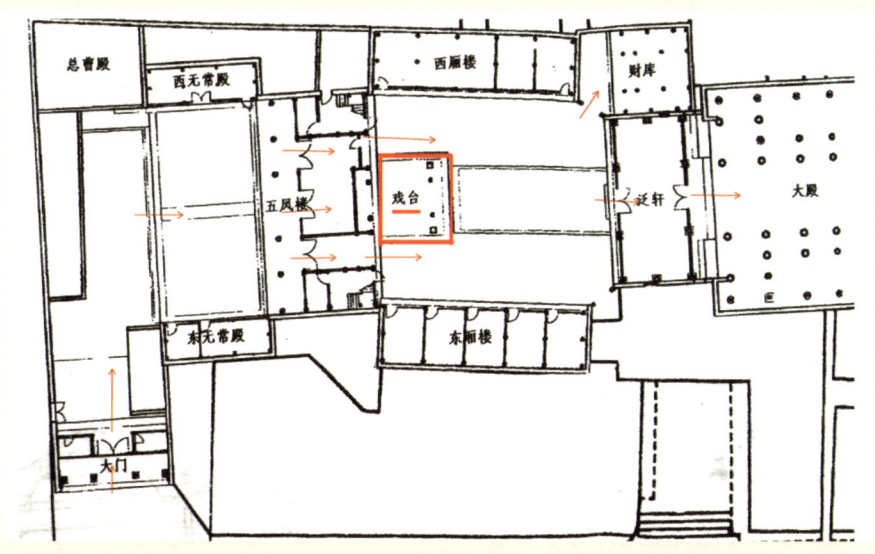

图 4-2 宁海县城隍庙戏台测绘图（来自宁海县文管办）

面环勾栏而建。为演出方便，勾栏已经有了前后台之分，中间用布幔隔开，演员通过上下场门出入，时称"鬼门道"。那时，观众观看的表演除了杂艺，也包括戏曲的雏形——宋杂剧。

在农村，各种表演场所称"舞亭"或"戏亭"，即高出地面、有顶盖的固定建筑，奉化农村至今仍称"台亭"，它是浙东农村戏台的雏形。宋代史料中有"舞亭""舞楼"之称。"舞楼"是指舞台下面有门洞，可供行人穿行，通常与山门结合在一起。如今，浙东不少古戏台台下可走人，宁波城隍庙古戏台就是。

古戏台在浙东地区可分为庙宇戏台、祠堂戏台、街头亭台、会馆戏台等。而戏台纵向构筑包括屋脊、屋顶、屋檐、翘角、山花、台柱、藻井、斗拱、上下场门、台面、勾栏、栏柱、柱础、地坪等，横向构筑包括墙体、照壁、头门、仪门、明堂、后台、扮相房及看厢等，有的正殿附设后明堂、后殿等。

古建筑是一个供人居住、生活、娱乐、社交的空间，因此不仅内部各组成部分要相互配合，而且还要与周围自然环境相协调。中国古代匠师们在进行构建时都十分注意周围的山川形势、地理特点、气候条件、水体脉络、林木植被等，务使建筑布局、朝向、层高、形式、色调等跟环境相适应，从而构成一个内外和谐的环境空间。

风水是古人对居住环境进行选择和改造的一种学问,也有人认为是一种有关人与环境和谐相处的学问,具有浓厚的宗教迷信色彩。

学术界认为"风水"一词最早出现于晋代郭璞所著的《葬书》:"风水之法,得水为上,藏风次之。"风水学关于环境的选择,如阳宅、阴宅的定点定向,建筑形态的分析等论述与主张反映了实际生活的需求,是经过实践证明的经验总结。如背山面水、负阴抱阳的生态环境自然适合人们居住生活;祠堂、庙宇等礼制性建筑的选地,当然应该尽量远离古墓、茅厕、妓院和屠宰场等。又如戏台朝向神庙大殿或家祠祖堂,大殿建筑高于戏台,可以起到避风拢音的效果。

风水学除了对环境进行选择,还对环境进行改造,使不利因素转为有利因素,逢凶化吉。归纳起来大致表现在两个方面:

一是对自然界的山、水、地势进行改造。有的在缺水或水势不佳的地区,用开沟引水、挖塘蓄水、筑堤拦水等办法取得水资源,如镇海黄公庙引水到庙前,过桥进庙;有的靠山的庙祠,通过在庙祠后植树种竹、挖补山

图4-3　镇海黄公庙戏台

形等,达到保护植被、加固山体、避凶化吉的效果,如宁海县一市镇里岙叶祠、深甽镇梁坑潘祠等。二是采取象征性的办法。如水口建桥、造亭以锁住水源、财运;头门外建隐壁、围墙等,同样有避凶纳吉、保住文运的象征意义。

第二节　宁波古戏台构筑

宁波古戏台布局

从古代文献和绘画中的记载来看,中国古代建筑在平面布局方面有一种简明的组织规律,即每一处住宅、宫殿、官衙、寺庙等建筑,都是由若干单体建筑和一些围廊、围墙环绕而成一个个庭院。多数庭院都是前后串联,通过前院到达后院,这是中国封建社会"长幼有序,内外有别"的思想产物。祠庙的主要人物,或者应与外界产生隔离的人物(如贵族家庭的女性),就往往生活在离外门很远的庭院里,这就形成一院又一院、层层深入的空间布局,如宋欧阳修《蝶恋花》所写:"庭院深深深几许?"古人曾以"侯门深似海"形容大官僚的居处,就都形象地说明了中国建筑在布局上的重要特征。

这种庭院式的组群与布局,一般采用均衡对称的方式,沿着纵轴线与横轴线进行设计。比较重要的建筑都安置在纵轴线上,次要房屋安置在它左右两侧的横轴线上。寺院、祠堂、庙宇等都属中国礼制建筑中的单群合院式建筑,以"间""进"为单位构成群落建筑,一般左右封火墙及后墙与外环境隔开。就建筑平面而言,以长方形平面最为普遍。如建筑物面宽与进深之比有1∶2、2∶3、3∶5、4∶5、1∶3等比例。以中轴线对称,使主体建筑显得格外宏伟壮丽。古戏台一般坐落院内明堂中心,总是靠近山门或仪门,成为仪门伸入明堂的中心建筑。如宁波秦氏支祠建筑群,戏台在仪门之后,正对祖堂。这种布局和中国封建社会的礼教制度密切相关,它最便于贯彻宗法和

图 4-4　象山县石浦城隍庙前后双戏台逐层登高侧面布局图（来自象山县文管办）

等级观念,使尊卑、长幼、男女、主仆之间体现出明显差别。戏台高度必须与地势对应,祖宗、神仙座位以平对戏台立面中心为最宜。如象山东门岛城隍庙、天后宫、石浦城隍庙,戏台台面高于地面 1.8 米以上,台下可自由通行。

与欧洲建筑相比,中国的这种庭院组群布局有其独特的艺术效果。一般来说,欧洲建筑比较一目了然。而中国的古建筑却像一幅中国画长卷,必须一段一段逐渐展开,不可能同时全部看到。走进一所中国古建筑,也只能从一个庭院走进另一个庭院,必须全部走完才能看完。如奉化萧王庙门前一方空地,进门后又一空地,为戏台、戏场、二厢。神殿后又存有一天井、后殿,每通过一道门,进入另一庭院;由庭院的这一头走到那一头,一院院、一步步,景色都在变换,给人深切的感受。

木构建筑古戏台

河姆渡遗址出土的七千年前木构建筑遗存及各县市出土的新石器时代晚期遗存都证实宁波的木构建筑历史悠久。近来,宁波江北的春秋战国遗址又相继发现。

现存宁波古戏台的木构卯榫构件,不仅完好承袭北宋官式建筑的严谨,也充分显示浙东明清木构建筑中大木与小木的密切配合。在小木斗拱中、檐角、额枋、花拱的品种和式样又有大量的出新,而且不少古戏台的木构采用的斗拱、侧脚、栌斗和藻井,与保国寺的规制一脉相承。

宁波古戏台台面的一般高度为 1.4—2.5 米。屋顶则为浙东亭台的小

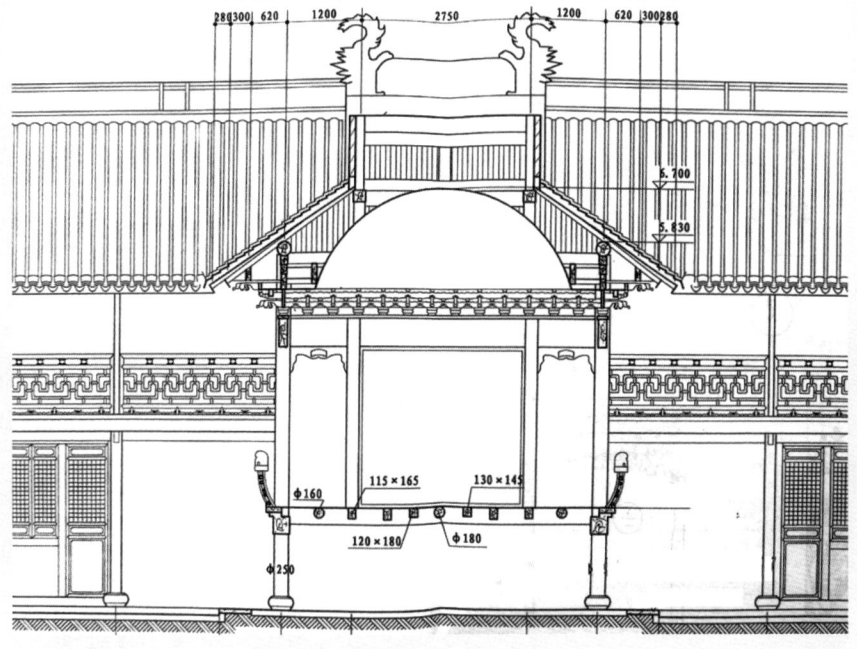

图 4-5　宁海县城隍庙戏台正面构造测绘图（来自宁海县文管办）

青瓦或筒瓦歇山顶，灰塑龙吻，翼角起翘。戏台宽深约 5 米，台前台后多用石柱，有侧脚、木柱，装饰集中于檐枋和翼角。明清时的小斗拱和花拱也在戏台上大放异彩。更为精彩的是戏台的藻井，敦煌莫高窟 268 窟和山东沂南汉墓已在地面和地下置藻井，这类"交木为井，画以藻文"的顶部构造象征人天沟通，其功能是扩展戏台空间，有利于戏台上舞弄刀剑、长矛、旌旗等，也有利于拢音扩声，故一般最为讲究。

藻井，建筑术语中的"井"，不仅指下沉的空间，向上凸出的也称"井"。宁波保国寺大殿保留着三个连在一起的藻井。宁波比较考究的古戏台用天花藻井遮掩戏台顶部的梁架，普遍使用螺旋娥罗顶藻井（鸡笼顶）、覆斗式八角攒尖顶、卷棚顶、同心圆穹隆顶等。这类藻井的使用在唐代之前有明确规定："非王公之居，不施重拱藻井。"但宋明以后逐步在民间寺庙和大宅祠堂中应用。

宁波稍有规模的城乡曾一哄而上建祠台和庙台，有的直到新中国成立以后还在修缮和重建。随着社会发展，古戏台逐渐被冷落、拆除、改建，幸存的古戏台目前都已列入各级非物质文化遗产名录。

浙东古戏台(宁波卷)

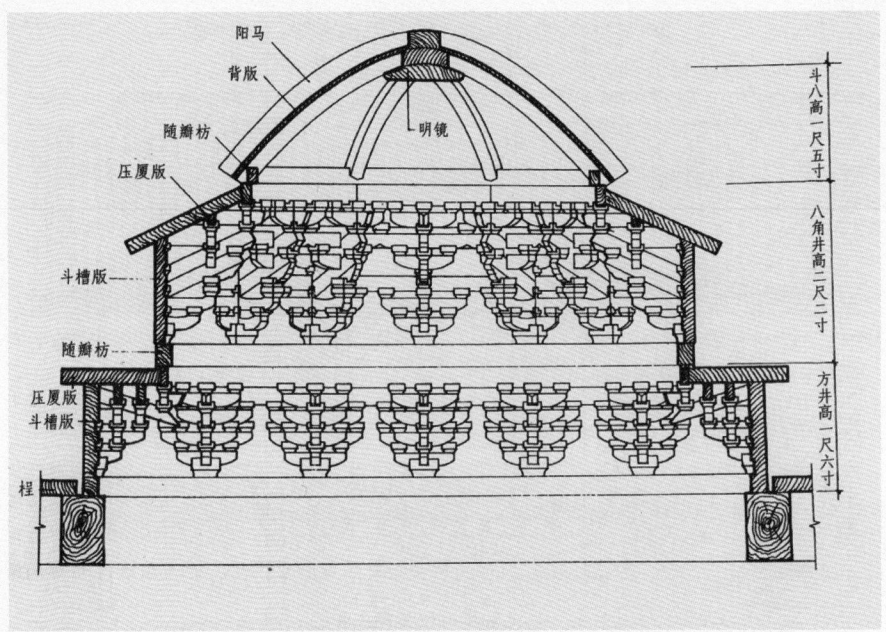

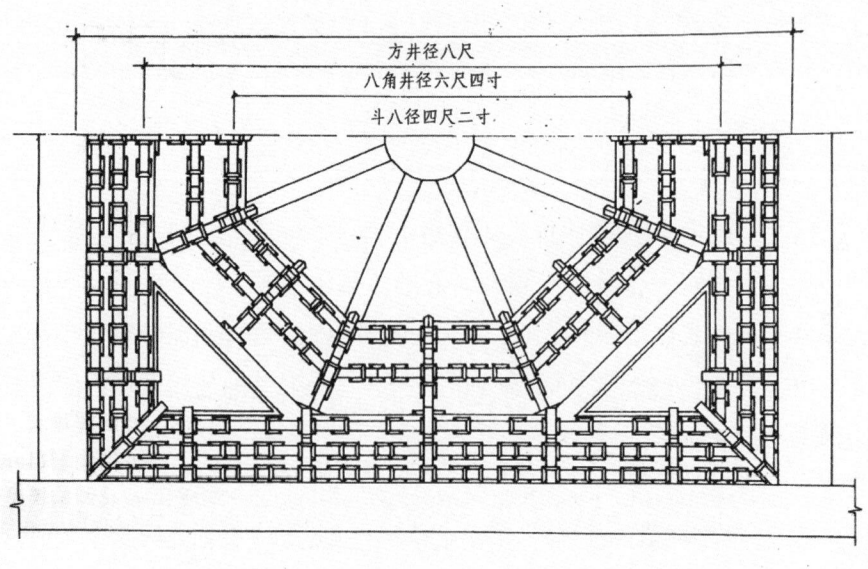

图 4-6 北宋《营造法式》记载的藻井构造

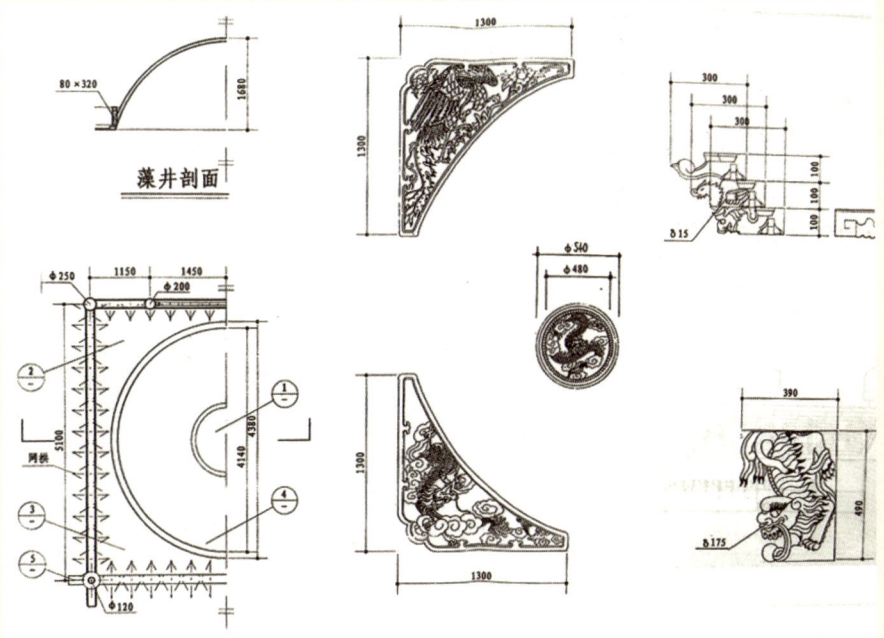

图 4-7　宁海城隍庙古戏台藻井、花拱、牛腿测绘图（来自宁海县文化市场管理办公室）

单体框架卯榫斗拱

木构框架是中国古代建筑的一个重要特征。用木柱、木梁构成房屋的框架，屋顶与房檐的重量通过梁架传递到立柱上，墙壁只起隔断作用，而不承担房屋重量。"墙倒屋不塌"这句古老的谚语，概括地指出了中国建筑框架结构最重要的特点。这种结构在河姆渡文化时期已有雏形。同时，由于房屋的墙壁不负荷重量，因此门窗设置有极大的灵活性。此外，由这种框架式木结构形成的建筑具备一种独特构件，即屋檐下一束束"斗拱"。

斗拱是中国古代建筑的独特构件。方形木块叫"斗"，弓形短木叫"拱"，斜置长木叫"昂"，总称"斗拱"。一般置于柱头和额枋（又称阑头，俗称看枋，位于两檐柱之间，用于承托斗拱）、屋面之间，纵横交错层叠，逐层向外跳出，形成上大下小的托座，可以用来支撑荷载梁架、跳出屋檐，兼具装饰作用，并有避震作用。

到了明清以后，由于结构简化，将梁直接放在柱上，致使斗拱的结构作用几乎完全消失，变成了纯粹的装饰品。有的在昂头刻成花蕊形，当地人

↑图4-8　宁波保国寺木构藻井斗拱

→图4-9　宁海县下浦双藻井古戏台斗拱

称"花拱"。

　　斗拱的产生和发展有着非常悠久的历史。在两千多年前战国时代采桑猎壶上的建筑花纹图案,以及汉代保存下来的墓阙、壁画上,都可以看到早期斗拱的形象。斗拱在唐代发展成熟,官方规定民间不得使用,宋明之后才流行民间。

　　宁波古戏台在明清时被称为"台亭"。台与亭都是单体建筑,一般三面可观,或一面为看面。木构建筑中,戏台梁架与前进的框架连接,称为"勾连廊"。有的戏台台顶与勾连廊及神殿连接,廊下成为避雨遮阳的看场,因此形成观演场地有两个天井采光,在浙江较少见。

第三节　宁波古戏台顶部构筑

　　中国古代的匠师很早就发现了利用屋顶取得艺术效果的可能性。微微起翘的屋角,角椽展开犹如鸟翅,故称"翼角"。《诗经》里有"作庙翼翼"

图 4-10　奉化溪口武山庙戏台屋脊无尾龙头塑

图 4-11　奉化尚田响岩庙戏台屋顶

图 4-12　象山天后宫戏台屋顶灰塑正脊和戗角装饰

之句，说明三千年前人们就已经歌颂祖庙舒展如翼的屋顶了。

古代匠师充分运用木结构特点，创造了屋顶举折和屋面起翘、出翘，形如鸟翼伸展的檐角和柔和优美的曲线。同时，屋脊脊端都加上适当的雕饰，檐口的瓦，包括筒瓦、板瓦、瓦当以及滴水也加以装饰性处理。后来又陆续出现许多屋顶样式，以及由这些样式组合而成的各种复杂形体，成为中国古代建筑重要的特征之一。

到了汉朝，后世的五种屋顶样式就已经基本具备了：四面坡的"庑殿顶"，四面、六面、八面坡或圆形的"攒尖顶"，两面坡且两山墙与屋面齐的"硬山顶"，两面坡而屋面跳出到山墙之外的"悬山顶"，以及上半是悬山而下半是四面坡的"歇山顶"。

宁波古戏台顶部主要样式

宁波古戏台顶部主要有庑殿、歇山、悬山、硬山、攒尖、卷棚等样式。

庑殿式屋顶是四面斜坡，有一条正脊和四条斜脊，且四个面都是曲面，又称"四阿顶"。重檐庑殿顶是古代建筑中最高级的屋顶样式，一般用于皇宫或庙宇中最主要的大殿，可用单檐，特别隆重的用重檐，如著名的北京太和殿。宁波古戏台也有这类样式，如奉化大堰镇李祠，其中部分屋顶与前进连接。

中国古建筑"人"字形的屋面为"硬山"，这种屋顶造型的最大特点是简单、朴素，只有前后两面坡。

"硬山"在宋代修纂的《营造法式》一书中没有记载，现存宋代建筑遗物中也未见。推想在宋代时，建筑屋顶还没有硬山这种形式。明清以后，硬山式屋顶广泛地应用于我国住宅建筑中。硬山式屋顶是一种等级比较低的形式，在皇家建筑和一些大型的寺庙建筑中，几乎没有。同时正因为它等级比较低，所以屋面都使用青瓦、板瓦，不能使用筒瓦，更不能使用琉璃瓦。民居常用，古戏台中也有使用，如奉化、象山就有这类正面不翘角的戏台。

歇山顶是檐角起翘的样式，多用于寺庙、宫殿。中国砖木建筑的"歇山"有一条正脊，四条垂脊，屋角才可翘起，故称九脊。戏台屋顶多使用此样式，不仅观瞻效果好,也有利于采光、避雨及装饰。

硬山、歇山屋顶建筑"人"字脊与墙面(又称"山墙")连接处的尖顶称"山尖",有加固和装饰功能,又称"山花",有龙头、垂鱼形等。

明清时代江南古建筑的屋顶正脊两头装饰有龙头的灰塑,从唐宋时代的"鸱尾"演化而来,称为"吻兽",又称"吻脊"或"双龙吻脊"。正梁上部屋脊两头微翘如角状的称"发戗",有的戗脊有狮子或其他瑞兽等装饰。其他装饰如龙凤动物、戏曲人物,称屋瓦将军。

第四节　鬼斧神工的藻井

藻井,又称绮井、天花、天井、方井、复海、斗八等,是中国建筑中一种顶部装饰手法,即"交木为井,饰之文藻",故而得名,其目的是突出主体空间。

↑图4-13　宁海西店詹祠斗八穹隆顶

→图4-14　余姚仙圣庙清代早期螺旋顶藻井,为浙东最早

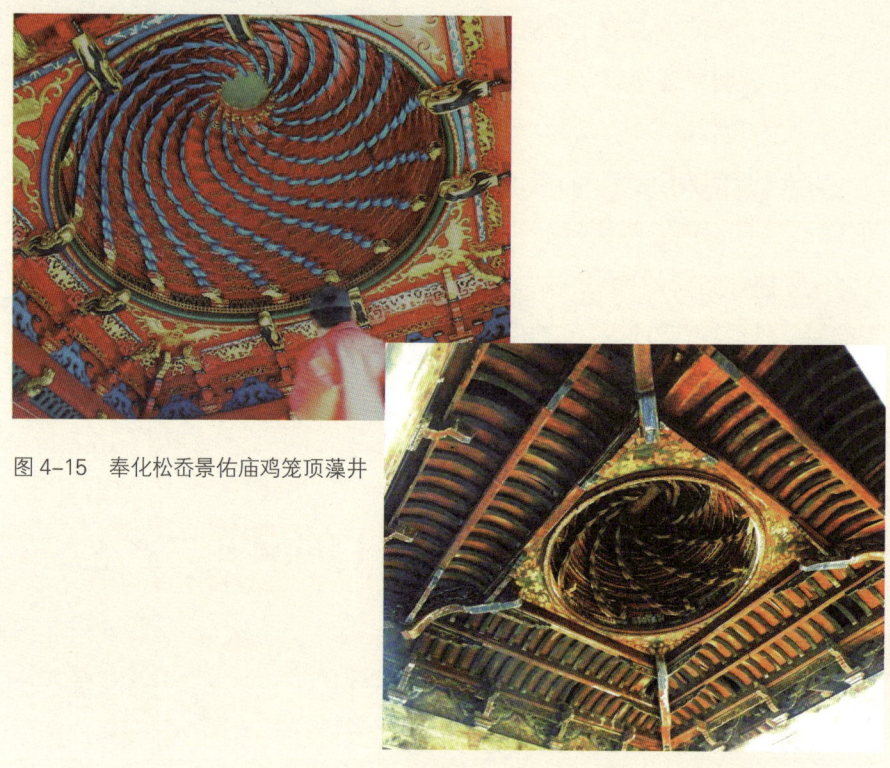

图 4-15　奉化松岙景佑庙鸡笼顶藻井

图 4-16　奉化裘村八卷棚中心鸡笼顶藻井

最初穹顶的承重设计可追溯到汉代，考古发现汉晋的地下古墓就有砖拱券顶，千余年来未曾塌毁。南北朝至唐代的佛教石窟中已有洞窟顶部向上突出的藻井，绘有花草、神佛和云水。今存宁波江北的北宋建筑保国寺大殿内就有三个1003年制造的藻井。

藻井一般由多层斗拱组成，由下而上不断收缩，形成下大上小的倒置斗形。外层方形或多边形，顶心一般圆形，称为"明镜"。藻井早先多见于佛教石窟的洞顶装饰，以莫高窟的藻井较为有名，后逐渐演变为木制建筑的一种顶部处理方法。现存最早的木制藻井，是位于天津蓟州区独乐寺观音阁上的藻井，建于公元984年。藻井的作用主要有以下几个方面：用小斗拱卯榫雕刻绘彩、贴金等装饰，起到遮掩顶部的作用；将千百块"阳木"构件依次榫接，构成穹窿形薄壳球体或其他形状，增加戏台空间感；加强拢音、共鸣和放送效果；民间认为藻井有辟邪镇火的作用。

唐宋的大型佛殿中主体佛像部位一般都要做藻井，这样显得佛像更加尊贵庄严。古时藻井制作大为讲究，一般采取木结构方式做出方形、圆形、八角形，以不同层次向上凸出，每一层的边沿处都做出斗拱，做成木构建筑的真实式样，极其精细。斗拱承托梁枋，再支撑拱顶，中心部位的图案极为丰富。据统计，宁波今存三百余座古戏台，其顶部半数以上有精美藻井，其中以螺旋娥罗顶式样尤为突出。

明清之后，允许民间祠庙、亭阁建造藻井。宁波宋明古寺庙的藻井多为同心圆攒尖或八角攒尖，清代康熙初年余姚鹿亭先圣庙为宁波最早的螺旋顶。如今，宁波建造这样精巧藻井的工匠仍后继有人。如鄞州今存五十余座古戏台，其顶部新旧藻井半数以上采用娥罗顶式样。中国美院邓白教授曾于1953年来宁波，看到城隍庙古戏台的藻井，认为这是"鬼斧神工的奇迹"。

宁波"鸡笼顶"源自关养鸡鸭的古代竹编。戏台顶上藻井的雕刻，有螺旋形盘旋向上集结于一点的图案，如同古代成年女子头上的盘髻，又形如浙东海螺的螺旋形贝壳纹理，故民间又俗称"螺旋娥髻顶"。一般由16条螺旋式的涡状"纬"盘旋结顶于铜镜。铜镜也是吉祥物，古称"照子"。如今，鸡笼顶技术已成为省级非物质文化遗产。

宁波古戏台的藻井除螺旋顶，常见的还有方口八角攒尖顶、同心圆攒尖顶、九宫平棋顶、同心圆攒尖卷棚顶等数十种做法。平棋天花藻井，像围棋格子一样，由方格组成，每格彩绘图案，也有九宫八卦圆心式等。

明清卷棚式藻井，又称元宝脊屋顶。在屋檐或戏台上，向上弯曲的天花板称为卷棚顶。汉式古建筑"人"字式屋顶的前后交接处，不用屋脊压栋砖加固，做成弧线。宁波古戏台卷棚顶类型十分丰富，有单卷、双卷、三卷、五卷、七卷、十一卷等。

斗八藻井，又称"八角攒尖"，是中国砖木结构古建筑的屋顶或天花藻井，采用方口八角，八角小斗拱逐渐向上收缩集结于尖顶。中国古代的"斗"，是上大下小的四方形容器，覆斗是倒过来的斗。四方八角攒尖式藻井，又称覆斗式藻井，下大上小覆斗，下边每边一尺，八角井状，顶心有八角花纹或圆镜。

经纬同心圆攒顶，状如半个地球外壳覆顶，一般用十六条经线集结于顶部，用小构件彩绘雕刻安装。其他还有民间匠师自行构筑的藻井，五花八门，各呈风采。

图 4-17 宁海县深甽柘坑村斜角九宫平棋藻井

图 4-18 奉化裘村吴江村吴祠十一卷棚顶

图 4-19 奉化江口竺祠四方八角攒尖顶

图 4-20 奉化裘村杨祠四方八角攒尖顶

图 4-21 宁海县西店镇东庙八角攒尖五联井

图 4-22 奉化大堰严家祠堂同心圆攒尖顶

图 4-23
奉化大堰灵济庙
同心圆半球薄壳穹隆顶

图 4-24
奉化大堰石井庙圆卷棚攒尖顶

图 4-25
鄞西三成庙扁六角藻井

图 4-26
奉化溪口葛竹平棋八角覆斗藻井

图 4-27
象山墙头村老欧祠覆锅圆井

图 4-28
镇海河头横溪庙角撑单卷棚藻井

第五节　宁波古戏台中部构筑

　　古戏台中部的建筑构造包括檐下、檐枋、匾额、栌斗、斗拱、雀替、撑拱、彩画、台柱（木、铁、石）、勾栏、台板、楹联、太师壁与上下场门等。

　　"椽"是我国木结构古建筑中屋顶部分架于横梁上的纵向木架构件，即屋顶瓦片下的木件，通常由屋檐边缘斜铺而下，支撑表层屋顶瓦件。椽条供铺盖砖皮、瓦片之用，在靠近屋檐部称"檐柱"，在檐角翘起的木构件称"发戗"。宁波清代早期建的戏台檐角一般发戗缓翘。为了使檐下有足够的空间，在檐椽下部又增加一批椽子，成为双重出椽。

　　枋、梁都是木结构建筑的横向构件。枋的功能是连接，有的枋木特别长，可以把好几条柱固定，故称"连枋"。清式用大木做的叫"井口枋"，位于

图 4-29　宁海县清潭村双枝庙戏台出头枋

图 4-30 宁波秦氏支祠戏台斗拱

图 4-31 宁波秦氏支祠戏台藻井斗拱局部

斗拱的里翘厢拱之上，其作用为承托天花藻井。榫头穿过柱子，露出一部分，称为"出头枋"，施漆或雕刻彩绘。屋檐下连接木构建筑的檐椽有连楹木，是檐枋和檐柱的长木，起到均匀承重和加固的作用。

古戏台中支撑屋顶、承托屋檐的传统木构称斗拱，起着良好的防震作用。斗拱有一只方形坐斗，上面一小半和左右各伸出一只小斗，称为"升"。升的形状也是小方块，多为木造，用在拱上来支撑梁柱枋木。木结构斗拱成组的构件，水平状态的称"平身科"，位于转角处的称"角科"。

坐斗是木结构斗拱的基座，唐宋时代没有雕刻，又称"栌斗"，置于柱顶。清代之后作雕刻装饰。用斗拱承重是中国木构建筑的伟大创造，一跳表示从栌斗伸出一拱或一昂，又接着二跳、三跳，加强承重。

撑拱又称"雀替""替木"，在江南某些地方俗称"牛腿"，北方地区又叫"马腿"，是明清古建筑中上柱与横梁之间的撑木，主要起支撑建筑外跳木、檐与檩的作用，使外跳的屋檐达到遮风避雨的效果，又能将其重力传到檐。牛腿在台前上方左右，特别精致，以倒挂狮或古人物为主要形象。

木制斗拱坐斗两侧饰有两块施雕的圆形花板，民间称"沙帽翅"，寓意官运亨通。宁海古戏台檐枋很多。明清古戏台木结构斗拱的"踩"，是伸出斗拱外的装饰性构件，多踩的斗拱外观形成花的形状。古戏台屋檐下的斗拱，包括柱头科、平身科和角科，清代晚期多作装饰用，其中如意斗拱装饰性更强。

明清时代斗拱渐失承重功能，多作装饰。檐廊或戏台檐拱中的"踩"，

图 4-32　镇海黄公庙戏台中部装饰太师壁

图 4-33　奉化葛竹王祠古戏台中部垂花柱

表示伸出斗拱的昂头数量。而"跳"则是拱体的连接,跳得越多,出檐越深。"踩"和"跳"形成明清斗拱华丽的装饰效果。靠近屋檐下檐梁或檐枋的斗拱多作为装饰,称为"檐拱"。伸出的花瓣状小斗拱更为华丽,称为"花拱"。我国古建筑采用砖石或木料层层重叠,有序地将建筑物檐部伸出,这种做法称为"出跳叠涩"。"昂"是斗拱中伸出如香蕉或牛角状的部件。明清以后,将拱的外端制成昂形,纯作装饰,不起承重作用。

抬梁、穿斗是我国木建筑的主要构造。直立的主架称"柱",横架的称"梁"或"枋",梁枋与柱连接采用穿孔榫接,和部分不落地的梁架上的柱子共同承重,称为"穿斗""抬梁"。左右两头圆形、中心鼓起,形如冬瓜的称"冬瓜梁"。

明清时期,戏台藻井的口主要有方、圆和八角等形状,用井口趴梁斜撑、角撑或趴梁组成八角形井口。用抹角梁专施于木结构正侧面,屋檐翘起的承重木是梭柱。柱身两端略小,中间略大,形如织布梭子,是我国唐宋时代的柱式。如今在奉化、宁海戏台还有遗存。

月梁、卷棚都是南方汉式木建筑的构造。月梁是半圆形的柱与柱之间的连接枋木。卷棚是梁椽、屋顶檐下装饰用的半圆状天花板,起到加强空间的作用。宋式大木作构件是经过艺术加工的梁的一种形式,一般用于平棋之下,汉代文献中称"虹梁"。唐宋以后仍然使用,明清时期北方使用较少。其特征是梁的两端向下弯,梁面弧起,形如月牙,宋代称"月梁""虹梁"。梁的侧面往往制成琴面并饰以雕刻,外观较清秀,与直梁功能类同,都承受屋顶荷载。同时月梁又能体现一定的艺术效果。

图4-34 奉化大堰岔坑戏台中部

图4-35 宁海县西店牌门舒戏台中部角科花拱

图 4-36
宁海县城隍庙倒挂狮

图 4-37
海曙关帝庙戏台檐下花拱

图 4-38
宁海县文峁潘祠倒挂狮

图 4-39　奉化萧王庙镇孙祠戏台台口太师壁

↑图 4-41　宁海县城隍庙戏台栏杆的雕刻

←图 4-40　象山黄埠戏台台口守台狮

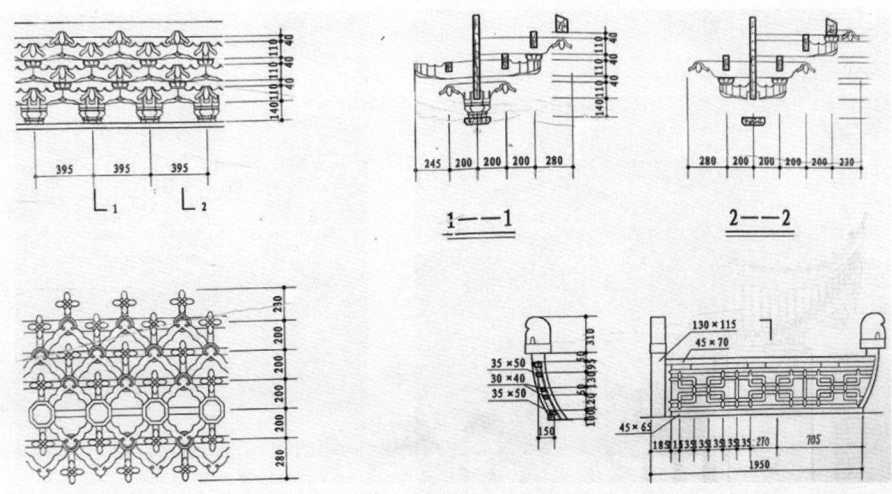

图4-42 宁海城隍庙戏台、花拱、倒挂花篮测绘图（来自宁海县文化市场管理办公室、施工方）

宋代时，民间艺人将略高于地面的空地作为演艺场所，称"勾栏"，或称"戏棚""栏杆"。据传明清的做法是在三面高约半米的花篮中，正面栏杆要开1.5—2米的口，称"戏台口"或"戏台门"，立有守门的狮子。木制栏杆中较为精巧的称"阑干"，亦称"勾阑""美人靠""倚阑"。戏台上的栏杆起防护和美化作用。戏台与后场相隔的屏板与官员厅堂的屏风相似，民间称"太师壁"。

第六节 宁波古戏台下部构筑

浙东古戏台多坐落在四合院式的封闭院落内，排水系统总是十分考究。如台柱立在高起10余厘米的台基上，台基石砌，院内明堂地坪承接雨水。地坪有平铺石板地坪、卵石地坪、夯土地坪、不规则石板地坪，然而四周无不有暗沟或明沟将积水泄排到院外，院内永不积水。如宁海县潘家岙潘氏宗祠古戏台，朝北背山面海。为防海潮涌入，祠堂外有排水沟，祠堂地坪填高，祖堂又高于戏台地坪3个台阶，潮水最高只到门口。许多古戏台

↑图4-44 宁波城隍庙戏台石柱础雕刻

←图4-43 宁波民国福建会馆戏台旧照

前后都有很好的防雨泄水设施，如勾连廊和看戏廊，防日晒雨淋。如宁海西店镇王祠戏台与祖堂之间专设看戏廊，象山许多古戏台前与厅堂神殿间都设有防雨廊。

古戏台台板以下的建筑大都空置，有的用泥、石、板封闭，奉化萧王庙青云村孙祠戏台下挖了蓄水的太平池。有的除四条略有侧脚的台柱，还增加数条加强承重的短台柱，戏台台面与地形环境相适应。戏台下部离地的距离一般为0.6米（如慈溪沙湖庙）至2.50米（如象山城隍庙），台下空间1.8米以上就可通行。台下的重点装饰为台基上的石制柱础。柱础若细分，有上部的磉，考究的磉下设覆盆，覆盆下再有基石。雕饰多在柱磉的上部，方体、六角、八角、球状、扁圆、花状等均反映了匠心巧思。

古戏台下部多要遭日晒雨淋，直立的建筑构件称"台柱"，大多石制，民国以后上部多换成铁柱。早期戏台建筑底层高出地面平台。柱子下部略外斜，称"侧脚"，也是唐宋古制在古戏台的应用，使其承重更加稳固。

戏台柱一般八柱着地。平铺地面的称"地坪"，戏台前后多用石子、石板、三合泥土、砖头、卵石等铺作地坪。用溪滩卵石铺于地面，会长出小草。奉化西乡的许多戏台地坪用卵石，民间用石灰、沙石、糯米饭拌和夯实地面，称"三合土"，是为水泥坪。

↑图 4-45　象山县石浦城隍庙台面高 1.9 米

→图 4-46　象山圆峰庙戏台的台下空间

第七节　其他构筑与附属物

其他构筑包括戏台上下场门、后场、化妆道具场、伴奏场等。后场是专供演员化妆待场的地方。浙东乡村部分古戏台因场地有限,有的将戏台后与仪门之间的夹道空间辟作后场,仅用太师壁相隔,用两木梯上下,如鄞州区三成庙戏台。有的仪门楼上辟作后场,有木梯相通,甚至与看戏厢楼也有门可通,这样使后场空间十分宽绰。浙东凡建有两层建筑山门、仪门的,一般都将二层用作后场。前场又称"前台",后场又称"后台"。

宁波古戏台多坐落祠堂、神庙等礼制性古建筑的中心,而且大多四周封闭,开多道出入口。一般从中轴线前至末尾有照壁、头门、前明堂、二门(仪门)、古戏台、中明堂、正殿(大厅、祖堂)等,考究者再续建后明堂、轩廊、寝堂(牌位堂)等。建造在纵轴线上的主要建筑群左右都有厢房及偏门。民间神庙、祠堂是祭祖、演戏及收藏先人神位、谱系的主要殿堂,一般又称"大

图 4-47　宁海县下浦古戏台双藻井勾连廊连戏台

图 4-48　宁海县岙胡古戏台三连藻井测绘图

厅""祭厅""正厅""祖堂"等。民间的"厅"主要功能是会客和休闲。而厢房又常作农村学子学习的讲舍。浙东统一规格的祠堂或神庙戏台全都依附于整体建筑群的前进,即头门或仪门之后。戏台与仪门及厢楼相通,有的又与看戏楼相连,而祖堂或神殿必面对戏台。这种礼制性建筑既反映儒家礼仪的庄严,也展现民间娱乐的自由,尊卑有序、主次分明。

　　古戏台本体不大,占地面积一般不过30平方米左右,但其建设关系到各种功能和材料,全面反映了中国民间民俗艺术和建筑科学水平。戏台的演出与场地位置密切相关。浙东古戏台大体上分为平地戏台、坡地戏台和山地戏台。平地戏台是院内最凸出处,一般台宽4.5米,深5米,高1.5—1.8米。这一尺寸适用于整体建筑面宽20米、深约30米的祠堂或庙宇。观众水平视线低于戏台约0.3米,站在神殿的观众视线略高于台面,而神殿祖堂神像的观看视线在台面上0.6米。斜坡、山地、水滨、街市的古戏台无不加高台面,有的可达2.5米。观演场地多用步阶增高。

图4-49　奉化江口镇竺氏宗祠古戏台台口栏杆狮

图 4-50　鄞西西洋港村陈祠圣旨碑碑头雕刻

图 4-51　象山东门岛天后宫戏台供祭品

图 4-52　镇海澥浦都神殿戏台旁灰塑墀头

第八节　螺旋娥罗顶制作技艺

古戏台螺旋娥罗顶,俗称"鸡笼顶",戏台上部形如鸡笼状的戏台顶,为饱满的半球穹隆体,形状半圆,放置在屋顶下面,用四根大方木和四根小方木做支撑。井口直径4—5米,雕16个龙头坐斗盘旋叠涩,其间用透雕拱板连接。16条盘旋线联结于穹顶的铜镜,汇集于海浪花纹之中,龙头、昂头在添金后,颜色更加夺目。它主要分布在南方一带,为江南一绝。

藻井在古代仅用于帝王宫殿、寺庙建筑,至明清寺庙戏台和民间祠堂、会馆也有应用,起到增强空间和拢音作用,且使舞台视觉效果更趋完美。

目前,鄞州区螺旋娥罗顶技艺的代表性传承人、瞻岐镇张立群承建了多处古戏台娥罗顶建筑项目。张立群,1964年10月出生于鄞州区瞻岐镇西城村,1981年高中毕业师从其爷爷张修生,学习大小木制造,包括戏台娥罗顶制作技艺。1995年开始独立承接大型古建筑和戏台工程,首个成功案例为梁祝公园戏台娥罗顶。此后相继建造了咸祥外蔡祠堂及戏台顶、鄞州干墩庙戏台及螺旋顶、四明山马联亭子内螺旋顶、塘溪镇东山村钱家祠堂戏台等。其间收同村徐洪峰、陈占军二人为徒。

娥罗顶制作主要材料:樟木、牛角骨翘、铜棚丝(过滤用)、夏布(挤漆用)、金漆、银粉、金箔等。

娥罗顶制作主要工具:榔头、斧头、大圆凿、中圆凿、小圆凿、大平凿、中平凿、小平凿、大斜凿、中斜凿、小斜凿、大三角凿、中三角凿、小三角凿、剔地凿、大圆口刀、中圆口刀、小圆口刀、大平口刀、中平口刀、小平口刀、大斜口刀、中斜口刀、小斜口刀、大三角刀、中三角刀、小三角刀、各号漆刷、水砂等。

制作娥罗顶,首先要确定戏台大小尺寸,画出图样,按样操作。接着选料,一般选择杉木、樟木、椴木,易雕刻。制作时首先按舞台大小设计藻井,准备干燥樟木若干,按图纸要求落料,并叫木匠、雕刻师傅做好缸沿、16只

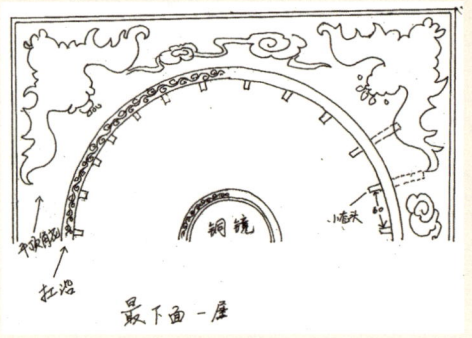 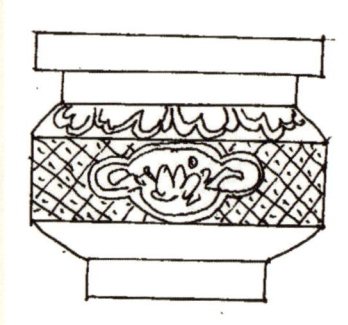

图 4-53　缸沿　　　　　　　　　　　图 4-54　花篮

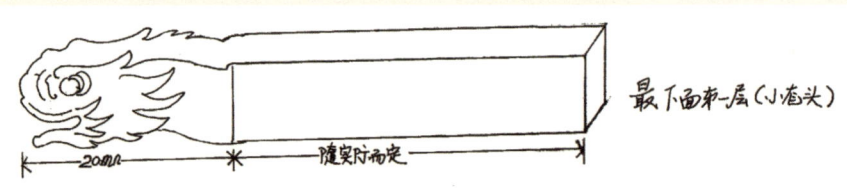

图 4-55　小龙头

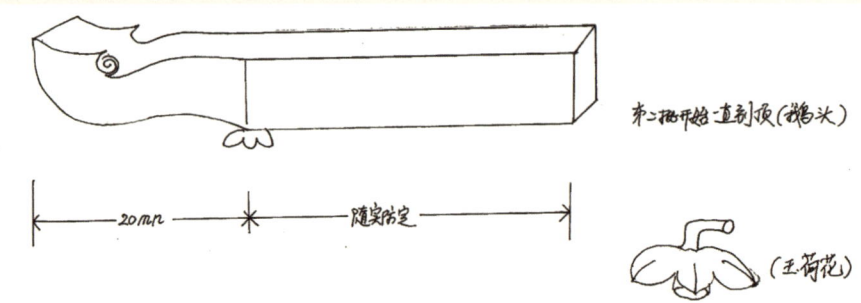

图 4-56　鹅头：螺旋顶构件

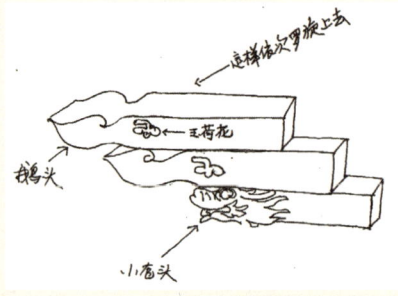

图 4-57　鹅头块：花板构件

图 4-58
戏台螺旋顶构件装配示意图

图 4-59
鄞东咸祥镇蔡氏宗祠重建藻井

图 4-60
张立群施工戏台藻井装配照

花篮、16只小龙头、352只鹅头、352块花板、4个角花。安装流程为：

1. 装缸沿：在戏台的四根柱子上榫接斗拱，以拱为脚，铺上木板，并在上面装上缸沿，缸沿即直径4—5米的雕花木结构圆圈。

2. 放花篮：沿着圆圈的周边等距离放置16个木制花篮，也有不放的，依高度而定。

3. 放小龙头：在花篮上面放置小龙头，没有花篮，则直接放小龙头16只。

4. 放鹅头：在每个小龙头上面放上鹅头16只。

5. 放花板：在每个鹅头之间放一块花板，花板一圈鹅头一圈，鹅头与鹅头叠上去，必须将鹅头伸出4—5厘米，花板与鹅头距离为60厘米，每圈花板长1.5—10厘米，逐渐缩短，螺旋上去，一共22圈。共计鹅头352只，到顶留50厘米的孔，四周以盘龙尾结束。

6. 放铜镜：在50厘米孔处放上一面铜镜。

7. 放横梁：加上四面界架，再钉上横条以及栋梁，栓屋面板，最后盖上瓦片。

8. 拉平顶：在螺旋顶剩下的藻井四周、平顶的四个角落，贴上角花。

9. 上漆：按"朱金漆木雕"工艺髹漆、装金。

以上木头之间的连接，除贴平顶角花，均采用卯榫结构。

宁波新建螺旋娥罗顶代表作品：梁祝公园戏台、咸祥庙戏台、杨公祠戏台、裴君庙戏台、下应街道江六村祠堂、陶公山王家祠堂等。

【说明】本节文图由宁波鄞州区非物质文化遗产保护中心提供。

第九节　古戏台保护与传承

宁波古戏台保护现状

宁波各县市区古戏台的改建、新建,在晚清、民国达到高峰,有庙有祠就有戏台,总数达 3000 座之多,如旧鄞县城乡社庙达 517 座,立 212 位历史人物为庙神。所属的"庙脚",从几十户至数千户不等,社庙戏台就成为当地人聚合的中心。宗祠戏台虽略少于社庙,但祠堂家庙承担了家族礼仪教化功能,不做戏被认为是不尽孝道的行为。

抗战以后,近现代戏场应运而生,古戏台数量锐减。中华人民共和国成立后,传统民间戏台废弃、改造数量惊人。直到改革开放,所剩者十有其一。至 21 世纪初,宁波存古戏台约 300 座。宁波现存古戏台最多的是宁海县,约 120 座,较完好者 84 座。此外奉化 69 座、鄞州 61 座、象山 49 座、余姚 10 座,其他各县市区都不足 10 座。

古戏台多是礼制性建筑,是社庙和宗祠的重要组成部分,故从土改开始就归村落和居民共有。改革开放之后,各级文化部门大多将较为完好的建筑物列为文保单位。列为全国重点文物保护单位的宁波古戏台,都与其古建、祠庙、会馆等整体保护。如海曙秦氏支祠、钱业会馆古戏台,鄞州庆安会馆、安澜会馆古戏台,宁海县石家村崇兴庙古戏台、岙胡村胡氏宗祠古戏台、下蒲村魏氏宗祠古戏台、潘家岙村潘氏宗祠古戏台、清潭村双枝庙古戏台、城隍庙古戏台、龙宫村陈氏宗祠古戏台、马岙村俞氏宗祠古戏台、大蔡村胡氏宗祠古戏台、加爵科村林氏宗祠古戏台等。

图 4-61　清代晚期宁波福建会馆古戏台旧照

宁波古戏台的保护原则和方式

历代古戏台的修缮保护没有形成固定的模式和准则,多由民间人士与匠师协商,按旧俗传承,因此在修缮和重建之前必须充分调研和规划,集思广益。

文物普查与文物保护的重点是保持原真性。近年来,宁波市坚持"保护为主、抢救第一、合理利用、加强管理"的方针,切实加强古戏台文化遗产的保护、利用和传承。在古戏台保护过程中,大致有以下几点主要内容:

依法保护。根据国家文物保护法的规定,建筑类文化遗产具有不可移动性。古戏台的保护应坚持"保留原貌"的原则,故在依附性建筑仍然完好的前提下以不改变位置为保护修缮的条件。产权属国家者,列为法定文保单位之后,政府担负主要管理维修责任,与使用单位共同加强管理,并接受政府相关部门的监管。

责任明确。产权属某单位者,产权人与文物部门签订管理维保责任书,政府部门做好相应的计划拨款、补助和监管工作。

社会参与。产权不清或私人使用的古戏台,列入文保点后需与政府责任部门签订保护、使用协议,政府按计划拨款补助并监管。维修费用采取"三三制",即县市区政府、镇乡政府、村或社区委员会三方出资。如鄞州已将多处古戏台作为文化礼堂或老年活动场所使用。宁海和奉化的大量民间古戏台,多由民间集资重修。海曙和鄞州都有文保协会,其他各县市区也筹建业余文保队,人数已达1300名。

原地保护、迁移保护、构件保护等。古戏台大多依附整体建筑群,如祠堂、庙宇、会馆、园林、古桥、路亭等,多属不可移动文物,需坚持原地保护原则。宁波古戏台有的无法原地修缮,且在城镇规划中经审批确认可以易地保护的,可迁移、易地重建。凡列入文物保护单位名录的需审批,经文物管理部门批准,由符合施工资质的工程单位承担建设。古戏台修复应尽量保持原有风貌,材料、式样和施工技艺都要与原来的接近。原构件尽量保存,特别是雕刻构件,承载着十分珍贵的历史信息。

图4-62 月湖重建滨水古戏台

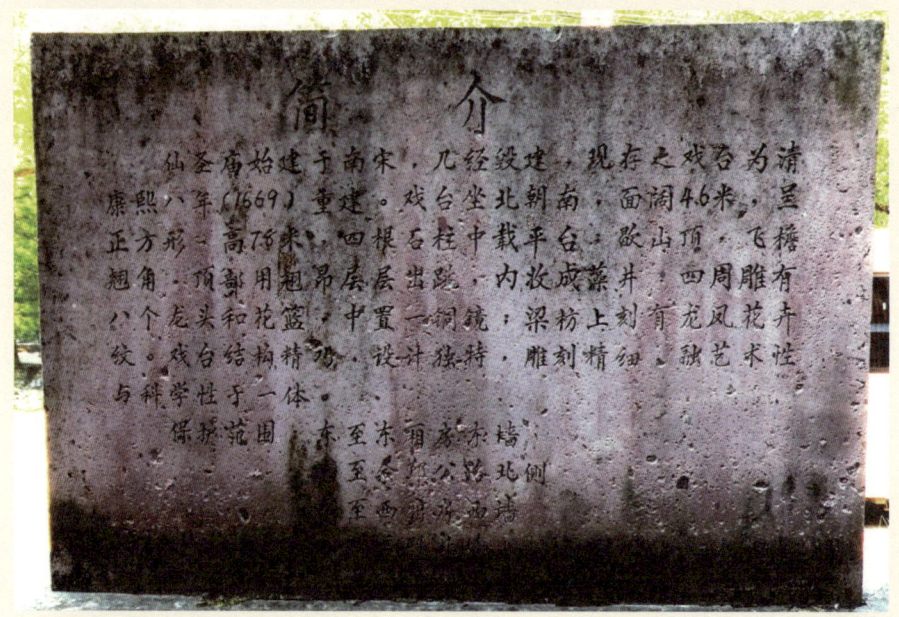

图 4-63　余姚市仙圣庙古戏台保护碑

图 4-64　江北区复建清道观古戏台

下篇 宁波地区主要古戏台选介

宁波各县市区现存的古戏台数量有300余座之多。本文选择其中109座略加考证，主要为宗祠戏台。如宁波湖西秦氏支祠戏台、象山县墙头欧家祠堂戏台、宁海县清潭村敦善堂戏台和孝友堂戏台等，占总量的三分之一左右。次为祀庙戏台，如宁波府城隍庙戏台、宁海县城隍庙戏台、象山石浦城隍庙戏台等。其中象山石浦城隍庙戏台还是宁波地区极少见的一庙两戏台结构。此外还有宁波月湖关帝庙戏台、余姚仙圣庙戏台、奉化萧王庙戏台、鄞州忠应庙戏台等。

宁波会馆戏台在浙东仅留存五座，是宁波商贸发展的产物，如位于海曙区钱业会馆、鄞州区庆安会馆和安澜会馆内的四座戏台。还有河边或街心戏台，数量不多，如月湖花果园庙临河戏台、海曙黄古林街心戏亭、鄞州横泾村跨泾桥戏亭、象山爵溪街心戏亭等。

第五章 海曙区古戏台

第一节 钱业会馆古戏台

> 走遍天下,不如宁波江厦。

这句宁波老一辈口传的名言,源于"钱"。"钱能通神""有钱能使鬼推磨",当近代社会进入金融经济高速发展时期,数以万计的商品交易不能以肩挑马拉的方式进行现金交易,于是宁波人发明了贷款交易的"过账制"。而在清代乾隆年间(1736—1795),宁波三江口的江厦街已开始银圆与铜钱的兑换交易。江厦街又称"钱行街"。同治三年(1864),街上有钱庄36家,并订有"庄规",只要参与钱庄的客户,凭钱庄的信用和担保,就可进货和付款,在买卖双方的账户上划拨即可。这样的交易形式,使贸易额大大超出商户本身的资本数倍甚至数十倍。钱庄孕育了宁波商人,宁波商人主宰了"钱"路。光绪二年(1876),宁波开始试行过账制,十余家钱庄集中于江厦街。十数年之后竟达到数百家,最多时有400余家。民国《鄞县通志》记载,由于钱庄的过账制度,宁波与各国的贸易"相安已久"。宁波江厦遂成为中国的一处金融要地。

民国十三年(1924),毛羽已丰的钱庄业急需寻找一处合适的聚会议事场所,而江厦街早已无插足之地,于

图 5-1
钱业会馆中西合璧建筑群，中心为戏台

图 5-2
钱业会馆古戏台

图 5-3
古戏台螺旋娥罗顶藻井

是只能在临近地盘物色。恰巧老城东北角三江潮涌的滩涂边，战船街上还有空地，该年三月就在这里建成了占地3208平方米的"钱业会馆"（今存1512平方米），会馆的中心是一座宽畅而高大的甬式戏台。

落成后的钱业会馆有大小钱庄63家。资本量在六万以上的"大同行"有29家；三万元左右的"小同行"有30余家，共有股东近400人。除了江厦街和钱业会馆为总部外，还在上海、北京、武汉等地设分部。每到年关，钱庄最为繁忙。每年正月初五"财神日"，会馆里例行请戏班做戏三日，一曰祭请财神，二曰犒劳会馆员工，三曰新老尊卑共叙亲情。于是古戏台成为沟通人与神、新与旧、老与少的枢纽和桥梁。戏台上的一招一式唱做念打，时常勾起曾经奋战在金融商界的诸多阿大、跑街、账房、管家们的悠悠情思。

钱业会馆是一座既适应潮流又符合传统的建筑，面向南方战船街的头门用实叠青砖砌墙，设三道石库门，左右又有两道洋式的墙弄门。高大的中式门额满雕精美的砖刻。进入门内，除了戏台采用古式传统的图案和技艺，其余厢楼、大客厅及后花园、议事厅，全都采用时新样式，使用水泥、玻璃、瓷砖等建筑材料，室内外宽敞明亮。戏台与大门仅隔一道屏板，进门可见"生意兴隆通四海；财源茂盛达三江"的对联。

钱业会馆的戏台造得很气派，屋顶采用古式歇山顶砖瓦双龙脊吻，檐角飞翘，檐拱木雕贴金的三跳三重小斗拱及十出角科金光闪烁。而戏台较一般来得高大，宽5.4米，深5.3米，离地2米。台前用2根碗口粗的钢管作台柱，高3.5米，又建造宁波工匠最拿手的"鸡笼顶"木构藻井，故更适合在戏台上演出打斗翻滚的"全武行"。戏台朝北，面向大厅，操心"钱脉"的钱业会董事、阿大们笃悠悠地在大厅品茶听戏，戏台上悬有"碧宇生辉""天地和合"台匾、台额。

1933年，中国的银行信贷兴起，民间钱业与国有资本相比显然是小巫见大巫，失去了竞争力。不久又受战争影响，这座曾经恢宏的会馆渐趋冷落，古戏台也归于静寂。

改革开放后，钱业会馆被列为市级和省级文保单位，2006年又被列为全国重点文物保护单位，会馆内外重修，恢复旧貌，并建成了钱币博物馆和金融史迹陈列馆。这座曾经"钱"涌三江、路通四海的会馆及其戏台，成了我国现存最完整的钱庄业会馆和戏台。

图 5-4　民国时期宁波城内开设的金银楼

第二节　宁波府城隍庙古戏台

五邑隶鄞鄮五谷金穰古大有；四明资保障四时玉烛庆长调。

这是刻在宁波府城隍庙正对戏台的神殿石柱上的对联，意思是说神明护佑宁波府各县五谷丰登、歌舞升平。

唐乾宁五年（898），明州刺史黄晟发民建明州罗城，周长18里。从此浙东明州就有了自己的府城。梁贞明二年（916），明州刺史沈承业在子城（内城）西南50步建府城隍庙，辖鄞县、慈溪、奉化、象山、翁洲、定海六县。除了鄞县未建城隍庙，其他五县都有城隍庙。

"隍"的意思是城池,有了城,就有了统领城池的"隍"。城护人,隍护城,姚江、奉化江和城外的护城河,都起到护城作用。城隍庙是城隍神的衙门和祭祀场所。然而城隍老爷是谁,当时并不明确。

到了南宋,明州府地位上升。赵与时《宾退录》一书中记载,镇江、庆元、宁国、襄阳、华亭、芜湖等十个府共用一位城隍,即汉高祖刘邦的爱将、甘肃天水人纪信。据《史记》《汉书》记载,公元前203年,刘邦被项羽围于荥阳,纪信用"李代桃僵"之计引开围兵,助刘邦仓皇中逃命,自己却被活活烧死。为表彰其功勋,刘邦就让他坐上城隍龙椅,享受万民香火。

明洪武三年(1370),朱元璋敕封各地城隍,宁波府城隍也升了级位,为正二品,因此府台和各县老爷到任、卸任时要来拜见城隍。洪武四年(1371),宁波府城隍庙毁于一场大火,太守张琪只能另择庙址迁建,即如今县学街府城隍庙。此地宋代时称为景福律寺,为明州六大律院之一,后又称"经藏院",俗称"新寺"。这座景福律寺曾是浙东佛学基地,日本入宋僧俊芿在南宋庆元五年(1199)到此学律,后成为日本律宗京都泉涌寺开山。此后又有安觉良佐、思齐、法忍、净业、圆尔辨圆、神子荣、明全、道元等到过这里。南宋灭亡后,这里又改建为帝师殿,直到明代,又迁建府城隍庙。清乾隆三十四年(1769),在宁波城内大梁街又建了一座鄞县城隍庙,俗称"新城隍庙"。县学街的府城隍庙虽经多次修缮,最终还是在清光绪八年(1882)毁于大火。城内邑绅钱庄及富人们纷纷捐资,推选优秀工匠执掌,选用从福建运来的大木和进口木材,由甬上名师蔡象德监工,著名小木师徐莜照主持戏台及鸡笼顶建设工程,历时一年半重建。

府城隍庙坐北朝南,前后四进殿堂,占地近5000平方米。郡庙大门开三道,檐下装饰如意花网拱,贴金漆朱十分壮丽。进门后两廊的神差、马夫等及"赏罚分明""你来了么"的匾额震慑心灵。第二道仪门也是三道,连着戏台。

戏台是整座城隍庙的中心,建好后成为宁波府内唯一的公众戏场。《鄞县通志》记载,"邑中之戏,多演于各庙中",而且"一年之中,无日无之"。除例行春秋二祭,平时各工商行会举行各类喜庆仪式也都在城隍庙中热闹一番,一来祭祀神灵,二来酬谢社会。清代晚期至民国初,宁波本地戏班有甬、昆、京、越、徽等20多个,且常有京津沪杭的名角出演,周信芳、盖叫天等也

图 5-5　宁波郡庙戏台盛会

图 5-6　郡庙古戏台鸡笼顶藻井

曾来演过戏。民国四年(1915),天津"大四喜"来宁波府城隍庙演《宏碧缘》,戏场人满为患,竟将大殿外500余斤的铁香炉挤翻。

  宁波府城隍庙的戏台长与宽各6米,台高2.5米,较一般戏台高。台上净空高4米。戏台藻井是一座直径5米、深2.5米的巨大薄壳穹隆。"穹然高起,如伞如盖",雕刻有28只飞凤,有480只如意云头花板,988块香蕉形斜拱木叠置,分为24层,与20道螺纹木构件榫接后盘旋结顶于顶部的铜镜。铜镜直径50厘米,再经朱漆贴金,通体精巧无比。1956年出版的《浙江民间美术选集》一书中,浙江美术学院教授邓白指出,俗名"鸡笼顶"式的舞台顶部的雕刻,全部用接榫细工做成极复杂巧妙的结构……真是一种"鬼斧神工"的奇迹。

  府城隍庙戏台正对着高出地面近一米的神殿,站在神殿前可见戏台悬有"思无邪"匾额,左右悬对联:"舞台方寸悬明镜;优孟衣冠启后人。"

  承载戏台主要重量的是左右两条直径15厘米的铁管,外面包了木料。而铁管下部有50厘米见方的石柱,这是戏台最明显的现代特征。1983年

图 5-7 宁波府城隍庙神殿前看庙戏

郡庙大修,为戏台配了三十二扇花窗门。给戏台穿上"花衣"之后,市民与游人就难以一睹戏台的真正风貌了。近年郡庙再次重修,人们又能重新感受这座历经一百三十年风雨的古戏台的不凡风采了。

第三节　秦氏支祠古戏台

系出雄封驷铁车邻存旧俗；祥征异政麟游凤集缅前贤。

这是刻在宁波市月湖西岸马衙街秦氏支祠内的一副对联,大意是赞扬远祖和缅怀先贤。秦氏支祠戏台与钱业会馆戏台同建成于 1925 年前后。然而这座戏台的精美和气派远远超越钱业会馆戏台。

据全祖望《甬上族望表》说,湖西秦氏在清初还排不上名号。原来,宁波城西的秦氏由慈溪迁来,始居鄞西高桥、西洋港及城内。城内一支原系甬上近代钱业巨子秦润卿先生的族裔,民国初年已开始在商界显山露水。秦际

图 5-8 宁波秦祠戏台演戏

藩、秦际浩、秦际瀚等与其父秦君安分住鄞西和城内,而在城内章耆巷有一座供祀秦氏这一支派列祖列宗的秦氏宗祠。1921 年,在上海经商的秦际瀚偶然之中结识了一位德国染料商,因德商回国,将货全部转给了秦际瀚。不久欧洲发生战事,进口染料断货,上海一大批纺织厂不惜出高价向秦际瀚购买染料,他一下子获利十余倍。1923 年,他从上海回到宁波,看到章耆巷的祠堂十分破败,为光宗耀祖,准备建造一座足以显示秦家威风的祠堂,选址马衙街马眼漕之北、与天一阁和陈家祠堂相邻处。由于秦际瀚这一门辈分小,又非嫡系,经秦氏族长太公们讨论,只能用"支祠"之名。秦际瀚憋着一口气,在父亲秦君安支持下,将"支祠"打造成甬上最富丽堂皇的祠堂。

秦氏支祠于民国十二年至十四年(1923—1925)修建,采用福建大木,从鄞西采运梅园石,从鄞江定制优质砖瓦,由甬上名匠胡荣记营造厂承担工程,调集了一批宁波大木、小木、丹青高手,精心建造。占地面积 2000 平方米,建筑面积 1400 平方米。支祠自马眼漕边起,自南向北依次有照壁、仪门、戏台、前厅、后厅及前后两厢楼等。其中戏台尤其考究,不仅规模大,而且刻镂豪华。

图 5-9 秦祠古戏台鸡笼顶藻井、前后匾额与演夜戏

戏台檐下的梁枋三面满雕镂空龙凤呈祥、如意牡丹图案，雕花的斗拱伸出昂头5跳5组，角科10出，从戏台下仰望如朵朵金花。戏台中心藻井采用螺旋娥罗顶，由16层花板、31组阳马花板盘绕而上，结于穹隆顶中心的铜镜。戏台三面美人靠，台前两条直径13厘米的钢铁管，支撑着戏台顶，由50厘米见方的梅园石柱承接。戏台高1.9米，檐下额书"虚华实境"，戏台屏额书"高明悠久"，左门额书"戏凤"，右门额书"游龙"，贴金彩绘之后更显瑰丽多彩。此外，与戏台相连的左右看楼同样雕饰精致。

1925年夏秋之际，秦氏支祠落成，宁波本地及京沪各地前来庆贺的宾客挤满戏台下。面对戏台的五开间前厅和宽达3米的檐廊，都是看戏场。当时的喜庆场面热闹隆重，留存至今的"以兴嗣岁""显承启后""慈悲为怀"等金字匾，足以证见昔日显赫。

然而，这座耗银二十余万两的老式戏台落成之后数年，附近居民很少听到做戏的声音，秦家人都在外忙于经商，难得回乡聚集祭祖，更难有雅兴品戏。1937年抗日战争全面爆发，秦祠已人去房空，1940年成为日本侵略军驻地。这里抗战期间关押过壮丁，1951年办过针织厂，1958年改为医药仓库……秦氏支祠淡出宁波人的记忆足有一个甲子。

1981年，秦氏支祠被列为市级文保单位。1990年，国家出资近300万元，历时三年，邀集工匠进行修复。1994年5月，并入天一阁博物馆，后向社会开放。2001年6月，天一阁和秦氏支祠都被列为全国重点文保单位，古戏台也成为"国宝"。从此，每年成千上万的旅游者纷至沓来，品味这座历经八十余个春秋、重新焕发光彩的古戏台。

第四节　董孝子庙古戏台

董孝子，名黯，东汉大儒董仲舒六世孙，在原慈溪大隐镇（今属余姚市）大隐溪畔筑室奉母。东汉延光三年（124），汉安帝敕封"孝子"，并立祠于古

图 5-10 海曙区董孝子庙外观及其古戏台

慈溪县城(今慈城)内。唐大历七年(772),在宁波城外建纯德庙,祀董孝子,原位于海曙区南郊(今尹江路)祖关山之北的土墩上,东面即是他母亲的墓。明洪武四年(1371),明太祖朱元璋又敕封董黯为"孝子之神",明州太守张琪将原慈溪县城内董孝子庙迁到邑庙后殿(今郡庙),又在南郊祖关山新建董孝子庙。嘉庆十九年(1814)、道光十九年(1839)、咸丰五年(1855),数次重修扩建董孝子庙及戏台,包括前殿、中军殿及两廊、神殿和后殿。

董孝子庙除戏台为歇山翘角,其他都为硬山式建筑,占地近1500平方米,建筑面积近1300平方米。1984年10月被列为海曙区文物保护单位。1998年因铁路扩建,董孝子庙向东南迁移数百米,迁建之后扩大了规模,修复了部分损坏的构件。但令人惋惜的是朱漆贴金的戏台鸡笼顶藻井和后殿墙额上的二十四孝图砖刻浮雕因损毁严重,难再复原了。

迁建之后的董孝子庙在今尹江路以南。前进五开间头门檐廊和三开间中军殿大门并列。仪门卷棚、梁柱、额枋及东西墙基都是原庙的遗物,五道大门左右石刻对联"为劳千里使;奉诏亦知心""东汉以来千古;有虞而后一人"。守护庙门的是一对典型的宁波样式石狮子,高1.9米,长1米,宽0.6米,经修补后完好如初。

进入仪门、头门合一的门内,戏台高出地面1.7米,左右两厢楼各4间,与戏台后场相通。戏台台口宽4.5米,深3米,另有1.5米用作后场。戏台三面围雕花栏杆,中间开一道宽2米的口,搭木梯,铺红毯。戏台左右一对方形石柱是原庙遗物,长7米,宽0.4米,刻有对联"声奏兰陵,一曲和平神听乐;舞呈莱采,千秋兴衰孝思同"。台顶藻井是迁建之后新制的五卷棚,台额书"望云台"。

近年董孝子庙已改作民俗游艺场所,古戏台上不仅演出老戏,更有现代曲艺、小品和歌舞表演。主要的看戏场就是面对戏台的神殿,多从原庙迁移修补。刻在神殿石柱上的对联又道出董孝子的另一故事,"报母心坚,不避汉廷三尺法;复仇事了,何知帝命两朝荼"。据称董孝子为报母仇而杀了人,犯了法又免于追究。后人也原谅了他的过失,母慈子孝而有"慈溪""慈城"之名。董孝子庙及戏台也起到教化人伦的作用,清万斯同《竹枝词》中写道:"南郭巍然孝子祠,千年古木更添姿。东头即是慈亲冢,稍慰晨昏雨露思。"

第五节　月湖花果园庙古戏台

东风忽送笙歌近,一片楼台泛水来。

这是南宋爱国诗人陆游描写的绍兴鉴湖水上戏台,这种只有江南水乡才看得到的水乡戏台,在宁波城内也可见,就是今宁波市海曙区月湖景区内的花果园庙古戏台。

唐宋时,由于城内月湖和与其相连的日湖,合在一起而成"明",因此宁

图 5-11　重建前后的花果园庙夜戏

波被称为"明州",四明山之水从鄞西和鄞南两路汇集于这两个湖。唐贞观十年(636),鄮县县令王君照始浚月湖,后又有鄞令王元暐浚南塘河,蓄水于月湖。北宋元祐八年(1093),月湖始成"十洲三岛",以花屿为湖心岛,岛上有湖心广福寺,建东桥和西桥沟通往返。紧靠湖东岸,南宋建炎年间(1127—1130)始建花果园庙。这座庙面西朝湖,庙门三道,进内有前殿和正殿。庙门口的路亭又称"庙廊",兼作看戏亭。廊亭宽5米,长13米,4石柱,顶部有精巧的卷棚。廊亭与古湖心寺隔湖相望,与隔湖的戏台相距仅7米左右。然而要走近戏台,要么往南过月湖东桥,从湖心寺前绕过去;要么往北过永利桥,多走至少300米路。过桥之后到了湖心岛,伸向湖面、三面环水的水亭就是戏台。

据《四明史氏宗谱》记载,花果园原为南宋丞相、越王史浩(1106—1194)的花圃、果园和菜地,园内原有一座土地庙,据传后来庙内供奉曾护送康王赵构过江的杜恺将军。全祖望居湖心西桥畔的湖西,撰《花果园庙记》:"花果园庙,造自史氏,其庙神即司园之土神也。明中叶,忽传为建炎将军杜恺而立,载入《嘉靖府志》中。"这座花果园庙在1998年月湖周边拆建时幸运地保留下来,书刻在庙门的对联也原样保留:"西湖庙貌崇,南渡神威著;址邻忠定宅,地接贺监祠。"说明这座古庙与史越王的丞相府及贺知章的祠堂邻近。

民国《鄞县通志》记载,花果园庙于宋淳祐间(1241—1252)建,明万历四十六年(1618)重建,清乾隆四十六年(1781)毁于风而重建,民国七年(1918)又重修。可见如今的建筑该是乾隆时代所建,而正对神庙的戏台也应是同时代产物。但在1949年前,戏台顶部已不存。1999年月湖景区改建时,原戏台位置又重建了一座歇山顶仿古戏台,原戏台在《宁波旧影》画册中有图片资料留存。据民国《鄞县通志》记载和当地百姓回忆,花果园庙门口曾安置一对高1.5米,羊头、狮身、独角的"安南异兽",后来推倒于月湖中。但在几次月湖浚挖中,均未发现石兽,这也成了一个谜。

1999年新建的仿古花果园庙戏台,宽、深各5米,离地1.5米,与湖相隔6米。采用水泥、钢筋和木结构漆金雕刻。外观檐角高飞,顶脊龙首,戏台藻井采用螺旋娥罗顶,檐下花拱、角科、平身科及雀替、昂头一应古式。戏台的后场也是构筑精巧的亭阁。

第六节　月湖柳汀关帝庙古戏台

人在玉壶,掩映双湖日月;事垂金鉴,分明一部春秋。

这副刻在宁波市海曙区柳汀街关帝庙戏台石柱上的对联,既写到了城内日月双湖,又点到以史为鉴的戏台,演绎古往今来的世间百态。

关帝庙是为纪念关羽而建。关羽是忠义的化身,历代帝王不断加封,明清时达到高峰。儒家崇之为"文衡圣帝",佛家称之为"伽蓝菩萨",道家尊之为"伏魔大帝"。清乾隆年间,北京城内有关帝庙160余座。宁波城区建有关帝庙6座、关岳庙1座;旧鄞县各乡镇较大的关帝庙有11座。至今保存最完好的是海曙区柳汀关帝庙。近年发现日本北海道也有一座百年

图 5-12 海曙区关帝庙古戏台

前由宁波侨民仿建的关帝庙。

柳汀是千年前浚修的月湖"十洲三岛"的中心部分。柳汀及东桥、西桥将月湖分为南北两部分。时任明州太守刘珵在堤上广植垂柳,他在《柳汀》诗中写道:"古渡隋堤千万缕,年年折尽最长条。谁知烟雨汀洲晚,闲舞东风拂画桥。"自宋至明,柳汀上建有涵虚馆、众乐亭、逸老堂(贺秘监祠)、四宜楼、水云亭、闽国公祠、超然阁等。明代时,汀北的涵虚馆改建为四明驿,往返京城的官员使臣在此中转。清代时,驿站改为玄坛殿(财神殿)。民国二十三年(1934),建佛教居士林,相邻的闽国公祠由明代大理寺卿陆世科在崇祯三年(1630)重建为关岳庙。民国《鄞县通志》记载,关岳庙自陆世科建后,在清康熙年间(1662—1722)由提督李显祖捐资重修,"关帝"神像在前殿,后殿祀裕昌公、光昭公、成忠公。民国四年(1915),又改为关岳并祀,关岳庙又称宁波的"武庙"。

柳汀关岳庙在民国三十五年(1946)抗日战争胜利后改作镇公所、柳汀民众教育馆,中华人民共和国成立后又改作仓库、商场等,部分建筑改变原貌,但总体结构仍然完好。特别是藻井,虽然戏台多年未做戏,但1990年时漆朱贴金的螺旋娥罗顶依然金光灿烂,神殿及左右两廊楼的砖刻墀头、柱础及卷棚还比较完整。1990年被列为海曙区文物保护点。

清代初年重修、扩建的关帝庙,包括了柳汀街沿街的头门、神殿和戏台。临街头门开三道石库门,采用三檐官帽牌楼式。砖刻门楼中门直匾书"关帝庙",左右上下砖刻双狮戏球及人物故事。边门额书"和合""众缘",刻工精巧。特别是面对着五开间硬山式神殿的戏台,离地2.8米,台面高2.5米,宽5.2米,深5.3米。台前正方形石柱高达7米,下承精雕的青石八角柱磉。戏台顶歇山翘角,屋瓦塑刻龙头及神将。2005年,关帝庙由宁波佛教居士林管理,并出资按原样重修,建成"佛教文化苑"。神殿中的关羽像威风凛凛,以佛教护法神的姿态面对古戏台。屋檐下的金漆木雕飞凤、翔龙昭示戏台的精致华美。

第七节　上王村王祠古戏台

假笑啼中真面目；新声歌里旧衣冠。

这副耐人寻味的对联刻在海曙区西南乡石碶街道上王村戏台。上王村是石碶街道最西边的一个乡村，过一条河就是洞桥镇，北面与古林镇相邻，而南面离鄞奉公路、南塘河和奉化江有2公里远，故在交通不发达的昔日，水运是最主要的交通方式。流经村中的门前河源于四明山，几经曲折流向南塘河。而与上王村连通的，还有一个下王村，原来也建有祠堂及戏台。下王村祠堂和戏台拆除后，每有戏班演出，下王村村民都来上王村看戏，附近四邻八村的村民也从水陆两路过来，于是上王村这座古戏台就成为联系村民的桥梁。

上王，又称曲树下王家。据村中老人说，祠堂前河边原有一株古樟，盘根错节，屈曲如龙，树干一直穿过对河，亭亭如盖，五六个人还合抱不住，说树洞里还可办酒席。宋代时，甘肃庆阳府王君实（周灵王太子王子乔之后裔）带着家眷在浙东任职，看中河边这棵大树，以为吉祥，遂在此安家发族。今村中300余户，500余人姓王。而下王村系北宋晚期晋国公王祐之后裔王世禄（山东琅琊王氏的太原王氏分支）从山东迁来，故称"下王"，也有200余户，近400个村民。

明代时人口增多，村里就建起了祠堂。上王王氏以"永言堂"为堂号，将原来的渡船交通改为桥路，东有通横涨、栎社的碧水桥、顾家汇桥，西有通下凌、洞桥的曲树下桥、五眼卧虹桥。一条河上四座桥还不够，又建造了一座三眼桥。

上王村祠堂建在上王村和下王村门前河中段，始建于明代晚期，门前河边以巨樟为标志，岸上原来留有近20米的空地，如今已作菜场。祠堂坐

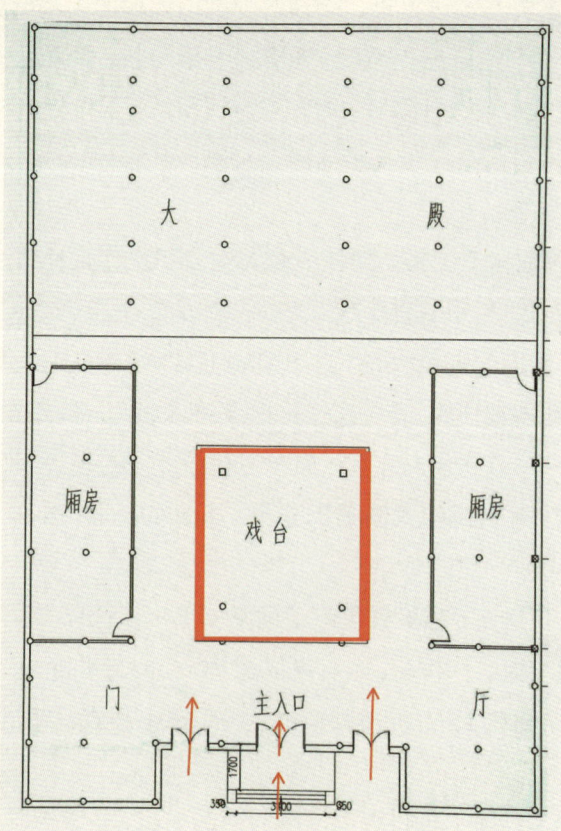

图 5-13 上王村古戏台及测绘图

图 5-14　上王村古戏台翼角

　　西北朝东南,依中轴线的主要建筑物是前进、天井、戏台、后进和两厢楼,占地近 1000 平方米。前进是硬山式单檐高敞的五开间门廊,门阔 18 米,头门、仪门合一,开三道门,檐廊二重出檐,宽达 4 米。廊柱、梁枋、花篮式坐斗、6 件倒挂狮牛腿和戏曲人物都雕刻精致,且曾贴金漆朱,可是在"文革"时遭到了破坏。进入高大的中门,一道高高的屏壁将戏台隔开,这个倒座式的头门其实是出入祠堂的过道。

　　进入祠堂后,由前后进和左右厢楼围成明堂,中间是一座歇山顶戏台,台柱左右为主柱,中间又添两条高出戏台半米的石柱加固。石柱方础,施以雕刻。戏台面宽 4.7 米,深 5 米,高 1.45 米。戏台出檐深 1 米,檐角略有翘起。檐下三面额枋都有穿柱龙头、坐斗、雀替雕刻不多,仅漆朱色、黄色和绿色。

　　戏台前以石板铺地。看戏的戏场包括明堂、左右两厢楼和正对戏台的祠堂大厅,可容纳五六百人。近十余年来,面对戏台的五开间大厅已改作老年协会娱乐场地和办事室。大厅檐下走廊宽 3.5 米,檐枋、檐拱施雕漆彩,并不繁复。檐廊成为看戏时遮阳避雨的最佳位置,昔日多为族长太公及族内主要长辈的看戏场地。上王村古戏台的顶部藻井,据说原来很精巧,而现在留下的是覆斗形四方藻井,仅八个雀替加固。

上王村古戏台简朴厚重，虽已历百年以上的风雨沧桑，整体构造还是很稳固，特别是雀替和坐斗，成为上王村祠堂和戏台的主要装饰点缀，还起到加固承重作用。上王村古戏台貌不惊人，但曾是附近村民最重要的看戏娱乐场所。

第八节　黄古林庙与古林街古戏台

地属通衢，鼓吹声娱过客；门临巨港，弦歌韵入流泉。

这是海曙区黄公林庙戏台石柱上的对联。古林镇，旧称"黄古林"，又称"黄公林""黄姑林"。据传汉代"商山四皓"之一的夏黄公为避秦乱，隐于浙东，在当时的鄞西水乡普施仁慈，以善医惠泽乡里，九十余岁死，葬于余姚大隐姚江边。夏黄公之女黄姑承父遗志，在当地行医治病。黄姑死后，乡人建黄姑祠供奉。成书于南宋绍定二年（1229）的宝庆《四明志》已有"黄姑林"村名，清万斯同写有"黄姑祠下画船新，击楫沿泂捷有神"之句，可见当时此地已有中秋赛龙舟之俗。黄古林以"席"著名。千余年来，当地村民将原产于广德湖的灯芯草培育成席草，以麻线为经，席草为纬，用手工木机织成挺括、耐磨、透气的草席，从唐宋起就闻名浙东，后来行销大江南北，并远传南亚和东瀛。这条五港通衢的街河中心曾有百余家席行，街河两岸船来人往，夜以继日，河桥上的凉亭刻有"橡影倒映三面水，人声遥接五更鸡"之句。

一河二街以席成市，黄公林庙祠及戏台也应运而生。据民国《鄞县通志》记载，黄公林庙在明代曾奉俞氏女为庙神，又称"黄姑"。清康熙二十三年（1684）改祀夏黄公。咸丰九年（1859），由俞奎等捐资重建，费钱二万余缗。光绪二十九年（1903），又一次修缮。每当年节和席市，黄公林庙的戏台和街河边的资善观戏台人气聚集。如正月、二月灯头戏，三月、四月牛王戏，五月关爷戏，七月焰口戏，八月划船灶头戏，十月小灯头戏。还有开市

戏、还愿戏、发财戏等，戏场成为最热闹的去处。曾有民谚道："庙里戏台热勿过，三日二头敲铜锣，十日三市真闹热，九狮桥头挤勿过。"

黄公林庙在街河之北，五开间，头门、仪门合一，二层硬山式。如今整座庙仍保存着2000余平方米的古建筑群。古庙除了南边开门，东、西、北边都有马头高墙围护，仅开数道必要时出入的"太平门"。除头门与左右厢房两层楼，中进的神殿和后殿都是单层硬山式，戏台造在仪门之后，并与仪门的楼厢相通。戏

图 5-15　正在修缮中的黄公林庙戏台

图 5-16 黄古林街心戏台

台朝北,面对着夏黄公神殿。台面离地 1.7 米,宽、深各 4.5 米。台前方形石柱每边 0.3 米,高 6.5 米,柱础石雕刻精美。屋顶檐角飞翘,檐下朱金漆木雕的小斗拱也很精致。可惜戏台上栏杆已不存,台顶的螺旋娥罗顶盘旋而上,由于年久失修,部分已残破。刻在石柱上的对联写得十分精彩:"芝里风淳,四境浑成长乐地;梨园调古,一场高唱太平歌。"

据当地村民回忆,以前每逢元宵节庙内就演灯戏,后来曾有宁波京班筱毛豹、小王桂卿等麒派演过《棒打寇承御》《收伏朱良祖》,又有越剧名角竺水招、赵瑞花等在此献演《柳毅传书》《碧玉簪》。20 世纪 50 年代后,黄公林庙改作粮食仓库,直到近年粮库迁出,一度野草丛生,断垣遍地,戏台也濒临倒塌,2015 年发起重修。

与黄公林庙仅一墙之隔的原是一座占地百余平方米的少峰祠。祠的门口跨街傍河也有一座兼作路亭的戏台。少峰祠又称"资善庵""资善观",

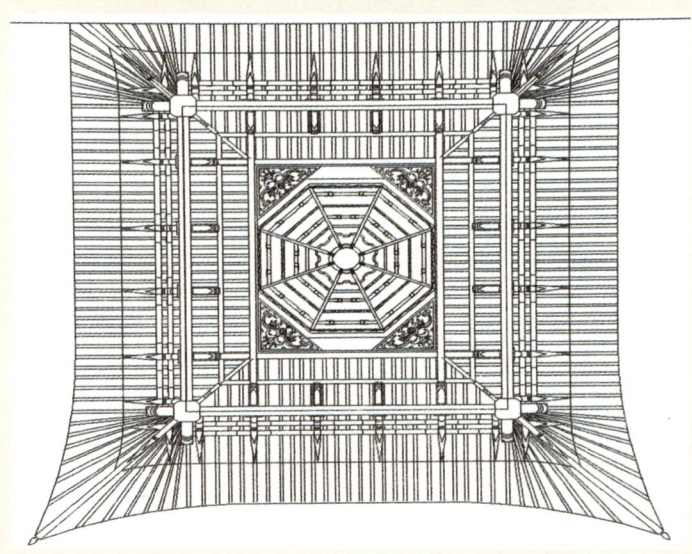

图 5-17　黄古林街心戏台藻井及图示

曾是纪念黄古林戴氏"四杰"的家祠。

据光绪《鄞县志》记载,自明弘治十二年(1499)至嘉靖十四年(1535),黄古林戴氏前后有戴鳌、戴鲸、戴鼍、戴鲞四位进士。后来在清顺治二年(1645),戴少峰与钱肃乐、张苍水等在宁波府城隍庙聚众起义反清,悲壮殉身。乾隆六十年(1795),戴少峰受祀于资善观,并改称"少峰祠"。每年冬至日祭神做戏,戏台就在资善观前。

资善观戏台又称街心戏台,由于紧傍街河,可以在河的对岸、河中的船上或桥上看戏,故又称"河台"。戏亭始建于清代初年(1645年左右),重修于道光二年(1822),是浙东很有特色的傍水戏台,宋代陆游曾有"空巷看竞渡,倒社观戏场"之句描述。戏亭与当地席市、元宵灯会、冬至祭神、中秋龙舟等组成独特的民俗风情。

戏亭平时是路亭,四条石柱东西相距4.2米,南北深4.8米。石柱中间离地0.5米和1.8米处都开有槽孔,可铺木板,演戏时戏台又可与河上的大船铺板相连接。戏亭歇山翘角,檐枋四面五朵花拱及四卷棚八角攒尖藻井,全都漆朱绘彩,与九狮桥、五港桥、黄公林庙等构成独特的席乡风景。1986年起,黄公林庙、街心戏台都已列为鄞州区文物保护单位。

第九节　西洋港村陈祠古戏台

山远绵延涵浩气;水清荡漾吐灵光。

这是刻在海曙区西洋港村积善亭上的石刻对联。西洋港地处水网,平波荡漾,又在河流之东,故名"西洋港"。

西洋港水路四通八达,向东到宁波市区、石碶,向西通横街、桃源,向南达石马塘和鄞江桥,向北可至集士港和高桥。南宋嘉定二年(1209),枢密院少傅陈季之子、广南路观察陈句从台州府临海举家迁往此地,800余年来已传承三十余代。明清时,陈氏一派又有迁居河南颍川者,故陈氏祠堂的门头对联刻"祖德追临海;家声播颍川"之句。近年来,《西洋港陈氏宗谱》残缺部分被找到,使我们得以对陈氏家族、祠堂、戏台和村落的历史有了比较完整的了解。原来陈氏迁来后,历元、明、清三朝,共出过三十多位朝廷命官,其中有"五进士"和"六杰"。较著名的有元庆元、台、温路督运总领陈芮,明修职郎陈德成,明湖广按察使陈槐,清同知陈仅等。今西洋港祠堂内

图 5-18　西洋港村陈祠戏台及其藻井

完整保存的两块古碑中,有一块嘉庆丁卯(1807)的皇帝圣旨碑,还有一块陈氏历代职官木匾,收录历代西洋港陈氏功名官级。

据《西洋港陈氏宗谱》记载,明洪武十三年(1380),该村已有祠庙。正统九年(1444),在村庄南漕北岸重建祠堂戏台,并首次编修《宗谱》。此后《宗谱》经十一次重修。祠堂名"崇远堂",大门朝西,面对四明青山。每年冬至前后做戏三日三夜,正月十三至十八有灯头戏,早、中、晚三场。此外还做神诞戏、免灾还愿戏等。除了陈氏村民可在祠内看戏,祠堂还接纳其他姓氏看客。

古戏台坐落在祠堂的中心明堂上,祠堂及祠后文化公园占地1500平方米左右,呈正方形、五开间,面阔近20米。头门是一道木栅栏,门前是一条通向南漕船埠头的街巷,头门左右的八字形砖墙上刻有门联:"地接桃源花气近;舟通石马橹声长。"在祠堂的南北高墙下也开有两道出入门,故祠堂内一做戏,三道门打开后,出入便利,免生拥挤。头门二层楼硬山式,仅1米余的空间,就进入第二道木板门,也就是戏台的后场。戏台与左右厢楼相通。据《宗谱》及古碑记载,戏台重建于清嘉庆二十四年(1819),在同治八年(1869)重修,立有石碑。戏台面宽4.5米,深4.1米,离地1.7米,四周围有护栏。台前两长两短石柱,长石柱下方上圆,直径0.4米,高5.5米;短石柱方形,高2.5米,顶端刻一对台柱石狮。台下左右增加两条短石柱,后面又增加两条短石柱,故有十条石柱支撑,更为牢固。戏台额书"思无邪",台前石柱的一副对联为:"亭坐崇远堂,风情醉千秋靓景;祠拥西洋港,陈姓扬万世胜名。"

戏台屋顶仍是歇山翘角式,双龙吻脊、跳角翕然。戏台藻井也是常见的八角攒尖,五层小斗拱结集于顶部中心的太极图。周围方形井口各由四组小斗拱承托,全部彩漆精绘,更显光彩夺目。

正对戏台的祖堂梁枋间悬挂着十余块金字匾额,其中有"进士""解元""贡元""登科""劲节可风""三朝勋业"等,足显昔日荣耀。祠堂后面还建有一处"文化园",有从西洋港附近陈氏古墓中迁来的石兽,或从西洋港河中打捞上来的翁仲,都在此集中保护,这也体现出西洋港陈氏的爱乡尊祖意识。

第十节　惠民村接胜庙古戏台

休言旧词翻新调；可笑今人学古人。

这副读起来通俗易懂,又含意深刻的对联,刻在海曙区横街镇惠民村接胜庙古戏台的石柱上。

惠民村村民主姓郑,老祖宗是慈溪郑郎桥人。当时这里山上草深林密,没有人居住。有一次郑氏族人砍柴饿了,发现树林中挂着一只饭包,还有热气,以为是福地,于是举家迁此,搭树草为房,又名"寮舍"。寮舍岗海拔四百余米,如今山下北、西、东都属余姚市,仅一条山路从横街镇经翁岩、接胜村通到山上,路程15公里。从寮舍到余姚大隐仅8公里,故在1958年之前寮舍村曾归属旧慈溪县石台乡。1949年之后,改属余姚大隐。寮舍,后来简写为"了舍"。继郑氏在山岗上定居之后,山下接胜村的奉化籍毛氏也迁上山,开山种田,兴造草寮房舍,并从山下到山上逐年开铺一千三百级石步阶,故"寮舍"又称"一千三百格"。

村民郑惠民1919年出生,1943年加入中国共产党,曾任中共陆埠区东山乡乡长,坚持敌后抗日救国。1945年日军投降后,又受命留守于穷山沟中,担任与苏北和上海的党组织往来交通员之职。1947年,不幸被捕于慈溪洪魏村,坚贞不屈而英勇献身,时年仅27岁。在"大跃进"时期,为纪念郑惠民,寮舍定名"惠民村"。

昔日寮舍村几乎与世隔绝,村民把旦夕祸福、生老病死寄托于庙中神灵,常有戏班子在戏台演出,这座鄞慈名匠打造的古戏台也就成了村中重要的文化遗产,历百余年沧桑,保存还很完好。

庙内神殿五开间,檐廊卷棚,雀替、月梁精雕细刻,漆彩绚丽。供奉的神像中有关公、关平、周仓、包拯、张天师、玄坛、龙王、文昌帝君、送子娘娘等。

图 5-19　海曙区横街镇接胜庙外景及其戏台

　　围着戏台的左右两厢楼也是五开间，与戏台左右相通，现在是老年协会活动场地。戏台前场地足可容纳五六百人看戏。古戏台为歇山顶翘角，龙头吻脊，傲然立于庙院中心，宽、深各 4.8 米，台面高 1.5 米，三面雕花护栏，中心台口雕一对精巧狮子。戏台的藻井是向上内收的同心圆式，漆朱绘彩。圆形雕花井沿刻 16 只展翅飞下的凤凰，16 条尾巴一节又一节联结于顶部中心。台顶方形的檐枋刻平身斗拱，连接花板、雀替，极尽精致。戏

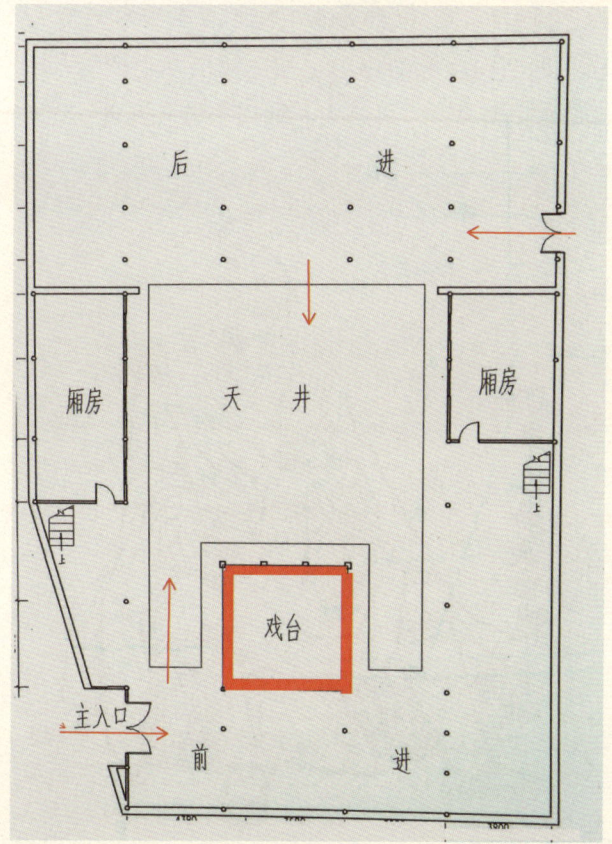

图 5-20 接胜庙戏台藻井及构造图

台正面檐枋与檐柱的角科花拱和一对倒挂狮子更是玲珑、细腻。正是有了村民的自觉保护,古戏台才代代长存。

第十一节　梅园村椵楂祖庙古戏台

　　事母合欢心,明山锡山并传乞果;称祖从树所,东庙南庙分报灵楂。

　　这副对联刻在海曙区椵楂祖庙神殿石柱上,庙神既是一位孝子,又是一名医生。除了这所祖庙,还有蜃蛟村的东庙和梅园村的南庙。正对神殿的戏台被称为"九狮台",宽、深都为4.7米,高1.4米。

　　椵楂祖庙在四明山余脉的锡山之麓。锡山并不产锡,名产是梅园石。庙后出产细腻坚韧的凝灰岩,自唐宋起就用于雕造佛塔、经幢和墓前石刻。

图 5-21　康用锡像

图 5-22 樎槎祖庙戏台外景及其戏台

据传汉代梅福从江西仙游至鄞西,留下"梅岙""梅园""梅锡""梅梁"等村名,后来又在鄞东留下了"大梅山""梅仙岩""梅墟""梅山"等地名。然而梅锡村的这座古庙又名"康孝子庙",并不与梅福有关。庙上方的匾额书"神农遗风"。

康孝子庙,又称"榠楂祖庙",榠楂形似木瓜而大。据民国《鄞县通志》及当地民间传说,南宋初年,康王南渡,金兵追袭,军医出身的康用锡背负母亲逃难至浙东鄞江梅锡村。由于母患疾病,康用锡采榠楂供母食用,不久母亲病愈。附近村人也有患此病者,康用锡一一奉赠。民感其孝德,立庙纪念,时在"宋开庆年,里人闻时政建"。清雍正四年(1726)庙重修。为弘扬孝道,在梅锡溪下游的梅园村和古林蜃蛟村也建起了祀奉康孝子的南庙和东庙,在八月初十、正月初八或正月十三祭神演戏。榠楂祖庙的祭神和演戏改为八月初十至十八期间,和八月十六中秋节、八月十七庙神生日一起,成为锡山之麓每年最热闹的时日。

在20世纪60年代的"破旧拆庙"风潮中,三座榠楂庙先后遭拆,而祖庙在当地村民力保下,仅被拆去神台和戏台,其中戏台前两条长达5米的石柱用草包包扎后藏匿起来。改革开放后,榠楂祖庙戏台重建,一批由村民保护下来的构件得以重见天日。更有幸者,黄古林的杨秀棠老人将二十年前拆庙时精心保护的一批雕刻构件,捐赠安装在新建的古戏台上,即如今在戏台上光辉四射的一对漆金木雕倒挂九狮和"九狮台"金底匾额。其他还有深雕花鸟屏风、倒挂花篮、雕花挂落等。

榠楂祖庙及戏台朝东,源于锡山的梅锡溪从庙的左右环抱,故进入古庙要走过两座桥。庙的头门前两棵数百年古樟亭亭如盖,树下有一大块溪滩鹅卵石铺的地坪,踏上三级石阶就是头门、仪门合一的檐廊,左右护卫八字形的马头墙。檐廊开门三道,卷棚、月梁、牛腿精雕细刻、彩漆贴金,"榠楂祖庙"红底金字匾额悬挂中间。进入大门后八扇屏风记载庙史和修缮经历,左右两厢看戏楼高大宽敞。戏台与头门的楼上相通,戏班歇宿化妆都在楼上,板壁上留下很多戏班字迹,如鄞县甲村剧团、宁海县东方越剧团、宁海县力洋越剧团等留下的戏目,有《穆柯寨》《齐王访贤》《父子登科》等。

面对戏台的神殿又比戏台高出三个台阶,五开间的檐廊有六条高大的梅园石柱,其中有一副柱联:"冬笋留名同此真心一点;甘棠遗爱专由普济三方。"刻在戏台石柱上的对联更引人深思:"是假还真,人在世间都做戏;无往不复,我云台上早题春。"神殿内檐廊下的卷棚、月梁贴金漆朱,左右墙头的石雕、灰塑、砖刻无不精致。神殿屋顶和戏台屋脊翘角、戗脊的灰塑都是戏曲人物。

这座占地约700平方米的祖庙于2005年被列为鄞州区文物保护点。

第十二节　磻溪村灵威庙古戏台

晤将来,惟期子孝臣忠;鉴已往,务使风淳俗美。

这是海曙区龙观乡磻溪村灵威庙古戏台石柱上的对联,村在四明崇山峻岭的一片山谷平坡中。灵威庙在村口,古戏台在庙内。

磻溪,又称"潘溪",当地村民多姓裴,清代初年从鄞西洞桥镇裴岙迁入,慕此地山清水秀,效仿西周"姜子牙渭水磻溪直钩垂钓"之典故,取名"磻溪"。洞桥裴岙裴氏128户366人,宋代时祖上从河南开封府迁金陵(今南京),再转迁鄞西山水佳处。这座灵威庙原本与裴氏无关。据说南宋名将郑世忠护送宋高宗渡江来明州,驻兵于龙观后隆村,秋毫无犯,于民有德。建炎二年(1128),郑世忠死于高桥之战,葬于后隆村金谷园山,屡显灵异,因立祠。

南宋开庆元年(1259),银山寺侧始建神庙。后唐家弄、桓村、后隆村都建有显应庙,宋理宗敕赐"灵济"庙额,册封郑世忠"广济侯"。四处祀郑世忠的庙祠中,有磻溪村的灵威庙,是显应庙灵济侯分祠,建于清代初年。裴氏定居磻溪之后,每年正月初九为神诞日,灵威庙做戏三天,山上的遮坑、观顶村和山下的玄坛殿、半山村村民都聚集观看。

灵威庙坐北朝南,占地700平方米,进村必须经过庙门口。头门五开间单层硬山式,开三道门,左右两偏房。檐廊卷棚顶及"牛腿"经重新雕漆,

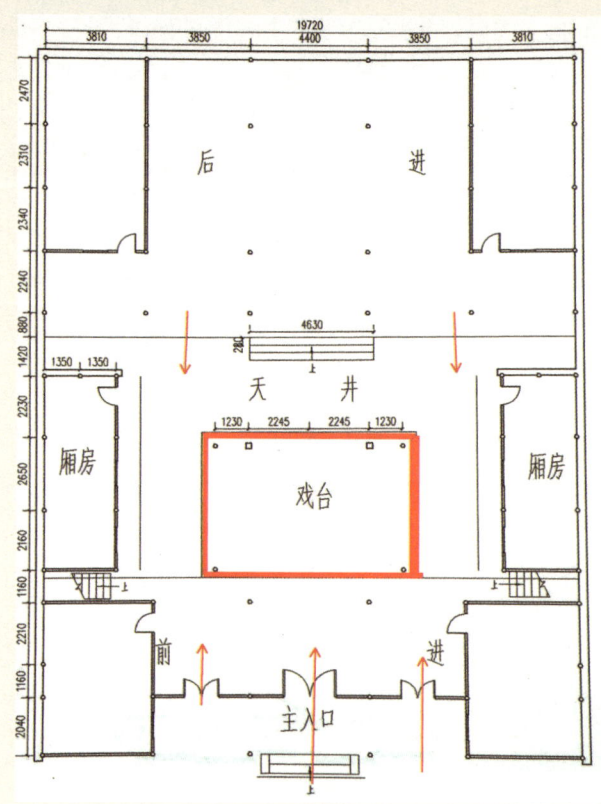

图 5-23 龙观乡灵威庙古戏台外景及测绘图示

月梁雕刻尤为精致。庙正门中心挂直匾"灵威庙"。进门屏壁挡住视线,拐弯后见明堂中心的古戏台。戏台前地坪绿草如茵,可见两厢楼和单层硬山式神殿。神殿又高出戏台地面三石阶,也是五开间。神殿中挂有"宋室甘棠""德并乾坤""英灵狱寺""功垂南渡""威灵千秋""仰瞻世德"等古今匾额,把简朴的神殿装点得庄严肃穆。

灵威庙戏台宽、深各4.75米,台口离地高1.5米。台前两条4.5米圆柱形石柱,直径0.3米。戏台上部内外都精雕漆饰。首先是精雕漆彩的16个同心圆攒成尖顶的藻井,有8只凤凰、8条龙托着。四周的方形井口,又有16个檐枋三叠拱承托,更显华丽。戏台上的台额为"古今史鉴"。戏台檐下的花拱和层层花板也精细制作。其中檐下的角科用27只昂头组成,形如一朵巨型的菊花,与伸出石柱外的雕刻漆饰穿柱枋头相映成趣。

图5-24 龙观乡灵威庙古戏台及其藻井

第十三节　秀水村三成庙古戏台

广德湖畔重辉三成庙；秀水桥边显赫府主殿。

这是刻在高桥镇三成庙古戏台的对联，说明庙和戏台与广德湖有关。此处原是广德湖北面，北宋政和七年（1117）明州太守楼异废广德湖之后，此处改造成村落和农田。三成庙前有一块水槽，面对秀丰公园，周围被工厂高楼围住。由于交通不便，这座不起眼的古庙逐渐被冷落。也正因为不受关注，古庙、古戏台才得以较好地保护下来。

据民国《鄞县通志》记载："三成庙，秀水乡新桥右，分祀鲍盖。宋景定三年建，制置使吴潜有记。明万历十五年毁，重建二厦。清道光三十年，庙、庭栋又重建，三厦。"可见这座庙历经两次重建，故名"三成"。面对戏台、坐在神殿上的主神是晋代鄞县县吏鲍盖，曾称"府主"。他为民献身，原鄞东、鄞西曾有六十多座庙供养他。

据庙内明万历三十年（1602）和清乾隆六十年（1795）的两块古石碑记载，此庙是鲍盖的行祠，原称"府主行祠"，庙脚630户。自广德湖被废后，收成不佳。有一年大灾，鲍菩萨显灵救难，从此香火更加兴旺。庙内另有碑版记录三成庙的14位菩萨生日，如鲍菩萨八月十六、药师四月廿七、黑妹娘娘五月十九、包公菩萨五月廿二、曹将军九月十三、雷将军七月初十、财神正月初五、文昌菩萨二月初三、龙王菩萨四月初八等。因此三成庙月月有香会，每年八月十六前后和正月做戏成为常例。又有元宵灯祭、重阳秋祭，均有戏。遇到做戏时日，四邻八乡乡民赶来，平时冷落的庙内外顿时热闹起来了。

三成庙朝南，红墙乌瓦，屋脊龙头高翘，然而孤庙无依。庙占地800平方米，分三进。前进头门五开间，单层，庙门开中间，挂"敕封广灵侯王"金字直匾。进门对联为今人所作，写道："听听看看想想唤醒世人梦；说说唱

图 5-25 高桥镇三成庙外景和内景

唱跳跳演尽古今事。"中进两厢四间有观看楼。进门后就可见到没有屏风挡住的戏台,地上铺满石板,可见前进既是过厅,又作后场。戏台宽达5米,高1.4米,由两间组成,用太师屏壁隔成前场和后场。后场深2.5米,前场深4.8米。后场顶上雕饰长六角形攒尖彩绘藻井,前场顶上雕饰方口八角攒尖彩绘藻井,用平身科、角科小斗拱支承藻井的重量。除了戏台上两座藻井,与戏台相连的勾连廊顶部也雕制了一件四层出跳方斗、中心平板彩绘的藻井,藻井口宽4.8米,深3.7米。三个藻井勾连,可避日晒雨淋。

三成庙的主神是红脸的鲍菩萨,左右陪坐的神仙、俗人六七位,两旁靠壁站立的将军、书吏威风肃穆。后殿称"娘娘殿",供着慈眉善目的女眷,曾在前几年重建。近年古庙、古戏台经过重新漆饰,古朴宏伟,焕然一新。

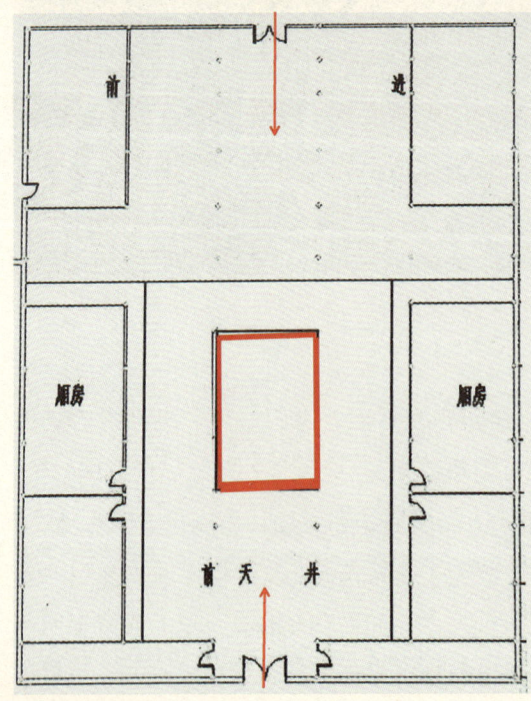

图 5-26
三成庙古戏台及其构造

图 5-27 三成庙明代庙碑及三藻井之一

第六章 鄞州区古戏台

第一节 庆安会馆、安澜会馆古戏台

海上灵趋,情移水仙操;房中乐奏,节协寿人歌。

通京津两广,南北名城,甬上别开新面目;依吴越八闽,古今胜地,客中常话旧家山。

这两副对联均刻在宁波鄞州区甬东天后宫内。前者是古联,在后戏台石柱上;后者是当代书法家曹厚德先生撰书,在修复后的庆安会馆议事厅石柱上。

甬东天后宫位于三江口,坐东朝西,自西向东沿中轴主线有头门、仪门、戏台、厢楼、神殿、后戏台、议事厅、后殿及左右附设的偏房、耳房等。清代甬上名士董沛(1828—1895)撰《甬东天后宫碑铭》说:"吾郡回图之利,以北洋商舶为最巨。航天万里,上下交资,鲸鲵不波,鼍鳄无警,系惟天后之神是赖……"据《碑铭》记载,浙东始有天后宫,最初建在城内东门之外,即今之江厦街。宋绍熙二年(1191),由闽人船主沈法旬建,称"天妃宫",甬东天后宫为其分庙。甬东天后宫始建于道光三十年(1850),落成于咸丰三年(1853),旨在借助天后神力,护佑航海安宁。

东方民族对于"天后"的信仰始于北宋,很多史料有相同的记载。据传天后原名林默,生于北宋建隆元年(960)三月二十三日,福建莆田人。雍熙四年(987)羽化升天,时年二十八岁。传说她成为海上救助危难的神女,被称为"妈祖",故甬东天后宫又称"妈祖庙"或"娘娘宫"。后来全世界各地都建有天后的神庙,共有四千余座。宁波的甬东天后宫是全国七大天后宫中保存最好的一个,天后宫及紧邻的安澜会馆中的戏台也同时成为"国宝"。

庆安会馆戏台

甬东天后宫寓意"海不扬波兮庆安澜",故又名"庆安会馆",既是祭祀供奉天后的神庙,又是北号商舶聚会议事的会馆,其后进就是办事处所。

庆安会馆的前戏台是近年重建的,台额书"咫尺大千",戏台屏书"山水清音"。戏台深、宽各5.5米,高2米,台顶为精雕的螺旋娥罗顶,歇山式的戏台屋顶翘檐下由三重五出的花斗拱承重。戏台前留出长达10余米的空间,可容纳数百位观众。

面对戏台的神殿各有一对龙凤柱,颇为壮观。据传,当时运送的船队从福建兴化来,途遇风暴,其他船

图6-1 庆安会馆前戏台及其藻井

图 6-2 庆安会馆后戏台

舶一时倾覆,而装载此龙凤柱的船只却平安抵达,于是天后的神力更令人信服了。

与前戏台相比,后戏台的规格较小,四周空间仅 5—7 米,台前能容百十人。北号会馆的议事员们可以打开厢房门窗,近距离观戏。戏台的石柱和台上的螺旋娥罗顶由 16 经 21 圈昂拱盘旋结顶,都是清代始建时的原物,近年重新漆饰。

安澜会馆戏台

与甬东天后宫一墙相隔、有门可通的是安澜会馆,寓意"仰赖神佑,安定波澜",由闽广南洋航帮建于清道光六年(1826),又称"南号会馆",早于北号会馆二十七年。

安澜会馆原先建在庆安会馆北侧,改革开放后迁建于南面,形成一宫二馆四戏台的格局,总面积 8000 多平方米。

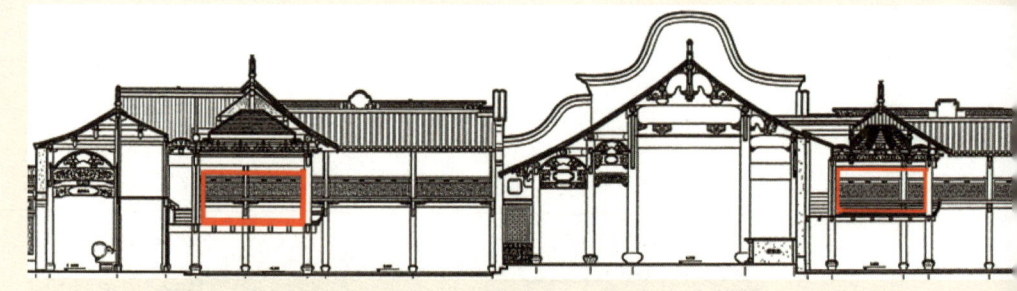

安澜会馆外观不如庆安会馆气派，不设门楼，而墙帽施雕，砖砌三道石库门。进门之后的屏门就是戏台的后壁。这座戏台宽、深各5.26米，高2米，顶部仍是歇山龙首吻脊，藻井仍为螺旋婀罗顶。戏台石柱对联道："七拍舞霓裳，犹是云中乐奏；一声歌水调，依然海上情移。"后戏台采用四卷棚围八角攒顶的藻井，宽、深均为4.7米，故只能做小戏。戏台石柱联："欲共幽人洗笔砚；苔枝缀玉写疏香。"

过去，每年三月二十三天后娘娘生日，隆重的祭祀和巡行活动在三江潮涌处进行，而四座戏台也同时开演"对台戏"。如今，这座天后宫和四座戏台已成为宁波航运史和文化史的标志，2001年被列为全国重点文物保护单位。

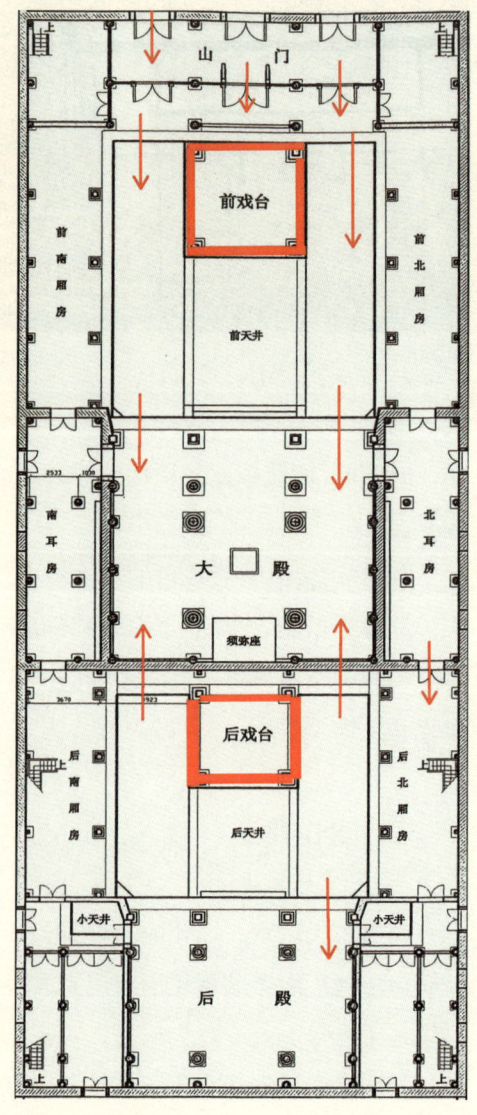

图6-3 安澜会馆立面图、平面图

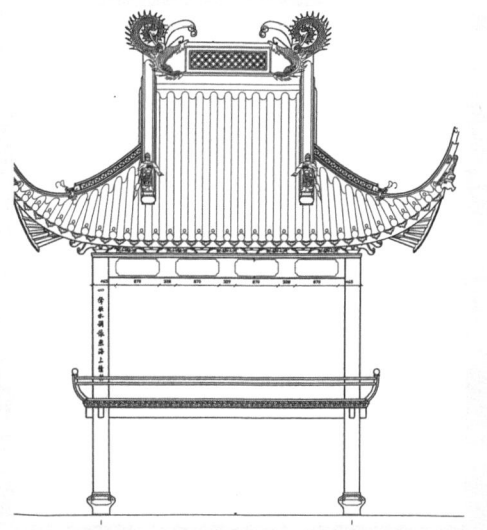
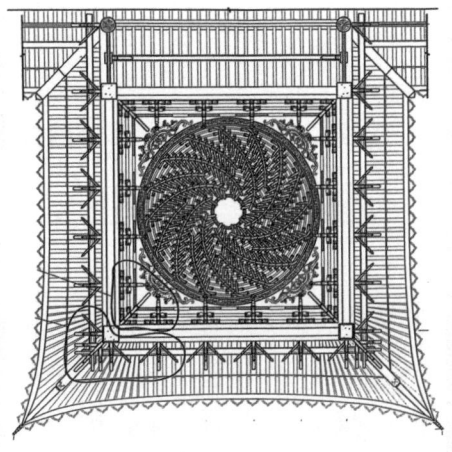

图 6-4　安澜会馆前戏台及其藻井测绘图

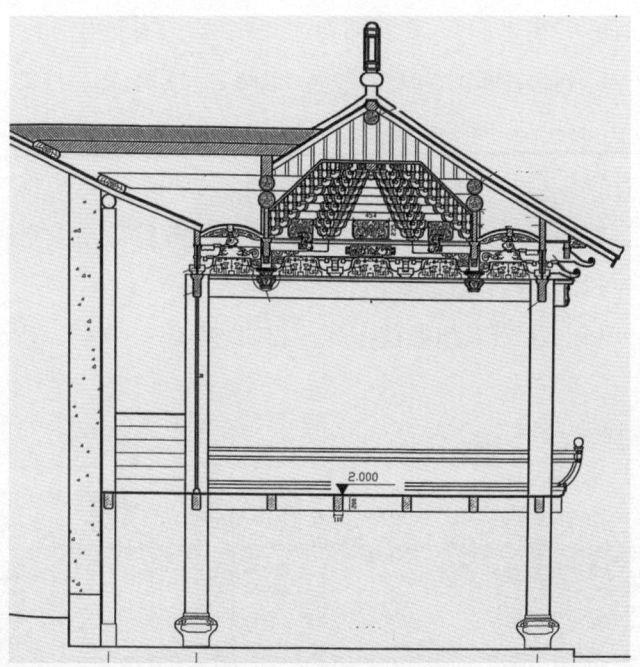

图 6-5　安澜会馆后戏台测绘图

第二节　后庙村费君庙古戏台

保佑鄞塘时调玉烛；扶持汉室业佐金刀。

这是鄞州区钟公庙街道都市森林社区旁一座古庙中的对联。在一片现代化的楼宇中，一座被称为"后庙"的古庙沉寂于楼间空隙。古庙坐北朝南，门前一汪古河塘。农历二月十九日，庙里传来的锣鼓声会打破一时静寂。

这个古庙叫"费君庙"。费君即费祎，《三国志》有记载。费祎为三国蜀汉人，字文伟，刘备在世时为太子舍人，刘禅即位后为黄门侍郎，升任尚书令、益州刺史、大司马、荆州牧。他识悟过人，孔明生前曾寄予其厚望，在《出师表》中力荐费祎才干。费祎辅佐刘禅治蜀十年，政稳人和，史称"边境无虞，邦家和一"。费祎死于曹魏密使之手，刘禅追谥"敬侯"，后人立庙纪念。宁波鄞州五乡村和钟公庙后面也都建有费君庙。

据庙中碑记载，费君庙始建于元至正间（1341—1370），清乾隆五十二

图6-6　钟公庙街道费庙古戏台头门

图 6-7　费君庙戏台及其藻井

年(1787)扩建,道光间(1821—1850)重修,民国二十一年(1932)再修。现存主要都是清代建筑,少量石柱础为明代遗存。

费君庙依中轴线自南至北有照壁、头门、前殿、前天井、仪门、戏台、中天井、后殿。主要建筑为硬山顶,前、中、后五开间三进,中心为歇山翘角的戏台和厢楼。进入仪门之后,人流可从宽敞的戏台与看楼通道出入,戏台前有10余米看场。

费君庙后大殿就是纪念费祎的神殿。刻在殿堂石柱上的对联写道:"楚北产英才,当年不负卧龙荐;甬南沾恺泽,此地胥传通骏功。"说明千余年前费祎曾为蜀汉王朝做出贡献,如今又护佑本地居民平安,广施恩泽。费君庙内有40余条石柱,故又称"石柱

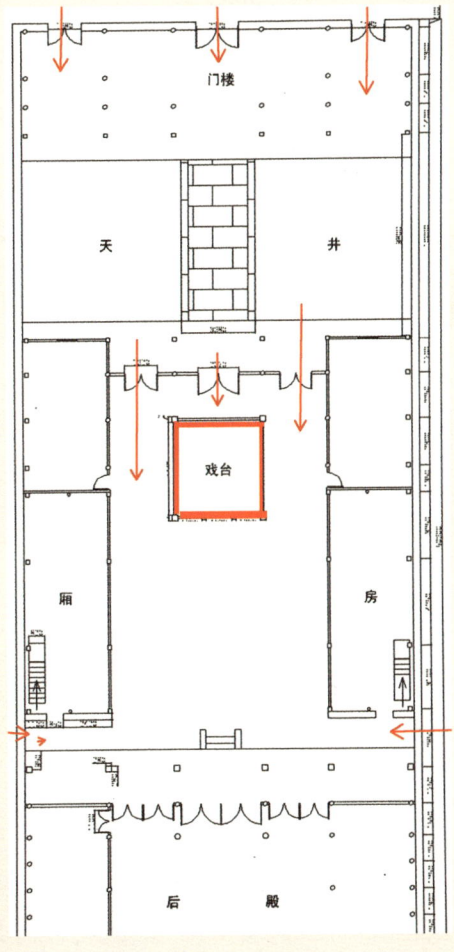

图 6-8　费君庙戏台平面测绘图

庙"。石柱上刻有 20 余副对联，多赞颂费祎的历史功绩，如"不朽有勋名，生继卧龙扶蜀汉；无疆流惠泽，长存盱乡镇鄞江"等。

费君庙曾做过村办工厂，1990 年重修，2003 年再一次将戏台修缮。重修后的戏台离地 1.6 米，宽、深各 4.5 米，螺旋娥罗顶，底圈直径 3.5 米。戏台檐下花拱、倒挂狮等全都漆朱贴金。

第三节　横泾村陈祠与跨泾桥古戏台

鄞州东乡邱隘镇横泾村有八百余年村史，村中有一座祠堂戏台和一座桥上可供演戏的桥台。

流经横泾村的泾水自东向西，民居依水而建。横泾村北面有东塘河，南部有中塘河，"横跨"泾水的古村落系连南北水网。南宋建炎中（1127—1130），原籍河南颍川，世居嘉兴的奉国军司马、荣禄大夫陈昌来宁波任职，卜居于此，以"俨然游龙横枕万龄之原"，而名村曰"横泾"。今刻于陈氏宗祠仪门的门联有"颍川世泽长存三界；德里家声远播九州"之句。

横泾村紧靠邱隘镇，现有 12 个自然村，500 余户，近 1300 人，大多姓陈。为沟通泾水南北，于宋代始建"跨泾桥"，桥畔建三元殿、土地庙和歇足避雨的凉亭。明正统间（1436—1449），在泾水之南向阳处建陈氏宗祠。

跨泾桥是一座单孔石梁桥，全长 12 米，宽 2.5 米，桥南、桥北各 6 石级。桥孔跨水 2.5 米，高 2 米，仅容一条航船通过。桥孔东西是宽达 30 米的河槽，临河又有宽近 10 米的河街，于是村民将长 3.5 米的桥面石板进行拼接，成为一块宽、深近 4 米的桥头石板戏台。

为避免雨淋日晒，又紧靠石板桥搭建了五间面宽 5 米、深 4 米的风雨亭。其中桥南的两间为神殿和后台，中间一间是戏台，靠北的两间为后台和路亭。如果天气晴朗，桥就是戏台，河上、河岸都是看场；如果刮风下雨，桥北的凉亭和后台就是戏场，宽阔的街就是看场。昔日每逢二月初九、八月

图 6-9 横泾村戏台桥正面与侧面

十六,将杨树桥红、黄、蓝、白、黑五菩萨抬出来,与村民一起看戏。立在桥畔三元殿旁墙壁上的嘉庆九年(1804)《公禁碑》记载:"桥旁建立亭台,本为中秋敬神,只许桥上演戏……不许在桥亭中晒物、歇宿、聚赌、经商及关留牛羊等……"因此到了演戏之日,桥台鼓乐笙歌,水中舟楫蚁聚,街上人头攒动。一到晚上灯火通明,看戏的、经商的、祭神的、做戏的,桥台里外灯影人声荡漾于泾水两岸,大有宋代陆游所写"东风忽送笙歌近,一片楼台泛水来"的诗情画意。

与简朴的跨泾桥戏台相比,陈氏宗祠的戏台就堪称精美豪华。但昔日只有年节祭祀才演戏,且以陈氏后裔为主要观众。族中长辈位列正厅,女眷嘉宾在左右两厢楼内看戏。

陈氏宗祠是一处占地700余平方米的独立建筑群,在南北纵轴线上有照壁、围墙、门厅、戏台、中庭、大殿。照壁内前明堂中有一对高高的旗杆,头门开在前明堂东边和西边,仪门五间三道门,门厅檐廊还保存一对明代石门鼓。仪门对联为:"宋室三鲍夫;明代五衙门。"可见陈氏门庭显赫,气派不凡。

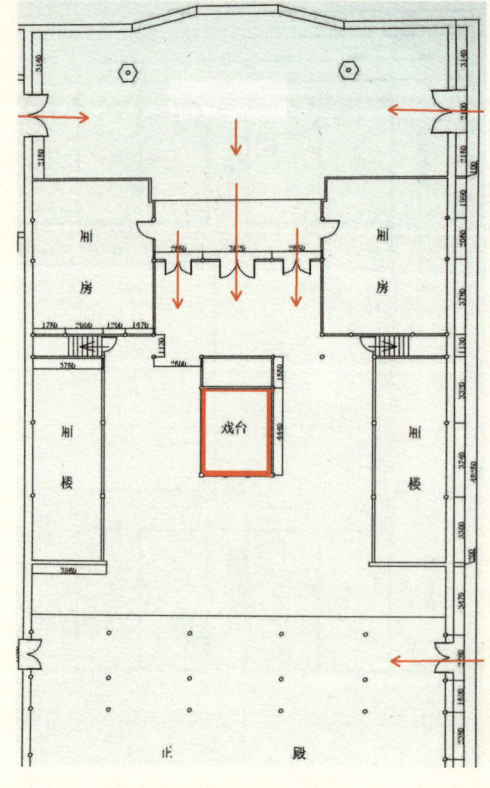

图6-10　横泾村陈祠戏台及测绘图

图 6-11 横泾村陈祠戏台藻井

陈氏宗祠戏台在 2007 年 8 月按古式重建，在进入仪门过"倒座"、屏壁后的中庭。戏台深、宽各 4.8 米，高 1.5 米，六柱着地，三围美人靠，16 条经涡线盘绕而上组成螺旋娥罗顶藻井。歇山式屋檐飞翘，倒挂狮、花斗拱全都贴金漆朱。戏台石柱刻对联："邪正忠奸俱为榜样；笑啼怒骂尽是文章。"横额："以古为鉴。"

戏台面对祖堂，硬山穿梁木构，中间相隔的明堂和左右厢楼十分宽敞，足可容纳六七百人同时看戏。祖堂内有三十六条乌黑木柱，檐下卷棚顶。大厅分为五开间，梁枋上悬有十余块匾额，正中挂"昼锦堂"，取"青天白日，衣锦荣归"之意。

2008 年 12 月 23 日，纪念陈氏八世孙、中议大夫陈本深中举 600 周年之际，祠台做戏 5 天。除本村陈氏，各地陈氏分裔及附近村民也前来共襄盛会，体现出古戏台凝聚亲情、鉴古通今的功用。正如对联所说："源远流长，毋忘我族宗功祖德；枝繁叶茂，且看谁家子孝孙贤。"

第四节　天童村太白庙古戏台

逢战乱,负母抱子寻天童;学圣贤,孝为人本胜太白。

这一副对联刻在太白庙神殿的石柱上。据民国《鄞县通志》及庙内屏风上的文字记载,太白庙因地处太白山麓而名。庙内供祀的神灵不是下凡化为童子的太白金星,而是唐咸通元年(860)的一位孝子杜雍。杜雍,字世杰,象山人。有一次他途遇强盗,负母抱子逃到天童太白山麓。将子藏匿后,又将母掩藏于近处山洞中,然而再回来寻找儿子却已不见,遂隐此躬耕以养,不再去求取功名。乡人感其孝,杜雍死后,建庙纪念。

天童村在太白山南麓,有古道东通北仑及象山港,西通小白、阿育王寺。村子地处天童溪南岸,自东向西形成一条老街,旧为朝拜天童寺必经之路。自宋代起此地形成街市,街东、西的天童村和童一村合起来有千余户3000余人。民国《鄞县通志》称,太白庙由徐、王、应、谢、蔡五姓为主崇祀,每年农历正月灯戏、四月初八天童寺香会、九月十六赛会,庙内都会做戏。据族谱记载,徐、王、谢等诸姓大多是宋元时迁入天童街的。如徐氏本望族后裔,随高宗南渡,先居江东明楼,后裔分迁小白、天童,在明代出过两名进士。王氏之祖是王安石,他任鄞令时,其弟从江西临川迁此定居。而应氏先祖是唐代建造灵桥的应彪,元代时一支后裔从鄞西樟村迁此。

天童街因天童寺而兴,太白庙为杜孝子而建,因此原名"孝子庙"。此庙的建造年代大约在明晚期崇祯年间(1628—1644)。当时天童街已是鄞东十八街之一,有相当规模的人口聚集,于是在此建起一座小庙,庙外有通往天童寺的南薰亭路廊。清嘉庆二年(1797),太白庙首次扩建,形成从老街通向山脚的建筑群。自南向北有路亭、前天井、头门,接下去是过道、中天井,包括一棵千年银杏、仪门。从仪门起,由原来面宽三开间扩大到五开间,其

图 6-12　太白庙戏台及其藻井

中有戏台、后天井。神殿又增左右偏殿，于是太白庙成为入口小、后进宽大的口袋状建筑群。后殿宽达七开间，整座庙占地近 2000 平方米，而从仪门到头门的中庭过道长达 36 米。太白庙在清咸丰六年（1856）又扩建头门和仪门。民国二十年（1931），太白庙及戏台再一次整修，天童寺方丈圆瑛法师在庙门口立了施茶碑。后来，村民对头门和仪门进行扩建，特别是将仪门翻建成两层楼、双卷棚，后天井增设 4 条方斗式旗杆。通体朱砂外墙护围中的太白庙庄严而肃穆。庙内戏台由 10 条方形石柱承托，宽、深各 5 米，高 2.1 米。顶部藻井依然是螺旋娥罗顶，直径 2.8 米。戏台前匾额刻"尧乐天"，檐下斗拱全都彩画贴金，檐下额枋绘有 30 幅戏曲场景，支撑台顶檐角的牛腿刻"狮子衔剑"，石柱刻"佞直忠奸，明看他一台青史；悲欢离合，隐示人片刻黄粱"。

正对戏台的神殿，五开间二偏殿，地面比戏台高出近一米，故在神殿看戏，既遮风雨，又免日晒，视线也与戏台高度相适应。神殿中心位大概就是"侯王顺德府君"杜雍，故庙内很多对联都写这方面内容，如"杜孝美德后继承；借地育才菩萨心"等。

太白庙头门、仪门设置两道高达半米的门槛，进门以后马夫和神差瞠目

图6-13 太白庙庙会

而视,整体氛围较为严肃。在民国年间留下的鄞州353个民间神庙中,太白庙是保护比较完好的一座,1986年就被列为县文保单位。

第五节 下水村王安石庙古戏台

任鄞令严律己施政有方;行青苗解民困有口皆碑。

这副对联刻在纪念北宋名臣王安石的祠庙内。民国《鄞县通志》记载:"忠应庙下水乡下水,祀宋王荆公安石,清嘉庆年建,旧历正月十二日为神寿诞,演戏敬神。"

忠应庙,俗称王安石庙,在鄞州区东钱湖下水村,今称"下水西村",近500户,千余人,多姓史。这个村地处钱湖东岸的福泉山北麓,源于福泉山的福泉溪流经村中,汇入东钱湖。北宋庆历七年(1047)王安石任鄞县县令时,首先考察鄞县水利,曾亲自踏勘东钱湖,故后来重浚东钱湖、创设"青苗

图 6-14 下水村王安石庙神殿和演戏碑

法",在东钱湖起堤闸、除"葑草",鄞县七乡三邑尽得其利。后人在东钱湖边造了数座纪念王安石的祠庙,下水村这一座便是其一。

下水村是"四明史氏"发祥地之一。据《宋史》及《林染桥史氏宗谱》记载,五代天福四年(939),一支史氏从今江苏溧阳迁入慈溪,转迁明州城内。

北宋政和年间,史诏迁入东钱湖下水村。政和八年(1118),史诏之子史才考中进士,官至副丞相。此后,史氏一门又有史浩、史弥远、史嵩之,都是南宋丞相。下水村既是他们的祖居地,又是其

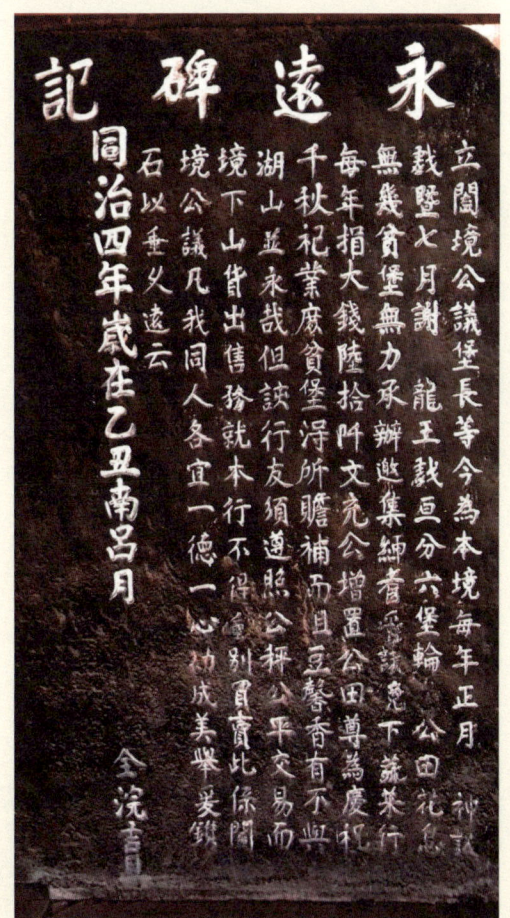

祖墓所在。所以，这座王安石庙以后都以史氏后裔为主进行管理和保护。

下水村王安石庙始建于清嘉庆年间（1796—1820）。当时，下水村的史氏后裔与绿野村的史氏都想在自己的村庄附近建庙，后来，还是下水村村民先将王安石神像抢来，在村口重建了王安石庙，名"忠应"。王安石庙门口一方平地，立一对稻桶式旗杆。古庙面宽17米，高8米。暗红色的面南高墙下，仅开一道高2.5米、宽1.5米的石库门，进门之后就可见屏壁后面的戏台、东西厢楼、明堂以及五开间的大厅神殿。整体建筑进深26米，占地近500平方米。王安石庙在清同治四年（1865）以下水史氏后裔为主出资重修，历来香火兴旺。村民称王安石为"王菩萨"，在此求雨求子、烧香问签。

王安石庙历百余年，逐渐破败。1986年，由史氏后裔史永和发起，村民405人捐资，历时一年修缮，重现红墙青瓦旧貌，1987年被列为鄞县文物保护单位。庙内辟"王安石纪念馆"。每年正月有神诞戏，七月有谢龙王戏，村民尽享庙戏乐趣。

王安石庙戏台宽、深各4.8米，台高1.7米，六柱着地，台额书"鱼听台"。戏台顶部为朱漆花拱八角攒顶，八组逐渐收缩的叠拱结集于藻井中心，藻井四周又围着精巧的横直相连的卷棚。戏台屋顶为歇山翘角，檐下有精巧的纱帽翼小斗拱和镂雕花板承托，戏台的檐柱雕一对倒挂狮。最有看头的是戏台雕花栏杆，称为"一根藤"，弯弯曲曲的花纹原来是一条连续不断的曲线。这座戏台虽然不大，却很有特色。戏台上的对联写道："看了戏便知八股文章开承转合；听其音可察四书题句虚实重轻。"

王安石在鄞不过三年，离鄞之后一直惦记鄞县子民。晚年，他写有一首《忆鄞》诗："明州城廓画图传，尚忆西亭一艘船。投老光阴非复昔，当时风月故依然。"春花秋月，风月依然，王安石庙和古戏台永远纪念着这位九百年前曾造福鄞县和宁波百姓的历史先贤。

第六节　江六村陆祠古戏台

晚雨初收旋作晴,买舟访旧海边城。高帆斜挂夕阳色,急橹不闻人语声。掠水翻翻沙鹭过,供厨片片雪鳞明。山川不与人俱老,更几东来了此生。

陆游的这首《游鄞》诗写出了他与宁波之缘。据《鄞县陆氏宗谱》记载,陆游的爷爷、北宋左丞相赠太师楚国公陆钿的数支后裔,于南宋初期先后从山阴(今绍兴)迁入宁波,在鄞东虹麓、横溪、梅墟及城内月湖等处形成陆氏家族聚居的村落,其中就有下应街道的虹麓村(现称"江六村")。村中的始迁祖、朝奉大夫陆嘉辰(1174—1245),属山阴陆氏五世孙陆珪一脉。陆游晚年多次来宁波探望他的族人,还为江六村陆氏的《支谱》作过序。

江六村近500户,1200余人,主姓陆。流经村中的江六河自南向北汇入中塘河,村中居宅密集于河岸,陆氏宗祠位于中心,占地近2000平方米。祠堂朝向东南,面对太白山。从河对岸看祠堂,南北两侧为高耸的五马头风火墙,头进二层楼硬山式,门前广场一对方斗式旗杆柱充分显示陆氏祖上的功名和地位。祠堂前还有宽敞的漕港,据传建村时有彩虹临空,以为吉祥,又地近太白山脉,故将村命名为"虹麓"。祠堂正门对联:"派自山阴别;地因虹麓灵。"道出了村庄及氏族的源流。

陆氏宗祠堂名"辅政堂",匾额悬于大厅祖堂中间。据欧阳修奉敕编撰的《陆氏宰相世系表》记载,陆氏源出2200余年前的春秋战国齐宣王幼子,因受封于平原般县陆乡,就以地为姓。陆氏名人甚多,如汉代陆贾,三国陆逊,晋代陆机、陆云,南北朝陆探微,唐代陆龟蒙、陆羽,宋之后有陆九渊、陆九龄、陆游等,可谓文武兼备。正如"辅政堂"左右对联所言:"文以安邦,秉承祖训读四书五经育擎梁俊杰;武能定国,应顺天命列三公九卿居辅政

重臣。"

祖堂为面阔20米、深9米的五开间，供有陆氏列祖列宗牌位。据说，昔日祠内还专辟女性祖宗牌位，俗称"女祠"。每年农历二月初八，祠堂做戏。祠内大堂宽而深，是观戏场地。厢房内存嘉庆二十一年（1816）《陆庄图会碑》，记载"本祠例行秋祭，外普放瑜伽焰口"。祠堂自宋以来历代修缮。

进入大门后，天井中间就是戏台，整体结构完好，宽5.2米，深5.4米，高1.7米。台前柱子铁制，贴金描彩的螺旋娥罗顶藻井直径4.8米，额书"人伦鉴"。

改革开放后，戏台由老年协会管理，改作老年活动室。1992年，祠堂和戏台做了较大规模重修，由著名女企业家史利英捐

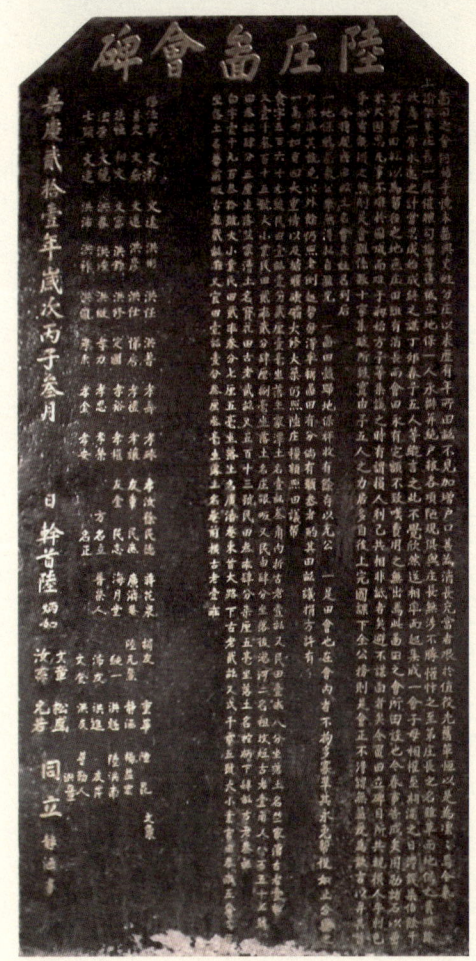

图6-15 陆祠外景及其碑记

图 6-16 陆祠古戏台及其藻井

资。时任鄞县县长翁礼华撰写对联:"承祖德,振国威,利民生,何分孰男孰女;弘宗风,绘宏图,令辉煌,重任唯予唯汝。"陆氏宗祠及其戏台建筑群保存良好,2005 年被列为区文保单位。

第七节　韩岭村金祠古戏台

中有村墟号韩岭;渔歌樵斧声相参。

这是南宋绍兴十年(1140),35 岁的史浩所写长诗《东湖游山》中的两句。十五年以后,史浩考中进士,隆兴元年(1163)拜为宋孝宗丞相。当时,诗中

图 6-17 韩岭金祠外观

的韩岭已经是宋代九大市墟之一。明清时韩岭村已形成韩岭街,每月逢五、逢十为定期集市。平时,百余家商号常年开张,自南向北的中街、上街、后街长达千米。密集的民居参差其间,近三千居民中,金氏约占四分之一。韩岭街十二大姓、四十八小姓,金氏宗祠最为显赫、最有人气。

韩岭,原为韩氏居住,如今已无韩氏。村子坐落在总面积 22 平方公里的东钱湖东南岸,东、北、南三面环山,西北面对东钱湖,2005 年被评为宁波首批历史文化名村。

金氏于明代初年成为韩岭主姓。始迁韩岭的金氏始祖金益后自鄞县城北姚江迁居于韩岭,至第三代金忠、金华兄弟时发迹。金忠幼习《易》,光绪《鄞县志》记载金忠是鄞县城西神卜袁珙的弟子,协助金华守备北京通州,偶然入城,为尚未当上皇帝的燕王朱棣卜相,鼓动燕王必成显贵。燕王朱棣夺皇位后,封金忠为兵部尚书,金华也升拜为兵部尚书。但自号"白云先生"的金华不愿为官,纵情诗酒,回乡隐于湖山深处。金忠之子金达在明洪熙元年(1425)升翰林检讨,其后裔在清代又出科举学子,于清道光二年(1822)在村后面南的缓坡,背靠狮山、面对象峰,起造金氏宗祠,占地近

图 6-18 韩岭金祠戏台

图 6-19 韩岭金祠戏台藻井

2000 平方米。

金氏宗祠原有两座,村东广济亭前也有一座,现已改建为学校。这可能因金氏发迹时,金忠、金华分两大脉系,在明代已建有两个"金氏门楼",相距数十米。而曾经改作粮食仓库的金氏宗祠终于被保留下来。

2002 年,韩岭村村委会和金氏后裔共同出资,对金氏宗祠进行整修。祠堂坐西北朝东南,平面建筑三进七开间,宽 33 米,进深 62 米。外观依"红庙黄寺黑祠堂",髹成肃穆庄重的灰黑色。门前空地立两对稻桶式高 8 米的旗杆。头门硬山式,格栅栏门。檐廊高 7 米,宽 8 米,深 2.5 米,外墙八字式墙基石,刻"双狮戏球""太师少师"。卷棚顶刻雕龙凤花卉,正中悬"金氏宗祠"金字匾,左右粉墙圆框内书"福""禄"两个凤篆榜书。

仪门开一道,立两扇高达 3 米的厚实木门,门后壁上嵌清道光十二年(1832)和民国十九年(1930)重修"万松堂"石碑,东厢房有咸丰八年(1858)石碑,刻"祖堂演戏兴奉祀白云公"等字样。仪门的屏壁之后就是气派十足的戏台。台宽 5 米,深 5.5 米,台面高 1.8 米,台前两根石柱和台后两根杉木支撑。石柱上刻有对联:"今乐犹古乐,工歌借作采蘋看;迎神复送神,岁荐

图 6-20 韩岭金祠戏台演出场景

惟思诒高远。"

戏台是龙吻歇山顶的翘角建筑，台额前雕刻倒挂花篮，檐下花拱六出十朵花形昂头，藻井四大一小五卷棚，漆暗红色。

由于金祠戏台顶特别高，所以适合武打班子演戏。著名京剧演员周信芳大徒陈鹤峰，以及王桂卿、白云亭、筱毛豹、韩素兰、小王其昌、二毛豹、月月红、韩树道等，都曾在此献艺。甬城戏班老大鸿寿、宋祥记、新大鸿、韩记大连升等也多次在此表演。正月十五一般都做上灯戏，一年之中要做30余场。

金祠戏台左右及前面留有12—20米的空地，村民多自带长凳排列座位。厢楼楼上是女眷包厢，楼下是男宾看戏处。

面对祖堂的大厅宽30米，深12米，可容纳数百人看戏，正中挂"万松堂"匾额，50根大木柱之间的梁枋上挂着10多块匾额，彰显金氏家族繁盛。如道光戊子"登科"，二十世孙"叔侄贡元"，道光乙酉"登科"，永乐四年"兵部尚书""兄弟登科"，光绪十九年"登科"等。挂在大厅和厢楼的许多对联也都记载着韩岭金氏的功业，如"德传百世，丹心昭日月；名耿千秋，刚正映湖山""先祖尚书积德千秋；后继儿孙世昌万代"等。

第八节　史家码村史祠古戏台

祖德留遗惟忠与孝；孙谋绍述非读即耕。

这是刻在鄞州东乡下应街道史家码村史氏宗祠"八行堂"戏台旁的对联。

史家码，原名"史家墓"，村在鄞东水网地带。村中河道纵横贯通，有好多埠头，故俗称"史家码"。

根据《鄞东（史家码）史氏家谱》记载，史家码史氏始祖史翰，为四明史氏迁鄞始祖史惟则的孙子。史翰父史成，兄史简。史简生于北宋景祐二年（1035），死于嘉祐二年（1057）。史翰隐居鄞东，即今史家码村，生卒年不详。

图 6-21　史家码史氏宗祠外景

图6-22 史家码史氏宗祠古戏台及其藻井

自宋代起,鄞东史家码史氏沿自东向西的前塘河两岸建宅,分为上宅、中宅、下宅三个支派,至今传承千年。清代晚期有三千名史姓,传承三十余代。今村中340户800余口,大多姓史。

史氏宗祠的前身应是史氏家庙,当时规模已不可考。明代改建的祠堂位于村东塘河北岸,三面田野,南墙朝河,占地近1000平方米,宽20米,深45米。清嘉庆初年、光绪十六年(1890)和民国三十六年(1947),曾分别进行修缮和改建。2005年起,村中史氏后人捐资70余万元,重新进行修缮。

史氏宗祠四面高墙围护,二进、二厢、二明堂、一戏台。东墙兼作隐壁(又称"照壁""照墙"),高6米,宽20米,刻"崇埠兀峙"四字。前明堂中心立一对稻桶式旗杆,南北墙开对称的两个圆洞门,额书:"竹苞、松茂、涵光、纳景。"圆洞兼作头门。仪门五开间,开三道门,书有"支分溧土家声远;派衍明州世泽长"。檐廊顶卷棚五组,檐枋、撑拱、月梁全部贴金漆朱,豪华无比。

从仪门进入中庭,宽敞的明堂中心是一座歇山式顶古戏台,已恢复当年旧貌。戏台顶部修复的娥罗顶贴金漆朱,16条经线盘旋结顶于中心穹隆顶铜镜。戏台宽5米,深5.1米,高1.7米,三面围"一根藤"美人靠栏杆。石柱上部饰有朱金木雕倒挂狮,下部方形柱础雕刻精巧。石柱上刻着对联:"莫作等闲观,在彼在己设身处地;每当休暇日,即此即可论世知人。"戏台内外的金字匾额书"视其所以""五世衍芳"。

正对戏台的祖堂中心挂清代雕刻的"八行堂"三个大字。"八行"即四明史氏第四代史诏,由于奉行宋徽宗提出的"孝友、睦姻、任恤、中和",获封"八行先生"。自此,"八行"就成为四明史氏的堂号。祖堂高大宽敞,悬有四明史氏历祖画像和十余块匾额,如"越国名宗""众泽延绵",还有"一门三宰相辅弼江山;四世二封王理政安邦"等柱联。

第九节　上周村宝庆庙古戏台

普天日月开昌盛初嗣宝会;同庆民乐贺太平万古流芳。

这副对联内含"宝庆"二字,因宝庆庙而起。宝庆庙在鄞州区塘溪镇上周村,靠近碧波荡漾的梅溪水库。梅溪又称"堇水",此地周围群山环绕,马家山、梨头湾、大脑山等,高四五百米,都属鄞东堇山山脉,白岩山系。

上周村宝庆庙坐东朝西,面宽24米,深26米,头门与仪门合在一起作为前进,五开间,开三门,门上对联:"背倚仙岩崇永古;面对堇水祀千秋。"左右塑神差、马夫。进入门厅深3米,中庭有左右厢楼和戏台。后进七开间神殿,中间红脸菩萨即唐授浙东观察、明谥御史中丞的裴肃。左右神祇还有

图 6-23 宝庆庙外景

土地、财神、药王、龙王等。据嵌在庙内壁上的碑记可知,这座宝庆庙是山岙内的第二"宝庆",第一"宝庆"即象峰村的宝庆寺。

上周村宝庆庙是东钱湖外十八座裴君庙之一,在清康熙年间(1662—1722)建庙,庙后龟山、仙岩面对银山。下坑岙、黄泥岭、冠山岙三条山溪在庙前汇入梅溪,向东流入大嵩江。据当地宗谱记载,元至正二十六年(1366),慈溪周伏初迁此山岙平坡定居,地处梅溪上游,故名村岙"上周"。今村中771户2000余人,多周姓。我国近现代著名昆虫学家周尧(1912—2008)即出生于此地。

关于宝庆庙庙神,全祖望写过《宝庆庙记》,说该庙是为唐贞元的浙东观察使裴肃而建。裴肃,河南济源人,曾任常州刺史,后迁任浙东观察使。明州镇将栗锽联合鄞、奉边区山民在光溪杀刺史卢云未遂,发动兵变,攻陷浙东郡县,民众不堪战乱之苦。其后所部转移至台州,次年二月,为裴肃擒获,押解送京,事遂平。裴带兵从不扰民,领兵过鄞东境秋毫无犯。裴肃平栗锽之乱,唐德宗曾予嘉奖,鄞东百姓立庙感其功德,后世尊为神灵。鄞东东钱湖里有十八裴君庙,湖外有十八裴君庙,沿海有十八裴君庙,今犹存四十余座。宝庆庙门口的对联也写道:"山青水碧功臣第,风舒日爽平安境;唐时

图 6-24 宝庆庙戏台及其藻井

绩著史册昭，躬耕勤读唐代风。"每年正月元宵节前后，庙里要做戏三至五天。这都是对这位保境安民将领的赞誉和感恩。

宝庆庙戏台宽5米，深5.2米，高1.45米。台前四柱落地，其中两条石柱上的对联刻着："得丧穷通，但见许多悲喜事；忠奸贤否，曾传无数古今人。"歇山顶的檐下四出花拱、两组角科花拱颇显精美。戏台上方悬台额"古今鉴"，台内也挂有内额"引凤台"。台顶藻井方口，中心为螺旋娥罗顶。戏台与左右的厢楼勾连廊连接，故后台显得特别宽敞。

据碑记记载，宝庆庙及戏台在民国十一年（1922）有一次重修，1986年被列为县文保单位。

第十节　绿野村灵佑庙古戏台

最难抽出六十签，化凶为吉底换面；紫微高照乾坤转，全家福禄大团圆。

在鄞州东钱湖东北的湖山深处有一座小庙，历史丰厚，结构特别，为纪念王安石而建，1986年被列为县级文保单位。

这座貌不惊人的小庙称"灵佑庙"，民国《东钱湖志》记载："灵佑庙，绿野岙之西，祀宋邑令王安石。"此庙地处东钱湖镇下水岙绿野村。绿野村约390户，近千人。庙在村西一公里处，背依长乐里山，南面福泉山。庙前有一条下水溪流向东钱湖，庙前山道自宋代以来是东钱湖东岸通往天童山的捷径。灵佑庙门外有一棵古樟，门内有两棵稻桶旗杆状的银杏，都至少有三四百年历史。暗红色的庙墙面宽20米，高2米。一进门就可见五开间的硬山式仪门，檐下月梁和檐拱略施雕刻，墙础石雕刻已严重剥蚀。紧闭的中门上方悬一块"灵佑庙"匾额，依稀可辨小字"乾隆丁巳"，可知这座其貌不扬的古庙建于乾隆二年，即公元1737年，距今有二百八十余年历史。

从仪门边门进入，可见古戏台及勾连廊，年久失修，破败不堪。灵佑庙

图 6-25　东钱湖灵佑庙外景及其匾额

整体构造为前后二进二厢,典型的四合院式。仪门、檐廊、二厢、戏台及神殿共深约 30 米,基本上保留清代早期的木结构特征,尤显古朴厚重。其中最多的是一斗三升坐斗,作为戏台梁架和檐廊的主要承重。戏台藻井为四卷棚中心八角攒尖小斗拱,戏台前四柱落地,其中两条石柱刻有佳联:"视思明听思聪,莫认作歌舞近戏;往者过来者续,当知其次第成文。"

　　戏台上下仅一道漆红,通体古雅简洁,与其他乡村辉煌精致的古戏台比较,不免显得寒酸了。如果站在神殿内看戏台屋顶,会发现屋顶和瓦流完全不同于一般歇山式屋顶的翘角和龙头吻脊,而是采用浙东罕见的棋盘心屋

图 6-26　灵佑庙戏台及其藻井

面,即没有屋脊、压栋砖等,建筑学名称为"卷棚式屋顶"。屋顶前后相接不用正脊,这种形式大多在北方少雨地区流行,南方很少见。而屋顶的卸水部分又有平缓的屋角微翘。灵佑庙神殿紧靠山体,五开间七架,其中一间后墙倒塌。檐廊有精巧的卷棚,雕刻彩画于梁枋、雀替撑拱。王安石神像端坐神殿中间,两旁立有文武将相,气氛肃穆庄严。

第十一节　咸祥庙古戏台

紫气东来,古庙重辉杨公祠;乾坤鼎定,善心托起裴君楼。

这副对联刻在鄞州区"滨海重镇"咸祥镇咸祥庙东大门。这是杨公祠、裴君庙、朱公殿"三位一体"的庙祠,占地6660平方米。庙内建有二层飞檐

图6-27 咸祥镇裴君庙古戏台及其檐拱、藻井

翘角的古式戏台两座。由于咸祥地处鄞、奉、象三地交会处,每当演戏时日,人满为患,于是近年又新造了一座戏台。

咸祥,宋代之前还是一片海涂,故曾称"盐场"。最早迁入也是最大的主姓为朱氏。宋绍熙四年(1193),朱姓从江苏姑苏迁入。又有龚姓在宋代时从余姚四明山迁入。明中叶,王姓从山西太原迁入。到了明晚期和清初,还有胡氏从宁波西门迁入,蔡姓从鄞东潘火桥迁来。

明嘉靖年间(1522—1566),已有裴君庙雏形。当地盐民借助唐代浙东观察使裴肃的名气,在张湾山建庙,作为保护地方平安的精神寄托。据《碑记》记载,裴肃是济源人,明州镇将栗锽勾结山海盗匪作乱,由裴肃率兵平

图 6-28　咸祥镇朱公殿戏台及演出盛况

息。在明清，浙东沿海曾建有十八座裴君庙，咸祥庙是宁波最大的神庙群之一。一庙一祠二戏台三菩萨，三菩萨分别为裴肃、杨懿、朱国选。庙里还有民间崇信的"三官"——天官赐福、地官赦罪、水官解厄。由于古代沿海环境比内地恶劣，风潮、盗匪出没，故百姓寄希望于神灵，庙里香火兴旺，演戏敬神。

清康熙二十六年（1687），咸祥人口激增，裴君庙迁入濒海的一处高墩进行重建。雍正五年（1727），陕西蒲城人杨懿（1694—1729）调任鄞县县令。在鄞29个月里，他制订《治鄞要务》，在鄞东和沿海兴修水利、抗御咸潮，终因积劳成疾，36岁英年早逝。百姓为纪念他，在咸祥庙西侧立杨公祠，祠内有对联写道："二百年遗泽长存征献考文，争诵治鄞攻略；千万户蒙庥几偏饮和食德，难忘捍水功深。"

建造杨公祠的同时，又增建纪念本籍士绅朱国选的朱公殿，并建一座戏台。朱国选（1690—1752）在杨公治理沿海水患工程中出谋划策，提出"以工代赈"，使大批灾民依靠水利工程获得利益，成为杨公最得力的助手。

咸祥庙会由咸祥镇十八村联合举行，迎神时间为农历八月十四至十七日，抬着三位菩萨到各村巡游，旧称"献爵"。八月十五下午开始做戏直到天亮，称为"二头红"。此外，正月十三至十八，做五天五夜灯头戏，庙里庙外人流如潮，各村轮流操办。第三次庙会和演戏是十月初二，裴君诞辰，咸祥庙中演戏四昼夜。但是热了裴君，冷了杨公，于是初四至初五两天让戏班子在杨公祠内献艺。

咸祥庙在"文革"中被改作生产队工场，改革开放后逐步恢复原貌。1990年起，朱锦尧、周如水、胡富定等老人在镇文化站支持下，集数百位村民捐资，对庙重修。工程还邀请了许多优秀匠人，如鸡笼顶戏台制作技艺人朱连祥、朱华国父子，雕刻师朱阿明，塑雕漆艺师朱英度，泥雕灰塑师周如水等。咸祥庙裴君庙戏台于1996年修复完成，宽6米，深5.8米，高1.8米。戏台对联写道："乐曲奏罢声韵不留，何日再聆妙音；戏剧演过形影无存，几时重睹高艺。"

与裴君庙一墙之隔的杨公祠戏台二重檐、鸡笼顶、楼阁式，藻井高而深。戏台额书"明德维馨"，对联为："知斯县治斯水，开五河筑六闸，受益农耕泽吾嵩山；建兹祠立兹像，集万金纠千工，恩怀业绩颂我杨公。"

第十二节　俞塘村裴君庙古戏台

对文笔山，庙貌共山光并秀；镇蟠龙地，神威与地脉齐灵。

这副对联刻在鄞州东钱湖镇俞塘村裴君庙。俞塘村又名俞家塘村，以村中有水塘而名。今512户，近1500村民，多姓俞。村处东钱湖之南，村道通象山港和宁波城区。古代客商过俞塘村，翻越亭溪岭，就可经横溪河头坐船从南塘河进城，或继续向南经大岙、金峨到达奉化裘村。

明永乐年间（1403—1424），俞山畴偕弟俞山静，从东钱湖洋山岙迁此定居。清乾隆年间（1736—1795），村口水塘后的"蟠龙地"建了一座裴君

图6-29　俞塘村裴君庙古戏台及其藻井

庙，系东钱湖周边十八裴君庙之一。民国《鄞县通志》记载道："裴君庙，在俞家塘岙东，旧由干首办理庙事，民国由乡公所组织庙产保管委，屡修葺，民国十一年扩建，费万金。居境下278户，旧例正月演戏三日，八月十一神诞，演戏二日，今正月灯戏照旧。"今庙占地500余平方米，朝南，面对文笔山，头门、仪门合一，五开间。檐廊硬山式，双卷棚顶，雕花檐枋、牛腿。檐下石柱6条，都刻有柱联，多是歌颂裴肃，如"有功于民，合三岛五畿兵戈尽戢；欲报之袪，宜千秋万祀俎豆常新"。

戏台建在仪门之后，额书"熙春台"，台板宽5米，深4.7米，高1.5米。台顶部的小筒瓦屋顶歇山翘角平直，檐下三面4组小斗拱和2组角科花拱，昂头特别短。台顶藻井螺旋娥罗顶，构筑精巧，但灰尘厚积，未贴金漆绘。左右两厢各三间看楼与戏台相通。厢楼石柱上刻着二十余副对联，如"由观察而统大军允文允武；自贞元以迄昭代乃圣乃神"。

古戏台旁"大演现代戏，大唱革命歌""繁荣社会主义文化"等口号条幅赫然入目，后场墙壁上还有"1998鄞县心连心甬剧团到此演出"等文字内容。2013年，此庙被列为文保单位，776位村民自发捐款进行重修。2014年春节，新修的古戏台又演出了老戏文，为村民找回了当年的记忆。

第十三节　井亭村攸飞庙古戏台

日月行天，忠烈丰功留史册；江山磐石，英雄伟业炳春秋。

这副对联说的是千年前浙东一位先贤——鄞州区姜山镇井亭村攸飞庙庙神黄晟。古明州城的发展，与曾任明州刺史、组织建造罗城的黄晟密不可分。

东晋隆安五年（401），鄞西鄞江筑新句章县城。唐开元二十六年（738），设明州，辖鄮县。大历六年（771），浙东政治中心从鄞江迁到三江口。长庆元年（821），刺史韩察建了一个子城，保障州府官署，而广大百姓居于城外，

图 6-30 黄晟像

深受风潮、盗匪的侵害。特别是唐代晚期群雄割据，百姓生命财产不能自保，从福建迁居鄞东姜山的黄晟，遂在明州三江口发动民众采石烧砖建造罗城。城周长 2527 丈，18 里，高 2.2 丈，宽 1.5 丈，设雉堞 3564 个，开 10 道城门，又浚挖城内河道，营建坊巷，重建东津浮桥。从此，浙东先民有城庇护，始能安居乐业。而黄晟在建城疏江过程中殉职，仅 50 岁。正如伏飞庙内对联所言："功典春秋惠泽千古；仁施乾坤恩功万代。"

北宋开宝八年（975），宋太祖敕封黄晟为"灵翼侅飞将军忠济王""太子太傅江夏侯"，敕立庙号"伏飞"，在明州城内鄞东、鄞西、奉化、江北等区域建了不少伏飞庙。而黄晟故里姜山的伏飞庙在明清重建之后，成为如今保存最好、规模最大的一座，2002 年被列为鄞州区文物保护单位。

伏飞庙在姜山镇东 3 公里的平川水网地带，今井亭村和上张村之间，距离黄晟诞生的九房村仅 200 米。庙坐北向南，面对金峨山，占地 1500 平方米。清道光三年（1823），附近 32 村 5000 户集资重建，咸丰和光绪年间又重建。旧例九月初一、初二迎神赛会。整座建筑群分为前、中、后三进，前进即硬山式庙门，三开间开三门，左右廊房，塑守门神将。精致的卷棚檐下挂"伏飞庙"

下篇 · 宁波地区主要古戏台选介

图6-31 饮飞庙古戏台及其藻井

额。门外广场500平方米,竖立高15米的稻桶式斗状旗杆一对。进入门内,可见左右三开间看戏厢楼,以及面对戏台、美轮美奂的廊亭。廊亭高出地面0.6米,顶上三卷棚,与梁枋漆朱雕刻饰金,三开间。亭兼作廊,又是"欸飞宫"神殿走廊。

戏台在庙中心,顶上照例浙东样式歇山顶檐角飞翘,屋顶塑瓦上将军,檐下小斗拱雕刻镂金绘彩,藻井也是螺旋娥罗顶,均为2004年按原来样式重建。戏台宽、深各5米,台口高1.7米,左右两石柱刻有对联。

在黄晟建罗城及其诞生的纪念日,庙中会组织演戏。平日里,村民也向黄晟神像及三官、文昌、土地等民间神祇供奉祈福。黄晟的不凡业绩受到后人尊崇,庙内对联"莫明垂宇宙;伟业光明州",就是对他光辉一生的总结。

第十四节　前徐村徐氏家庙古戏台

秀水名山代钟梓里;霜露满阶感怀先德。

这是刻在鄞州区云龙镇前徐村徐氏家庙内的对联。这座坐落在村中心的家庙,现在是老年协会活动场所。前徐村是以徐姓为主的大村,共有近3000人居住在街河两岸,庙内每年八月十六到十八做戏。

说到徐氏先祖,村民无不知是西周时代的徐偃王,距今近三千年了。据宁波天一阁藏《鄞东前徐徐氏宗谱》记载,徐偃王的裔孙在元代至顺四年(1333)作了一篇《偃王世系》,文中说到了徐偃王不少神奇的故事。徐偃王迁鄞之龟山之南、钱湖之右,立书院、授生徒,因名隐学山。年八十九在衢州羽化成仙,其子扶柩归葬于隐学山。宋时,明州徐愿任司农少卿、中书省参政,重修隐学山祖墓。后来又有明州偃王后裔居于鄞东茅山,一脉迁入前徐,在此繁衍生息,至今已九百余年。徐福、徐达、徐霞客、徐渭、徐悲鸿、徐时栋等历史名人都是偃王之后。

↑图6-32 徐偃王像

→图6-33
前徐村徐氏家庙古戏台及其藻井

《鄞州地名志》载:"宋偃王十二代孙徐忠通,因恋祖墓由徐州迁入居住。""前"有历史悠久之意,以姓加"前"为村名。新出版的《鄞县志》说:"宋皇佑间徐存孝为徐偃王之裔,因恋祖墓自茅山迁居云龙镇前徐。"但家庙中立的嘉庆二十五年(1820)《碑记》中有从鄞东"三茅山迁入,至嘉庆年已有七百余年"的记载,较为可信。可见距今近九百年前,徐偃王后裔为怀念先祖迁至离祖墓较近的这块水网地带,过村中一河港,仅半个时辰就能到达隐学山。山下隐学寺原名栖真寺,如今已恢复旧貌。寺后的徐偃王墓每年还有徐氏后裔前来祭扫。

前徐村离云龙镇仅两公里。家庙朝南面河,门前一方空地,立有一对稻桶式旗杆。头门、仪门合一,开三道出入门,悬有"东海名宗""偃王家庙"等匾额。檐廊三卷棚,梁枋雕饰精丽。进入庙内,祖堂正中有一座挂有"栖真祠"匾额的楼阁,阁内端坐的就是徐偃王。面对祖堂的戏台歇山翘角屋顶,双龙吻脊,檐下平身科、角科精雕细刻。戏台宽5米,深5.3米,高1.8米,三面围栏。戏台上屏风之后即是后台和厢楼,相隔相通。戏台额书"思无邪"。戏台藻井螺旋娥罗顶,四面20组三出跳小斗拱承托方口穹隆顶藻井,通体漆朱贴金,光彩四溢。戏台前两石柱为方形,刻有一对联:"整衣冠分别历朝文武;设子弟形容当世忠奸。"戏台左右各建有三开间看戏厢楼,立有乾隆四十三年(1778)、嘉庆二十五年(1820)等时期的古碑,说明家庙和戏台都是百余年前的建筑,近年重修。

第十五节　梅山村俞祠古戏台

梅尉是芳邻,谱出仙家新乐府;桃源真乐土,恍逢秦代古衣冠。

这副对联刻在鄞州东乡梅岭大梅山深处的俞家山村祠堂古戏台上。俞家山村,今又名"梅山村"。这"梅山",即戏台石柱上刻着的"梅尉"居处,原

图 6-34　俞家山村景

图 6-35　俞祠古戏台及其藻井

称"大梅山"。据宝庆《四明志》记载,此处曾是汉代梅福的幽居处。梅福,字子贞,江西九江人,曾任职"南昌尉"。因不满王莽篡权,弃官别妻后隐于浙东。唐贞元年间(785—805),高僧法常慕梅福之名,也幽居此山,号"大梅"。此乃今称"梅岭""梅山""梅溪"的由来。

俞家山村是梅岭十余个山岙古村中最大的一个古村落,今属横溪镇。山丘海拔高300—600米,总面积3.5万亩,总人口近万人。东南与塘溪镇相邻,西北与横溪镇接壤。俞家山村曾是梅岭乡乡政府所在地,俞氏宗祠又曾是梅岭乡中心小学校舍。

据最新出版的《俞家山志》记载,俞家山俞氏之祖源出河北河间,其中一支于北宋淳化初年迁入台州府宁海县,后又因任职明州观察推官而迁鄞。南宋时迁入大嵩洋山岙,后裔又迁大梅山北麓建俞家塘村。明永乐七年(1409),俞士遇发现大梅山茅山岗草深林密,潭清水冽,遂定居于此,至今已600余年。故俞氏宗祠内有对联写道:"源出河间绵世泽;支分洋岙振家声。"

明嘉靖年间(1522—1566),由湖州迁鄞的大梅山东山叶氏一支也迁入这个山岙,从此俞、叶二姓唇齿相依,共饮梅溪水。

清咸丰六年(1856),已是千人大村的俞家山,再次重修了《俞氏宗谱》。为教化族人尊祖弘德,祠堂以"滋德堂"为名,意为"文物衣冠,树德务滋,德之滋培,可谓深厚"。五年后祠堂建成。民国十二年(1923),祠堂再次重建,族人为使"孝德之本,修德讲学,其谋自治",于是在祠堂内办起了新学堂,集资请了教师,取《三字经》"玉不琢,不成器"之句,而名之曰"成器学校",后来改称"县立俞家山初级小学",新中国成立后又改为"梅岭乡中心小学"等,1987年学校迁出。

俞氏祠堂占地400余平方米,建于山岙中。祠堂建在村口的一块高台上,前后二进五开间硬山顶,门开一道。北面牛山,正好挡住凛冽寒风,左右对联写道:"洋岙源流远;河间世泽长。""青山环宅外;碧水流门前。"进门之后的戏台顶部歇山翘角,台上挂"有声图画"匾额。抬头的新修螺旋娥罗顶藻井和承托的平身科小斗拱漆朱绘彩。戏台宽、深各6米,三面有围栏。台口高1.5米,台前两条石制长柱,顶部刻木雕倒挂狮一对,两条短石柱,立一对石刻小狮。正对戏台的"滋德堂"匾额下方,左右排列24块孝子图屏风。堂中对联书:"祖称名宦,德泽犹如龙井;族聚深山,风光仿佛桃源。"

第十六节　陶公山村王祠古戏台

此地陶公有钓矶,湖山漠漠鹭群飞。渔翁网得鲜鳞去,不管人间吴越非。

清代甬上文士李邺嗣写到的这个"陶公钓矶",是宁波"东钱湖十景"之一。东钱湖是浙江省最大的内陆淡水湖,总面积近20平方公里,陶公山原是水中孤岛。据传春秋时越国谋士范蠡偕西施退隐于此,改姓陶,称"陶朱公",故山名"陶公山"。《东钱湖志》称此山"形如孤突出湖中,沿山居民数千家,耕读捕鱼为业"。王氏族人依山沿湖聚居,形成村落,今又名"建设村"。入村走过百米老街后,就能见到修缮过的王氏宗祠,左右两道八字式马头墙有石雕灰塑,很是精致。正面迎门对联写道:"祠临万金明镜水;门迎百步耸翠峰。"

祠堂格局以戏台为中心,左右两看厢,正对戏台的是五开间的祖堂。祖

图 6-36　东钱湖陶公山村王祠外景

图 6-37
陶公山村王祠古戏台及其藻井

堂内挂着"树德堂"匾额,檐廊精雕细刻卷棚顶,对联道出王氏家族源流:"剡水流长源远,英杰代传恢先绪;槐荫德懋泽深,鸿儒辈出振家声。"近年新修的《陶公山王氏宗谱》记载,陶公山王氏先祖原籍山西太原,系周文王之后、灵王太子,讳晋,字子乔。其子敬宗袭父职,传至南朝王祐亲植三棵槐树,后裔王旦官至相位,从此称"三槐堂王氏",分支迁入山东和河南。宋代时有一支始迁浙江奉化东乡泥马庄。明天顺年间(1457—1464),又有一脉迁入东钱湖陶公山下,曾与户部尚书余有丁有书文往来,余尚书曾作《王氏宗谱序》。今悬于祖堂中的有乾隆、光绪和同治年的四块"节孝"匾。陶公山王氏至今已传至第十七代,近 500 户聚居在山麓湖滨,祖堂柱对联写道:"晋室显名宗,七叶簪缨,孝友常怀先世盛;魏州瞻归荫,三槐门第,公卿定卜后人多。"

正对戏台的祖堂檐廊上,还挂有一块近代奉化名士王正廷撰文的《陶麓王氏世系考》,红色匾额,全文近 600 字。民国十年(1921),王正廷从欧洲回国后,闻知陶公山王氏迁自奉化东乡,应是与奉东王氏同祖同宗,共尊宋代王文正公为远祖,为此作了一番考述。

祠堂戏台宽、深各5米,台板离地1.4米,三面围栏,顶上贴金饰彩螺旋娥罗顶藻井,由四方形井口的贴金花拱雕花枋板支撑承托,16条盘旋而上的拱线结集于穹隆顶部的铜镜。戏台顶檐下雕有三攒三叠花朵般昂头的花拱,檐角雕一对倒挂狮子。戏台前的两条铁柱子盘有两条漆金描彩的木雕飞龙。戏台左右厢楼立有新旧《碑记》,石柱上刻的对联传达了王氏宗祠的历史:"明代至今十七世箕裘远绍;钱湖钟秀五百年堂构重新。"

第十七节　华山村华祠古戏台

衣冠遵古制演出新文;弦管颂先芬歌传旧德。

这是刻在鄞州塘溪镇华山村华氏宗祠古戏台石柱上的对联。据《华山华氏宗谱》记载,这座祠堂及古戏台重建于民国二十二年(1933)。

塘溪镇华山村在东钱湖以南的公路边,原名"华家峆",近350户上千人口,大多为华姓。源于村后西山笔架岩的华溪穿村而过,下游与源于屯溪岭白云岗的亭溪合流汇入大嵩溪,村舍沿溪而建。

据《华山华氏宗谱》记载,迁入华家峆的华氏为"二支合一"。一支是"宁海派",原住江苏无锡梅亭里,北宋晚期金兵南下,华氏太公随宋帝南迁。南宋嘉泰四年(1204),迁入宁海城内白石头村,后又分居于宁海城郊华山、辛岭、白龙潭等处。宁海华氏第五代华普光在元末明初奉檄修鄞东官坟,遂迁住今之华家峆,即华山"上新屋派"。另一支称"栎社派",南宋末由苏州迁入栎社。元代时,华载五迁入华家峆,分居于下新屋、中央房等。今鄞州华姓两千人,近半数住在塘溪华山华家峆,至今已近二十代。华氏迁入鄞东华山之后,并无爵显,遵奉"克勤克俭,以农为本"。同时信奉"万般皆下品,唯有

图 6-38
塘溪镇华山村华氏宗祠古戏台及其檐廊

读书高",以耕读传家教育子孙,祠堂中戏台旁的对联写道:"读书明德即贤孙;爱国忠君是孝子。"

华山村背靠高山,面对鄞东大嵩江沉积平原,村民都以农桑山林为主业。华氏宗祠位于村落中的缓坡平岗,因地形逼仄,宗祠祖堂朝东,戏台朝西,三面围墙,仅在朝南的山墙下开一道极平常的出入门,没有任何标识,内挂"敦本堂"匾。祠堂占地近千平方米。每年正月,祠堂固定做戏三日。祖堂大厅穿梁、抬梁式,檐下三卷棚二出橡,月梁、牛腿、撑拱与卷棚还留着七八十年前的雕刻和漆饰。檐柱石础雕如意卷花。

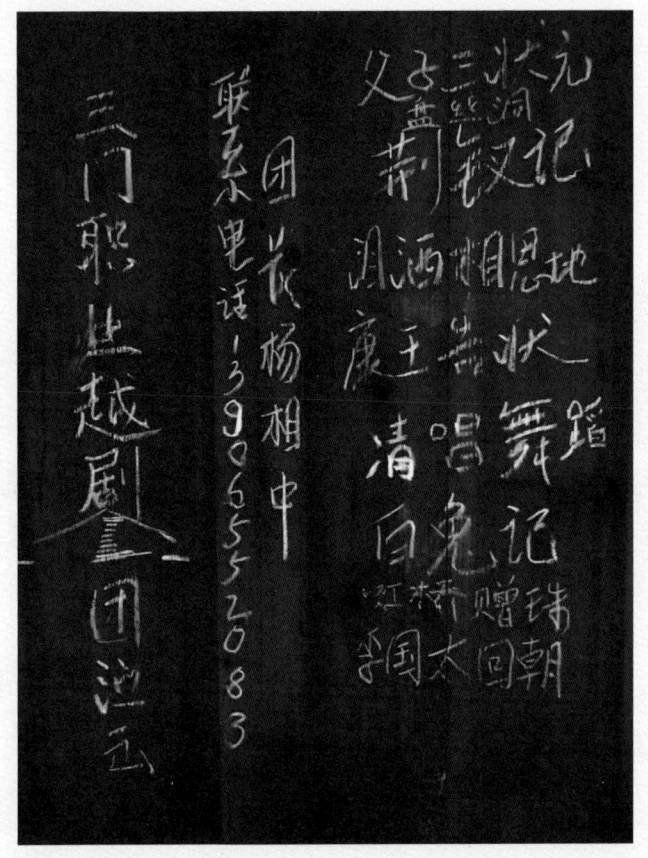

图 6-39 剧团留在戏台后场板壁的书迹

戏台在祠内中心,左右厢楼各两间,有专用木楼梯,并与戏台相通。戏台台口宽 5 米,深 4.5 米,高 1.4 米。台前两条圆形青石制石柱,直径达一尺,高 4.5 米,刻有对联,台前还有两条短石柱加固。左右厢楼下也各有一对石柱,刻对联"佩明诏孝悌力田;遵雅言诗书孰礼"。戏台顶为小青瓦歇山翘角,垂脊未与正脊连接,独立存在。檐下四条穿柱枋上置平身科坐斗,连楣板与三角花板做工古朴精致。戏台顶部中间有三个半圆状卷棚,四周各一卷棚,共有七个卷棚组成藻井。戏台后楼与看楼连接处,可见檐下挂有倒悬的垂花吊篮。

在戏台的后场,还可发现三门职业越剧团演出的剧目记录,如《父子三状元》《盘丝洞》《荆钗记》等,这批老戏如今还留在不少老一辈村民的记忆中。

第十八节　圆峣村李祠古戏台

善恶忠奸，共看古今皆如此；悲欢离合，须知世事尽同然。

这副对联镌刻于鄞东云龙镇圆峣村的李祠古戏台石柱上。面对戏台的祖堂端坐一位王者，牌位上的文字赫然入目："大唐太宗皇帝陛下神位。"可知这是唐太宗李世民的神像，他的一支后裔在这里聚居，约300余户800余人，近半数姓李。

圆峣，指伸向水面的一块圆形土地，浙东水乡有不少地名中带有"峣"。圆峣村与前徐村仅一河相隔，有多座便桥相通。

据鄞州区人口普查资料显示，鄞州李氏人口达3.7万。鄞东李姓迁入

↑图6-41　李氏宗祠门厢

←图6-40　李氏宗祠皇帝神位

浙东多在宋代和明代。明洪武八年（1375），一支由镇海迁入。明嘉靖年间（1522—1566），李贤一迁居圆巉，与久居此处的徐氏隔水相望。

靠河的老街足有一公里长，宽约三米，两旁店铺多已改作民居。李祠在街的尽头，一块宽敞的道地上，朝南伏着一群硬山式黑色围墙的老房子，左右对称，墙顶、墀头有精巧的砖刻，中间三开间门额上挂有"李氏宗祠"金字木匾。走近一看，中门旁有对联写道："虬龙旧史源深处；翔凤名区派衍长。"

明清时，圆巉所在区域归属鄞县翔凤乡。祠堂三开间檐廊精雕彩漆，双卷棚和四柱的牛腿、月梁刻有四只飞起的凤凰，匾额下的四只门簪绘有四条盘龙。进入门内，可以看到祖堂上赫然挂着堂匾"鸣凤堂"。

据民国《鄞县通志》记载，鄞县李氏的鸣凤堂有两处，横街镇（今属海曙区）原武陵乡半山村的李氏宗祠堂号也为"鸣凤堂"，始迁祖李德兴太公在宋代时迁入，圆巉李氏可能是半山李氏的一支分支。由于民国十六年（1927）编的《圆巉李氏宗谱》散佚，村民不知祖上迁自何处。又据记载，圆巉李氏在此定居后曾以种田和烧制瓦窑头为业，祠堂内还曾设鸣凤小学，现在祠堂已改作老年协会活动场地了。

圆巉李祠占地近600平方米，在村子的最东面，祠堂后就是世代繁衍生息的民居。祠堂内老戏台在明堂中心，屋顶盖筒瓦，歇山翘角两头飞起，灰塑有双龙及马上将。在明堂或祖堂内看戏，可同时看到戏台屋顶精巧的砖刻灰塑作品。

戏台面宽4.6米，深4.23米，台面离地1.35米，戏台的檐下三面额枋平身小斗拱各四攒三叠，角科由二十余出昂头刻成花蕊状，下悬狮子捧球和护崽倒挂狮。戏台前面一对石柱刻有对联，檐下额枋挂台额"思无邪"，戏台三面围有铁栏杆。戏台的太师壁上书有"兰陵美酒郁金香，玉碗盛来琥珀光。但使主人能醉客，不知何处是他乡"的著名唐诗。在戏台后场楼上的板壁上，还题写着黄岩剧团演《杨家将》的记录。

李祠戏台与前徐村的戏台出自同一批匠师之手，风格也相近。螺旋娥罗顶及四围天花、三叠花拱雕刻与徐祠完全一致，连台前的铁制围栏花纹也相同，建造年代都在清晚期。每逢祠堂做戏，除李氏族人，前徐村村民也常来看。两姓一河相隔，情感上早就紧密联系，徐李互相婚嫁，如今圆巉三分之一的人姓徐。

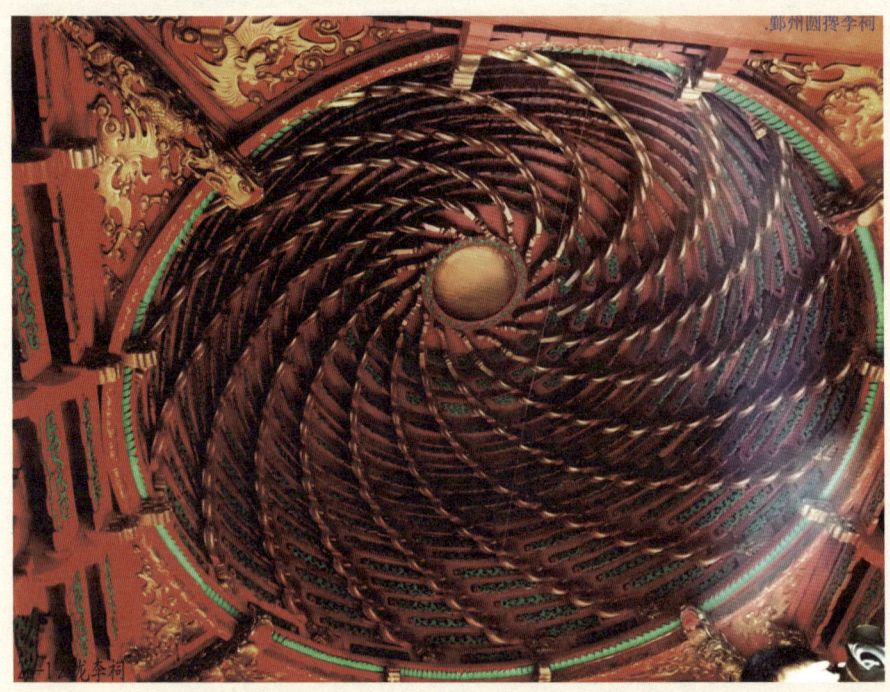

图6-42 李祠古戏台及其藻井

圆岙村李祠古戏台左右各建三间看楼,正对戏台的祖堂为五开间,平时都是老年协会活动场所,刻在石柱上的对联表达出李氏后裔敬崇祖先的心情:"绳其祖武不愆不忘,贻厥孙谋有典有则;享祀不忒受福无疆,寝庙既成式序在位。"

第十九节　荻江村张祠古戏台

山临水阁万重朝;潮到荻江九曲绕。

这是云龙镇荻江村云龙碶祠堂前进中门的对联,出自南宋鄞籍丞相郑清之。云龙碶离宁波城区约20公里,旧有云龙碶集市,每逢农历初一、初六,祠堂前一公里人头攒动,摩肩接踵,远近客商纷至沓来。

云龙碶曾名"荻江碶",云龙村也曾名"荻江村",又称"荻埭"。发源于横溪金峨山的前塘河与发源于东钱湖的中塘河在荻江村汇合,为调节水量,北宋熙宁年间(1068—1077),明州官府在这里砌筑一道总长11米、宽2.5米的五孔石碶,并开拓了一道水闸泄向奉化江的九曲河。据《四明谈助》记载,

图 6-43　云龙碶桥和云龙碶祠堂匾额

南宋建炎年间(1127—1130),张文节(字知白)公七世孙张用明,始居荻埭云龙碶。又全祖望《甬上族望表》、民国《鄞县通志》记载,云龙荻埭的"扈从张氏"是随高宗南渡的官员,祖上张知白原籍河北沧州,北宋仁宗天圣三年(1025)拜为丞相,其后裔五世孙迁鄞后曾居于张村和邹溪。云龙碶畔是荻埭始祖张用明建的"别业"。南宋中晚期,荻埭张氏第三世登庆元丙辰(1196)进士。又过了四代,后裔在云龙碶畔建水阁二十间,时人称"水阁张"。为此,时任南宋丞相的郑清之写下了本节开头的名句。荻江张氏自元明后就少有官职,但云龙碶已形成名村市集。清道光十四年(1834),在沿河大路边建了云龙碶祠堂,祠堂左右有五十余家店铺。民国初期,云龙碶出了一位杰出的宁波帮实业家张延钟(1864—1925),张延钟在上海长期担任四明公所董事、宁波旅沪同乡会会董、上海总商会会董等。云龙碶祠堂内的古戏台和祖堂就是当年张延钟捐资重修的。

云龙碶祠堂紧依前塘河,朝东北,硬山式,门开三道,左右耳房,有楼,墙黑色,尤显肃穆。祠堂内戏台、厢房看楼和祖堂宽敞高大。戏台左右厢楼各三开间,围栏杆,与戏台后场可通。戏台宽、深各5米,高1.35米,台前两根圆形铁柱直径10厘米。戏台顶部歇山翘角盖筒瓦,檐下出头式额枋用材结

图6-44 张祠古戏台及其台柱花纹

实,未施装饰,但镶接了雕有龙凤的雀替、挂落,木雕倒挂花篮颇显精巧。戏台顶部采用中心卷棚顶,四围斜坡角撑,四面额枋上各置四攒平身斗拱,伸出的昂头三出二叠。

面对戏台的祖堂硬山顶,五开间,穿梁、抬梁混合,其中金刚柱和主枋用钢铁。这是从张延钟开创的上海营造厂定制运到宁波云龙的,每条长达5米,方形,每边22厘米,铸铁。祖堂的中心位置挂着金字匾"明义堂"。始祖太公画像、历代祖先神位都有序地供在神龛内。挂在祠堂内的不少匾额对联都写到张氏诗礼传家、信义遗泽,如:"处世无奇只率真;传家有道惟存厚。"

第二十节　上山坑村徐祠古戏台

假笑啼中真面目;新声歌里旧衣冠。

这副对联刻在上山坑村的徐氏宗祠,位于梅岭。浙东地名中的"坑"多指山区溪谷中的村落,梅岭山中就有上山坑和下山坑。上山坑在下山坑的上游,发源于梅岭山岗的三条溪流在村前的祠堂不远处交汇成梅溪之源,蜿蜒十里流向塘溪镇梅溪水库,再泄入大嵩江入海。故上山坑又称"上三坑",因有三条溪水汇聚而名。1935年,鄞东文士沙匀有诗曰:"月洞双桥分两边,三坑溪水合祠前。行人要路多来往,碧波青山别有天。"

上山坑村200多户,以徐姓为主。徐姓是梅岭徐氏的一个分支,据《徐氏宗谱》记载,上山坑附近的徐高、里坑、野猫洞、厂里、方丘等小村落都主姓徐,上山坑祠堂是附近徐姓唯一的宗祠。近年修缮的徐氏宗祠占地500平方米,门朝东南的山谷,祠堂前留有大块空地,是昔日村民的晒场和通向清塘、邬姚村的岔路口。

据《徐氏宗谱》和《鄞县地名志》等记载,上山坑徐氏尊徐偃王为始祖。清康熙四十三年(1704)建宗祠和戏台,堂名"善继堂"。徐氏宗祠前后二进,

图 6-45　上山坑村祠堂"善继堂"金字匾

图 6-46　上山坑村重修前的老祠堂戏台及其藻井

为硬山式五开间。前进中间开三道门，左右为耳房。进入门内，一道屏壁挡住视线，屏壁之后就是古戏台。"善继堂"金字匾额高悬于面对戏台的大厅五开间中间。祖堂的神位灵阁三十六扇屏门上分别绘"二十四孝"和历代诗词，大厅有对联写道："炎黄裔孙承前启后重辉祖业；热心人士同心同德保护古迹。"挂在大厅檐下的匾额为"派分东海"。据有关史料记载，周代时徐偃王曾在古东海郡（今属江苏）建立徐国，后来兵败城破，他的后裔分迁江南各地。为此祠堂内也有对联写道："西周仁义治国，黎民享幸八百史例；春秋占城夺位，生灵杀戮时刻不停。"

戏台左右的看楼有精巧的花栏杆，写着对联："雾露满阶感怀先德；秀水名山代钟梓里。"东边厢楼也有对联："馨香告祠庇我后昆；凤廊月榭如憩棠荫。"由此可见，老祠堂虽然翻了新，但古韵依然。

戏台在祠堂中心，四柱歇山屋顶盖筒瓦，飞檐翘起，花砖灰塑戏曲人物神采奕奕。戏台与看戏厢楼相连，台宽、深各4.7米，高1.5米，台下石柱六条，其中两条刻有对联。戏台顶上的藻井中心卷棚顶、四周斜庇角梁，斗拱、雀替施雕饰漆。戏台顶部由四面额枋和一斗三升平身科斗拱承托。藻井斜角梁刻着四条龙头。戏台的太师壁由四块条屏组成，屏门隔扇与前进的门楼相隔，这是留给演艺人员待场、化妆、休息的后场。

据新编《梅岭志》记载，中华人民共和国成立后，上山坑村曾成立上山坑剧团，古老的祠堂和戏台成为剧团演艺场所，那也是这座幽藏梅岭山坑中的古戏台的黄金时代。

第二十一节　干墩村乾崇庙古戏台

到底看来，管还你评量公道；就中想去，要知他劝化婆心。

这副对联刻在乾崇庙戏台上。乾崇庙坐落在鄞州中心区东南部，原建在前塘河南边的高墩上，五年前整体迁移1公里，到了九曲江北岸。村民多不晓庙名何以"乾崇"，只知俗名为"干墩庙"。"乾"是八卦之一，象征"天"，"乾卦，大享通"。乾卦的主题是龙，受人崇敬。庙名"乾崇"，非同寻常，且庙中的一位主神就是九曲江龙王。

乾崇庙门朝南，五开间，占地1000平方米，檐廊卷棚顶，月梁雕刻贴金。前进东西两边四马头封火山墙，后进硬山式。庙门开三间，左右两间耳房，三道门上各画守门将军，正门挂"乾崇庙"额，左右门额"保境安民""仁术济世"。仪门对联写道："建庙桥侧有凤来仪；立祀水后九曲连环。"其他如"远眺金峨山巍巍；近观九曲水迢迢"等，写出了庙所在的地理位置，也说明庙内神灵的身份和功绩。

图 6-47 鄞州乾崇庙外景

据立在东西厢的古今石碑记载,乾崇庙始建于南宋。据当地传说,唐代齐姓官员一家在唐末兵乱时,隐居句章,驱蝗治病,御盗保民,博施济众,故庙内神殿中心端坐的就是齐老爷。至明宣德年间(1426—1435),住在鄞东走马塘及前塘河一带的陈氏先祖陈矜任职明州刺史,治理东钱湖,疏浚前塘河、九曲江,百姓感其德,又增加了一位庙神陈大人。明末清初,庙移建于凤仪桥畔。光绪三十三年(1907)和民国二年(1912)两次扩建,九曲江的普泽龙王也供入庙内。而且齐老爷和陈刺史的夫人、女儿,及龙王的娘娘等一批女眷也都坐上神殿两侧。2006年初,因乾崇庙附近项目建设,神庙整体迁移,协清庙的双女庙神也迁入庙内。故我们在神殿内看到的男女神灵济济一堂,挂在神殿内外的匾额有"恩泽四方""陈公悬壶""好雨知时"等。其中有对联写道:"灭飞蝗,兄妹转战鄞东南;飞蝗灭,里人立庙祀兄妹。"可见在兵荒马乱的年代,庙神是乡民的精神寄托。

庙内古戏台精雕彩漆,左右两厢各四间看戏的厢楼,厢楼与戏台的后场相通。厢楼前都用方石柱,柱础雕刻精致。石柱对联也是赞颂庙神的,如"建功昭代寇遇赤城;定策晚唐芳联丹桂""御灾捍患,庙食千秋;逐寇驱蝗,功高百世"等。

戏台面阔5米,进深4.6米,高1.38米,四周围精巧的护栏。除了台前石柱刻对联,台内太师壁画"关公读《春秋》",左右也有对联:"此曲只应天上有;人间那得几回闻。"出入场门额书"出将""入相",戏台顶的四围额枋各有四攒平身科,台前檐下台额书"行云流水",左右角科二十出,昂头贴金。两边檐拱四攒三出,三叠拱也颇为精巧。戏台顶部方形天花板,中心圆形藻

图 6-48
乾崇庙古戏台

图 6-49
乾崇庙古戏台石雕柱础

图 6-50
乾崇庙古戏台藻井

井,十八条涡线盘旋穹隆顶,结集于顶部的铜镜。屋顶上盖筒瓦,檐角高翘,戗角垂脊塑戏曲角色。正脊塑双龙卷尾吻,栩栩如生。

第二十二节　潘火桥村蔡祠古戏台

雅颂有遗音和平入听;衣冠传古迹忠孝移情。

这是刻在修复不久的鄞州区下应街道潘火桥村蔡氏宗祠古戏台石柱上

的对联。潘火桥蔡氏宗祠朝东,正门与宁横公路、沧海路干道相邻,建筑群面积2185平方米。21世纪初,潘火桥村面临"旧村改造"风潮,在村民和文保部门的共同努力下,蔡氏宗祠得以完整保存,古戏台也很快恢复旧貌。

据族谱记载,潘火桥蔡氏始祖宋千八一公(豹扁公)从山东济阳府落户鄞东,距今已有近900年的历史了。蔡祠头门显赫地写着"济阳流派""甬水名宗",已经点明。头门门楼有清同治二年(1863)甬上名士张琴《族景》诗:"祖宗缔造亿年前,德泽延长八百年。一览人烟声在目,民生瓜瓞长绵绵。济阳望族衍鄞东,扰扰炊烟一望中。南渡于今近千载,海康旧泽咏家风。"据说,蔡氏宗祠规定,每隔16年要举行大型祭祀活动,还要大规模整修。届时,来自上海、北京、香港及海外等各地蔡氏后人都会回村,五六台大戏同时上演,唱半个多月。

蔡氏宗祠始建于明万历十六年(1588),在清乾隆年间(1736—1795)占

图6-51　潘火桥蔡氏宗祠建筑群外景

图 6-52　潘火桥蔡祠古戏台、藻井和民国三年（1914）的墙头画

地达35亩。蔡祠还有一个拥有3000亩土地的义庄，据介绍，凡是蔡姓族人，鳏寡病残一律由义庄提供生活费用，蔡氏家族的子弟上学都是免费的，在上海等地做洋行老板的蔡氏后人会定时汇钱过来，所以在潘火桥村有一个属于本村的学校。蔡氏"宁波帮"在海内外很有影响，后人遍布世界各地。潘火桥村有本地常住人口1800余人，60%姓蔡。现存建筑建于1870年，布局形式、营造工艺和做法等充分体现了宁波清代传统宗祠建筑的特征。建筑群面积较大，特别是后进正厅屋高近9米，在宁波乃至浙江地区都极为罕见。另外，蔡氏宗祠是全国罕见的男女祠合一的宗祠，也可证明从那时起，蔡氏一族就已经打破了女人不能进祠堂的封建观念。如今的整体建筑格局是传统的男左女右，主轴线上为男祠，有门厅、戏台、正厅、后殿及两厢，正厅建筑雕刻精细，彩绘丰富。

仪门后古戏台后场与前进门厅相连，石板基地坪高出明堂10厘米。戏台前两条石柱间距4.75米，方形石柱础雕刻精细。戏台藻井为方口，中心制大卷棚，外围四卷棚，髹红漆。藻井方口，额枋施花拱，翼角双出橡起翘，屋顶歇山式,盖小青瓦,戗角灰塑龙头,民国二十三年(1934)重修后还保存原构筑。近年修复增筑戏台栏杆,戏台前和两厢看场可容上千人。祠堂内男祠、女祠一弄相隔,并排而立。2013年6月,祠堂及古戏台整修完成。

第七章 奉化区古戏台

第一节 松岙镇景佑庙古戏台

人须学好,休教鼻上画蜻蜓;戏莫认真,试看梦中飞蝴蝶。

这副对联刻在奉化区东乡松岙镇海滨景佑庙的古戏台上。松岙古称"松村",千年以前战乱之中,卓氏从四川迁此,形成今天数千户聚居的松岙镇,多姓卓。镇北面的银山岗与鄞州区的塘溪镇相隔,南面是象山港海湾,称"北缺港"或"北雀港"。景佑庙之名由宋高宗敕赐,而村民称"安松庙",取保佑松村平安之意。

据庙内旧碑记载,景佑庙又称"祖公祠",庙神曾任北宋初殿前统制,姓祖名域字贞夫,原籍福建,随父母自海路迁入松村。北宋建隆中,松岙附近闹饥荒,祖公倾其家财救济饥民,村中有婚丧贫病者也予以帮助,邑人感德,北宋景祐元年(1034)遂筑庙于忠义乡之福庆里。又据碑记所载,南宋建炎四年(1130),宋高宗率君臣逃至象山港海域,金兵驾船紧追,危急之中,祖公显灵,赤旗数万蔽海,金人惧退。宋高宗闻下官报告,封祖公为"文惠侯",并赐庙额及半副銮驾,还派太保太监扩修庙宇。

以上种种传说,显示出祖公的神通广大。后来又有

图 7-1 松岙景佑庙全景及其庙门

元大德中除蝗驱瘟、至正十一年(1351)发风沙退海盗等传说。明初大学士宋濂(1310—1381)还为景佑庙作《庙记》。由此可知,这座景佑庙曾闻名京师,惊动帝王,庙的规模也逐步扩大,如今面积有近5000平方米,号称"奉东第一乡庙"。1926年左右,共产党人卓兰芳等曾在此庙发动农民暴动,点燃浙东农民革命烈火。

  景佑庙坐北面南,庙东有一座高百米的羊岭,南面有一座形如伏虎的虎山,山后就是滩涂和波涛滚滚的港湾。庙门对联写出不凡气派:"庙貌巍峨,高挹南山爽气;神灵赫濯,长留东海雄风。"

图 7-2
景佑庙戏台及其藻井

景佑庙正面七开间，开三道门，头门、仪门合一，单层硬山顶。门前一对石狮高达2米，是清代原物，一对稻桶式旗杆高达10米。庙前后共三进，中进七开间硬山建筑就是祖公神殿。檐廊双卷棚，可容数百座位。面对戏台的天井犹如一座广场，也可容上千人站或坐着看戏。戏台左右的二层厢楼五间，也可容数百人，一般正月十三至十八做戏，庙宇周围形成热闹的集市，人山人海，景象壮观。

景佑庙曾一度被冷落，1978年又遇一场大火。改革开放后逐步修复，数千村民自发捐资。正对戏台的对联写道："公有文武，才存殁英灵俱不朽；民知威德，感古今遐迩永多绥。"

景佑庙戏台宽、深各5.5米，高1.7米，台额挂"思无邪"，内悬"响遏行云"。戏台顶部贴金漆朱螺旋娥罗顶，仍是浙东惯见的双龙脊吻歇山翘角。但檐下的网状花拱在浙东遗存不多，目前仅宁波市区及宁海的城隍庙有存。据介绍，戏台雕刻请的是宁海桑洲师傅，原松岙城隍庙也用网拱。景佑庙内用网拱作檐下装饰的，还有近年重建的后殿五开间"十八娘娘殿"。据《碑记》介绍，浙东女子救康王（宋高宗），康王回京敕封，建了十八座娘娘庙。如今，殿堂内端坐十八位女子雕像。这座殿堂采用二重檐歇山顶，有两条石龙柱，直匾"御妹宫"。

第二节　杨村㯢拘庙古戏台

义勇同殉节崖山陆；忠贞配成仁柴市文。

这副刻在奉化区裘村镇杨村㯢拘庙戏台对面檐柱上的对联，讲述的就是700余年前可歌可泣的崖门之役。用"㯢拘"来作庙名，绝无仅有。"㯢"通"剿"，绝灭之意。庙建于康熙二十二年（1683），此后有数次修复，占地近700平方米。庙前不远处有一座高数十米的小山，称"琴山"，山后离海涂仅

图 7-3 杨村擽拘庙外景

2公里。在古代,象山港海潮可以涨到琴山下,1200户杨氏聚居于瑞云山之南的缓坡,背山面海。硬山式五开间古庙开三道庙门,迎面的檐柱对联写道:"迁徙瑞云山下物华天宝人杰地灵;定居沙墩张公后裔盛兴才丁二旺。"

这座擽拘庙又叫"张公祠",外观简朴无华,单檐硬山式,檐下卷棚顶,半圆雕花月梁,四条檐柱雕着精巧的牛腿,中门彩绘门神一对。庙前后二进,左右两厢无楼,戏台有后楼,明堂中心的戏台与前进和门廊相连,又与戏台前的勾连廊及神殿相接。神殿内端坐的就是被称为杨村始祖的越国公张世杰,其余文臣武士雕像簇拥左右。

据《宋史·人物列传·忠义张世杰》记载,张世杰,范阳人,少从张柔成杞。德祐二年(1276),元兵进逼临安,部分皇室成员降元,文天祥、陆秀夫率军士及部分皇亲国戚避难于南海,张世杰率兵转战浙东。在南下时,其中一子隐居今鄞州瞻岐,为逃避元兵追捕,改张姓为杨,称"福一公"。据清代道光丙申(1836)《四明杨氏宗谱》记载,奉化杨村始祖禄一公系福一公长子。至元年间,迁奉化沙墩,次子禄二仍居瞻岐,三子禄三及其子迁居今海曙大皎。直到明代,张世杰后裔仍以杨为姓。进入庙内,挂在戏台两旁的对联就写道:"千里江山咫尺地;万家面目一时生。"

擽拘庙的戏台、两厢和神殿,与仪门一样少有雕饰,也不贴金饰朱。戏台宽5.2米,深5米,台面高1.65米。戏台下有四条木柱,檐下有小斗拱,而藻井简化为十二级八角形凹入结顶。戏台外柱联写道:"男婚女嫁洞房

图 7-4　㩳拘庙庙神张世杰牌位

图 7-5　㩳拘庙古戏台及其藻井

花烛假姻缘；文成武就金榜题名虚富贵。"

戏台后楼的一根柱上，绘有高一尺的"先考亡故邱老先生之位"的牌文。据说，康熙四十一年（1702），京城一位戏班主在演武生戏时，失足跌下台不幸去世，葬于庙对面的山坡上，他的后裔和戏班常在此烧香祭祀。

第三节　曹村曹王庙古戏台

水回曲槛无穷碧；山向吾曹分外明。

这副对联刻在奉化区裘村镇曹村曹王庙。曹村分为四个村落，千余户几乎都姓庄。根据庙内厢房《曹王功德碑》、清光绪年《忠义乡志》和《庄氏宗谱》等资料，才弄明白曹姓与庄姓的关系，以及曹村与曹王庙的由来。

图 7-6　曹王庙庙门檐廊

图 7-7 曹王庙戏台及其藻井

曹王庙的庙神名彬,字国华,生于后唐长兴二年(931)。曹彬为河北真定府人氏,父亲曹芸,后唐、南汉名将。其母出身书香门第,故曹彬自小受父母熏陶。赵匡胤起兵夺皇位时,曹彬为扫平南北藩王起过十分重要的作用,成为赵匡胤的首位元帅,被封为"济阳王",又名"曹王"。

曹彬不仅熟知兵法谋略,又养兵爱民,军队过境不伤草木。特别是兵围苏州城时,后唐枢密副使庄翊忠家族在战乱中失散,曹彬为助庄氏团聚逃离,赐"元帅府曹"灯笼一盏,使其从水路到了浙东。庄翊忠带家族及吴氏塾师、阎氏家童等,在象山港北岸的湖头渡上岸,分别建立了庄、曹、阎三个村落。村民不忘曹王功德,将庄、曹、阎聚居地分别名以"曹村"和"曹浦(今吴江泾村)",并各建曹王庙,流经村中的水都称"曹溪"。但如今只有曹村的曹王庙留了下来,内有对联写道:"宋室建勋猷万民康乐;曹溪流德泽四境祥和。"

庄氏迁入此地后,古庙由庄氏后裔保护。庙占地近千平方米,朝南,面对村前的王家山。头门就是仪门,五开间。门前宽达5米的弹石古道,曾是裘村通向莼湖和奉化城区的主要道路。曹溪紧依古道,自西向东通向吴江泾、阎家村后,入象山港。

曹王庙仪门开三门,檐廊、卷棚和檐柱狮子撑拱、月梁、额枋精雕细刻、彩漆绚丽。门旁廊房中站立文武神差,气氛庄严而肃穆。庙内神殿七开间,抬梁穿枋,檐廊卷棚、檐柱精雕。左右文武簇拥,中心位置端坐的红脸菩萨即曹彬。传说,曹彬生前战功赫赫,死后正气冲天,民间善恶难逃曹王法眼,于是民间有冤屈危难就诉诸曹王,慰藉心灵。如有行为不端,也可"见过曹王,不见阎王",因此曹王庙一度香火兴旺。每年正月半、七月半、十月半三次做戏3至5天。又有正月灯头戏、六月龙王戏。

戏台在仪门之后,宽5.7米,深7.5米,高1.5米。顶部彩漆螺旋娥罗顶,由精致刻绘的小斗拱天花雀替承托。戏台额"名标青史"。与戏台相连的看戏连廊、厢楼、雕梁及美人靠围栏,左右各五间,亭廊顶部有三组精巧卷棚。由于戏台屋顶与神殿相连,故庙内仅戏台左右各留下一个天井采光,多数观众只能在远隔天井的神殿内看戏。"曹溪玉水供汤沐;半壁银山作树屏。"庙里对联如是说。

第四节　应家棚村碛镜庙古戏台

石砌城墙是古代最坚固的防御措施,现在奉化区裘村镇应家棚村留下来一座石城,是浙东最完好的一座石城。城呈长方形,南北长76米,东西宽67米,高2.5米,绕城一圈近300米,占地面积近5000平方米。在石城的南门建有一座碛镜庙,庙内有一座颇为精巧的古戏台,庙后的石城早已荒废。1987年起被列为市级文物保护单位。庙内古戏台还时常做戏,从戏台后楼板壁上留下的字迹可知,曾经有象山县东陈越剧团等在这里演出《三试浪荡子》《狸猫换太子》《蝴蝶杯》等剧。

清代海防兵制中有"棚",每棚十余兵士,应家棚应是由此得名。光绪

图 7-8 碛镜庙古戏台及其藻井、勾连廊

《忠义乡志》记载，应家棚村在象山港北岸的清凉山南麓，距县城35公里，唐代晚期始有人居棚居，以海涂、渔樵、植棉为业。宝庆《四明志》称"碛镜坊"，意为水边沙石之地。最早迁到此处的是宋代金紫光禄大夫蒋浚明之后裔。应氏之祖蔚明在明代初年自日岭迁此，应氏如今是这里的主姓。后来杨氏、游氏等纷纷迁入，因此形成了"百家姓千户"的大村。

应家棚的得名及碛镜庙庙神的由来都与奉化地理位置有关。据奉化地方志记载，明代晚期后，浙江沿海倭患四起。明嘉靖二十三年（1544），官府在应家棚建立营汛防卫。

嘉靖三十一年（1552），一批倭寇自象山港登岸，守卫在这里的溪口棠云人汪较（或称"汪蛟"）力挽强弓，率民兵十余人奋力抗敌，力退倭寇，而汪较不幸殉身。此后应家棚就加强防卫，附近又建起三处营寨，设四处烟墩烽台。嘉靖《宁波府志》有《汪较传》记录了该事迹。

清顺治十八年（1661），象山港鹿颈山、悬山等抗清武装与清廷交战，在汪较曾经激战之地"筑戍城于碛镜，城围一百丈五尺，阔丈二"。驻兵从三百余增至千余。后来当地村民以应、陈、蒋三姓为主姓，在南城门外建碛镜庙，供奉汪较为庙神，又增建戏台及两厢。清乾隆年后，海倭匪盗平息，石城驻兵锐减。至民国时撤销防卫，后来办过小学，如今部分为老年协会活动场地。

碛镜庙面向横亘如琴的琴山，远处即波涛汹涌的象山港。村庙坐落在清凉山南麓缓坡上，庙西有一条源于清凉山的碛镜溪，庙与城仅一巷之隔。据《忠义乡志》记载，碛镜庙内有康熙二十三年（1684）守备石城将领范士孝的赠额"威扬海国"，还有"汪较公一箭平倭""捍御功高"等匾额石碑。

走进挂有"碛镜庙"红匾的五开间黑瓦红漆古庙，头门与仪门合一，檐下牛腿撑拱施雕漆饰，单层硬山式的前进有不高的楼与戏台相连。进门之后可见左右都建有厢楼，由于戏台、勾连廊与后进的祖堂相连，因此可见东西各有一天井，前进、后进与两厢组成"曰"字形建筑布局。

戏台台口宽4.8米，深4.5米，高1.5米，由四条木柱支撑藻井和台顶。藻井构造精巧富丽，正方形额枋每边都置小坐斗，平身科出跳撑拱支撑四边各两圈卷棚顶，由角撑悬臂承托。中心是方口圆形八径螺旋娥罗顶，圆形井口直径约1.2米。螺旋形的阳马昂头雕板与弧形的连拱板层层组成穹隆顶，原有绚丽彩画，依然可见。与戏台藻井相连的勾连廊立有二柱，南接戏台檐枋，北接神殿檐枋，檐下上翘的平身科出跳坐斗八只。勾连廊顶部由十卷棚组成，故坐在廊下看戏的长辈和官员客商们尤显荣耀。

五开间的神殿供奉的，除了已被百姓尊为神灵的汪将军和他的卫士皂隶等，还有龙王、土地老爷、医王菩萨等。

相传汪将军殉身于正月初七，故每年这天前后要做戏三日三夜。村民在团聚欢乐之中，潜移默化地接受忠奸、善恶、兴衰、优劣的伦理教育。寓教化于戏场中，也是古戏台的重要功能。

第五节　萧王庙街道萧王庙古戏台

萧公功德千载颂；政通人和百业兴。

这是刻在奉化区萧王庙头门的对联。自1996年萧王庙恢复庙会和做戏之后，从正月十三到十八，足足六天，每天有两万至三万人参加，庙里为此成立管理委员会。萧王庙下旧属四保二十六姓，主姓戴、孙、竺、应、杜、徐。这座庙如今是浙江省文物保护单位。

萧王庙坐落在奉化区西北8公里，古称"泉口"，近万户两万余人，庙后老街紧傍剡江。剡江的主流剡溪发源于与嵊州、新昌交界的剡界岭，流经溪口后，在萧王庙同山下汇合棠云溪形成剡江，再流入奉化江，萧王庙就在称为界岭的同山北边。庙外北、东、西三面崖壁庙墙。庙宇三进，通面宽21米，进深60米，面积1400多平方米。南北纵轴线上有围栏、头门、中进和后进四组建筑。前进头门五开间与仪门合一，连接中庭的戏台和两厢楼相连。正殿是祭神大厅，五开间。后进为娘娘殿，左神殿后有左右登高石阶16级，故进庙后逐层登高，整体建筑巍峨完好。其中，头门硬山式，中进、后进均为重檐歇山顶，神殿抬梁、穿斗结合，单层屋身高达20余米。三进殿堂檐下均有卷棚檐廊，月梁檐枋雕刻精丽，砖刻、石雕、木雕做工精致规整，仅庙前少量石刻受到破坏。

萧王庙头门不算高大，门前一块百余平方米的地坪，有一道高0.8米的石栏杆围护。庙门开三道，左右各一偏房。朝南花砖窗，侧面石板墙壁上，高达2米的墨书"龙""虎"，据说是著名奉邑书法家毛玉佩先生酒后用草鞋蘸墨汁信手挥就，大块青石板浅雕。进门门壁嵌有石板浅刻"琴棋书画""渔樵耕读"等。进门之后就是明堂戏场，左右厢楼各三间，门窗、栏杆雕刻精美。

图 7-9 萧王庙古戏台藻井、蒋经国题额及"一根藤"木雕

萧王庙的戏台特别高大,也许与这座古庙的庙神身份和地理环境有关。戏台歇山翘角的台亭离地 6 米,台面离地 2 米,下面可走人,宽、深都达 6 米。台前石柱圆周 1 米,高 6.5 米。檐下花斗拱三面各四组,左右二角科及昂头制成尖头香蕉状。戏台藻井的顶金漆还很绚丽,螺旋娥罗式,四十八条盘旋而上的替木阳马经线中增加了雕花的翼板,因此又显得别致。台额"正大光明"由蒋经国书写。石柱上的对联写着:"声入剡溪,唱到西江月白;曲终界岭,看遍南楚峰青。"正对戏台的神殿特

图 7-10 萧王庙庙会祭神演戏场景

别高大,面朝戏台有石柱六条,其中象征升天入海的天、地、水、火四条石刻蟠龙,高达 6 米,柱础垫有覆盆,可见当时多少能工巧匠为萧王庙付出心血精力,这也是乡民对地方官员的尊崇感恩之举。正如对联写道:"半壁青山永留古迹;一潭碧水成沐深恩。"

据《奉化区志》及庙内资料介绍,萧王庙庙神萧世显,字道夫,汉丞相萧何之后,江苏沛县人。北宋天禧二年(1018),任奉化县令,廉洁节俭。

在县内治水、灭蝗、抗旱、赈灾，殉职于天禧五年（1021）。乡民感其功德，立庙祭祀。庆历二年（1042），宋仁宗闻报拨银，始建庙塑像。此后又有宋理宗、元顺帝等下旨敕封赐匾，故庙内庙外留下古今匾额对联百余件，现存的还有48副对联和23块匾额，如"剡水九回绵圣泽；同峰八乡壮神威""剡东第一名祠""福泽万代""恩被后世""惠我生民"等。立于乾隆乙卯年（1795）的古碑记载着萧王庙的由来，现存的萧王庙建筑群和古戏台都在那时重建。

第六节　葛竹村王祠古戏台

堂以源名，不忘祖也。夫人有祖，犹水有源。不昧水所自出，能忘身所从来乎？故思祖之常常而见，必如水之源源而来，此溯源之所由名也。越稽王氏系出晋，而余族发源晋王四十二世裔孙敬玘公也。公仕唐，为银青太傅太子少保上柱国，出镇明州，后隐奉化……

以上这篇《溯源堂记》，曾书于奉化区溪口镇斑竹乡葛竹村王氏宗祠。进入宗祠大门，迎面八扇屏上可见上述文字，为清咸丰元年（1851）"晋王六十二世裔孙毓庆谨撰并书"。近年祠堂重修，将《溯源堂记》重刻于八块白色花岗石板上，暂放于祖堂内。屏门之后，就是古戏台。

这座祠堂与江南民居相同规格，四合院硬山式建筑，占地面积500余平方米，坐南朝北，左有笔架山，右有尖头山，南靠金高椅山，海拔都在600米以上。而朝北的山峰较低，自西向东的西畎溪流经村前。四围青山中，葛竹村是一块水土丰茂的宜居地。据《葛竹王氏宗谱》记载，晋王四十二世王敬玘因出镇唐代明州，从越（绍兴）迁居奉化大堰。后裔五世孙王爽带饭包到葛溪贩箸，至午时，饭包仍然热，知此为热地，遂居于此。道光年间，村中出过举人。至咸丰年，葛竹王氏形成近200户400余人的大族。

图 7-11 葛竹村王祠《溯源堂记》屏板

其中，王毓庆为迪功郎（侍从副级小官），在村中建了"上三份"三合院（今存）。同治三年（1864），王毓庆女儿王采玉诞生在这一院内，就是蒋介石的生母。

葛竹王氏宗祠由王采玉的祖父、葛竹王氏十六世王毓庆建于同治元年（1862），头门三开间，至今尚未漆饰，檐廊有卷棚顶。进入仪门、头门合一的大门，屏后即民国以来多次重修的戏台。从戏台檐下斗拱牛腿雕刻的装饰看，它是嵊州雕刻师的手笔，并施以彩漆。

当地人称戏台为"台亭"，王祠戏台是一座单体性的"亭"，仅靠戏台的檐枋和台下横梁用连枋与前进的木结构连接，尤显轻巧。戏台檐下三面都雕有精巧的垂吊花篮。戏台顶部平綦天花中心上凹的藻井八角覆斗，彩绘八仙。戏台起翘屋角发戗有力，台顶屋面简洁，没有吻脊灰雕。戏台宽、深各 4.8 米，台口高 1.4 米，无栏杆。台下为一块 5.5 米见方的石板地坪，其余空地满铺卵石。如今荒草已发青，可见祠堂已关了几年，久未做戏了。

图 7-12　葛竹村王祠古戏台及其藻井、檐拱

戏台后场板壁上书有粉笔字:"彭里湾绍剧团演出《杨家将》《龙虎斗》。""嵊县北漳绍剧团 79 年 2 月 15 演出《杨家将》《狸猫换太子》。"可见,葛竹村民风深受嵊州影响。据村民说,在清光绪旧图中,葛竹村还是地处嵊奉的边界村。1918 年葛竹王氏修宗谱时,蒋介石才把葛竹划入奉化地区。

戏台左右三厢各两开间看楼。面对戏台的祖堂五间五柱穿梁,无雕饰,无匾额对联,也无漆饰雕刻,简陋如此。

第七节　栖霞坑村显应庙古戏台

君不见巴江三峡千倾水，长年浩漫流无已。又不见华岳高耸百尺松，岁寒之际凌青空。源深根固乃如是，世系传来事实同。四明巨室称王氏，繁衍徙居栖霞里。山川灵秀钟多贤，风俗敦丽能说礼……

这首录在清代《栖霞王氏宗谱》中的《题栖霞王氏》，竭力赞羡幽居在四明峡谷古村中的王氏。在这个旧称"桃花坑"的深岙古村中，显应庙古戏台与之相依共荣。"一潭碧水沐新恩；八乡黔首庆召棠"，显应庙戏台已数年不做戏，但"德媲甘棠""恩波千秋"的匾仍高悬神殿正中。

栖霞坑位于奉化区西北与嵊州、余姚交界的深山中。发源于余姚四明

图 7-13　栖霞坑村溪畔古宅

图 7-14　显应庙大门

山的筠溪流经栖霞坑，注入剡溪亭下湖。村北有徐凫岩、三隐潭、千丈岩、妙高台等断崖、瀑布作屏障，村南有雷峰山岩坑壁立，故栖霞坑村是南北岩峰夹峙的峡谷小村。从山谷中通西山的"唐诗"古道接余姚、新昌和嵊州，而向东沿筠溪通到奉化城区和宁波。光绪二十四年（1898），奉化进士孙锵在《王氏宗谱》中描述道："剡源之乡有坑曰栖霞，其地岩石犹崒，阻山夹涧，泉瀑若雷，终岁不绝。居民负山结屋若重楼，然四境陡峻，可耕可樵，诚乐土也。然地当孔道，西界越嵊，东通奉鄞，行人往来不绝。"可见，栖霞坑曾是古代东西通道。栖霞坑旧称"桃花坑"，唐宋诗中称为"云南"，即"云雾笼罩的四明云峰之南"。过去另有两条古道可入桃花坑，一由溪口镇东岙三十六湾村后的山道下山，民国十年（1922），董村竺通甫修造了一段长3公里的条石山道，如今已稀有人迹；二由徐凫岩下的古道下山，山道5公里，沿山过溪可从姚家村进入，此道部分断废。

唐代诗人陆龟蒙有《四明山九题》诗，后多人唱和。黄宗羲、全祖望、李东门等亦以此作诗，题桃花坑，更说明栖霞坑曾是浙东唐诗之路的一个节点和宋明文人隐逸闲居之地。栖霞坑王氏原是琅琊王氏一脉，先后迁居嵊

图 7-15 显应庙古戏台及其藻井

州金庭、奉化大堰、舟山金塘,明初又从金塘迁栖霞坑。

旧时,家族举迁无不希望当地神灵护佑关照。于是王氏定居之后,就在村中最显要的古道旁建了显应庙,有庙联道:"保一方万民安宁;护千处风调雨顺。"

显应庙靠山面溪朝北,占地500平方米,五开间硬山式,开三道庙门。建庙以来数次重修,庙为众姓共有,以王、周、应等为主。进入庙门就是天井,戏台在天井中心,朝南。戏台后场与门廊相连,左右各三间看戏楼。正对戏台是神殿,祀有"当境栖霞显应侯王"和神差、龙王等塑像。庙内柱联说:"万年宗社属神灵;千载威名崇祀典。"与平民百姓最亲近的神灵是社神,演"社戏"就是祭神的方式。栖霞坑村过去每年正月半、十月半祭神做戏三至五天,附近村民也翻山越岭来看戏,庙前形成了街市。

戏台宽、深各4.5米,高1.4米,有围栏。戏台顶部藻井采用"斗八"式,即凹入天花板中的"井",形如一只倒覆的八角形斗,八组小斗拱和花板逐层收缩结集于顶部,起着良好的拢音回声作用。正对戏台的神殿紧依山体,左右厢楼高出戏台,也起到聚拢声音的作用。有台额"明镜高悬",对联"历代衣冠皆从今日演;数人谈笑尽是古人风"。

栖霞坑曾经文化鼎盛,如今渐呈冷落之势。光绪十二年(1886)在村口建造的王氏大宗祠部分倒塌,堂内荒草残垣。隔溪相望的"润庄"民居群内,还贴着晚清至民国的十六幅官府和地方学政中举录取报单。真可谓"青山遮不住,毕竟东流去"!

第八节　方门村西祖庙古戏台

杨柳腰,舞出雪回烟起;榴花枝,迎来云过雁飞。

这副对联刻在奉化区尚田街道方门村西祖庙(吕祠)戏台的石柱上。西祖庙是一座占地近800平方米的山村古庙,回字形布局,五开间,庙门朝东。庙前大块空地,自南向北流淌着湍急的朱溪,过溪后不远就是浙东古代交通大动脉、古称"官道"的"东吴大道",可从江苏吴县经杭州、绍兴、宁波城区、奉化再通向宁海、台州和闽广地区。千余年来,古驿道是沟通浙东沿海与中原的文化之路,与浙东水网连接。方门就是进入古驿的门户,曾设"方门铺",有驿兵驻守。如今,留在西祖庙两边的还有昔日古驿道店铺的残迹。大约300年前,天台吕氏一支迁此定居。

据说,方门吕氏先祖为北宋名相吕蒙正,庙名"西祖",就是取迁自西部、不忘祖宗之意。祖堂供奉的有吕蒙正和龙王。吕蒙正(944—1011),"洛阳才子"之一,在宋太宗、真宗时两度为相,主张"清净政治,结好邻邦"。

西祖庙门檐深达5米,檐下石础八面雕花。卷棚顶,檐柱牛腿雕戏曲人物、双凤牡丹,有的不施漆饰。进入庙门,朝向祖堂的戏台台面高1.66

图7-16 奉化区方门村吕氏宗祠外景

米,宽、深各4.6米,四周没有栏杆。歇山式翘角保留明代样式,檐下三面四攒四叠四出平身小斗拱承托檐枋。台前一对圆形石柱直径0.3米,长4.5米。檐枋穿柱出头雕刻漆彩。三面檐枋中间各雕有倒挂吊篮一对,也绘花漆彩。戏台顶部的藻井由四边井口檐枋和四边四攒四出跳平身斗拱支承,中心部分八角攒尖顶顶部脱落,露出竹篷,也曾漆朱饰彩,今铅华褪尽,仅留残痕。

村民认为方门村子孙繁衍发展得益于门前的龙神护佑。方门龙王即四十里外大堰石井村镇亭潭龙王。《汉书·地理志》记载:"鄞有镇亭山,西界于越,南界天台,有石井,其潭类釜,岩壁二十余仞,飞瀑如练。"明末黄宗羲《四明山志》也有"镇亭山有石井,镇亭龙王所居,又名石井潭"的记载。传说很久之前,方门村一位货郎路过石井村,偶然见到石井龙潭老龙现身,惊吓而死,于是龙王每年施恩于方门。六月十八是镇亭龙王生日,方门村民都要到石井村祭拜;而石井村民在每隔三年的正月初二都要翻山越岭,将十二节布龙舞到方门村,两村因龙结缘。

图 7-17
吕祠古戏台及其精雕石柱、藻井

第九节　竹林村祝灵庙古戏台

视思明,听思聪,如有所立卓尔;诚于中,形于外,如见其肺肝然。

这副意蕴深长的对联刻在奉化区大堰镇竹林村祝灵庙戏台的石柱上。石柱分别由"毛门温氏""毛门傅氏"敬助,用花岗石雕刻,直径0.35米,长5米,建于清道光十三年(1833)。

图7-18　竹林村祝灵庙古戏台及其太师壁、藻井

宝庆《四明志》记载："镇亭山，奉化县西南一百里。《汉·地理志》云，鄞有镇亭，其源来自四明山，由西北而东南，逾剡诸山而至镇亭，西界于越，南入于天台，故其乡为'连山'。其盘结数峰，高入苍穹……"可见镇亭山是浙东越州与明州的界山。《奉化区志》也记载，镇亭山的主峰又称"第一尖"，海拔945米，南为宁海县，西为新昌县。竹林村在镇亭山西北的六石田岗，海拔600米，距村仅0.5千米，岗之西，属新昌县地界。

明末清初，毛姓太公为避乱世，从今海曙乌岩搬来，如今传至第九代。道光年间人口繁衍，建立庙和戏台。据史料记载，迁自乌岩的毛氏为宋代奉化石门毛氏的一支，而石门毛氏于800余年前自江山清漾迁来。竹林村旧民居中有不少精雕细刻的门窗、柱座、对联和门额。如前房道地门额为"清且闲"。大房道地中堂发现清代的木质圣旨牌，高0.4米，宽0.18米，上下彩绘双龙和云水，中间有任命教职的墨书。此外，大院中尚有墨书道光十三年（1833）毛庠房的木制扇谷风箱和朱伯庐"治家格言"屏风等。竹林毛氏迁此之后，诗礼传家，亦耕亦读。

祝灵庙占地600平方米，前后二进都是单层硬山式五开间。庙建在一条小溪上，门朝南，清澈的溪水从庙下桥孔中流过，再到下游的船溪和县溪。祝灵庙头门开三道，檐廊卷棚顶，月梁施雕彩漆。檐柱悬一对金木雕倒挂狮。

进门后可见明净的道地上芳草娇翠，戏台两旁看戏楼各四间。草地中心的古戏台宽5米，深4.5米，台口离地1.5米。台上护栏不存，台顶檐拱藻井精雕细绘，华丽称绝。台顶由四围檐枋小斗拱伸出的五叠花拱，构成正方形的五重方形井口，中心八角攒尖藻井，外围的檐拱三面四攒伸出云朵状双叠昂头。戏台屋顶上的歇山翘角做工一丝不苟，近年重修后，更显绚丽灿烂。神殿供奉的是"大王菩萨"，实乃社神境主，左右有土地公婆及四位龙神。其中一位"石井老龙"，乃宝庆《四明志》记载的"镇亭山龙潭龙神显应侯"。据介绍石井龙潭离此村只有2.5千米，乌岩毛氏看中这块大山深处的风水宝地，颇有识见。

第十节　汪家村云溪庙古戏台

唐封越国三千户；宋赐江南第一家。

这是奉化区萧王庙街道汪家村云溪庙头门的对联，聚族而居的汪氏族人无不为自己的祖先而自豪。从《云溪汪氏宗谱》得知，汪氏起源于两千余年前的春秋时代，鲁成公封子孙于汪邑（今山东曲阜），此后该族以邑为姓。汉代建安二年（197），三十一世汪文和封龙骧将军、会稽令，迁淳安（原属安徽歙州，今属浙江杭州），即新安汪氏第一世。后周广顺三年（953），六十一世孙由歙州迁居奉化云溪，在牛山山麓建汪村，今已形成两千余户聚居的大族。正对戏台的祖堂上端坐的"菩萨"，就是汪氏族人引以为豪的"封邑三千户"的越国公汪华（586—649），死后谥忠烈王。祖堂上有对联写道："看香火于斯原来神祀祖；唯英雄如是乃得世称王。"

云溪庙朝东，面对凤凰山和泉溪。泉溪长达16公里，发源于村南大雷山，汪家村一段被称为"棠溪"或"云溪"，再流向萧王庙街道，汇入剡江，溪畔民居密布十余千米。自萧王庙街道进入汪家村后，溪畔青山夹水景色绝佳。明代初年甬上风水堪舆术士目讲僧认为山谷流水出口处朝北，会有煞气侵入，故在村北一千米处建了一座形如巨螺的螺星塔，有旧诗道："水贵盘旋莫直行，层层叠石结螺星。中流砥柱千秋镇，回挽狂澜地脉清。"如今，这座高达20米的塔又重建。为蓄水保民，在云溪庙东南的民居群中，目讲僧又指点挖了一个"倒螺蛳"，即直径15米、可盘旋至潭底的缸湖潭。《四明谈助》记载，目讲僧曾是延庆寺僧人，以"目讲天下"而成为神秘的"地师"，甬上柳亭庵旁有其墓。

云溪庙占地870平方米。据《庙记》记载，该庙重建于清同治元年（1862），天井道地两厢分别嵌宋代理学家朱熹为汪氏书写的四字句《家宝》及为汪氏宗谱作《序》的石碑。

图 7-19　朱熹为汪氏制族规《家宝》

图 7-20　汪家村螺星塔

图 7-21　云溪庙古戏台及其藻井

　　庙头门挂着"云溪庙"匾，系著名建筑学家陈从周于1994年题写。五开间的前进硬山式，开三道门，左右为偏殿，站立马夫神差像。檐下空间深4米，牛腿、檐枋和卷棚顶雕饰精致。庙门前道地就是进入汪家村的村道，进庙门之后可见遮挡戏台的太师壁，左右两厢各有四间看戏厢楼。厢楼也由石柱支撑，柱身刻有对联，如："龙水南来，源合云溪绵世泽；凤山北峙，脉连禽孝振文风。"对联中嵌入周边山水胜景，"禽孝"是古代当地的乡名，曾有"禽鸟报恩"的传说。

　　云溪庙中的戏台与前进相连，又与两厢楼互通。戏台高1.71米，面阔5.2米，深4.8米，四周有护栏，台前后各两条方形石柱。戏台额书"移情亭"，

图 7-22 云溪庙庙神汪华像

后场门屏上额书"法共昭然",门额书"来焉""去矣"。戏台檐枋刻有倒挂花篮,精雕细刻彩画,制作精巧的网拱花纹尽显风采。中心顶上的螺旋娥罗顶藻井十六组阳马,盘旋结集于穹隆顶。戏台后场板壁上还留着宁海平调剧团、宁波大地越剧团、普陀六横剧团、嵊州和平剧团等演出剧目,如《火烧金陵关》《刁刘氏》《红娘泪》等。1999年曾遭遇一场大火,戏台和前进、两厢逃过一劫,后进和看戏亭都在2001年按原样重建。

正对戏台的是一座精巧的歇山式看亭,与祖堂神殿相连,左右和前方凸起于明堂,宽、深各6米,四条石柱支撑。屋檐下的檐枋上建有螺旋娥罗顶,因此被称为"双台顶"。看亭檐下也密布网状花拱,玲珑剔透。

五开间的神殿高大而宽敞,与伸出明堂的看亭组成看场。刻在神殿和看亭石柱上的对联写道:"神庥千古溯云风;子姓万家联日岭。""胙土分茅怀武德;御灾保寇志新安。"可见,云溪庙中既奉祖先,又拜护佑一方的社神,不同于一般的家祠。据称,十一月初四为菩萨汪华的生日,请神、演戏、祭祖,五里老街人满为患,也是汪家村最热闹的时日。

第十一节　三石村古戏台

南陌耕云脉脉,东风吹雨斜斜。流水满村春事,炊烟隔岸人家。

这首《村景》诗出自南宋晚期奉化三石村著名文士陈著(1214—1297),刻画出三石村在"九曲剡溪"之中山环水抱的无限春意。陈著,自号本堂,南宋宝祐四年(1256)考中进士后,在饶州、白鹭洲、临安等地任职。咸淳四

图7-23　三石村陈祠仪门

图7-24　陈祠"流庆堂"匾

年(1268)在嵊县任县令时，"义利明而取予当，教化先而狱赋后"，离任时民众夹道相送。一条从三石通向嵊州的古道"陈公岭"即由陈著出资修建，今甬金高速中"成功岭"是也。

三石村，因剡溪上曾立三巨石而名。据《三石陈氏宗谱》记载，三石村唐代时属剡源乡，今属溪口镇，源于新昌县的剡溪流经山谷，"五曲三石"正在其中。"三石陈家"以北宋户部尚书陈显、南宋刑部副尚书陈瑜和工部尚书陈德刚"三尚书"最有名。如今，三石村由陈氏、何氏、赵氏相邻聚居，各建宗祠，因此有三个戏台。

陈氏宗祠古戏台

据《宗谱》记载，最先迁入此地的是陈氏始祖陈棠，南唐时自陕西长安来奉化任职。南唐灭亡后，留任吴越国奉化尉。陈氏宗祠朝南，重建于清康熙年，左右民居密集。祠堂后紧依巍然耸翠的丹霞山，元代陈沆《剡源九曲图记》称"丹山赤水洞天"。

宗祠占地近800平方米，由陈著创建，其父取名为"本堂"，文天祥为之写过记和匾。现存仪门五开间，单层硬山式，门开三道，中门挂"剡上名宗"金字木匾，宽2米，高0.7米，光绪二十二年(1896)名士萧湘书写。门旁对联表述此地人杰地灵："赋诵明山乐地为诗客慕；光流赤水洞天遇羽仙游。""临流托宇，古今九曲有群贤；家编青史，世代传载续家风。"仪门檐廊下刻制牛腿、雀替、横枋等，施彩绘。

进入仪门后可见明堂，地上绿草如茵。左右两厢楼三开间，正对戏台的五开间祖堂挂有光绪六年(1880)的"登科"、光绪二十一年(1895)的"流庆堂"及民国十七年(1928)的"坚持雅操"等匾额。

明堂中心正对祖堂的戏台重建于清代晚期，顶部歇山翘角，戏台与左右看楼不通，后场就在太师壁后，经左右木梯上下场。戏台由四条木柱承重，台前添了两条短木柱，三面围有花格木栏。藻井为方口八角攒尖，八组平身小斗拱分六层，叠涩结集于中心的圆形铜镜。小斗拱都作五彩漆画，承托方形井口花拱、角科由四叠拱出跳叠涩彩画，坐斗、额枋都彩绘。其中额枋的三国人物故事尤为精彩，有"空城计""赵子龙""诸葛亮"等，还有

图7-25 陈祠古戏台

一幅"西厢红娘传书"。

戏台前后场用一块屏作太师壁,左右挂"入雅""出风"门额,中心挂"思无邪"。

何氏宗祠古戏台

与陈家相隔仅数米、隔路相望的就是何家。何家村在陈家村西南,只有百余户何姓。据《三石何氏宗谱》记载,何家先祖观文公即一世何喻(何执中),官至宣和殿大学士,为北宋永康武义何氏第六世状元何涣(字大圭)之弟。据《宗谱》载,何氏原姓韩,秦灭韩后,韩氏逃散,改姓为何。又据南宋户部尚书王十朋撰文,南宋时何氏一支从封山迁到三石。何氏宗祠建在村口的鱼山东麓,朝南三开间,祠堂形制与陈祠相同,不过小了许多。

戏台正对祖堂"思本堂",高1.6米,宽、深均5米。左右四开间厢楼,明堂满铺卵石,占地约600平方米。藻井四方五叠拱覆斗式,中心卷棚顶。

图 7-26 三石村何祠"思本堂"匾

图 7-27 何祠古戏台及其藻井

台上出入门额为"玉振""金声"。屋檐下翘角二出檐，角科九昂，出头额枋各刻两龙头。戏台前、左、右三面围栏用车木花栏。历史上多次重修，额枋上绘制的戏曲人物及场景仍存残迹。

赵氏宗祠古戏台

赵家位于何家西南。据《三石赵氏宗谱》所记，赵氏始祖乃清献公之后裔，北宋末靖康之变时南迁，经杭城、华舍，分支于奉化东郊，后又分迁于此，至今已有800余年，村中赵姓300余人。

祠堂五开间朝西，仪门前明堂上立有照墙，长达20米，后面就是五曲剡溪。门开三道，前后二进，格局与陈家、何家相似。仪门对联道："左月山右鱼山，部娄千秋绵德泽；前曲水右赤水，源流万代共馨香。""燕翼贻孙谋，美轮美奂；鸿猷承祖德，肯构肯堂。""曰耕曰读，奕世蒸尝不替；作孝作悌，春秋俎豆常新。"都出于民国癸酉年（1933）鄞县文士王一仁和边

图7-28 赵祠古戏台及其藻井

振南手笔。

　　进入仪门后就是戏台,下铺水泥地坪,正对戏台的五开间祖堂挂有匾"四美堂"。据新立《四美堂记》,因赵氏享政公有四子,故曰"四美"。戏台顶部歇山翘角,吻脊无龙头。藻井为方口四叠拱,承托中心的八角攒尖藻井,无彩绘。

第十二节　董村古戏台

忠奸善恶结因果；悲欢离合演情缘。

这副对联刻在奉化溪口镇董村四村戏台上。董村700多户3000余村民，聚居在奉化剡溪之源，九成姓竺，故流经村中的清流名曰"筠溪"，"筠"是"竹"的别称。据《筠溪竺氏宗谱》记载，竺氏先祖本姓姜，为三千年前殷商时代孤竹国之君，始姓"竹"，后写作"竺"。北宋乾德三年（965），祖籍嵊县的竺表恩考中进士，官至礼部尚书。其中一支从嵊县迁奉化泉口，即今萧王庙大埠村。至第六代竺汝泉一脉，迁入笔架峰下桃花坑溪畔隐居，称为"筠溪竺氏"。

自南宋至明清，竺氏遵杖锡寺僧修己赠诗："昔日神仙宅，今为长者居。定须攀月桂，宜教子孙书。"在此深山溪谷亦农亦读，渔樵悠然。数百年中

图 7-29　竺氏宗祠门匾

图 7-30 董一村古戏台及其藻井

有竺大年、竺天龙、竺祥麟等高中进士,官至朝奉大夫、翰林检讨等。后大村分为四小村,各建祠堂,都有戏台。而地处中部的董二村有两个祠堂、两个戏台。

《四明谈助》记载:"奉化桃花坑山筼溪,夹溪百姓多姓竺,凡宁郡诸竺之先皆出此。"如今五个祠堂毁去一个,还剩四个,即四村的"听彝堂"、二村上街的"永德堂"、二村中街的"明德堂"和一村的"传德堂"。四座戏台环境、构造、装饰皆不同。

筼溪发源于奉化与余姚交界的撞天岗,自西向东流入亭下湖。董一村祠堂被称为"传德堂",在筼溪出口处,靠近亭下湖,背山面水,占地600平方米。宗祠建于清乾隆年间,大门五开间朝北,檐廊卷棚顶,进门后正对戏台的祖堂陈列着百余块祖宗牌位。大厅左右板壁书"忠""孝""友""信"四字,每字高达2.5米,梁上悬"理学名宗""佑启后人""望重乡评"等匾。堂内还刻有十余副对联,如"万年支派水流东;百代孝慈山仰泰""尊祖敬宗孝孙有庆;教诗说理明德维馨"等。

图 7-31　董四村听彝堂仪门、祖堂、古戏台及其 S 形藻井

祖堂面对一座精巧的古戏台，台前卵石地坪。戏台宽、深各 5 米，台口高 1.7 米。台顶歇山翘角，檐下小斗拱承托，天花藻井八角攒尖。

"永德堂"位于董二村上街溪边。祠堂五开间，三道门朝东，门廊卷棚顶，雕刻月梁，保持古朴风貌。进门之后依然是四合院式厢房、祖堂和戏亭。戏台顶歇山平角，三角形的山墙面西，但藻井已毁，仅露出檐椽。

由于董二村地处筱溪中段，有三百余户上千人口，故在中街还建了一座名为"明德堂"的祠堂。祠堂于光绪二年（1876）建立，北墙靠街，另三面都是民居，只能在西北角开一道"八"字墙门。戏台顶圆藻井，同心圆逐层收缩结顶，多年未修缮，也没有演戏，烟熏灰积。檐廊与祖堂相连，光线不足，靠电灯照明。

董四村居上游，北靠笔架峰，南临筱溪水，祠堂五开间，建在村中最高的平岗上，对联写道："剡源筱溪水源长流清；峪岫桃岩山色永灵钟。"

祠堂始建于明，历代重修。整体由前后二进、左右厢楼、祖堂、天井和戏台组成，占地 600 余平方米。戏台顶部 S 形螺旋娥罗顶藻井，浙东仅此一处。戏台筑在高出地面10厘米的石板地坪上,卵石满铺空余地面。

戏台宽、深各5.5米,高1.7米,由当地岩坑村王文伟主手制作,本村竺圣兴漆匠彩画。戏台后场留有2004年宁波小百花越剧团演《白蛇传》《五女拜寿》《红楼梦》的粉笔字。

正对戏台的祖堂五开间,挂了十几块古今匾额。正中挂堂名"听彝堂"匾。"彝"是训诲人伦道德的意思。其他如"松筠节操""节励冰霜""护室颐年""理学名宗"等都是清代和民国的旧匾。祠中还挂着北宋至清代竺氏出过的七名进士名单。

第十三节　常照村英济庙古戏台

李白乘舟将欲行,忽闻岸上踏歌声。桃花潭水深千尺,不及汪伦送我情。

这首李白的名诗《送汪伦》,在奉化大堰镇常照村的古戏台旁也可以看到。据《连山常诏汪氏宗谱》记载,汪伦为常照汪氏远祖。

奉化区地形像一只俯冲而下的飞鸽,大堰镇就是飞鸽的头部,在奉化区最南端,与宁海、新昌交界。流经奉化的溪流古称"镇亭溪",发源于最南端的大堰镇大公岙第一尖,海拔945米。溪流经奉化城内再向北汇入奉化江,全长77公里。因地处溪水之源,筑有长达数公里的防洪堰坝,故此地名"大堰",旧属连山乡。今之常照村紧依大堰,地处溪流曲折处。据同治三年(1864)《宗谱》记载,唐末战火纷飞,汪氏裔孙分迁奉化及浙南,其中第二十二代汪文吉慕此地山深林密,水丰土肥,迁入连山镇亭山下安家,是为第一代。至北宋崇宁年间,第四世汪藻中进士,授尚书郎、翰林学士,封新安开国侯。南宋绍兴三年(1133),登位不久的宋高宗赵构闻奏赐御书"江南第一村",汪氏子孙遂将村名称为"常诏",意在不忘皇恩,并在村口建了一座"英济庙"。

英济庙本是汪氏家庙,供奉颍川汪氏第四十七世越国公汪华。汪华在

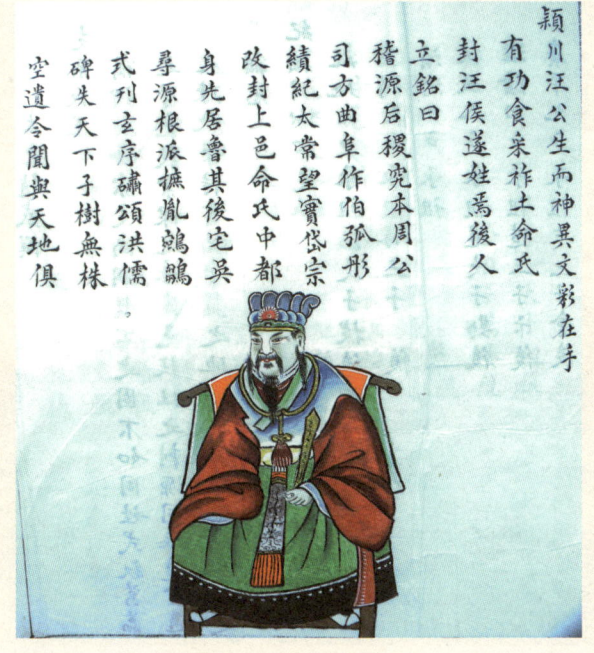

图 7-32 汪华像

唐贞观十四年(640)被唐太宗敕封为"英济广惠王",在庙内与当地山皇、土地神、龙王、财神等共祀,正月十五元宵节前后做戏。光绪三十一年(1905),英济庙再次重修,柱联写道:"鉴古证今,假笑啼中真面目;引商刻羽,新声歌里旧衣冠。"

英济庙朝向大溪,溪宽达百米。昔日雨汛时节,山洪暴涨,木桥、竹桥全被冲得无影无踪。光绪辛卯年(1891),议建石桥,费时七年,终于建成长达百米、宽达六米余的五孔石拱桥,名曰"福星桥"。大桥和古庙之间的桥亭内立有七块古碑,记载着福星桥的修建功德,其中写道:"窃维吾奉邑南乡有大溪邑,上通宁绍,下通台温,溪面辽阔,水势急湍……苦无津筏。虽有平桥,水来屡遭冲塌。于是邀集乡里筹议,开捐造作,环桥五眼,以便交通往来,自辛卯择吉兴工,至今五载……"福星桥既成,常诏村就改名"常照村","福星常照"是也。而曾肆虐大溪的龙王也被请进英济庙。福星桥如今被列为"宁波十佳名桥"。

英济庙占地近700平方米,庙门五开间,两间作偏房,檐廊为三开间双卷棚,与檐柱、月梁、雀替、撑拱等都精雕细刻,施漆敷彩。正中悬"英济庙"

图 7-33 "英济庙"额

图 7-34 英济庙古戏台

额,字体苍劲有力,据说是清末一秀才所书。进入中门,一堂屏风挡住视线,屏风之后就是戏台、厢楼和神殿。

戏台在明堂中心,六柱着地,2001年曾重修。台面宽4.7米,深5.2米,离地1.6米,未设栏杆。戏台屋顶是歇山式小青瓦,仰望顶部四方覆斗,施有漆彩。角科平身八出昂头。台前檐下出头枋与翘角角科组成花蕊状的斗拱,承托翘起的檐角,整体造型精巧而古朴。正对戏台的神殿三开间,檐廊之前有四石阶,正面门上挂有光绪四年(1878)的旧匾额,神殿中心端坐的就是英济广惠王。

第八章 宁海县（东乡）古戏台

宁海县地处宁波市南部，北与奉化邻接，西靠天台山，东和象山接壤，南与台州市相通。宁海原属台州，新中国成立后几经调整，划归宁波。宁海文化特性带有浓厚的台瓯风格，靠山面海，传统建筑和民俗风情保存相对完好。

宁海是宁波古戏台存量最多的县，被称为"中国古戏台之乡"。宁海37处古戏台中，10座被列为全国文保单位。

由于宁海古戏台数量多，篇幅大，因此以原甬临公路为界，分为东乡和西乡两章，其中东乡17座，西乡20座。

第一节 县城隍庙古戏台

元宵演剧到春残，乘兴何妨日日看。共道经年辛苦甚，三时工作一时欢。

清代宁海文士王梦赉的这首《宁海竹枝词》，道出了观众看完戏走出戏场的感受。

西晋太康元年（280）设宁海县，县治在三门湾出入口的县城东南白峤村。唐永昌元年（689）迁入今城关，同年建城隍庙，并以梁太清二年（548）在宁海平乱安邦的田什将军为城隍菩萨。宋至清，城隍庙曾七次大规模重修扩建。现存建筑总体建于清嘉庆二十四年（1819）。民国二十四年（1935）又大修，特别是戏台，将台前石柱换成铁柱，仪门和左右看楼同时重建。县城隍庙于1963年被列为浙江省文物保护单位，1981年被列为浙江省近代革命纪念地，2006年被列为全国重点文物保护单位。

从宁海古县城布局来看，城隍庙与县衙、文庙在城内三足鼎立。县衙位于正中，东南厢是面对桃源溪的城隍庙，西南首是学宫文庙。城隍庙在过去有极高的人气，其建筑皆出自域内名匠。为城隍菩萨雕造行宫、戏台，哪怕分文不收，老艺人们也将其视为绝大的荣耀，甚至是积德留芳的幸事。

城隍庙庙门朝东，三开间、硬山式，门前就是缓缓斜坡的桃源南路，临近老南门。庙后门是原横贯老城的中大街。进入头门之后，建筑群沿中轴线呈自南向北缓缓上坡之势，中为照壁、前明堂、仪门五凤楼、戏台、中明堂看戏场、泛轩檐廊、神殿、后廊、后小明堂、后宫。左右建筑群有总曹殿、无常殿、看戏楼、东西偏殿、偏房等，占地1600平方米。位居中心的戏台及左右厢可容得千人看戏，三个明堂及各殿堂都便于人流聚散。该建筑群是浙

图8-1　宁海县城隍庙古戏台正侧面

图 8-2
宁海县城隍庙古戏台藻井和网拱

东保护最完好的县级城隍庙古建筑群。

城隍庙头门很不显眼,两旁曾列文差武使,今已不存。檐廊卷棚和月梁雀替雕刻精美。进入头门,200余平方米的前明堂是昔日敬神看戏、杂耍商贩的集聚之所。二重檐硬山式五开间仪门旧称"五凤楼",与戏台和两厢看楼连在一起。檐廊雕饰龙凤、狮子及戏曲人物,一丝不苟。

戏台面阔5.3米,进深5.2米,离地1.7米。单檐歇山翘角式屋顶,塑龙头及戏曲人物。最为别致的是檐下三面花拱,远看整体如网,与宁波府城隍庙、奉化松岙城隍庙、宁波湖西秦氏支祠等戏台的做法相同,也许是台州木雕艺人在当时的时髦手艺。戏台额刻"思无邪"。檐枋彩画除了有戏曲场景,还有民国生活习俗。戏台顶部的藻井由额枋上的鸳鸯如意拱承托,层层出跳。饱满的半球穹隆体螺旋娥罗顶,井口直径4.5米,雕十六个龙头坐斗盘旋叠涩,并伸出十五跳斗拱伸展如龙,其间用透雕拱板连接。十六条盘旋线不结集于穹顶的铜镜,而是汇集于海浪花纹之中,金饰褪尽,原汁原味。

宁海习俗以正月十四至十九为灯头戏。二月初九是城隍老爷生日戏,一般做十天。三月有迎神赛会。做戏时,城隍老爷要与城内都神庙菩萨和城西白鹤大帝并肩看戏,于是精丽的泛轩下增加了一批木雕的城隍老爷宾客。秋收之后又有谢神戏。此外,还有商人们的财神戏、富人们的寿诞戏等等。

第二节　集义村邬祠古戏台

恩褒自苛铭金版;惠泽于今衍宝桥。

这副对联刻在宁海县西店镇集义村邬氏宗祠的头门石柱上,意思是集义村邬氏曾受皇帝恩赐金匾,祖宗功德惠泽于今。

出宁海县城北18千米的西店镇,旧称"西垫",是伸入浙东内陆的象山港尾。南宋时,奉化西邬花明楼邬氏迁入此地背山面海的平坡上居住,纵横十里,以渔海和缸窑为业,故曾有"十里缸窑邬"之称。

南宋咸淳甲戌年(1274),邬氏聚居的紫溪村邬济民首登进士,出资兴建了古驿道上的"集义桥",桥名取古训"先大夫济民集义以成"。此后,紫溪村又称"集义村"。如今,邬氏有三百余户千余人,传三十余代。

集义邬氏后来又有元代余姚州学邬元、明代蓬莱县丞邬定、清代岁贡邬为臣等数十人为官。其中明正统八年(1443),当地灾荒,邬成童捐粮二千石。后又有其子邬宗斌兄弟及侄永正、永端等捐赈。一门三代行义积德,官府奏报,皇帝旌表"义门""义民",赐"旌表义门"金字门额。因此,明代时族人建义门邬祠。

祠堂朝西,面对紫溪。头门、仪门都翘角飞檐,祠堂前进中心为义门桥。过桥后是精巧的花厅,一屏之隔就是精美的古戏台。朝向象山港的后墙不开门。大堂七开间,与左右厢楼可容数百人,每当过年时节,邬氏男女老幼

图8-3 邬祠内义门桥

图 8-4
重修前与重修后的邬祠
古戏台及其藻井

祭祖看戏,其乐无穷。2003年,邬祠被列为宁海县文物保护单位。

邬祠及其戏台在清乾隆四十二年(1777)和道光十七年(1837)均重修过,前进南北建有厢楼,中间义门桥和荷池刻有"道光丙申"。祠堂内建池造桥极为罕见,院子中心的水池长14米,宽7米,石拱桥高、宽均为2.5米。雕刻精丽的硬山式卷棚顶花厅虽未经漆饰,却古朴素雅,更显文气十足。

2006年,陈逸飞曾在祠内拍摄电影《理发师》。不久后一场火灾,古戏台和部分大堂烧成焦炭。两年后,村民集资重建,按烧毁前的样式和规格精心雕制。戏台顶歇山翘角,檐下角科、平身科、斗拱、牛腿承托,二十四层收缩的同心圆花板,结顶于藻井中心的铜镜。戏台台口高1.5米,宽、深各5米,三面围有雕花栏杆。戏台左右檐柱雕倒挂狮,台口柱立一对小狮子。

邬祠有前后两个明堂,进深60米,面宽25米,占地1500余平方米。正对戏台的大堂,梁柱粗大并施雕漆绘,大部分是原有构筑物,修换了一部分。正中梁枋间挂有清乾隆四十二年(1777)的"理学名宗"金字匾。戏台左右厢楼各四间,每当做戏时日,戏班子就住在前进的厢楼上,村民则聚集于戏台周围厢楼和大堂内外,义门桥上人流如梭。

第三节　潘家岙村潘祠古戏台

鲤鱼岭上月光虚,文岙从来进士居。争说于今文运转,教儿读书世代传。

潘家岙,又名文岙。上面这首录自宁海《文岙潘氏宗谱》的《文岙竹枝词》,写到此地因出过进士、有读书之风,而名"文"。傍海靠山的一排民居中,有一座红漆门面、硬山顶的老房子,三开间的檐廊中心挂有红底金字的匾额"潘氏宗祠"。门口立有"全国文物保护单位"石碑。进入门后,就是有着两个藻井的古戏台,面对披青耸翠的凤凰山和鲤鱼岭。

中国潘姓有四支,其中源于河南固始的一支,即周文王封孙子季伯为潘国侯,裔孙以潘姓。唐元和间,任职六军使的潘仁约自河南迁宁海县深甽独山,后又分迁宁海城北回浦、西店、桥头胡等。始迁祖铭六及兄弟铭一、铭七见此地背山面海,山清水秀,渔樵耕读无不相宜,乃定居于此。昔时出入潘家岙主要靠水路,陆道要过鲤鱼岭,一天难以往返。《文岙竹枝词》中道:"背山面海有人家,耳爱涛声目爱花。圣世吏清民自乐,侬家从未到官衙。"可见,过着与世无争生活的潘家岙人,也自认为此地是"桃源蓬莱"。

自潘仁约迁入宁海后,宋淳熙乙未(1175)又有进士潘彪,后有进士潘铭,可谓"三代进士",但直到清乾隆甲辰(1784)才建宗祠。嘉庆庚午(1810)祠堂前进改建为楼屋,戏台也进行重修。民国元年(1912),潘天寿之父、晚清秀才潘秉璋主事重修《宗谱》和祠堂戏台,民国二十九年(1940)又修。在《宗谱·序》中,潘秉璋说潘家岙潘氏始迁祖铭六公训教后裔读书明义,七百余年来虽"无名公巨卿大儒宿士,然尽职修已淑身不乏名士",载录俊秀英杰者不下十人。

宗祠占地仅600平方米左右,坐东朝西,仪门五开间,有楼,重檐硬山式,开三道门。檐廊卷棚顶,左右檐柱牛腿雕"和合神仙""刘海戏蟾",中心檐柱雕"狮子含剑"。仪门低矮,可伸手触摸梁枋,都漆朱贴金。槛壁、地袱均用石制,防潮水侵蚀。

进门后的戏台建勾连廊,戏台与勾连廊三面为明堂看场。左右两厢为

图8-5 潘氏宗祠金字匾额

图 8-6　潘祠古戏台檐廊和勾连廊

图8-7　潘祠古戏台双藻井

看楼,与戏台相通。面向戏台的祖堂陈列祖宗牌位,面阔三间,单檐硬山式,左右有"Y"形山尖护脊。大堂穿梁、抬梁混合。由于祖堂地面高出戏台地面1米余,故几乎每年都有风潮洪水涌入祠堂戏台下,当地人习以为常,认为海天大观,龙王巡祠,司空见惯。

戏台为长方形,台前立木柱,面阔4.4米,进深4.8米,离地1.45米。台后雕画屏风六扇,上下场门挂"来兮""归去"额。中心额"半入云"乃潘秉璋手笔。台顶四围的额枋伸出平身科四攒二跳,承托刻成龙凤的雀替,方形井口四角刻不同风格的蝙蝠图案。中心藻井精雕十六条龙形长短拱木,向穹隆顶结集,细刻的连拱花板层层收缩于穹顶铜镜,绘彩贴金,蔚为大观。

与戏台藻井相连的看场藻井中心为方口八角攒尖,屋顶小青瓦歇山翘角飞檐,檐下装饰简洁。而藻井檐枋四面各装平身斗拱,出三跳承托井口。藻井外围卷棚顶。两个藻井特色不同,因戏台重修时由两班工匠"劈竹做",各呈风采。

第四节　涨家溪村金祠古戏台

长山缭绕接山峰,砥柱回澜在此中。最是渔村风景好,归帆渔鼓夕阳红。

这首描述宁海县象山港畔的小诗《渔村》,也许写的就是涨家溪。涨家溪原名张家溪,今属宁海县桥头胡街道,因源于长蛟半岛浦岭山的山溪环抱张家村,而名张家溪。《猴城张溪金氏宗谱》载:"张溪者,因溪而得名,也以溪常开张弯抱,故名。"《宗谱》还记载,南宋晚期,世居天台赤城杨柳巷的金义卿(1275年生),入赘象山港东南岸的张溪村,娶了张浣之女。经过数代,子孙繁衍兴旺,张氏另迁他处。数百年后,曾潮汐涌动的张家溪村口涨平成陆,于是就又改称为"涨家溪"。这里溪水清洌,交通便利,北有青山相依,南有金溪环抱,堪称风水宝地。金氏宗祠戏台顶上的天花板书"神听和平",道出此中胜景。

金氏宗祠位于村庄中心的平缓坡地上,坐北朝南,背靠巾山,至今尚存数百年前的古墓和古木。祠堂占地近800平方米,四周围墙,朝南设照壁,东西两边有五马山墙围护,门开在东侧。祠堂前一大块道地,中心挖方形太平池"世德塘",长18米,宽12米。祠堂前后民宅井然有序,傍溪而居,溪水流向象山港。

进入祠堂头门,可见前明堂立有一对高耸入云的旗杆,抱杆石刻有"光绪辛巳三十一名"字样,据说是一位武举人;另有一对抱杆石倒在地上,据说是文举人,都是金氏族人引以为豪的先祖。旗杆中间一方花坛有石栏围柱,刻一对石狮。仪门檐廊下的卷棚、月梁、牛腿撑拱刻凤凰、牡丹、狮子、鹿鹤等,石刻、砖雕、灰塑、木雕无不精工细作。

由于涨家溪村靠近象山港,所建民居多低矮坚固,宗祠也不例外。单檐硬山式,墙体厚实,戏台歇山翘角勾连廊,高出其他建筑物。台口离地

图 8-8 金祠古戏台守台石狮

1.6米,边上设护栏,台前一对石柱上雕精巧的石狮子。木板台面宽、深各4.8米,戏台离檐枋3.7米,与后场有一块四扇花鸟山水屏相隔,台额书"思无邪"。左右出入门挂扇形匾"出将""入相"。檐枋与藻井的高度为2米。五彩雕花的戏台藻井同心圆穹隆顶,八条长经线从顶部通到井口,八条短经线仅在穹隆顶的下半部设置,刻有八条龙形雀替托住井口。圆形井口直径3.5米,由承托圆井的方口檐枋三台斗拱昂头支撑,戏台显得高大宽敞。

与戏台顶部相连的看廊,红漆木柱高达5米,顶上设置四周卷棚,中心八角攒尖顶,檐角花拱如鲜花,也是精雕彩绘,修缮保存完好。勾连廊下是当年金氏族人长辈贵宾的雅座,有身份的女宾只能在不高过2米的左右厢楼上看戏,露出小半个身子。

据资料记载,金氏宗祠中的"戏棚"始建于清雍正丁未年(1727),嘉庆十八年(1813)修祖堂大厅及戏楼。此后历次修缮,至民国五年(1916)改办"腾蛟小学",因此祠堂内未遭到大的破坏。新中国成立后,曾用作扫盲学校、团校、党校等。1997年,村民曾集资修缮。

图 8-9 金祠古戏台及其勾连廊、双藻井

第五节 箬岙村褚祠古戏台

唐室元勋，登瀛洲而炳大节；台山甲姓，分洞浦而有余庆。

这副对联挂在宁海县箬岙褚祠的祖堂里，联中提到的"唐室元勋"即初唐著名书法家褚遂良。箬岙，在宁海县城东24千米的三门湾西岸，西北部有海拔高达523米的望府楼山状元峰,东南面对三门湾旗门港蛇蟠涂。

箬岙褚氏发祥地在河南。殷商时先祖"食采于褚地",后来设"褚师"掌管市场,以职为姓。褚遂良于贞观二十三年(649)被封为河南郡公。宋末元初,大批宋室富户南迁,褚氏一支迁入天台。元代至大年间,又有一部分自天台新丰里经台州海涂迁入三门湾西岸眠牛山下高坡。明永乐初,褚裕卿、褚德卿兄弟又迁入当时箬竹丛生、三面环山的箬岙。三门湾西岸古称"东洲",褚氏迁入箬岙后,为防海匪,在村周筑石城,故箬岙又称"东城"。这座古村中,曾建有"植桂斋""指南轩""西园""清香馆""挹爽楼"等五处书院(斋)。明代时出过六名秀才,清代有二十五名秀才。还有学田五十亩,供村中学子免费读书。

雍正七年(1729),箬岙始建祠堂,至乾隆九年(1744)建成,悬"引之堂"额,取"引而发之"之意。嘉庆二年(1797),宗祠再次扩建重修,东西厢楼及中明堂、戏台都重建,占地近千平方米。道光二十五年(1845),祖堂、前堂及三厢又重修,门外扩建近百平方米,置明堂、照墙及东西月洞门。还规定元旦、上元(元宵)、清明、中元(七月半)、腊月五次祭祖,春祭期间演戏。有对联如:"表东海以卜居,兰桂绳绳光俎豆;缅南宫之遗范,簪缨奕奕荐馨香。""有性灵人,胜读五经廿一史;没意趣汉,只知九调十八腔。""装点来,千古浮生若梦;思量去,一场无声如棋。"

面对"引之堂"的古戏台,宽4.45米,深5.3米,台口高1.45米。台前有二石柱,柱顶立石狮子。台口有花栏杆围护,戏台四柱明显"侧脚","八"字形收分更加稳固。檐下各三至四出带有沙帽翅的小斗拱刻花漆彩,尤显精巧。戏台屋顶为明代样式,歇山顶二角微翘,檐角防雨板下垂,是闽台式做法。藻井方口卷棚顶,四周斜庇天花,有彩绘龙凤仙鹤等珍禽瑞兽。四周地坪用溪滩卵石铺就,明堂中的雨水有暗沟排到溪坑中,无积水之忧。戏台两边各五间厢楼和台前空间足够容纳数百人看戏。

大堂内供褚氏列祖神位。靠左右边墙的列柱七条,中心仅四柱着地,"偷梁减柱",以增加地面空间。有的木柱仍保持宋明"梭柱"格式。祠门上有一副对联道:"天无浮云语;地有流水声。"

图 8-10 褚祠"引之堂"匾额及源流牌

图 8-11 褚祠古戏台及其藻井

第六节　团堧村戴祠古戏台

宁海县西店镇,又叫"西垫",旧称"西垫驿""西垫街"。它位于象山港水道西部的平坡中,东海和南海船舶可沿港进入内陆,客商可在此转道绍兴、天台或南下台闽。西垫老街以东一公里即"敦本堂",于君父必"敦忠孝之本",于师长必"敦敬顺之本",于兄弟必"敦友爱之本",于友人必"敦信义之本"。这是记载在宁海县西店镇团堧村《戴氏宗谱》中的一段家训。

宗祠朝南,面对三门湾铁港狮子口,波浪滔滔。朝东南望去,海波滩涂中网杆如林,渔轮、小舟穿梭其间,据说这里是牡蛎、海鲜的养殖基地。数十年来,旧房改建新居,新楼已将风景挡住,祠堂尤显安静。

据《戴氏宗谱》记载,公元前779年,周宣王封宋国君,因"万民拥戴"而以"戴"为姓,居河南商丘。至汉代时传了31代,迁到安徽亳州谯国郡,故又称"谯国戴"。至唐玄宗时,65世先祖任河南推官。天宝十年(751),为避安史之乱,迁入福建泉州。70世先祖又自闽入浙江温岭,居于海滨南塘,并在此以养殖牡蛎为业。91世良能公为避元兵之乱,于元至正三年(1343)迁到象山港深处的海滨高地,此地原称"堧里",戴氏以其"枕山面海,其地

图8-12　宁海县西店镇团堧村面对的象山港海湾

图 8-13
戴祠古戏台勾连廊的方圆藻井

团聚",故名"团堧"。

戴氏居此后,"半渔兼农桑",将祖上在温岭南塘养牡蛎之法移植。因象山港尾的海潮适宜牡蛎生长,当地牡蛎味美肉嫩,成为特产,以"天下第一鲜"名闻宫廷。六百余年来,团堧村中已有千余户,分六房七村,有三千名戴氏"敦本堂"传人。明崇祯二年(1629),始建祖堂。清康熙四十二年(1703),始修宗谱。至清代晚期,近两百年间七修宗谱。

宗祠在一片新楼中,门前一块水泥平地,头门、仪门已改建,仅"礼乐世家""戴氏宗祠"的石匾是光绪七年(1881)的旧物。院内还完好地保留五楹的祖堂和左右两厢楼。大明堂中心的戏亭朝向祖堂,长、宽各5米,台面高1.26米。戏台前建有勾连廊,廊亭上部卷棚式藻井及檐枋小斗拱精雕彩漆,与戏亭的藻井连在一起。戏台藻井由八圈逐渐收分的同心圆和十六条集中于穹隆顶的"太极图"花拱构成,绚丽夺目。戏台屋顶歇山翘角檐下置戗角、檐椽、花板、出头枋,都精雕彩画,戏台前立两条铁台柱。

据称,祠内原有上千块历代祖宗牌位,都毁于一旦。祠内外仅祖堂有"敦本堂""志坚金石""藏珠于渊"匾,无其他对联匾额。每年正月过年请神祭祖、初八娱亲上灯、十五做"灯头戏",三月清明扫墓,六月下旬下洋捕鱼祭神,七月半放焰口做道场悼念亡灵,十月十三至十四日境主生辰谢神。

第七节　岳井村蒋祠古戏台

村落离山滨海边,始建洪武十五年。外围三姓张王李,修塘造地蒋为先。东井西祠灵鸟栖,鹤井村名意深远。……

这是《鹤井蒋氏宗谱》中的一段诗文,说明宁海县长街镇岳井村原名"鹤井",蒋氏在此定居。《宁海县地名志》载:"昔人见有鹤栖于井畔,以为祥瑞,故名鹤井。"今村东遗存寿桃形巨井,井围90米,深7米,周边有石栏。

图 8-14　岳井蒋氏先祖像

据说井底有三个出水孔,一咸二淡,久旱不竭,水味甘洌,酿酒醇香。井边二十四级石阶伸入井底,并立有清光绪三年(1877)重修的古碑。

岳井村在三门湾白礁水道之西,与象山县隔岸相望,距宁海县城 33 公里,距海仅 1500 米。村北面古道可通象山县泗洲头,南通长街镇。村西有山丘,其中龙泰岩、凤凰山高约 150 米。今岳井村有 600 余户近 2500 人,多姓蒋。据《鹤井蒋氏宗谱》记载,蒋氏先祖系三千余年前周武王三子,封地于"蒋"(今河南信阳),以蒋为姓。至汉唐已"簪缨济美",有东汉建安四年(199)右丞相蒋洪仕、唐天宝二年(743)银青光禄大夫蒋诜、宋景德四年(1007)翰林侍讲蒋世荣等。唐末乱世,已迁入江西广信弋阳的蒋氏七十九世孙跋山涉水迁至宁海西洲(今长街镇西岙),其后裔分迁于鹤井,与退居故里的丞相叶梦鼎在蔗山相遇,请其为《宗谱》作序,此即今存鹤井蒋祠戏台旁作于南宋景炎二年(1277)的碑文。

岳井曾设乡,以三、八日为集市。祠堂在鹤井之西,朝南的官帽式正门门额书"衣冠耆英",仪门上的对联写道:"乐曲常新歌盛世;琴声依旧谱和平。"

下篇 · 宁波地区主要古戏台选介

图 8-15
蒋祠古戏台及其藻井

据《宗谱》记载，祠堂由十二世永芳公建于康熙二十七年（1688），光绪三十一年（1905）重修。1941年6月遭日寇破坏，"文革"期间曾改为米厂。2004年，祠堂再次重修，就是如今的面貌。站在仪门前的前明堂，可见祠堂三面有高墙，南墙兼作照墙，墙外的环祠小河通入海湾。祠堂占地约700平方米，前进门廊五开间，开三道门。檐廊上有楼，廊柱牛腿施雕，门前道地满铺石板，立有一对旗杆石，古碑字迹难以辨认。仪门中门挂"蒋氏宗祠"额。由于祠堂在数年前重建重修，因此显得分外整洁。进入中门可见屏壁之后的戏台，左右各环三间看戏楼，与戏台楼梯相通。

戏台宽4.6米，深5.2米，台口离地1.6米，三面有围栏。台顶盖小青瓦歇山翘角，檐角有下垂的风雨滴水板，是浙南特色的檐角风貌。戏台藻井用同心圆十六经，昂头翘出，圆井口四周由方形天花板和檐枋小坐斗承托。檐角角科七出，平身科五出，双挑昂头等。戏台与后场有屏板相隔。戏台上一副对联写得好："世无恒产有恒心；居未积金先积德。"

祖堂五开间，顶上彩画虹梁、倒挂花篮等。祖堂内还留有一块"圣旨石"，中心挂着"意鹤堂"匾额，其他还有"苦衷坚操""缑东名宗"等古匾。列祖列宗神位书有"仲波公派下十五世太公太婆"等。

第八节　海口村皇封庙古戏台

帝敕荣颁，永作水乡保障；皇封宠锡，常留海口威名。

这副对联刻在宁海县西店镇海口村皇封庙神殿的石柱上。神殿至少有十八根石柱，每根直径0.5—1米，其中雕有四条镂空云龙的檐下石龙柱高4.4米。皇封庙庙神不少，其中最主要的两位，即赵匡胤的得力爱将曹彬（931—999）和近海渔民信奉的妈祖娘娘。

皇封庙占地近700平方米，朝南面对象山港，北靠丫髻山、万步岭，雄

图 8-16　皇封庙精雕石龙柱

踞海口。沿中轴线有照壁、宫墙、前天井、旗杆石、七开间的仪门、戏台及两厢楼、中天井和神殿。庙墙上书"海不扬波"。庙内挂"神威显赫""圣德昭彰"匾,刻"庙社声灵冠六乡;英雄韬略垂千古""海疆鼍鼓壮神威;天阙龙章崇伟烈"等对联。传说小康王赵构曾在此庙避难,故南宋时重建,宋高宗封赐"皇封庙"直匾。

大约在清道光五年(1825),皇封庙再次重建,规模就是现在的五开间七架梁神殿。其中檐下一条石龙柱上刻有"境下太学生邬韶立","太学生"即在太学读书的生员。其他石柱还刻"邬礼忠敬立""詹恒通敬立""邬伟昌重修"等。邬韶,《宗谱》名邬为琮,上金村人,为建庙董事,道光二十一年(1841)去世。邬氏曾出资从福建运来刻有云龙、白象、凤凰、狮子等精美

图 8-17 皇封庙古戏台及其藻井

图案的石柱及构件,有的石柱还刻对联如"神镇海邦,四姓咸怀旧泽;庙修闾里,千秋足唤新模"等。

庙内仪门新修,采用石柱,书"沧州日色朝临宇;铁岸潮声夜到门"。廊檐卷棚顶和廊下檐柱倒挂狮修复旧貌。进门后可见屏壁绘"曹彬下江南"壁画,屏壁后就是戏台。戏台顶为筒瓦歇山翘角,藻井为同心圆攒尖结顶。檐枋井口平身科三面各四攒,角科七出昂头雕花,戏台柱与檐枋连接处刻龙首,精雕彩绘。

1991年按原样重建的皇封庙戏台宽4.7米,深4.8米,高1.4米,台下长短十条台柱承托。据说,每年农历正月初十起要演三天三夜年规戏。七月三十起有香会,因八月初一是曹彬生辰,也有戏文。每年由住在上金村附近的吴、邬、詹、徐四姓轮值祭祀和做戏。戏台正对神殿,相距10米,左右的四开间看楼可容纳上千人。

皇封庙的神殿内有二十余座男女文武神像,坐在中心的一位青布素巾文士就是曹彬。神殿中还有数只帆船模型,这是渔民祀望海途安宁、渔市得利,得到海神妈祖的护佑,正如石柱对联所言:"庙貌巍峨,西拥凤山佳气;神功浩荡,东环蜃水息波。"

第九节　下浦村魏祠古戏台

汾水龙门六传文教,遐支永哉;清潭燕翼莫感孝恩,春露秋霜。

这副挂在宁海县强蛟镇下浦村魏氏宗祠头门的对联,透露出这里的魏氏祖籍山西汾水,后裔迁自清潭(今属绍兴上虞)。据《宁海县地名志》等史料记载,下浦村有很多不同的名称,因位于流向象山港的浦江下游,故称"下浦";旧有海船埠头,因此又称"下埠";又由于村靠蒲岭,曾称"下蒲";还称"下洋""后舟"等。

据《下洋浦江魏氏宗谱》记载,此村魏姓又称"浦江西门派魏氏",始迁祖魏道六是唐代名相魏徵的十三世孙,于金兵南下时自上虞清潭迁此定居,历七世,其中一支居于"下舟"。清咸丰年间,他们与从福建迁入的钟氏居同村,共300余户千余人,耕读渔商。《宗谱》还记载,魏氏在此定居后曾有人在日本、琉球、南洋等地经商。明嘉靖癸巳年(1533)建祖堂,清康熙八年(1669)择地镇福庵东南的平坡,大兴土木,建立东西两派的宗祠。道光年间扩建五开间大堂和仪门。光绪十六年(1890)修建仪门、戏台、厢楼等。民国九年(1920)曾改办小学,1970年又为下浦初中,1988年中学迁走后重修,即今天可见的建筑规模。

魏氏先祖为三千年前周文王第十五子,受封于毕国,后裔在公元前661年受封于魏邑,即今之山西汾水,以国为姓。秦时,一支后裔在河北巨鹿成为望族,故魏氏宗祠祖堂内正对戏台的匾书"巨鹿发祥"。魏氏后裔在五代时南迁,北宋初从中原迁入福建、浙南和浙东,遵祖训:"士成嘉学,彦启文

图 8-18 下浦村魏祠门廊和网拱檐廊

下篇 · 宁波地区主要古戏台选介

图 8-19
魏祠古戏台及其藻井

章,人守善行,德懋期昌。"遂成宁海巨族,出秀才 18 位,素称"仁里"。

魏祠占地千余平方米,头门朝向东南,与仪门合一,南面影墙,矗立如屏。门廊五开间,东西为耳房和八字形砖墙,开三道门。檐廊有三道精巧的卷棚,檐柱牛腿精雕狮子、白象,全部彩绘。最值得称道的是仪门檐下的网状花拱,满布廊下,尤显气派精丽。这类纯属装饰的网拱全部用小木栲头拼接,上千块小木块组成奇妙的网状图案,曾在清初与民国时的浙东流行。

仪门三道,各绘秦叔宝、尉迟恭等门神,都是唐太宗时开国名将,与魏徵一起辅佐太宗。进入中门之后,迎面一套八仙屏风,左右倒座,过堂兼作门厅,东西各四间厢楼,古戏台双藻井勾连廊正对祖堂,其中台前勾连廊顶部同心圆藻井十六圈,盘旋于穹隆顶,结集于中心的太极八卦图案。廊下设七排长条凳,为昔日族中长辈和贵宾专座。每年正月和八月做戏,院子可容近千人看戏。

戏台屋顶歇山翘角缓起,正脊灰塑龙头。檐下斗拱用精巧的方形平身科花拱,四攒昂头制成方形。檐下角科斜昂七出,形如花朵。四柱的檐枋

图 8-20　魏祠历代祖宗牌位

彩绘戏曲场景。戏台上六扇屏风，中间四扇草书唐诗，左右两块画山水风景，古雅隽永。台上挂额"可以观"，左右出入场门挂额"来兮；去也"。戏台宽4.8米，深4.7米，高1.4米。抬头的方口圆形藻井中间为螺旋娥罗顶，十六经盘旋向上结顶，百余年来未经漆饰，保持古朴。

戏台左右厢楼两边都设精巧护栏，但样式完全不同，即为两班工匠分头"劈竹做"。面对戏台的祖堂也是单层五开间，檐下卷棚顶、檐枋、檐柱都施雕漆彩，山墙墀头石雀替刻有"万物静观皆自得；四时佳兴与人同"。祖堂上挂的匾额有"冰霜劲节""媲节怀清""文元"等。其中"文魁"匾额有"恩科十二名，浙江省布政使"等字样，可见下浦魏氏不仅务农重商，更有一批重教崇文的科举学子。祖堂北壁还可见近百块历代魏氏列祖列宗牌位，最高层中心的一块书有"唐大元辅魏氏始祖文征魏公之神位"，还有"宋绍定侯寿昌、梦熊"等。

第十节　柘浦老街关旺庙古戏台

事业勋名于今为烈；衣冠人物亘古常昭。

这是刻在宁海县茶院乡柘浦老街古戏台石柱上的对联。古戏台坐落在柘浦老街，面朝关旺庙。可能因为古代此地多柘树，村落又在茶院溪的入海口，所以被称为"柘浦"。《山海经》里说："发鸠之山，其上多柘木，有鸟焉，其状如乌，文首、白喙、赤足，名曰精卫。"精卫鸟就是衔着柘树枝和小石子来填大海的。

据2001年立在关旺庙内的一块《重建关旺庙碑记》说，村街和古庙位于县东盖苍山南麓，两侧有龙凤溪，前面有珠宝山，是风水宝地。这条原本靠三门湾港涂繁荣的老街串起了这个千年古村，老街历史最早可追溯到晋代，是象山到宁海的必经之路。据《宁海县地名志》载，由于此地靠山近水，

图 8-21 柘浦老街关旺庙古戏台

邻近流向三门湾的茶院溪,南朝梁大宝二年(551),徐氏祖先永泰为避兵乱从黄岩黄沙村始迁此定居,以山海为业。由于地处宁海东门外海滨古道,日渐形成市集老街,众姓纷纷迁入,因此这里的村民姓氏有十七八个,以徐为主,最古的有近1500年历史。其中陈姓从古县城白峤迁过来,其他有王、胡、张等。当初这里还是海舶商船集散地和避风港,仅百年前,每逢农历三、六、九日,有"十日三场市"。现在近百户人家四百来人口,显得冷清。大多遗迹无存,只有古朴的路亭和古戏台,陪伴着香火不旺的关旺庙。

这座庙前戏台在关旺庙中轴线上,两边没有厢房,也没有台后地。戏台顶上的小青瓦歇山翘角缓缓伸展双翼,出檐超过1米。台顶木结构梁架四庇横撑抬梁式。台前一对石柱十分厚重朴实,直径盈尺,高3.5米,上圆下方,刻有"咸丰己未菊月"字样,至今已有160年的历史。戏台檐枋上,书有"壬寅年冬月重建"。戏台通体不施漆饰。前台口立有两条高1.8米的石柱,柱顶石狮还是百余年前原物,左右顾盼,面目传情,为冷落凋零的古戏台带来一些生气。

图8-22 柘浦老街关旺庙庙神关公

歇山顶古戏台离地1.5米,宽4.8米,深3.4米。后台两边有对称的八字形木梯,可供上下台。戏台屏风已改作村委宣教栏,贴了通告海报。距戏台30米处的广场大概就是昔日的街市中心。

关旺庙里供着红脸绿袍的关公,身边是掌印的关平和扛刀的周仓,模样都按照戏曲人物来雕,对联写道:"明光照帝德,昭彰威振四海;丹药妙芬芳,圣佑黎民千秋。"庙角落里还有比关公塑像小得多的土地公、土地婆像。据说先前还有一块石碑上写:"文官下轿,武官下马。"从前商人也喜欢拜关老爷,看重关老爷义气。关老爷诞辰五月十三日是过去这里做戏的日子。据说那天早上要下点小雨才好,名为"磨刀雨"。该日老街有庙会和集市。最后一次做戏是1993年,如今关旺庙已被列为文物保护单位。

老街与戏台的西头是一个凉亭,称"日中亭",硬山式三开间,东西观音兜山墙下开有拱门,朝南开敞,称为"路廊"。廊内设石凳,供行旅坐歇,立有光绪三十四年(1908)重修碑记。这类凉亭在浙东是很常见的,它不像象形文字的"亭"字,而像一间屋子,在路中央。日中亭两边的山墙门额上各有四字"浙东孔道""浦里名衢"。据说这种样式的亭子的设计者是朱元璋,因为朱元璋年轻时做过叫花子,多半住在凉亭里,四面通风的凉亭会冻死人。朱元璋当了皇帝后,就下令把凉亭改成这个样子。日中亭里面的石柱

图8-23 柘浦村的老路亭——日中亭

都刻有捐助者姓名,有一根写着"镇邑陈显祥助柱一只",另一根柱上刻着一个和尚的名字。造凉亭是旧时社会的公益事业之一,所谓"行善积德修桥铺路造凉亭"。乡谚里又有"凉亭虽好,不是久留之地""鲁班师傅造凉亭,小讨饭来出批评"等。浙东岁时歌《十二月子歌》里也有"十一月滴滴答答下雪子,十二月凉亭冻煞叫花子"。

在柘浦老街和古戏台近处,还有建于唐武德五年(622)的寺院,旧名"海国寺",宋时赐名"净土寺",原立有一块元代舍田碑,上面写着葛氏舍田赠送给住持僧人,碑文由吴兴牟巘撰作,大书法家赵孟頫书写。可惜碑在"文革"时被抬去造水库用了,光绪《宁海县志》收有碑记全文。寺院在清同治间废,后有僧人赎田重修。总之,柘浦老街古戏台及许多相关建筑,都曾经是宁海东乡海滨古驿道上的亮点。

第十一节　山头村西山殿古戏台

腊残海峤悬桃日,正是山家爆竹时。寂寞两京寒玉琯,萧疏双鬓点银丝。干戈回首都成梦,杖履随身那免悲? 不饮也应春酒笑,强邀石冻助新诗。

这是民族英雄张苍水(1620—1664)作于宁海县长街镇山头村西山殿的诗,诗中描写了他二十年来在家毁国破的背景下流亡海滨的无奈和刚毅。据有关史料记载,清顺治己亥(1659),张苍水为积蓄抗清力量,带着随从从皖南来到宁海县长亭(即今长街),在旗山下扎营,西山殿就是他的指挥部。

山头村800余户2000余人,以冯为主姓。据《旗山冯氏宗谱》记载,旗山冯氏族祖冯安云,原籍河南彰德府,元至大四年(1311),领兵到宁海供职,在城东27千米处,见当时长亭有渔盐之利,于是举家定居于山下。这座旗山远看如一面展开的巨大三角旗,主峰海拔144米,伫立于三门湾北岸的滩涂上。张苍水在此与军士共同战斗劳作,并出资为当地村民修筑了

图 8-24　西山殿古戏台举行张苍水纪念活动

图 8-25　西山殿古戏台及其藻井

水塘"煌言塘"。《宗谱》曾记载当年村民与义军互相掩护救助的事迹。

西山殿又称"东庙头",坐落在旗山东隅,明代时,里人卜吉,从旗山西隅迁移至此,故仍称"西山殿"。殿内供奉的主神是东汉著名道士赵炳。据《宁海县志》等记载,赵炳原籍浙江东阳,曾修道于临海白鹤山,成仙后,当地建白鹤庙祀之。高宗南渡时,白鹤庙菩萨赵炳显灵,一时云雾漫天,伏兵摇旗呐喊,金兵溃退。高宗回朝后,就封赵炳为"灵显威烈昭德仁济王",又

图 8-26 西山殿古戏台演出记录

称"白鹤大帝",并以浙东六邑为庙食,建了数十处白鹤庙。这座白鹤庙是宁海县现存十余处白鹤庙中,保留较为完好的一处。

西山殿坐北朝南,设石库门式三道门,五开间,中门嵌石匾"西山殿",如今还保持原汁原味。围墙内建筑占地约500平方米,为四合院式。面对戏台的神殿三开间单层,中殿供奉白鹤大帝及文武仪卫,左右偏殿供奉玉皇、娘娘和土地神、财神等。院内左右各四间厢楼,中心为一座歇山顶带有明代样式的古戏台。戏台后场与门厅、倒座和前楼相通,虽几经修缮,仍保留原有结构,且都不施漆饰。

西山殿内戏台屋顶盖小青瓦,灰塑龙头吻脊。朝北的檐角缓缓翘起,檐下四面额枋、平板枋各设铺间斗拱二攒,外拽二跳,天花额枋承托檐枋。天花板绘有精美彩绘"五福朝阳图"等。彩画曾用石灰水涂刷,大部分已损坏。今存戏台顶上藻井为八角形同心圆攒尖结顶,四方井口置斜角梁,连拱板斗槽台阶式,八角井口设坐斗八个,出跳向上收缩于穹隆顶中心。戏台宽4.6米,深3.4米,高1.45米,三面不设护栏,前台口立有高1.8米的石柱两条,刻有一对石狮子。

戏台后场就是头门前进的楼上，开五扇小窗，板壁上还有粉笔书写的演出剧目，如《薛刚反唐》《金牛太子》《盘丝洞》等。宁海县宁青剧团及新昌、象山、鄞县等地剧团曾登台演出。

1993年后，古庙和古戏台重修，作为老年协会活动场所，并被列为县级文物保护单位。"张苍水屯兵处"又是一处文旅胜地。古庙内曾有张苍水《山头重筑海塘碑记》，庙外是"煌言塘"部分遗迹，庙后是当年张苍水留下的练兵场、烽火台、古城墙等。"海扬义帜旗山举；村有䏄田忠烈留。"三门湾畔、旗山山麓的西山殿，不仅留下古庙和古戏台，更留下昂然正气和民族精神。

第十二节　田交朱村朱祠古戏台

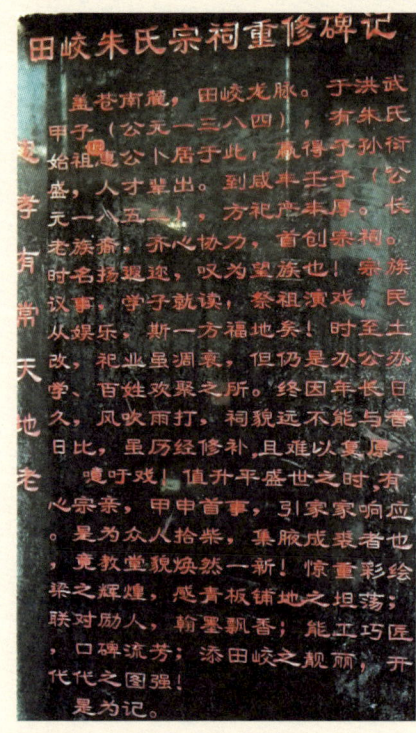

图8-27　《田岭朱氏宗祠重修碑记》

正是古人当着眼；弗因前事不关心。

这是刻在宁海县力洋镇田交朱村朱氏宗祠古戏台石柱上的对联。进入田交朱村，见有"朱氏宗祠"四字的匾额挂在朝东的砖墙石库门上。进入头门、仪门合一的前厅，可见祠堂已改作老年协会活动场地，进出的老人络绎不绝。对于这村中近600名朱氏族人来说，祠堂是他们凝聚团结的象征，每年八月十六做戏文更是村中大庆。祠堂内的匾额、对联、碑文、书画娓娓述说朱氏先人的荣耀，特别是宋代理学家朱熹和明代开国皇帝朱元璋。

图 8-28　朱松、朱熹和朱熹神位牌

据说朱姓祖先是古帝颛顼的后代,被周武王封于邾邑(今山东邹城),称朱姓。春秋战国时,迁到沛县(今属江苏徐州)。田交朱氏的祠堂和宗谱都记载这一支的始祖为原籍江西婺源的南宋绍兴十三年(1143)通议大夫朱松。他生有二子,即朱熹和朱熹。朱熹迁到福建,而朱熹迁到临海,后其子又分迁鄞县西乡。朱熹第四代孙从鄞西再迁到宁海县城西的连理乡下洋。裔孙朱昭惠在明洪武十七年(1384)发现这里是风水宝地,平缓的黄岐山麓,北面有盖苍山,山势高峻,葱郁如屏,主峰海拔870余米,西有力洋港、毛岐港水脉,东有胡陈港汇入三门湾。这块被称为"田交"的土地正是立业发族的"龙脉宝地",遂卜居于此。据《田岙朱氏宗祠重修碑记》记载,朱氏将此地改称"田岙朱"。《宁海田岙朱氏宗谱》载:"方祀产丰厚,长老族裔齐心协力首创宗祠。时名扬遐迩,叹为望族也。宗族议事,学子就读,祭祖演戏,民众娱乐,斯一方福地矣。"新中国成立后,这座占地700余平方米的宗祠曾改作村内办事场地。2006年重修,明堂中的古戏台又开始演戏。

朝东的祠堂祖堂为五开间单层硬山式,堂内正中供奉着族祖"宋封赠通议大夫始祖讳松朱公"及朱熹和朱熹的神位牌,高悬"台宁朱氏,派衍婺源"的金字木匾,还挂着一幅朱熹的"读书起家之本,勤俭治家之本,和顺齐家之本,循理保家之本"训词。此外,祖堂内还高悬清代朱柏庐(1627—

图 8-29　朱氏宗祠古戏台及石狮

1698）编写的《朱子治家格言》，一幅朱漆金字直匾"南宋理宗钦赐翰林院检讨"赫然入目。

　　修缮后的戏台古风盎然，顶部盖小青瓦歇山顶，正脊灰塑精巧的双吻龙头和火焰珠。起翘的檐角塑祥云凤凰，立两位"天官赐福"。台州式檐角下垂的风雨板颇显特色。檐下的木结构角梁檐枋连楹花板，平身科坐斗也做得精致，就是台顶的藻井未修复而空缺，尚显简朴。

　　戏台宽4.3米，深4.5米，高1.4米，有十六条长短木柱和石柱落地支撑。其中台前两条圆形长石柱刻有对联，两条方形台口短石柱刻一对狮子。台下三面都用石板封砌，台上屏风画有福禄寿"三星"图，戏台三面围有细巧的花格护栏，祠堂明堂满铺石板。由于村中老人精心保护管理，祠堂及古戏台内外井然有序，整洁肃穆，文化气息浓厚。

第十三节　里岙村叶祠古戏台

缥缈蛟龙宅,风雷隔杳冥。人家多面水,岛屿若浮萍。煮海盐烟黑,淘沙铁气腥。停骖方问答,渔唱起前汀。

这是元至治元年(1321),义乌人黄溍任职宁海县丞时写的《初至宁海》诗,写到的景致极似如今三门湾滩涂畔的里岙村。里岙村距离宁海县县城12千米。

据《里岙叶氏宗谱》记载,叶姓源出沈氏。春秋后期,楚国左司马沈尹戌与吴国作战时阵亡,楚昭王把叶邑(今属河南叶县)封给他的儿子沈诸梁,史称叶公,后裔以叶为姓。东汉末年,叶氏一支从河南迁入浙江。千年前,临海学士叶景泰任职吴越国散骑常侍,因有军功,赠太傅。后因钱越王归宋,偕侄御史中丞叶温誉隐居在三门湾畔的小梅枝村,四子叶仁海往南分迁,至小鳌岭脚,繁衍发族。由于村处望府楼山新岭之东南,因此以"里

图 8-30　叶氏宗祠祖宗像

图 8-31　叶氏宗祠大厅和相对的戏台

岙"名。祠堂内正对戏台的祖堂上挂着三幅祖像,即临海、梅枝和里岙叶氏的祖宗。

里岙三面环山,仅开东南一面通海,旧属官岭乡,今归一市镇。如今160户600多叶氏后裔在村中定居已有八百余年。村子中心的叶氏宗祠被用作婚庆丧事及族内议事场所,现在又兼作老年协会活动场地。

叶氏宗祠朝南,坐落在高出民居的高浪山台地上,占地约600平方米。祠堂始建于明代,清初重建,四围砖墙,孑然独立,东墙、西墙下各开门。南墙与高坡的石坎墙相接,又兼作照壁。朝西又开了一道出入门,也即祠堂很不显眼的头门。进头门有10余平方米的倒座、前天井,左转就是简朴的仪门,五开间硬山式,有楼,楼下兼作通道。进入仪门之后可见中明堂、戏台、两厢和低矮的祖堂正厅,中心的明堂满铺卵石泥土,长出嫩绿青草。

祖堂正厅高出戏台地坪0.6米,硬山式三开间四进,前后单步梁,明间抬梁,次间穿斗式,补间铺作各二攒,一斗三升式,都带有明显的明代特征。东西山墙与梁架完全分离,具有"墙倒屋不倒"的特点。左右山墙的墙山头砌筑宁海特有的单马头护山,祖堂后墙外就是葱郁茂密的林木。

图8-32 叶祠古戏台及其藻井

　　祖堂内的梁架木构也很有特色，靠墙的列柱六条，中间列柱各六条，共二十条木柱顶端都置栌斗、雀替，且多有彩绘。石柱础圆鼓状，下承覆盆基石，为明代遗留。屋架采用穿枋和抬梁，使狭小的厅堂空间显得较为宽敞。明间的前后檐柱采用两头小、中间大的梭柱，有的直径达0.5米。这类保存江南宋明古式的梭柱，在宁海的老祠堂中还常能看到。此外，祖堂的明间无额枋，直接用檐檩，上安承椽木，月梁与穿枋均出头，枋头刻云头象头，梁与柱的交接处使用海马虹梁和大雀替，使面对戏台的厅堂结实牢固。挂在祠内祖堂的匾额有"一经传德""河南南阳""康熙庚辰"等。

　　面对祠堂的古戏台于民国初年重修，前两条台柱换为铁制圆筒状。戏台左右护栏也换成了铸铁花栏。戏台面宽4.5米，进深5.1米，高1.3米。颇具特色的是戏台前、左、右三面檐下的网花状斗拱，安在额枋上层层出跳，斜拱与如意昂巧妙组合，仰看似网格花纹，侧看如锯齿叠涩，金漆虽已褪去，但精巧奢华不减。檐下挂"南一台"额，即宁海县出南门第一台之意。

　　戏台藻井采用圆而饱满的螺旋娥罗顶，半球状薄壳穹隆顶内十八只小坐斗组成十八条螺旋盘绕向上的涡线，假昂叠涩与阳马在花板上交接组合,向上旋转结集于顶部中心。中心不用圆镜,而是雕刻精巧的盘龙,虽未贴金,朱漆彩绘仍光彩夺目,也是民国初年重修时留下的原物。戏台屋顶上制成歇山翘角飞檐,正脊不饰龙头。戏台与左右看戏楼连通,兼作后场。后场也即仪门的楼,彩绘门窗十四扇,山水花鸟出自民间画工之手。

第十四节　峡山村尤祠古戏台

各有心肠,终属存仁心者获福;同是面孔,究竟涂花面者吃亏。

这副对联出于百余年前一位当地文士手笔,如今读来仍值得品味。峡山村原称"峡口",在黄墩港西岸,三面环水。据说,峡口原是一座孤岛,仅一条堤坝与陆地相通。祠堂前百年前还是潮汐涌动的海涂,祠堂背靠的峡山高不足30米。新中国成立后几次围塘造田,昔日僻静的海港渔村,现已

图8-33　峡山村山海风光

成为渔航业重镇。

尤氏宗祠在一片新楼环绕中,朝东一排硬山顶的临街仪门,七开间,开三道门。檐下精巧的网状花拱格外醒目。这类花拱为甬上特色,明间九朵,余皆六朵,出七跳。连拱板上的诗写得精彩:"长山缭绕接山峰,砥柱回澜在此中。最是渔村风景好,归帆渔鼓夕阳红。"祠堂仪门左右檐柱上挂着精雕的狮子,中门挂黑底金字门匾,书"尤氏宗祠"。据说,峡山尤氏出自周文王第十子聃季,也有称季载。季为司空,"分封采食于沈",即以地名为氏。沈氏在春秋战国时发族于河南固始,唐僖宗光启年间迁到福建泉州。梁太祖开平三年(909),为避闽王王审知的"审"字音,把"沈"去了水,成为"尤"字。迁入峡口的福建尤氏曾经"五世三登宰府,奕朝累掌丝纶"。元代时迁入象山的万一公曾任河阳郡守,明洪武初转迁到峡山,以渔为业,居住发族,已历六百余年。其族人有任运粮千户,广东巡检司,浙江巡抚、县丞等职。后裔又迁县内外乃至港台、海外。祖堂内很多匾额对联都见证着这个家族的辉煌,如"源溯闽川,沈审嫌名回去水;支蕃峡口,曾孙衍庆尚如云"。

尤氏宗祠占地近700平方米,沿中轴线依次为仪门、戏台、祖堂、天井、两厢楼,成套的礼制性建筑规模完整。进入仪门,可见肃穆的祖堂正对戏台。祖堂正中悬"云松堂"金字匾,檐廊悬有"道学名宗""行隆孺慕""积

图 8-34　尤祠内"云松堂"等匾额

善裕远""松筠劲节""彤管流芳""荆村衍派"等匾额。祠堂最早于康熙四十三年(1704)建造,乾隆二十一年(1756)重建,道光四年(1824)扩建时新建了戏台,2004年重修。

祖堂也是硬山式,较仪门高大宽敞,面阔五间,山墙左右制宁海式"Y"字形护山尖,垂脊塑刀马人物。进入祖堂须迈三石阶,示意"平升三级"。堂内七架梁,前后单步梁、抬梁、穿斗混合,檐廊横列六柱,顶制大小卷棚,月梁出头前伸承托挑檐,檐柱刻狮子、白象等。祖堂中心的神龛端坐三位祖先雕像,中间为宋代福建的元禄太公,左边是始迁峡山的奉信公,右边为何氏太婆。雕像顶上供奉着一道皇帝圣旨,书有宋宣和二年(1120)元禄公任职右丞相的敕书。整座祠堂实际上是一座四合院,头门、仪门合一,有楼与戏台相通。戏台又与左右两厢看戏楼相通。祠堂内容得下500多人看戏。

戏台正对祖堂,为民国十八年(1929)的建筑,数年前重漆暗红色。台面宽、深均为4.75米,台口离地1.6米,四周围雕花栲头栏杆。戏台额"人鉴台"。戏台顶部四周方口,四边额枋置双出跳平身科小斗拱,藻井采用螺旋娥罗顶,也漆成暗红色。仰望藻井,十六条"S"形的经线与二十四圈同心

图8-35 尤祠古戏台连廊及其藻井

圆穹隆顶交织成盘旋向上的涡线,做工十分精巧。戏台上挡住后场的太师壁是五扇屏风,书有李白、欧阳修等人的诗句。出入场门书"来兮""去也",额左右又是一副绝妙的对联:"梦入梨园,堪破无形蝴蝶;目空天下,谁知有象鸢鱼。"

从戏台走进后场,可见到板壁上写有许多戏班子演出的戏目,如《送凤冠》《送花楼会》《打金枝》《草桥结拜》《双玉蝉》等。据说,祠堂每年年初祭祖,做戏长达半月,已成风俗。特别是族内珍藏两副清代铸造的"十八般銮驾",共36件,白铜打造。旧时菩萨出巡、祭祀祖宗时拿出来制造气氛,放在祖堂内十分威严。

第十五节　樟树村孙祠古戏台

大海东浪千点白;灯影半江细雨红。

这是刻在宁海县西店镇樟树村孙氏宗祠大门上的对联。祠堂朝南,面对碧波荡漾的象山港,后有孙氏家庙。据明代的碑记记载,孙氏祖先孙功棐任职浙东统兵防御大元帅,在此插樟卜地。唐广德元年(763),从福建长溪海途至此任职,并迁入靠山的海滨定居,以树名村,渔海为业,至今已传近四十世。如今,樟树村有孙、高、陈等千余户3500人,孙姓为多。清乾隆四十五年(1780),在家庙轩辕庙前迁建占地1500平方米的七开间大宗祠,祠堂中心戏台顶上建雕刻彩绘的藻井。作为看场的勾连廊顶上也有两个精雕彩绘的藻井,三个藻井焕发光辉。

祠堂头门开三道大门,兼作仪门和倒座过厅,歇山重檐翘角彩绘,气派非凡。檐廊卷棚漆朱贴金挂灯结彩。自祠堂建立后,家族喜庆祭祀等活动都在祠堂进行,年节做戏成为定例。建祠二百余年来,经常维修。1956年一场大台风,祠堂严重受损,后来逐步修复,2002年再次重修。门楼是修复

图 8-36 孙氏宗祠古戏台及其藻井

重点,戏台及其三藻井也按原有样式重新彩绘。

　　戏台台面离地 1.8 米,宽、深各 5 米,三面围花栏,顶部与勾连廊相连,都为同心圆攒尖穹隆顶。相连的廊顶藻井各为八角攒尖和同心圆攒尖,额枋彩绘戏曲场景,戏台额"金玉满堂",左右"出将""入相",戏台对联也颇有当地特色:"背靠凤山夜听潮;面对沧江日观海。"二角翘起的勾连廊大堂基本上保留乾隆时代建筑风貌,没有刻意漆饰装点。挂在梁枋间的匾额令人惊叹,如御赐"唐大元帅""唐宋遗风",唐元和二年(807)"浙江管兵马大元

图 8-37　孙氏宗祠后山的千年古樟

帅""万世昌盛""爻象传经",宋代"云林世胄",元代"翰林风范",等等。

建在祠堂后面的家庙又称"孙公遗德庙",单层硬山式,五开间,与祠堂相比显得低矮古朴。重立于嘉靖二十八年(1549)的古碑,由南宋宝祐六年(1258)宁海籍丞相叶梦鼎撰文。庙门口的石柱刻有对联:"千秋宗社镇樟林;一剑威名扬海国。"庙内塑有孙氏祖像,石碑碑文说宋真宗、宋理宗曾圣旨表彰:"孙氏一门忠孝,在此木茂而居。木因人而得盛,地因木而得名。"家庙后的古樟就是村名的来源,据称为孙氏手植,有八百年树龄,周长10米,树根罗织成一道高达3米、宽达5米的根墙。树主干已朽空,但仍枝叶繁茂,亭亭如盖,千米外也能看到。

第十六节　加爵科村林氏家庙古戏台

祖德长流,前朝声价开庆桂;书香继起,奕世簪缨仰九龙。

这副对联刻在宁海县强蛟镇加爵科村林氏家庙祖堂的石柱上,刻于道光戊戌年(1838),距今已180余年。打开家庙的大门,整洁肃然,朱漆鲜红,可见得到精心保护。庙门口赫然立有"全国重点文物保护单位"碑,正对戏台的大堂檐廊正中,一块宋仁宗赐"和靖先生"青底金字匾更引人注目。

林逋(967—1028),北宋杭州钱塘仁和里人,结庐孤山二十年,"梅妻鹤子",卒谥"和靖先生"。他的《咏梅》诗曾倾倒无数中国文士。奉化地方志及《黄贤林氏宗谱》记载,林和靖之祖林登云在唐末五代时从福建莆田迁入奉化黄贤,效"商山四皓"之举,改山名和村名为"商山",今黄贤村存商山和商山桥。林登云的第三、四子林环、林钗居奉化黄贤,其他两位儿子分居奉化萧王庙和象山。林逋是林钗之子,成年后隐迹湖山,领养侄子林彬终老,后裔世居杭州仁和里。

《宁海县地名志》《宁海爵山林氏宗谱》等记载,始迁加爵科的始祖尧

图8-38 "林氏家庙"门匾及全国文保单位石碑

图8-39 林氏家庙祖宗牌位

恤公为避盗,居杭州西湖北岸仁和里。公生一子,讳札。札生二子,其中瑜又生垠公、坊公。父子回奉化省亲,泛舟竟入象山港南加爵山。林瑜即林和靖堂弟,到加爵建村时在北宋晚期。又据载,宁海爵山在象山港南,强蛟半岛西岸,因海上望之形如覆爵而名。民间称之为"鸦雀窝",因山上多栖鸟雀。林氏初到此地,遇伐柯老人,问地名,老人云:"山名爵山,村名加爵科,居之子孙登科及第,加官晋爵。"于是在这里定居。

林氏建村后,在爵山建和靖先生祠,又称"孤山道院",内设书院,与道观合一。因仁宗皇帝有敕赐,在爵山下村北建林氏家庙。

到了清光绪五年(1879),林氏后裔林立言专程赴杭州仁和里,请来和

图 8-40 林氏家庙古戏台及其藻井

靖先生画像、神位，供奉于正对戏台的祖堂中。宁海加爵科林氏与奉化黄贤林氏遵祖训隐居山林，此二村昔日在象山港南北仅靠船渡往来。如今，加爵科村400余户千余林氏亦农亦渔，丰衣足食。村三面环山，多有官帽墙门、苏州楼等清代民居。家庙在清乾隆、道光、同治年间及近年都有重修。庙内依中轴线依次为三开间仪门（倒座）、戏台、勾连廊、祖堂。两翼为仪门耳房、左右厢楼。门廊宽18米，进深7.5米，檐柱雕两对彩绘狮子和白象。顶部大小双卷棚、横架轩梁，雕刻漆饰。进入仪门就会看到戏台和勾连廊，各有一座精美藻井。

戏台台面平淡无奇，没有栏杆，三方敞开，四石柱落地。台面宽5.3米，深4.8米，离地1.35米。台前柱立一对石狮。戏台正面挂"今古奇观"额，下设精雕细刻五扇屏风作太师壁，后台与厢楼相连。戏台藻井中心八角攒尖，斗拱八攒九踩五跳，层层叠涩。井口方形，八角藻井外围八角形卷棚。攒尖的顶部刻有"五蝠捧寿"，花板斗拱漆雕奇卉和龙凤，错落有致。戏台前两条直径0.4米的石柱有对联道："事异忠奸，看人心各判；报分善恶，知天道无差。"这也是180年前的原物，有"道光戊戌桂月"字样。

图8-41 林氏家庙勾连廊与戏台藻井

勾连廊规格略逊戏台，顶部屋盖歇山翘角，抹角梁由戏台额枋及角科斗拱承托。藻井中心为纵向大卷棚，左右围纵向小卷棚。卷棚中心挂一盏红灯笼，也颇具匠心。朝向戏台的祖堂地坪高出戏台地面 0.3 米，五开间，宽 19 米，深 13 米，堂内九檩五柱抬梁穿斗混合。檐枋所刻的故事有"梅妻鹤子""渔樵耕读"等。抬梁枋柱间挂有"一脉同堂""双桂流芳""松筠勤操""善积阴功""文节""节孝"等金字匾额，多由清代朝廷和官府所表彰的林氏后裔所立，也有本村和奉化、宁海的裔孙奉赠。

据称，每逢年节或鱼汛前后，戏台上做的多是文戏，少则三五天，多则十来天，有的夜以继日。除村里的林氏后裔，来自象山港对岸的林氏宗亲和裔孙也前来祝贺看戏，免不了在祖堂摆起数十桌筵席。祖堂墙柱上还挂着一块长 3 米、宽 0.25 米的直板，书"源本福建莆田迁住来宁祖德显爵"，可见加爵科林氏与黄贤、杭州林氏都源出福建，一脉同宗。家庙和古戏台成为宗亲交流往来的桥梁。

第十七节　山上方村方祠古戏台

死者长已矣，想当日慷慨捐躯，蔓延且不顾十族；生果幸免乎，念来兹馨香告庙，芹祝赖以永千秋。

在宁海县三门湾一市镇海拔高达 500 余米的深山僻岙中，幽藏着一座方氏宗祠，以上便是祠中十余副对联之一。又，"读圣贤书，岂敢忘仁取义；为祖宗计，暂作易姓更名"，道述方氏为保全祖宗根脉，在这里隐姓埋名，苦度悠悠岁月。

这座坐北朝南的老祠堂四围青山，在昔日交通闭塞的年代堪称与世隔绝。祠堂坐落在山岙的谷地平坡，高出村居，兀然独立。砖墙护砌，五开间，占地约 700 平方米，头门、仪门合一，重檐硬山式。登上十余级石阶，就可

图 8-42　山上方村全景

图 8-43　方氏宗祠内部

从"方氏宗祠"的门额下进入。门并不气派,但十分肃穆。屏风后就是戏台,且与左右两厢看楼的后厢相连。戏台后场还保存着大量剧团演出记录,如三门甲岙祁家新小班、象山新兴越剧团、宁海城关上白峤越剧团、三门葛岙剧团等,演出的剧目有《苏三起解》《杀子救主》《珍珠蚌》《送凤冠》等。

戏台百余年未修,烟熏灰积。台面离地1.35米,面宽4.4米,深4.6米,未设围栏。歇山式屋顶,屋角缓翘,正脊用简洁的压栋砖和板瓦叠花,无吻兽灰塑。台顶藻井中心八角攒尖,层层叠涩结集于顶部的一对倒悬木雕双龙,漆朱敷彩。藻井口外铺天花板,仅施淡蓝色漆。精巧的戏台屋檐下由三面檐拱承重,檐下额枋上用补间铺作四攒外拽三跳。转角的三面檐拱,檐角长拖宋明浙南古式风雨板。出头枋雕龙首,戏台屏风上挂着"台镜偕老"的匾额。

祠堂内满铺石板,正对戏台的祖堂大厅高出地坪0.7米,三开间,单檐。左右山墙边柱各七条。山墙顶部饰宁海式"Y"形山尖。堂内四架椽屋,有前后廊,抬梁与穿斗混合。卷棚顶及檐下月梁、牛腿精雕彩漆狮子、白象及祥云瑞草。柱础特大,金刚柱用梭柱侧脚。挂在祠堂内的匾额有"理学名

图8-44 方氏宗祠古戏台及其藻井

图 8-45 方祠的方孝孺牌位

宗""方兴未艾""望重河南""方公遗范"等。立在祖堂的三块祖宗神位是"始祖玄英文乾公""孤忠正学公""近祖兴公",正中另有一块"明文学博士方孝孺之神位"。可见,这里是明代大儒方孝孺的一支后裔聚居地。祠堂及古戏台建于清代。

方孝孺祖辈原居住的村落称为"溪上方",但该村在宁海县的地图和地名志上都找不到。据方孝孺生前留下的资料记载,方氏原籍河南,北宋初年迁到桐庐,一支又迁入象山港南岸大佳河镇的桃花溪畔,此地兼有山海渔樵,更利耕读。南宋晚期,又有时任象山县丞的王其辅迁此与方氏为邻,方氏居地称"溪上方",王氏居地称"溪下王",二村同居于桃花溪两岸,一桥相通,隔溪相望。明洪武四年(1371),溪上方第十四代方克勤出任山东济宁府知府,他的儿子方孝孺当时17岁,已经诗书文章"精敏绝伦"。洪武十六年(1383),方孝孺被推荐入京,因与朱元璋霸道治国思想不合而未被重用。直到朱元璋驾崩,建文帝即位,才被召为翰林侍讲,又聘为"国师",

为建文帝谋士重臣。建文四年(1402),燕王朱棣在北京发兵南下,方孝孺为建文帝草诏讨伐,然而燕王最终夺取了皇位。燕王命方孝孺写诏书告天下,方孝孺拒绝,最后以"诛十族"之祸,致八百七十三位方氏族裔及其师生罹难,千余人充军,成为中国历史上的千古奇冤。

方孝孺的血冤不仅让溪上方村化为废墟,而且累及宁海及各地与方孝孺有关的方氏。但也有幸免者,如方孝孺从兄方孝夏,堂叔方克创、方克治等。其中,方孝孺堂叔方克治娶水车村郑氏为妻,建文靖难时隐匿于三门湾畔深山僻岙中,改方姓为郑,附近村民暗称"山藏方"。直到仁宗即位,方孝孺的血冤逐渐昭雪。正德二年(1507),宁海县知县在溪上方村的废墟上建"方正学故里祠",每年春秋祭扫,后来迁到县城内。明神宗登基后,下诏为方孝孺建"表忠祠",方氏及后裔才又扬眉吐气。清康熙三十年(1691),"山藏方"正名"山上方",今属一市镇,有方姓137户500余人。山上方还分迁三门马铺、宁海下洋陈,在慈溪、镇海和宁波城区也有方孝孺后裔,有对联说"山上方"与"溪上方"本是一脉。正如另一副对联所写:"妆点来,千古浮生若梦;思量去,一场世事如棋。"

图8-46 方祠的精雕细刻

第九章 宁海县（西乡）古戏台

第一节 峚胡村胡祠古戏台

堂构森严种子孙；孙支繁衍焕宗泽。

这副对联刻在宁海县城西北5千米的峚胡村胡氏祠堂古戏台旁。峚胡村，原称"项峚"，200余户700余村民。明代中期，先祖胡文瑃由宁海城关盛家街举家迁入山峚内，据说是因为看中这块地四山环绕、一水东去、水丰土肥，尤产泥质滋润的陶土，于是亦农亦陶，安居乐业。据《项峚胡氏宗谱》记载，胡氏出于帝舜之后，从徽州迁浙的后裔为吴越国兵部尚书，其十一世即峚胡始迁祖。清嘉庆二年（1797），邑庠生胡元实（1729—1812）始建胡氏宗祠，号"积庆堂"，而村子也名为"峚胡"。

祠堂在村子中心，低矮陈旧，很不起眼。祠堂占地700余平方米，进入朝向西南围墙的铁门之后，迎面七开间仪门硬山式，檐廊有三道卷棚顶，檐柱与额枋有加固的雀替，镂雕着精巧的翔龙飞凤。特别是檐下额枋如意昂头各出三跳，飞翘于檐下。硕大的月梁撑枋也精雕细刻，八字式门墙由泥灰拷花并刻上对联。挂在仪门中心上方的是金字黑匾"胡氏宗祠"。

建在明堂中心的戏台，顶部与祖堂由勾连廊连接，后

图 9-1 峷胡村胡氏宗祠古戏台戏场

楼又与左右五开间看戏厢楼相连,形成"工"字形建筑布局。台面阔 4.8 米,深 5 米,高 1.4 米,台口不围护栏。令人叹为观止的是连在一条线上的三个藻井。戏台顶藻井方口,每边 4.5 米,离台面 3 米,而藻井口为圆形,螺旋娥罗式。十六条刻着龙头的坐斗重叠,盘旋而上,十六条龙尾结集于穹隆顶铜镜。起到连接和支撑作用的斜形连拱花板,以不同斜度和长度随涡线滚动到穹顶,并绘刻有令人目不暇接的花草。

戏台前看场的顶部为中心藻井,离地 4.5 米,设十余条长凳。顶上是十六经线同心圆穹隆顶,又称八卦盘香式。仔细看,刻了八龙八凤坐斗,结顶的中心还有一条龙,可称为"九龙结顶"。峷胡村终究是天高皇帝远,民间

图 9-2 胡祠古戏台勾连廊三藻井，以彩绘螺旋顶最为出色

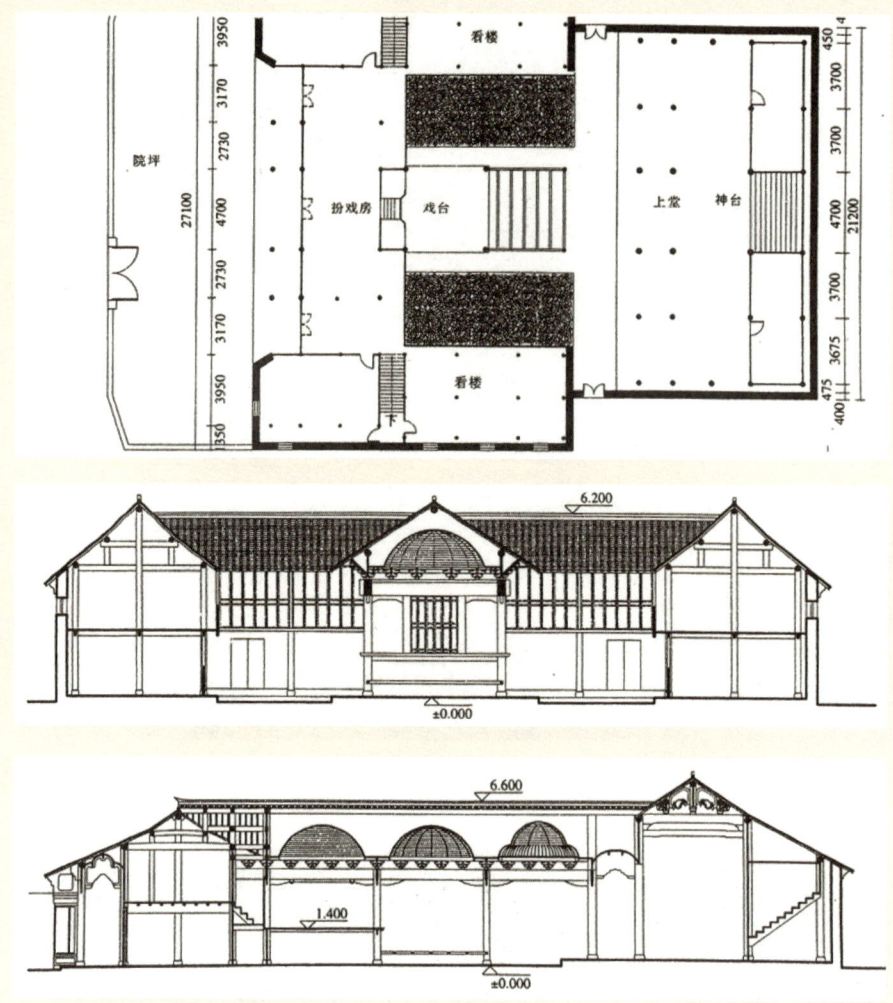

图9-3 胡祠古戏台正侧面构造图（宁海县文管会2005年重修时平面、正立面、侧立面图）

也顾不上种种皇室禁忌了。紧靠中心藻井的又是一个方口圆心的同心圆穹隆顶。不过，放射状的经线只有八条，而外圈增加了卷棚顶，形如浙南农村的铜盆帽。八条经线置八龙头，与九圈同心圆线组成的花板和小坐斗，结集于穹顶中的三鱼太极。呑胡祠堂三连贯藻井据称是不同帮派工匠劈竹竞技制作的，又经漆绘描彩，诸如《三国志》《封神榜》的故事情节全都装点在檐枋、额板、雀替、牛腿、月梁上。即使在不做戏的时日，也可细细品味民间艺匠的精熟手艺。

紧连三连贯藻井勾连廊的七开间祖堂，梁柱上全绘彩画，檐柱的牛腿也雕刻绘彩戏曲人物。挂在戏台正中的额书"飞云驻",左右的上下场门额书"来兮""归去"。刻在戏台左右柱上的对联写着:"数尺之基,走遍天南地北;一方平台,演尽古今风流。"

2003年岙胡胡氏宗祠古戏台被列为宁海县县级文物保护单位,2005年为浙江省文物保护单位,2006年5月被列为全国重点文物保护单位。2009年8月,日本川岛郁夫教授调查中国沿海古戏台时,称岙胡戏台是他几个月中看到的最精美的南方古戏台之一。

第二节 礼村刘祠古戏台

无诗莫入阆风里,到却阆风那有诗。拾取松风作新曲,归来时向梦中吹。

这首诗出自元代奉化诗人戴表元(1244—1310)。诗中提到的"阆风里",古称"尚义乡",今在西店镇香山片的一块盆地。阆风里,北有桶盘山,南有香岩山,东通象山港,西达天台、新昌二县,在古代是一块理想的隐居宝地。"阆风"见于屈原《离骚》,意为天上人间仙境,又传说为昆仑山峰名,神仙居处。唐大中十三年(859),此地始有"阆风里"之名。唐天龙大将军舒师锡从金华迁此定居。继之,汉室后裔、晚唐进士刘尧卿(881—977)也从天台迁入香岩山下建村,村后的山被称为阆风山,以"知书达礼"而名曰"礼村"。他的后代刘倓(1152—1215)在嘉定元年(1208)考中进士后,任从政郎、荣赠朝奉大夫,最后退隐阆风山下,并在村内建双桧堂,村后筑阆风台、建阆风庵,著《阆风集》。现村中居住刘姓200余户700余人。

宋元时期,曾到过阆风里、礼村双桧堂的著名文士有朱熹、罗适、胡三省、王应麟、舒岳祥、戴表元和袁桷等,留下了许多不朽的诗篇,如《刘氏宗谱》中有一首写道:"香岩云锁阆风台,满地红深绿更堆。明日樵田郎早去,一肩红绿并挑来。"

图 9-4　礼村双桧堂古戏台及其双藻井

　　双桧堂曾是香山刘氏的祖堂，双桧由刘佟手植，明时改建为祠堂，后裔再植双桧于堂内。双桧堂背靠阆风山，面朝东海，周围用蛮石和青砖砌墙，门朝东而不在正中，又不置门楼，不施粉饰，更显简朴。现存建筑有前厅、后堂、左右两厢，中间就是古戏台。大厅为五开间五进单层硬山顶建筑，原陈列着祖宗的牌位，梁枋上悬帝王或官府的赏赐匾额，现在早已空空如也。整座建筑物不施漆饰,从残存的柱体、柱础、雀替和《宗谱》的记载来看,祠堂和戏台都建于明代,重建于清代中期和晚期,部分构件保留宁海特有的梭柱和侧脚。

戏台宽、深各 4.7 米,高 1.5 米,木板台面,六柱着地,不见栏杆。戏台顶部与勾连廊亭连接,为歇山翘角,盖小青瓦,下置两方藻井。巧木藻井采用十二圈同心圆花板,由十六条放射状的经线逐层缩小结集于顶部的圆心八卦太极图。这组穹隆结顶下部直径约 3.3 米,又围着一圈圆形的卷棚,外面再有长、宽各 4 米的方形天花板承托,四周有小斗拱和雀替加固拉撑,整体看上去像一顶巨大的草帽。所有构件全都绘有花草,色彩缤纷,却没有漆朱贴金的豪华。与戏台顶藻井相连的勾连亭顶木构装饰是七横二纵的九卷棚藻井,这是浙东地区孤例,尽管已严重破损,但精致的彩绘足显当时工匠的用心。

戏台和勾连亭从前厅的穿堂伸出 9 米于院心的明堂,九卷棚下最靠近戏台的是长辈和贵宾们的雅座。两厢楼则是嘉宾和女眷们的包厢。一般族人全都挤在厅堂的廊下和两厢内外。

双桧堂历代显赫。宋开宝九年(976),迎过宋太宗圣旨,一年后修《宗谱》。宋高宗建炎四年(1130),又接过一道圣旨。明洪武二十二年(1389),大儒方孝孺为《宗谱》作序。清光绪十五年(1889),皇帝又一道诰命。太学生刘荆山、太学博士刘维炳等写过很多文章,不少都记载在《宗谱》内。

2006 年 4 月,甬台温铁路建设规划,正好从阆风山下通过。在村民和当地政府的呼吁下,铁路为双桧堂和古戏台"挪动了身子",祠堂和戏台得到原地保护,村民都搬迁到了新居。

第三节　石家村崇兴庙古戏台

一枝花开向牡丹亭,沉醉东风情不移;四声猿惊回蝴蝶梦,浩歌明月想当然。

这副对联出自本村一位翰林老爷之手，可谓绘声绘色。这座宁海县西店镇石家村的崇兴庙戏台，以其精美绝伦打动观众看客，于2006年被列为全国重点文物保护单位。

崇兴庙坐落在西店镇石家村和后溪村接壤的一块平地上，两村村民都姓石，供奉同一位境主，祭祀同一位神灵。宋乾道年间，世居新昌的奉直大夫石羡问迁入宁海县长洋村，其孙石载辅分迁西店香山前后二溪萦回的平川建村。元末明初，石氏家族人口增多，村落二分。清康熙中期，建石氏宗祠，并在宗祠前建神庙，即如今见到的崇兴庙。庙朝东，开门三道，前有檐廊、大道地，左右有高墙卫护，南北各开边门，可与庙后的宗祠相通。道光二十一年（1841），崇兴庙在云台太公主持下重建戏台，聘邀县内高手，费时数年，终于建成辉煌精美的三藻井连贯古戏台。不久，由于庙后祠堂毁于火，崇兴庙又供奉起石氏列祖列宗，成为庙祠合一的建筑。《宁海县志》记载，明崇祯戊辰（1628），石启明以恩选贡入京，清兵入关，石启明与史可法同心抗清，失败后回乡隐居。《宁海县志》记载的明清进士名录中有石允常、石简、石文睿等，革命英烈有石余良、石守炎等。如今石家村有335户1100余人，后溪村有241户800余人。

图9-5　崇兴庙门廊

图 9-6 崇兴庙古戏台及其藻井

图 9-7 崇兴庙祭祖敬神场景

崇兴庙建筑面积近千平方米,坐西朝东。自东向西依次为仪门、戏台、勾连廊、两厢和正厅。仪门五开间,开三道门,檐廊雕有一对精致彩绘狮子撑拱。面对戏台的正厅就是神殿,七开间檐廊也有一对高达一米的木雕彩漆牛腿狮子。正厅建筑式样为硬山顶单层,红脸菩萨、黑脸神差、白脸将军个个威风凛凛。方形戏台四柱落地,面阔5.5米,进深6.2米,离地1.5米,顶上藻井为同心圆穹隆顶,犹如倒覆的巨锅。藻井下口直径3.6米,深约1.25米,逐渐缩小的十八圈花板,结顶于一块圆镜上。藻井四围又以三层小斗拱花板承托,精致彩绘龙凤蝙蝠、奇花异卉。连接戏台的勾连廊顶上也有两个藻井。一为八角攒顶,一为同心圆穹隆攒顶,也同样由彩绘小斗拱承托。

崇兴庙戏台每逢"四时八节"及十月十九日菩萨生日请戏班演出,费用由各村分担或个人、帮会资助等。

第四节　柘坑村戴祠戏台与永丰庙戏台

柘坑村,可能以山坑多柘树而名。四围青山,一条清澈的柘溪流经数十千米汇入象山港。在这个隐蔽的深山古村中,有两座古戏台,分别在戴氏宗祠和永丰庙内,仅一条屋弄相隔。据介绍,柘坑村200余户,原先是从西店象山港海滨团堧迁此。团堧戴氏,原籍福建蛙湖,迁浙江温岭,元至正年间为避乱世再迁象山港。但海滨也不太平,战事频繁,盗贼出没,于是明英宗天顺元年(1457),又有一支内迁此山岙中。

戴氏宗祠古戏台

柘坑戴氏在此山岙中亦农亦樵亦读,并善武术,从今悬祠堂中的"御前侍卫"匾额和清代的习武石墩都能看出他们以此为荣。祠堂占地500平方米,朝南,门开东侧,进门可见一对石质旗杆夹,刻"庚辰进士",查《宁海县

图 9-8　柘坑村戴氏宗祠仪门及其古戏台

志》，正是嘉庆二十五年（1820）的武进士戴恩。祠堂戏台也是该年重修，仪门挂"戴氏宗祠"匾。再往里进院子是明堂、戏台、两厢和正厅。

戏台于 1994 年重修，留下的老构件已很少，五开间大厅满目鲜红，已改作老年协会活动场所，保留明代建筑构造的硕大梭柱还散发幽远古意。

永丰庙古戏台

与宗祠戏台不同，柘坑永丰庙戏台是公众戏台，显得分外简朴。大堂供奉的有当境尊神、紫平山侯王，还有白鹤大帝，都是古代有功于朝廷的将领。铺在地上的是 30 厘米见方的"金砖"，都已严重开裂。两头小中部大的梭柱分外引人注目，看来是明代的古庙。戏台同样保留明代特征，没有花哨的檐拱，而用一斗三升拱承托歇山式屋顶。出檐长而翘角平缓，为支撑负荷，起翘的屋角都用长达 1.5 米的长臂撑拱与戏台柱子连接，外观更显轻盈飘逸。

走近戏台，可以看到顶部没有浙东广泛使用的圆形或方形藻井，而是一

图 9-9　永丰庙古戏台及其棋盘式藻井

块方的天花板,将戏台顶遮住。方板分成九块,绘有云龙花纹,正合"九宫八卦"之数。这类藻井称平棋式天花,在北方应用很多。而长臂撑拱则是天台式古建民居常用。所以永丰庙戏台虽然貌不惊人,却在众多宁波古戏台中独具一格。

永丰庙戏台长、宽各 4.5 米,高 1.4 米,除四柱外,台前补增二柱。台内外无任何装饰,仅在正面屏风上方挂了一块黑底金字额,大书"可以观"。

第五节　孔家村孔氏家庙古戏台

说起孔子,中国人无不崇仰。明正德年间,孔子的一支南宗支脉、居于浙江新昌的 61 世孙孔弘波(1511—1589)迁入奉化、宁海、新昌三县交界的

图9-10　孔家村孔氏家庙外景

镇亭山南坡,在此谷地辟建家业。400余年后,孔家村已有125户近500人,与已分迁的下孔村加起来有近千人口。如今,孔子第74—76代后裔在此辛勤耕樵。

孔家村海拔约600米,整座村就嵌在山崖绿树中,高山如屏,冬暖夏凉。在战乱灾荒之年,此地是一块隐蔽的世外桃源。孔氏家庙建在山岙的显要处,抬头就看得见外墙悬在山头,可从一条石阶山道绕上去,进入一道小门,不施油漆的门额上书"民国戊辰,孔氏家庙"。

民国戊辰即1928年。庙以山崖为基,前进兼作头门,二层楼硬山顶,与民居无异。大厅三开间,靠壁有一排孔氏祖先牌位,包括大成至圣先师及其亓官夫人的名号。牌位上方悬三块匾,分别是"师表万世""圣裔堂""仪范百世"。其中"师表万世"匾是民国丙戌年(1946)第73世后裔所立。家庙中心的戏台正对大厅,且由勾连廊连接戏台顶,中心有四方形天花板,藻井为彩绘八角攒顶,十余层花板逐层缩小,技艺精湛。藻井外围是横竖相接的彩画卷棚顶,烟熏灰积,看不清细部花纹。后台与厢楼相连,光线昏暗,但是用粉笔书写的演出剧团和剧目却十分清楚,如新昌钱岙绍剧团、嵊县小将越剧团、宁海越剧二团等剧团，《闹天宫》《双龙会》《宝莲灯》等剧目。

　　戏台离地1.5米，地铺厚板，正面有登台的木梯，左右有格栅护栏。戏台宽、深都为4米，与台后隔一道屏板。走过戏台，推开后台的窗门，可遥望南山逶迤、清溪长流。西南方向海拔945米的第一尖镇亭峰高出云表，紧依孔家村的民居山林。原来这座家庙地处山谷之口，在清同治末、光绪初，借基于一块突出的山岩，削平填上土后，才建成家庙。朝南的围墙下用蛮石驳砌高10米的护墙，看起来十分壮观。在如此局促险要的地方建一座百余平方米的家庙，必然惜地如金，因此也导致戏台和大厅采光不足。庙内看戏，仅靠戏台左右两只数平方米的天井。

图9-11　孔氏家庙古戏台及其藻井

第六节　清潭村飞凤祠、孝友堂、双枝庙古戏台

借虚事指点实事；托先人提醒今人。
一曲阳春唤醒古今梦；两般面目演尽忠奸情。

这两副对联分别位于宁海县深甽镇清潭村飞凤祠和双枝庙。清潭村于2003年被评为宁波首批十个历史文化名村之一，村中保存了三处完好的古戏台。

清潭村初名"里岙"，明代大儒方孝孺为清潭张氏所写的《娱静楼记》说："台人谓山川环复之地为岙，去宁海西北五十里曰'里岙'，地之尤秀美者也。张氏世家其间，其土深以腴，泉甘而木茂，其民敦厚无华，以食劳自足为常。……"据《里岙张氏宗谱》记载，里岙张氏本汉代张良后裔。千年之前，吴越国工部尚书张质有感于世事纷乱，举家迁宁海深山重建家业，其后裔有京官30余人，进士13人，秀才、太学生40余人。明建文四年（1402），燕王朱棣夺取皇位，时任监察御史的张岵因是方孝孺学生而被株连。闻京城靖难，自溺于清溪斗岩潭，从此因"忠节清气"而名村为"清潭"。23年后，明成祖死，清潭恢复生气，聚居清溪两岸的张氏传承30余代，今500余户1500余人，留下了丰厚的历史文化遗产，多为清代中晚期古建筑，如孝友堂、飞凤祠、双枝庙、三鉴堂、花阊门、长道地等，其中孝友堂、飞凤祠和双枝庙都建有戏台。

飞凤祠与孝友堂古戏台

飞凤祠，因在清溪畔的飞凤山而得名。又因张氏子孙"贤而习礼，敦厚无华"，故又称"敦善堂"。据《宗谱》载，祠堂由张仕新一派子孙集资，张松舟

图 9-12　飞凤祠门额

主持重建。张氏祖宗立下族规,有一笔祭田(约 30 亩,占全村土地三分之一)收入,用于公众性的教育、祭祀、赛会、做戏等。

飞凤祠占地 300 余平方米,朝西,进门后有明堂、仪门、戏台、两厢及大厅。厢房有楼,现作为老年协会办公场地。据《宗谱》记载,光绪九年(1883),因老祠堂不能容纳太多村民,故择地重建,又称"新祠堂"。先建五开间 8 米高的大厅,雕梁画栋,檐廊卷棚彩画,再造戏台和左右厢楼。

戏台顶歇山小青瓦出檐椽二道,翘角飞起,蔚为壮观。台面高 1.6 米,宽、深各 4.7 米,三面围栲头美人靠。藻井也力求精巧,八道、十六道木雕经线与二十二圈花板组成直径 3.6 米、深 1.5 米的同心圆穹隆结顶,五彩绘图,光彩夺目。戏台三面额枋伸出三叠小斗拱出跳,支撑挑檐。额枋内外请丹青高手彩画《精忠报国》《三娘教子》《双龙会》等戏曲情景二十余幅,其中《苏武牧羊》出自本村秀才之手。由于保护管理良好,彩画人物仍然栩栩如生,然而部分木构件已出现霉蛀,正待修缮。

孝友堂建在村落中心,又称祖堂,始建于清嘉庆八年(1803),现已改作

图 9-13　飞凤祠古戏台及其藻井

图 9-14　飞凤祠额枋彩画

图 9-15 孝友堂古戏台

张氏历代先贤和村史陈列馆,家具、服饰、器皿等展示了清潭张氏千年以来的历史沧桑。光绪九年(1883),重建飞凤祠和戏台后,孝友堂老戏台就不再做戏,仅作祭祖礼仪和婚丧酒席使用,看戏就在飞凤祠和双枝庙。

双枝庙古戏台

双枝庙在清潭村清溪下游,距离飞凤祠约一千米。祠堂戏台是家族戏台,用于家族内的祭祀等仪式,神庙戏台则为敬神而设,祈祷神灵保佑一方。故双枝庙建在清潭村外,除清潭村张氏,附近的上张、横山、孔家等张、竺、孔姓村民均可共祀庙神。

据里岙三个村庄的宗谱记载,张氏于北宋起在此居住,竺姓迁入于南宋晚期,孔姓自明代迁入。明正德年间,张廷玉等首倡建神庙,初名灵隐庙,位于清溪出村古道山岩边,出入里岙的村民都要路过这座庙。万历年间,灵隐庙需要修缮,竺氏和孔氏也出资,庙名改为"双枝"。民国元年(1912)和民国二十二年(1933),双枝庙两次重修,并邀请两班工匠"劈竹"重建戏台厢

图 9-16 双枝庙檐拱及彩漆木雕

房,这就造成双枝庙戏台两边的厢房装饰花样各不相同。

　　双枝庙坐南朝北,庙前清溪流过,庙后靠山,现在建有公路。沿庙内中轴线,依次有仪门、戏台、天井、两厢和大殿。仪门、大殿都为七开间。庙不设头门,仪门为硬山顶,有三道门,檐下斗拱为平身科各出七踩,犹如朵朵花瓣。圆栌斗及成排密集的如意网花拱,与左右二攒斜拱组合,构成气势非凡的彩色装饰斗拱,为明清浙东特有。庙门前的对联发人深思:"作恶多端,入庙烧香焉有益;问心无愧,见神不拜又何妨。"

　　戏台在道地正中,面向神殿,面宽、进深各5米,离地1.4米,有雕花栏杆围住。藻井直径3.8米,为螺旋娥罗顶,用阳马和数百块花板相接。螺旋式叠涩盘绕至顶,形成大型薄壳穹隆顶结构。承托藻井的小斗拱、护拱板、角斗、角板等,全都绘花漆彩,戏台额枋龙头出头穿柱,精雕彩画。刻在戏台柱上的对联写道:"价值千金春一刻;愁消万古曲三终。"双枝庙戏台于2006年被列为全国重点文物保护单位。

图9-17　双枝庙古戏台及其藻井

第七节　洪家村洪祠古戏台

走进洪家祠堂,戏台凸起在近千平方米的石板大道地中心,三条长廊是戏台看场,可遮阳避雨。宽达5米的古戏台台顶已经改建,看场顶部有斜撑木加固。戏台与后场、两厢连在一起,面对戏台的七开间大厅已改作民居。这块大道地足以容纳千余人看戏,除了洪氏男女老幼,外村村民也可以来观看,村民说:"农历正月十三做戏到十八,六天六夜不要错过。"据说,洪祠戏台是宁海县出北门最大的戏场,洪祠对面是邬祠,虽然也有戏台,但由于看场太小,常人满为患,后来干脆不做戏,改作工厂了。

宁海县西店镇洪家村又名"五市街",居五市溪南,傍溪老街东西贯通西店与新昌,形成逢五的市集商街。据《洪氏宗谱》记载,洪氏祖居江苏丹阳,曾为唐天宝年间进士、谏议大夫。唐代宗广德元年(763),奉调宁海北乡防守,后退隐在此。如今,洪氏达300余户1200余人。《宁海县志》还记载,清嘉庆二十一年(1816),洪式琮中武举。道光十五年(1835),授右营把总、中营千总。鸦片战争时,洪式琮在定海领兵抗英,杀敌无数,因身受重伤,壮烈捐躯。

走到戏台后,发现这里原是祠堂的正门和仪门,檐下有精巧的彩绘小斗拱和卷棚顶,有的还很完整。残留的屏门、隔扇和勾栏花窗雕刻精致,左右都设有耳房。可惜年久失修,灰烬厚积,铅华褪尽。不过感叹之外也有收获,拨开荒草,竟发现半块《碑记》。据文字记载,洪家祠堂名曰"永思堂",由于原来的家庙太小,于嘉庆二十三年(1818)在此重建。大门朝东,门口摆放一对石门鼓,现在前门已封闭,都从后门出入。戏台和看场从仪门伸出"T"字形五间戏棚,三间用作看场,一间为戏台,一间为后台,左右厢楼各五间,加上大厅七开间,千余人看戏也不拥挤。

戏台后场板壁上写着很多戏班和剧目名称,如嵊县金庭绍剧团《王佐断

图 9-18 洪家村洪祠古戏台勾连廊及檐拱

臂》《杨家将》,象山恒康越剧团《广德州》《闹宛城》,嵊县灵山绍剧团《三岔口》《征西传》,县文宣队《黑石湾》,等等。

第八节　马岙村俞祠古戏台

　　山左发祥祖德宗功,百世子孙崇寝庙;江南著姓铭旌勒鼎,千秋俎豆荐馨香。

　　这副对联在宁海县深甽镇马岙村俞氏宗祠内,说俞氏发祥于望海岗山之西,赖祖宗功德,成江南大族,教育后裔不忘继承先人家业。望海岗下的马岙村在宁海县西北20千米,此地山峦重叠,溪流纵横,四周青山都在海拔900米左右。

　　在溪谷平坡,有近800户3000村民聚居。后周显德四年(957),祖籍山东青州的俞仁厚(905—973)从望海岗西的新昌县五峰村徙居于此,后马姓外迁,而村名仍名"马岙",至今九成村民姓俞。马岙俞氏曾经建有三处大小祠堂,其中大宗祠堂名"永思堂",占地800平方米,创建于明万历八年(1580)。清顺治五年(1648),俞抒素率众反清起义,祠堂被毁。康熙十九年(1680)在马岙溪畔重建。宣统二年(1910),一场大火,祠堂化为废墟。民国元年(1912),再一次聘宁海和新昌名匠重建,这就是留存至今的马岙俞氏大宗祠。

　　俞祠的布局陈设无不体现朴素而深厚的尊祖明礼观念,如祠堂官帽式幞头门,仅两扇木格子门与墙弄相隔,朝向望海岗和新昌。进头门后,一方仅数十平方米的小道地,可见硬山式的仪门低矮而凝重。仪门檐廊制有精巧的卷棚、雀替,由名师雕镂凤凰、牡丹、松鼠、葡萄。檐下网拱也采用清代晚期浙东特有的格子状装饰网拱。中门挂"唐刺史俞公家庙",两旁书楹联"发源由剡邑;溯本自青州"。门旁一对石狮高1.5米,雕得鲜活可爱,在人

图 9-19　俞祠檐拱牛腿木雕狮

图 9-20　俞祠祖堂匾额

们的长期抚摸之下,通体锃亮。

迈过仪门中高出地面近半米的门槛,可见戏台、厢楼和祖堂。约三层楼高的祖堂庄重古朴。戏台美人靠栏杆上刻有戏曲场景,可分辨的有《西厢记》《白蛇传》《桃园结义》。左右各七间看戏楼,栏杆上刻有一副与戏台相关的楹联:"逸事话当年,乐奏升平,岁歌大有;闲情消永昼,花簪妇女,竹马儿童。"

祖堂特别高大宽敞,漆朱色,五开间。檐下五道卷棚,檐柱上端一对高达1.5米的木雕牛腿狮威风八面。殿堂内列柱硕大,而且保留了宋明时代中间肥壮、上下收缩的梭状柱式。精彩的匾额对联无不让后人感受到祖辈的光辉业绩,如"殿中执法""源远流长""文魁""云骑三尉""永思堂""留一点心田,百世子孙耕不尽;绵万年血食,四时祖宗享无疆"等。

与祖堂相比,明堂中心的歇山顶戏台显得低矮。村民解释说,原本戏台高,在祖堂内看戏,屋顶挡住了高耸的望海岗笔架峰,因此故意把戏台做低。

图 9-21 马岙村俞祠祖堂古戏台及其藻井

刻在戏台上的对联道:"五峰思木本;双涧溯泉源。"足可见马岙俞氏崇祖思源观念颇深。走近未曾朱漆贴金的戏台,高1.5米,面阔、进深各4.7米,台顶藻井方口抹角梁下平棋三角板,饰四角蝙蝠如意,中心螺旋娥罗顶用十六条昂头盘绕结顶于铜镜。戏台檐下额枋施平板枋,采用出头枋雕龙头。戏台明堂地面满铺溪滩卵石,春风过后一片嫩绿,生机盎然。

自从1984年村里造大会堂后,马岙俞祠戏台已多年没有做戏了。但老年村民们依然回味每年春节期间一连七天的戏文,戏班子从宁波、绍兴、台州等地赶来。从祠堂的北边门出来,紧靠祠堂的是一条长40米、宽3米的"黄道街"。《宗谱》中记载,南宋殿前将军俞极宗告老还乡,皇帝几次挽留不成,于是一道圣旨,在俞府门前用黄色石板铺街。2006年,俞祠与古戏台被列为全国重点文物保护单位。

第九节 龙宫村陈祠古戏台

自剡南迁缑北派别支繁;襟狮山带龙溪地灵人杰。

这副宁海县深甽镇龙宫村陈氏宗祠仪门对联,出自清末秀才陈佐庭之笔,正门还悬有"唐学士宋赠太师尚书令"金字匾。地处深山"龙宫",昔日也曾有过显赫的官运。

龙宫,旧称"龙溪",四围有外岗尖、大虎尖、小虎尖、第一尖、四顶尖,五山如屏,仅南边两个水口,即狮子口和白象口。故每到雨汛,四围山瀑如龙吟虎啸,汹涌澎湃沿溪奔泻,其中村西石龙窦巨石危崖,深潭溪涧如白龙翻滚,这就是《宁海县志》记载的"龙宫屿""石龙窦",又称"龙宫龙潭"。明正统十三年(1448),龙窦溪改称"龙宫溪",又称"龙溪",村名也称"龙宫"。由于龙宫村民居建于坡地,历来不曾受过水害,因而水土丰茂。北宋末年,祖籍河南的陈仲良(1091—1153)从新昌平湖村迁来定居,在此亦农亦读,祠

图 9-22 龙宫村陈氏宗祠外景

图 9-23 陈氏宗祠祖像

堂兼作书塾。后来在村西另建"崇德堂",改为"育英书院",现在是宁海县保存最好的古代书院之一,2003年被列为县级文保单位。

龙宫陈氏至今有近600户2000余人,分七个小村,祠堂保存完好,已成为老年协会活动中心。由于地处村口,龙溪近在咫尺。陈祠南临龙溪,北坐狮山,在明崇祯十六年(1643)建起,清乾隆三十七年(1772)、嘉庆十九年(1814)、道光十一年(1831)、咸丰六年(1856)多次扩修,如今占地近800平方米。祠堂头门开在东墙和西墙,官帽状、台州式的翘角马头墙别具风姿。

图 9-24　陈祠面对祖堂的古戏台及其藻井

东门内外额书"孝悌""秀水环祠",西门额书"忠信""名山拱祖"。进门之后数十平方米的前明堂卵石铺就,南围隐壁翘角墙,立一对旗杆石。仪门五开间,开三道门,清代画的门神尚留残迹。檐廊下雕有双卷棚、月梁及檐拱"八仙"。中间大门置一对明代式样石鼓,左右门旁各设一件长条石雕凳案,过年祭祖演戏的老式宫灯仍挂在檐廊下。

进入仪门又是一方小道地,头顶檐廊仍有双卷棚,月梁雕刻彩漆。后进的大堂硬山式单层,东西两边五马头风火墙傲立蓝天。大堂内挂了十余块新旧匾额,有"进士""贡生""状元及第""翰林"等。状元即本族外迁天台的同治七年(1868)武状元陈桂宝。正对戏台的对联说出千年陈氏的系脉:"根发淮阳,枝繁宇寰绵世泽;源自平湖,流芳龙溪振家声。"大堂就是祖堂,中心悬额"星聚堂",挂祖像。

正对祖堂的戏台,歇山式屋顶两角飞翘。檐下角梁及斗拱简洁厚重,也未漆饰,戏台顶部的同心圆穹隆顶重新漆绘,灿烂夺目。十六条从井口发向顶心的龙状雕刻经线,与十二圈逐渐缩小的透雕彩绘花板,结集于穹顶的双鱼,组成五彩缤纷的瑰丽图像。承托藻井的抹角梁、三角天花板及

图 9-25 陈祠古戏台看戏场景

与额枋连接的井口枋出假昂三跳,雕刻精丽。在这座龙宫陈祠内,戏台藻井最为出彩。

《龙溪陈氏宗谱》称,龙溪陈氏祖先为南朝陈武帝(557年称帝),后又有唐兵部侍郎陈孺文族裔居新昌,六世孙在北宋晚期迁居龙溪。南宋淳祐三年(1243),翰林编修舒璘曾为《宗谱》作序。历代曾有宋太学提举、饶州学正、广东盐课、宋中宪大夫、国子司业、修职郎等朝官。2006年,陈祠及古戏台被列为全国重点文物保护单位。

第十节 五松坑村朱祠古戏台

经教千秋长绵祖泽;天朝洪福犹振孙志。

这是刻在宁海县梅林街道向西7公里的五松坑村朱氏宗祠上的门联。上联说的是南宋经学家朱熹学问传承绵长,下联说的是明朝开国皇帝朱元璋功业显赫。他们都是五松坑朱氏引以为荣的历史人物。五松坑因村道旁有五棵古松而得名。今古松不存，一棵巨大的红豆杉依然挺立。村民说红豆杉和古松都是老祖宗600余年前种下的，村民对它们十分崇仰。今村中近200户700余人，大多姓朱。

中国朱氏以山东、河北、河南为发祥地，魏晋时数支南迁浙闽沿海。据《五松坑朱氏宗谱》记载，北宋天圣年间，始迁祖朱文操由天台迁宁海城关，后又有数支分迁回浦、冠庄、江瑶等。元天历三年(1330)，紫溪江瑶一支朱氏看中此地前有大洋山，后有白鹤山，水源丰沛，山林茂密，于是在此扎根，亦农亦读。村中只有一条山道出入，故数百年来五松坑村民过着隐逸的农耕生活。

朱氏宗祠建在溪边，朝南，占地近700平方米。头门与仪门连在一起，门前就是进入村中的主道和源于影潭的五松溪。头门三开间，为加深檐廊空间，采用三卷棚双出橡。檐下一排长达20米的三攒叠涩花拱绘有彩画，十分华丽。中门额挂黑底金字"朱氏宗祠"，出自光绪三十年(1904)宁海最后一名进士章梫之手。据称朱祠在民国乙卯年(1915)重修，戊辰年(1928)

图9-26　五松坑村朱氏宗祠檐廊

下篇 · 宁波地区主要古戏台选介

图 9-27
朱氏宗祠古戏台（重修前与重修后）及其藻井

完工，因此现存建筑已带有民国特征。

戏台宽、深各4.5米，台口高1.5米，与后楼和左右厢楼相通。戏台的藻井采用同心圆穹隆顶，十六条放射状经线雕八龙八凤，彩画绚丽夺目。戏台檐下三出三叠花拱，连拱花板中雕京剧人物。戏台中心台额草书黑底金字"半入云"。古祠堂历百年沧桑，现已逐步修复，刻在戏台左右台柱上的对联写道："天理昭昭，浩气冲霄汉；真情脉脉，书香满乾坤。"

面对戏台的三开间祖堂，檐廊精雕细刻，卷棚顶月梁硕大，雕双龙抢珠、双凤牡丹。檐柱雕一对五彩倒挂狮，高达1米。祠堂中心梁上挂"绍文堂"额，檐柱刻有朱氏祖训对联："遵祖宗一脉真传克勤克俭；教子孙行经道途唯读唯耕。"与门联前呼后应。21世纪初，不少朱氏后裔留在岙内耕山种田，也有的在外读书创业。如西安朱邦全、上海朱良标等都在外地建功立业，颇有成就。他们也为新修的祠堂出资或书写对联，如"古祠越百载；宗祖荫万家"等。

第十一节　大蔡村胡祠古戏台

柳影弯月迎凤鸣；狮象雄立听鼓声。

这是宁海县深甽镇大蔡村胡氏宗祠大门的对联。凤鸣象原，狮守古村，然而祠堂鼓声已成余韵。2008年5月，《象原胡氏宗谱》第十三次重修，古戏台做了五天五夜戏，热闹非凡。

其实大蔡村村民多不姓蔡，村原名"象原"。村口有狮子山和白象峰左护右卫，山谷中心坡地形如巨船，故又称"船村"。象原村西有海拔900米的望海尖，村南有海拔931米的望海岗，北有海拔550米的黄登尖，旧有古道穿越山谷往西，经奉化或宁海可通新昌、天台。隋大业元年（605），天台蔡闻定偕夫人沿古道徙居于此，因人口最多，定村名为"大蔡"。后唐同光三年

（925），原居吴兴的胡进思升为兵部尚书，因感盛极必有不测，嘱子孙分支而居，其中一支居奉化牌溪。后裔胡直夫与长洋金氏于南宋淳熙年间迁入象原，称"蜊灰太公"，历24代800余年。胡氏子孙亦耕亦读，繁衍昌盛胜于蔡氏。如今村中有近千户近3000人口，多以胡姓。《胡氏宗谱》记载："象原者，余之梓里也，安定开基胡公受氏，盛自唐初，迁由宋始。……"

大蔡胡祠坐落在大蔡村入口处。旧时从宁海县城至大蔡22公里，象原溪自西向东流入凫溪，汇于象山港，大蔡村这一段长达2千米，村落民居多在象原溪之南。进村必先从溪北的古道过跨溪的洞桥，在祠堂前经过。祠堂靠溪，北墙兼作祠堂照壁，照壁上刻"帝王见望"四字，可见祠堂来头不凡。墙外就是村道。进入祠堂必由东西两边门，边门也就成为头门。台州式翘角马头墙似一顶官帽，故又称官帽门、官帽墙。进入祠堂后，前道地满铺卵石，青草丛生，一片古意。五开间仪门开三道门，左右有八字式护墙，灰塑、石刻、砖雕十分精致。朝北的仪门檐下月梁、卷棚"牛腿"都由名匠施雕，特别是一对倒挂狮子和凤凰堪称罕见。仪门全不施彩漆，尤显古朴。

宗祠四边都有雄峻的五马马头墙围护，气派非凡。祠堂大厅东西两侧又有马头墙作屏护，有两道边门。从西边门出来后发现门额有"保响"两字，说明是祭祖的地方。又西边山尖墙头上大书"孔曼且硕"，出自《诗经》。西边门对联书："祖功宗德流芳远；子孝孙贤世泽长。"祠门口有2006年被批准为全国重点文物保护单位的石碑。

据《宗谱》记载，胡氏官房派胡象泉在明万历年间官至京城兵马司指挥，

图9-28 大蔡村胡祠古戏台、祖堂和檐廊

多次获皇上嘉奖,恩赐建"狮子阊门",今遗存尚留。由于原迁入时始建的祖堂不适宜家族发展,在清代嘉庆己巳年(1809)选择在村口新建"追远堂",戏台也同时建造,占地近千平方米,用材用工极尽考究。进入仪门之后就见到高敞的正厅祖堂,正对戏台挂着"追远堂"金字匾额,戏台及勾连廊也都不施漆饰。

古戏台在祠堂中心,左右看楼各五间,可容数百村民看戏。五开间大厅宽20米,深13米,保留宋明时代的梭柱和侧脚,花篮式石柱础下托有覆盆石。由于新中国成立前后曾作过学校,因此所有结构都保存较为完好,遗憾的是通体曾刷过一道石灰水,不少精雕及彩画都模糊不清。古戏台与勾连廊连成整体,在廊下看戏是最高规格待遇。戏台宽4.9米,深5.8米,台口离地1.6米,有四条木柱支撑,台面没有护栏。台上有一木屏风挡住后场。台前对联可更换,如做戏时挂"明眼者直视观我;慧心人可当读书"。如有婚丧事,对联就更换为其他适合的内容,堪称别出心裁。

戏台藻井是同心圆攒尖顶,小坐斗与花拱昂头依次承托、出跳,并逐层收缩于井顶,十六条雕刻龙凤的经线也集中于顶部。戏台檐下的平板枋和小坐斗、昂头等刻成如意龙头状,虽未曾漆饰,但完好无损。戏台连接的勾连廊藻井是中心八角攒尖,两边卷棚顶,四周十六攒小斗拱承托,同样精巧

图9-29　胡祠古戏台勾连廊和双藻井

完好。戏台下面的地坪铺着古朴无华的溪滩卵石,长出青苔,与整体环境十分协调。

大蔡胡祠戏台曾每年好几次演戏。《象原胡氏宗谱》记载:"正月迎神于祖庙,张灯演剧,自初五夜起至初九夜乃息……"其他如十月初五初六、五谷收获、境主诞辰、寿诞、婚事、请神、关谱等也都演戏。在戏台后场,写有新昌越剧团、嵊州红星百花越剧团演出等字样。

第十二节　梁坑村潘祠古戏台

支分康谷源流;派出荥阳世泽。

这副对联写在宁海县深甽镇梁坑村潘氏宗祠门墙左右。2008 年正月,村里"关谱"做戏,祠堂和戏台经过修缮,数百潘氏男女老幼聚集在一起看戏,热闹非凡。

梁坑其实并无梁姓。村在宁海县城北近 20 千米的凫溪上游,旧属大蔡乡,今属深甽镇。据《宁海县地名志》记载,村中 131 户 467 人,基本上以潘姓。据说,老祖宗迁来时有梁姓居住,故称"梁坑"。村庄背山面溪,村下清流汇入凫溪后流向象山港。据《潘氏宗谱》记载,潘氏先祖乃周文王之子,封邑于潘,故以邑为姓。唐元和年间,唐宪宗的"六军使"潘仁约自河南荥阳迁入浙东宁海县独山,即今属深甽镇的独山村。独山旧名"鱼山",形如卧鱼,孤峰突起,高 115 米。自宋至明清,又分迁宁海各地,其中一支往南迁宁海城北,如回浦潘天寿一系。而潘五福一支在南宋德祐年间自独山又往北溯溪 4 公里迁入梁坑。此地地处山口,潘氏以山林农田为业,建祠堂兼作学堂,繁衍生息。

潘氏宗祠占地 700 余平方米,建在村口的一座平冈上,左右及祠后都是山地林木,祠堂前有近 200 平方米的平坡,尚留 700 余年前老祖宗手植的古

图 9-30　梁坑村外乱石拱古桥

银杏树。由于地形限制，朝西的祠堂只能在南北开两道边门。五开间仪门面对朝西的照墙，与高达 5 米的石坎墙基相接，只有从边门进入后才能看到满铺卵石的前明堂和三道仪门，门额挂"潘氏宗祠"匾额。仪门檐廊三开间，卷棚顶，檐柱四条有牛腿，左右偏房围有砖墙。由于檐廊采用二道柱拱，撑拱上有连楹木承托二重椽出檐，故特别深宽。进入仪门后，中庭明堂中心有戏台和勾连廊相连，戏台四木柱明显侧脚，屋顶翘角平缓，牛腿及坐斗、角科按古制。戏台宽、深各 4.55 米，设围栏，台口高 1.44 米，左右厢楼各四开间。据《宗谱》记载，清咸丰十一年（1861），祠堂与戏台重修。2008 年第 12 次重修宗谱时，再次重修了祠堂，但依然保留古制，不重漆饰，故显得古朴厚重。

戏台顶与勾连廊连在一起，总长度有 8 米。祠堂内仅戏台藻井和勾连廊藻井曾有彩漆精绘，今存残迹。戏台藻井采用同心圆穹隆顶，十六条雕刻的小斗拱从井口集中于顶部的铜镜，四方井枋内外都有三叠五攒斗拱承托。勾连廊顶部藻井为三个小卷棚顶，四周有小斗拱承托。檐廊二角缓缓翘起的双重角梁，也曾施漆彩画。

戏台由十条木柱支承，其中四条是台板下的支柱。戏台下三面地坪铺

图 9-31 潘祠连廊式古戏台及其藻井

石板，高于明堂地面约 0.15 米，故下雨不积水。厢楼和祖堂离戏台勾连廊仅五米。其中祖堂五开间，也没有任何漆饰，仅在檐柱牛腿上作雕饰。堂内挂有"振业堂"匾额，一副对联写道："左昭右穆，历世音容如在；春祀秋尝，千年血食长存。"

从祠堂走出后，卵石路和石板路七高八低，通向一座座老宅。村中民居似山谷梯田，高低起伏，重叠错落。村中多剩老年人，老年协会和祠堂戏台是他们互相沟通、忆古思今的重要场所。

第十三节　前金村邬祠古戏台

《双枪陆文龙》《三请樊梨花》……

这些是留在前金村邬氏宗祠古戏台后板壁上的剧目。前金村村民并不姓金，只因村前一座小小的龟山而得名。据当地人说，龟山似"镜"，立于三门湾西岸铁江畔。"镜"与"金"音近，故有人将"前镜"称为"前金"。

前金村朝东，西靠南北逶迤的拴头山和丫髻山，面对三门湾铁江口。村中 200 余户，八成以邬为姓。据《邬氏前金派房谱》《邬氏南大房谱》及其他资料记载，邬氏源出祁姓。春秋晋国公祁盈家臣迁山西介休邬邑，以邑为姓，后为太原望族，后裔迁入中原。数百年后有一支在北宋初年迁台州章安，又分迁天台赤城。赤城邬氏第四代在北宋末年金兵南下时迁到奉化西邬石桥，明成化年间又有分支迁入甬台古驿道上的宁海紫溪（璜溪口），再分迁入前金村。

宁海邬氏看中这一块兼得山海之利的"掘金宝地"，旧有"十里江瑶邬"之称，以诗、礼、耕、读为祖训。如今，邬氏宗祠内还挂有一块乾隆五十四年（1789）的"钦赐翰林"金字匾，《宗谱》中也有"邬公宗职授翰林检讨"等记录。在旧《宁海县志》中，记载着明代太学生邬良佐、清代诗人邬凯之，以及一位

图 9-32　前金村邬氏宗祠的仪门檐廊

巾帼女诗人邬藕香的事迹。

清道光八年(1828),前金邬氏重修宗谱、祠堂及古戏台。祠堂地处村中心,朝东五开间,单层硬山式。头门前有一块200余平方米的大道地,原立有旗杆,旁有古井一口,水质清洌,久旱不涸。祠堂门廊左右各有五马头山墙,檐廊的卷棚、廊柱、梁枋和撑拱雕刻精致,左右山墙石刻、砖雕、灰塑还留有不少残迹,檐廊内置长条石凳四条,供村民坐歇。

头门开三道,进门之后就是古戏台,左右看戏厢楼各三间,中心道地占地百余平方米,满铺石板。戏台歇山翘角,檐下花拱、角科两组,三面枋木上平身科斗拱各四组。戏台顶部置方口同心圆结顶的穹隆顶藻井,由九圈花板层层收缩于圆心,共十六条放射状的木雕经线层层榫接,通体不用一枚铁钉,全凭精巧的卯榫、叠拱技艺,将戏台顶稳稳承托。

戏台面宽4.8米,高1.45米,深4.5米,台前后各两条木柱,左右前后各添一条短柱,因此显得稳固结实。祖堂五开间单层硬山式,左右山墙有小马头护山,屋脊灰塑龙头吻也是百余年前遗物。祖堂廊下双出檐,中心挂"授善堂"匾,正对戏台,正合"昭仁觉义"之祖训。廊柱的撑拱、牛腿雕刻鹿、鹤及仙道人物、琴棋书画,尤显古朴。

据介绍,祠堂每年正月做戏三至五天,有越剧、京戏、宁波滩簧等,周边

图 9-33
邬祠古戏台及其同心圆藻井

村民都来看。一直以来,前金邬氏未曾忘记《宗谱》中"怀才秉正,辅佐昌期,继述文武,佑启于斯"的祖训。

第十四节　塘下村镇东庙古戏台

保彼东方鲁颂词,庙名取义亦如斯。神灵降鉴民多福,香火绵绵祝四时。

这是前人描写宁海县西店镇塘下村东保庙的诗。东保庙早已不存,近旁留下了一座镇东庙,每年还做戏文。

村西边华星岗下曾有一口香岩塘,故村名"塘下"。南边远山耸翠,其中有雁苍山、阆风山和香岩山。庙在村最东面,故名"镇东"。据《塘下胡氏宗谱》记载,胡氏先祖原籍江苏吴兴,曾有任唐昭宗兵部尚书和钱越王重臣。为防日后变乱,迁奉化牌溪。牌溪十一世胡直夫一支于南宋绍兴年间迁入象原,

图9-34　塘下村镇东庙古戏台及其五口藻井

图 9-35 镇东庙祭神演戏盛况

即今宁海大蔡胡氏。元至正二十年（1360），象原胡思乡一支迁入今之西店镇塘下，建宗祠"培槐堂"，宗祠以东建镇东庙供奉境主，数代之后庙内扩建古戏台，今塘下胡氏已有200余户近800人。

庙门朝南，占地约600平方米，因庙神境主生辰在十月初九，一般自初八起连做三日三夜戏。正对戏台的神殿内供奉着境主老爷和娘娘夫人，左右有财神菩萨和土地公婆，四张八仙桌上供奉全猪、全羊、全鸡三牲及各色食物果品，香烛灯笼照得神殿红光透亮。

庙头门、仪门合一，硬山式，开三道门，左右二山墙朝南，庙前一大块空地。门檐下挂一长串红灯笼，檐廊、卷棚、月梁、檐枋和牛腿都有雕刻，左右八字式护墙有灰塑"狮子戏球",未经漆饰,尚属精致。

戏台面宽4.6米,深4.4米,高1.3米,没有护栏。顶部的藻井与勾连廊看场连在一起,带有明代特色的檐枋平身科坐斗和檐下连槛花板承托方形的井口,中心制一只八圈八角攒尖的藻井,层层收分,结集于穹隆顶的涡心。四角又有四只小一点的四圈八角攒尖藻井。一座戏台五个藻井,堪称罕见,塘下村人称之为"五面花"。戏台下的木梯可以直通后场,在已经泛黄发黑的板壁上,写着不少戏班子演出的剧目,如《杨金龙回朝》《大同府》《太华山救驾》等。

第十五节　王家村王祠古戏台

听月窟清音返虚入浑;传梨园佳处兴古为新。

这是刻在宁海县西店镇王家村王氏宗祠古戏台石柱上的对联。王祠名"三槐堂",全国上千处王氏居住地,大都以"三槐堂"为宗祠名称。据传,王氏有三支源流,即周文王之后、齐王田和之后和商王次子比干之后,如今多认为山西太原王氏流布最广。王氏在晋代时分为太原王氏和琅琊王氏两大支,并迁居江南。太原王氏在北宋初有一位历事宋太祖、宋太宗的兵部侍郎王祐,生性耿直。大中祥符二年(1009),他在自己院内种了三棵槐树,坚信后代必会显贵,名"三槐堂"。后来他的儿子王旦和孙子王素都做了宰相,于是这"三槐堂"就成为王氏的堂号,苏东坡还写了《三槐堂铭》。西店王氏的"三槐堂"内还立有一块太原王氏900余年前迁此的碑石。据《铁场王氏宗谱》记载,铁场王氏之祖奉天台王氏王雾为始祖,如从琅琊王氏王羲之算起已48代。南宋建炎三年(1129),金兵攻入明州,天台王子华(1099—1166)受命守明州与台州的界山栅墟岭。他率家族迁入界岭之南,即古驿道旁的原铁器场边,故称"铁场王氏"。数百年后,王氏在此繁衍为名门望族,分前宅和后宅。前宅今存明监察御史王中的石制"绣衣坊"牌坊，后宅存明王仲玠的"京牧天宠坊"牌坊。后宅还有一座"宪台济美"石牌坊，后面就是在清道光年间建造的占地千余平方米的"花祠堂"。这座牌坊前曾立两对石狮，今尚存三件，而紧靠牌坊的就是三槐堂古戏台。后来牌坊门堵成墙壁，东西增开两道石库门。东门额刻"敬思"，有门联道："春秋通关怀霜露；水木长绵溯本源。"西门额刻"仁本"，门联为："百代孝慈山仰止；万年支脉水流长。"据《宁海县地名志》载，"三槐堂"王家属旧宁海县一都，曾称"一都王"，今有600余户2000余人，分七个房派。

不做戏时出入三槐堂一般从西门，进门就能望见祖堂和古戏台。戏台台口高1.35米，宽4.6米，深4.6米。两条短石柱刻一对石狮，台上屏风后还留有2.5米宽的后场，墙壁上刻着"科甲传芳"四字。戏台架在四条圆形的石柱上，石柱周长1.1米，高4.5米，上部与戏台的檐枋榫接，顶上木构彩漆藻井用同心圆穹隆顶，外围卷棚顶底部十六只坐斗出踩，雕成龙状，层层收分，结集于井顶。四面额枋内外各施平身科四攒，枋头刻草龙，承托圆形

图9-36　王家村王祠牌坊

图 9-37 王祠看戏廊厅和戏台藻井

图 9-38 王祠祖堂

井口。戏台左右两厢楼与后场有楼廊相通,故有前、左、右三面天井。戏台正面搭棚,与原祭厅相连,防日晒雨淋,可容数百人看戏。硬山式的中厅三间二弄,抬梁穿斗结构,东西山墙边各有七柱和八柱落地,中心部分只有五柱,还留下明代原有的"金砖",每块一尺见方,总面积近 30 平方米。

祖堂又称"享堂",虽高出三石阶,但离戏台足有 25 米之遥,也是三间二弄石板地,单檐硬山式。梁柱带有明式的简朴,仅四柱落地,采用抬梁式,每间跨度大,宜祭祀。祖堂内正面中心设有铁场王氏的祖先神位,上方挂有"三槐堂"额,两边还有"监察御史""瑞应槐庭""青箱门第"等匾额。东墙立有1999年刻的"瑞绍槐堂、太原、铁场王氏九百周年纪念"碑石。祖堂横梁上大书"七房俎豆常新,香带西园翰墨;万世彝伦攸叙,义分东壁图书"。

三槐堂戏台一般正月初、十月半做戏,有对联写道:"春祀秋尝,尊万古圣贤礼乐;左昭右穆,序百代王姓源流。"

第十六节　长洋村郭祠古戏台

我本是金枝玉叶驸马妻,今日是汾阳王寿诞期,那驸马再三要我拜寿去行大礼……

这是吕派越剧《打金枝》的唱段,全剧讲的是唐代宗将女儿升平公主许配给汾阳王郭子仪六子郭暧为妻的事。宁海县深甽镇长洋村郭氏宗祠古戏台曾多次演出这部剧,这里居住的也正是郭子仪的后裔。

唐玄宗天宝十四年(755),安禄山、史思明叛乱,陕西华县人郭子仪受命朔方节度使。唐明皇沉湎酒色,致使京城失守,潼关攻破,唐皇携杨贵妃逃出,杨贵妃被勒死途中。此后郭子仪领兵二十余年,三次被削去兵权,又三次收复京城,忍辱负重为国保民,冒死"单骑退敌",耿耿忠心。他历四朝,官至宰相令公,封汾阳王,寿至八十有五。今宁海长洋郭氏为郭子仪后裔第三十八代。正对戏台的祖堂中挂有郭子仪画像和对联:"祖德无穷,千秋常祀典;儿孙百代,万古绍书香。"

长洋村地处宁海北乡凫溪上游,源于望海岗的象原溪和源于香岩山的长洋溪在此交汇,水量陡增,雨汛季节溪滩水涨如洋,故村名"长洋"。宋哲宗时,郭子仪第十代后裔因任职金华刺史而从陕西迁浙,一支分迁临海长潭

图 9-39 郭氏祖像

后,又分迁宁海长洋。今村中有 610 户 2100 余人,以郭为主姓。由于地处新昌、奉化、宁海三县古道要冲,故商业市集兴盛,大宅密布。

郭氏宗祠建在老街中心,朝东,面对川流不息的长洋溪,占地近千平方米。三开间仪门和隐蔽的头门,左右威风的五马头山墙护卫,足显郭氏威风。门前一方明堂,左右各有偏房。仪门檐下双道卷棚顶,月梁施雕漆彩,檐枋牛腿倒挂狮和凤凰硕大且雕刻精丽。中门"郭氏宗祠"额上有"同治戊辰"字样。仪门两旁及檐柱挂有"发迹金华根深叶茂;分支康谷源远流长""登此堂以序左昭右穆;入此室无忘祖德宗功"对联,气氛庄严肃穆。

戏台建在仪门之后,每年正月要做戏六天。近年重修,漆饰之后绚丽灿烂。顶部与歇山翘角看场勾连廊连在一起,檐下的雀替昂头繁花如锦,坐斗花拱彩画组合,美不胜收。戏台面宽 4.8 米,高 1.4 米,深 4.5 米,六扇屏风后还留有 1.2 米宽的后场空间,有楼梯通向左右厢楼。戏台中心台额书"半入云",左右出入场门额书"悠然"和"突如"。戏台上彩画额枋,置平身科四攒三出跳,承托圆形井口,十六条放射状的小斗拱与十圈层层收缩结集的同

图 9-40 郭氏宗祠双藻井古戏台

图 9-41　长洋郭氏堂号匾

心圆花板连接成美丽的穹隆顶。与戏台藻井相邻的勾连廊藻井为八角攒尖，向穹隆顶中心层层收缩的小坐斗和花板组成五彩缤纷的图案，四周还围有一圈卷棚顶。挂在戏台前的对联写道："悲欢离合或今或古；嬉笑怒骂非幻非真。"

戏台和勾连廊两厢各有四间看楼，设红色栏杆。祖堂朝向东面的戏台，单檐硬山顶，五开间，三楹六条黑色檐柱各刻狮子、白象和凤凰，与连楹枋和月梁都漆朱贴金。祖堂中心挂长洋郭氏"继序堂"匾，还挂有金华郭氏始祖及长洋始祖像。

据《郭氏宗谱》记载，这位金华始祖就是郭子仪的第六子郭暧。祖堂对联映射千年长洋郭氏"敦本睦族，承先启后"的祖训："长觐先祖忍辱负重唐朝再造；洋益后人茹苦含辛今日辉煌。"上下联首字合在一起就是"长洋"。

第十七节　夏樟村孙氏家庙古戏台

敝宗氏族姓传孙,柳暗花明绕一村。百数人家敦古处,催科悍吏不敲门。

这首《夏樟八景竹枝词》,说的是六百余年来,在宁海北乡深甽镇的一个小山岙中,孙氏族人远离市肆,诗书耕读的状态。村子前后都有参天的香樟树,大都有四米多周长,上面挂着古树名木保护牌,树龄都有六七百年了。

据《夏樟孙氏宗谱》记载,村落的孙氏始祖出自三千年前周文王第八子,发族在河南光州固始县,唐代时有一支迁福建。唐晚期,福建长溪孙功斐任后唐兵马大元帅,追寇至台州时战死。其子寻父而至象山港石屏山下,插樟卜居于此,村名"樟树"。元代时,樟树孙氏十二世裔孙孙安一(1300—?)解甲归田,闲游至宁海与奉化界岭之南,爱此地幽谷之美,效先祖插樟卜地之法,在最热的季节插下的樟树,居然能成活。《宗谱》中记载:"遂折樟木四枝,插于夷址之间,祝曰:'六月初一,植以樟木,若能蔚郁,其堪筑室。'其木果荣,遂挈子妇以居之,而名其地为夏樟。"据说孙氏堂号"六枝堂",分别为鄞县北渡、余姚四明、宁海坎头、西店樟树、深甽夏樟、新昌东村六支。而夏樟这一支又称"追远堂",至今传二十余代。

孙氏家庙地理位置特殊,因为村落夹在山谷之中,村里的房子都沿山势而建,高低错落,十分别致。家庙紧靠竹山,门前原有一条溪流穿过。溪边有一条极小的路,而现在庙前大路就是在这溪坑上铺上钢筋,浇上水泥,建成缓坡。但这地方实在逼仄,溪流也就成了地下长溪了。据介绍,家庙前原有九座石拱桥,称"九虹桥",后来加了一座柏树梁造的柏梁桥,形成夏樟一景"十桥灯火",可惜现在都看不到了。

家庙朝南,硬山式,有照壁,左右由拱门、仪门、戏台、厢房、祖堂五部分组成。照壁、仪门与月洞门连起来,也是进出的主要通道。月洞门额上分别

图 9-42　孙氏家庙庙门及花拱

书"咸与维新""皆安如故""薰德善良""保世滋大"等。仪门单檐五开间，三间开门，两边梢间是倒座式的，门楼檐下有网状花拱装饰，檐下昂头雕出一朵朵下垂的花。檐下卷棚顶，月梁檐柱牛腿雕刻着凤凰牡丹和戏曲人物，曾经涂上过石灰，现今石灰微褪，依稀能看到原先色彩。左右八字式墙垛上有对联："祖武绳其址基仍旧；孙谋贻厥栋宇凉爽。"

戏台屋顶是歇山式小青瓦，檐角飞翘，下拖一条长近1米的风雨板。檐角斗拱伸出二十余只昂头，组成美丽的花朵。檐下双出橡，三叠拱平身科出跳，承托十六经十二圈同心圆穹隆顶藻井，至今还留着精雕和五彩漆饰。戏台高 1.33 米，面阔 4.8 米，进深 4.6 米，不置护栏。戏台正面下部封闭，台前木柱略有侧脚。戏台始建于咸丰年间，现存的戏台是宣统二年(1910)重建的，至今已经一百多年了。

戏台与后台及三间厢楼相通，隔一道屏风。后台板壁上写着："圆谱之日特邀嵊州绍剧团于1996年农历二月二十一日演出，剧目《高平关》《三岔口》《双龙会》《两狼山》《闹宛城》《罗通盘肠》。"

图 9-43
孙氏家庙古戏台
及其藻井、连廊檐拱

面对戏台的祖堂留有明代柱础石,可见始建于明,清嘉庆丙寅年(1806)重修。光绪甲申年(1884)重建为单层三开间,左右有台州式单马头山尖护脊墙,明间抬梁,次间穿斗式。明间中心正对戏台上悬"追远堂"匾额,黑底金字。次间也有两块匾,分别是"登科""神祖之佑"。其他还有如"节孝可风""操凛冰霜""耆德常存""文元"等,都显示了夏樟孙氏祖上的荣耀。

第十八节　岭徐村徐祠古戏台

岭头养就数株松,几阵风来振碧峰。客到亭前惊啸虎,僧归林下爱吟龙。独弹古调传三弄,为送仙云护一重。更喜夜来凡籁寂,冷冷犹和梵王钟。

这首《界岭松风》收录在宁海县深甽镇岭徐村《旗山徐氏宗谱》中。界岭是宁海与奉化交界的一个小岭,南坡有村落叫岭徐。据《旗山徐氏宗谱》记载:"治北七十里,宁奉分疆之域有一小岭焉,徐其姓也,于中有茂林掩映、修竹萧疏,千峰秀拱于旗山,一水源通乎象鼻尖峰。"徐姓人居住于山岭,谓之"岭徐"。

据传,岭徐徐氏为周代徐偃王之后,原居新昌莒根,徐应奎避元兵变,隐居宁海旗山,时在宋末,迁来界岭东南,是为岭徐始祖,现已有七百余年。

徐氏宗祠占地500平方米,清初始建,乾隆年间十四世祖季元公主持重建。据说五十年前,族人在祠堂午休,忽然轰隆一声,祠堂因年久失修倒了半边,修好时已过半个世纪。2008年圆谱时,迁居西店的徐通表先生又出资维修。

祠堂坐北朝南,略偏西,旁有岭南溪流过。祠堂后密布民居,从山上可俯视整座祠堂在翠竹绿树的环抱中。祠堂由门厅、戏台、厢房、祖堂组成。门厅三开间,单层硬山式。檐下双卷棚顶,月梁上雕有凤凰、牡丹、祥云花纹和戏曲故事人物,并彩色漆饰。檐下的牛腿雕有凤凰、象头,制成倒挂花篮

图 9-44 岭徐村徐祠外观、仪门

图9-45 徐祠古戏台及其斜角撑八角攒尖顶

状,又称"垂花柱"。还有小雀替,也雕刻精细。左右墙垛上嵌有《重修徐氏宗祠记》:"巍巍旗山,钟灵毓秀,始祖应奎公卜筑于斯,繁衍生息七百余年,已成泱泱大族……"中门上有匾,黑底金字大书"徐氏宗祠"。

进门之后可见戏台坐南朝北,屋顶小青瓦单檐歇山翘角,面阔4.6米,进深4.6米,呈正方形,台高1.37米。台顶是方口八角五层攒尖圈状收分藻井,井口四角斜撑角梁,有彩画。戏台进出口分别有一小匾,红底金字写"引商""刻羽",中间额写"梨园古迹",木柱上写有一副对联:"古之人今夜可见;事虽假而情亦真。"台柱都漆成大红色,十分喜庆,两边各三间看戏厢楼。

戏台前地面铺溪滩卵石,中间微凸,不致积水,呈一片葱绿。祖堂五开间,明间抬梁式,次间穿斗式。明间檐下挂一匾"乡进士"。堂中梁间又挂一匾"思孝堂"。堂内两边分别挂匾"惠苏涸鲋""冰雪为心",面对戏台的中间牌位上写着"始祖应奎公左昭右穆之神位 春秋奉祀"。

出了祠堂,沿乡村小道一直往上,村里房子依山高低错落,有不少古色古香的民宅。小道上有许多石碌柱,雕刻精细。岭上还有茶亭和泗洲

图 9-46 徐祠古匾、神位及祖像

堂，供路人歇息。祖堂十分破败，台门却很有特色，门口居高临下可望见全村景色。门内侧有对联："出入门庭宜谨慎；往来何地不从容。"字迹难以辨认。

第十九节　上金村娄祠古戏台

光辉业绩垂千古；马列真谛传万代。

这是宁海县岔路镇上金村纪念亭上的对联。纪念亭建在娄氏宗祠前明堂古驿道边，新建的六角亭与低矮古朴的老祠堂相映成趣。据亭旁碑文可知，纪念亭是为纪念共产党人范金镳发展党员、组建队伍、成立中共宁海县委所建。

上金村地处宁海县岔路镇西南三公里，村口祠堂面对着逶迤绵延的王爱山。王爱山下，源自天台华顶山的白溪（原称水母溪）滚滚东流。明万历

图9-47　上金村纪念亭

四十一年(1613)三月晦(5月19日),徐霞客出宁海西门,晚宿梁皇驿。次日,从上金村的祠堂前"渡水母溪,登松门岭,过王爱山,共三十里"。十九年后,徐霞客又一次过上金村,渡水母溪,从王爱山登天台山古道。如今,娄祠前一条宽达3米的弹石路,即当年入天台的古道。

上金村民并不姓金,多姓娄。娄姓源出姒姓,为夏后裔,封在杞国,号称"东楼公",后人在山东诸城聚居,以娄作姓。汉高祖时,娄敬统一三秦有功,赐姓"刘"。然王莽篡权,欲诛灭刘氏,刘氏又改姓"金",有一支避入台州。南宋绍定二年(1229),金宣义自台州巾山迁入宁海县白溪之畔的沉积平原上,至第三代金承恩复姓为"娄",弟承息一脉仍以"金"为姓,娄金不通婚成为惯例。后来,金姓一支逐渐衰萎外迁,留下的娄氏仍以"上金"名村。如今,除了上金村和近邻的新园村有娄姓1600人,沿白溪两岸的娄姓,还有前后娄、叶岙、里王、十八罗、王爱山岗、沙田、夹山、西山、官岭娄家等,他们都是从上金分迁发族的。

据《上金娄氏宗谱》记载:"娄氏大宗祠在村南大道旁,何祖创建及年代不可考。约在第九世以后,景泰间,祠奉不迁之祖,无小宗祠,计正厅三间,

图9-48 上金村娄祠祖堂

二厢各三间,戏台一座,门厅三间,余屋一所。"《宗谱》还记载,村北的新园房娄氏又于乾隆初年建了一座"娄氏宗祠",正厅三间,二厢各四间,戏台一座,门厅五间。祖堂内供奉着十块娄氏祖先的神主牌,有汉代建信侯奉居者,及迁入上金村的三十世义公、上金村的二世太公性德公等。性德公夫人正是宋孝宗谢皇后之妹,有一处"娘娘焚香火院"就在村西"落山龙"山谷中,2010年4月文物部门发现了遗迹。

上金村娄祠古戏台面对三开间的硬山顶祖堂,祖堂高出戏台地面0.6米,建筑样式保持明代特色。靠近檐下的明间八根粗大梭柱和明式础石分外醒目,檐枋一斗三升平身科也为典型明式,梁柱别无其他雕饰,浑厚而古雅。大梁、穿枋、月梁、栌斗都很简洁,四百多年来仍牢固扎实。祖堂上悬挂宋理宗赐的"父子荣封,祖孙翰苑"金字木匾。靠东西两面山墙的列柱各七条,采用月梁、海马虹梁和穿枋,构造牢固。

戏台在占地近600平方米的明堂中心,民国三十七年(1948)又一次修缮。顶部歇山翘角小青瓦,二角飞起,倒垂两条宋明样式的风雨板,屋顶灰塑龙头和护脊。戏台前用两条木柱侧脚,上部檐枋出头与角科斗拱支撑,檐

图9-49 娄祠古戏台及其藻井

下额枋置三攒撑拱花板，承托屋顶。藻井中心三弯卷棚，由两条冬瓜状主梁承托，还留有彩画痕迹。井口四边平铺天花板，新绘龙凤仙鹤。太师壁与后墙隔开，后场与左右两厢楼相通。戏台宽5.1米，深5米，高1.3米，三面围有铸铁花栏。据说，数年前娄氏宗祠内圆谱时，还做过戏。

第二十节　三省村胡祠古戏台

会稽迁宁设建居所；梅涧逸老泽沾云孙。

这副对联刻于宁海县深甽镇三省村胡氏宗祠门墙上，道出了住在此地的胡氏先祖是由绍兴迁来，有过不凡功绩。据说下联为马岙一位叫俞骏杨的老人写于1949年之前，上联是近年新补的。

胡祠门朝西，七开间单层硬山式，左右为耳房，各两间开有砖窗和便门。

图9-50　胡祠古戏台及其藻井

中三间,立有檐柱,开三道门,既无堂匾,也无雕饰。左右砖墙底部块石干砌,墙眉上的长条书画保留得还很完整:"天地中为善者自然获福;圣贤教修身本可以齐家。""世上间千百年好人家无非积德;天下中第一件最好事还是读书。"撰者亦为俞骏杨老人。进入祠堂门后就是一座古戏台和左右三开间看戏楼,面对戏台的是三开间正厅,后墙以茂林修竹的青山为依,戏台前、左、右三面地坪满铺卵石,有的长出了没膝青草。

胡祠戏台宽、深均4.4米,高1.4米,清中期重建,民国三十六年(1947)迁建。如今可见由四条木柱承托歇山顶小青瓦的台顶,檐角飞翘,檐下三面平身科小斗拱各四攒三出三叠拱,檐枋二角出头雕龙首,角科七攒三叠,均彩绘。戏台顶部为同心圆穹隆顶藻井,在四方檐枋上用三叠拱承托,四角彩绘蝙蝠。顶部四角下垂的倒吊花篮书"福""禄""寿""喜"四字,彩画精美。八条同心圆经线结集于穹隆顶的圆心双鱼阴阳太极图。

三省村原称"中胡村",村中胡氏在北宋晚期自会稽迁深甽石桥里隐居。据《胡氏宗谱》记载,始迁祖友闻是胡三省的曾祖父,即"中胡石桥里之祖"。另有两支胡氏居上胡和下胡(今下胡不存),即在双湖溪上游和下游。南宋绍定三年(1230),石桥里胡府诞生第三位公子,谱名"满孙",其父以《论语》"吾日三省吾身"名之为"三省",字身之。家谱说他"自幼好学,终夜达

图9-51　胡三省像

明,一览辄育,七岁能文,十四岁读《通鉴》,悦父之心"。胡三省在宝祐四年(1256),与文天祥、陆秀夫、谢枋得等为同榜进士,官至朝奉郎,为官清正廉明,体恤民情。他最重要的贡献是注释《资治通鉴》。据说,原来祠堂中刻对联"七岁文词通里巷;二旬榜第达朝廷""兰亭创业源流远;梅涧遗风世泽长"。胡三省号"梅涧",出自故居前的小溪,溪畔植梅,称"梅涧",旧有"梅涧桥",今仅存遗迹。

2002年,胡三省逝世700周年,宁海县举行了隆重的纪念活动,在三省村建造了胡三省文化园,重修了胡三省墓,祠堂也做了一次修缮,古戏台上还演了数日戏文。

图9-52 三省村村口的胡三省故里纪念牌坊

第十章　象山县古戏台

第一节　官山村南殿庙古戏台

登高望远，三面云山千家村；长啸临风，一川星月万里流。

这副对联刻在象山县西周镇官山村村口的一座门亭上。村中2000余人，九成姓朱。据说，官山村又称"关山

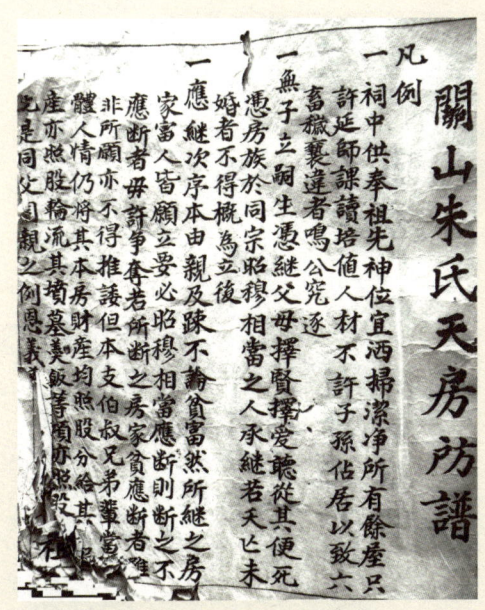

图 10-1　《关山朱氏宗谱》书影

图 10-2 南殿庙庙神

图 10-3 南殿庙古戏台及其藻井

村",前者因明清以来,关山朱氏频出官吏而称;而后者因地处宁、象山隘而得名,进入山岙有石门古道通宁海。从《关山朱氏宗谱》得知,南宋理学家朱熹兄弟三人的后裔分迁浙闽,其中一支孙道佩,在元统元年(1333)授职巡街典史,升户部主事,迁居象邑官山,被称为官山始祖。

官山朱氏勤耕治学,乐善好施,重文行,轻富贵,在明清时累受朝廷嘉奖。乾隆七年(1742),象山知县老爷亲笔作《关山朱氏重建祠堂记》,其中有"考朱氏始祖自顺帝元统间,伯鸾公迁居兹土,迄今四百余年矣。子孙日繁……朱氏可与'义门''百忍'齐名……"之说。据称,"义门"指浦江郑氏,"百忍"指张良及其后人。

官山朱氏在清嘉庆年间在宗祠旁建造了南奠庙(今作"南殿庙"),庙朝南,占地500余平方米。殿前造了一座戏台,宽5米,深5米,高1.5米,每年七八月间神诞,做戏五天。庙神是境主菩萨,其余还有财神及山水社稷之神。

古庙曾作为小学和村民会议场所。由于戏台前有三间勾连廊,故雨天照样能演出。前进建筑今已不存,仅存戏台,故以原西侧门为出入门,与戏

图 10-4 南殿庙檐廊

台相连的廊亭就是看亭,用抬梁、月梁构筑,位于明堂正中。戏台内外的梁柱檐枋油漆斑驳,褪尽铅华。勾连廊上部仅月梁和撑拱有雕饰,象山式撑拱体量虽然小,但力挺屋面檐头承重。戏台檐下和神殿檐廊都刻有色彩绚丽的牡丹、狮子等花纹。

藻井是七卷棚,正受霉蛀,久未修缮。中心方形井口上部的较大方形卷棚与四周横卷棚合在一起。靠近檐枋的平身科斗拱和角撑支承整体。井口四角各垂下一只方斗形吊篮,也不曾漆饰。戏台额枋残留的雕刻和漆迹,说明昔日曾光彩夺目。

第二节　石浦镇城隍庙古戏台

演出炎凉真世态;唱来悲乐是人情。

响彻乌岩人宣湮郁;乐歌燕寝神听和平。

这两副是刻在象山县石浦镇城隍庙前后殿戏台的对联。一庙两戏台,不仅见证滨海鱼乡的鼎盛商贸,更映照海港名城的深厚文化。

石浦,唐宋时还是一处不起眼的渔村。即使百年前,马叙伦的《赴石浦途中》诗中还有"岭高樵路曲,海近鲨帆多"之句。石浦以"沿浦布村,滨海多石"在明代才显露头角,唐之前是鄞县属地,宋立东门寨,元设巡检司。明洪武二十年(1387)沿海倭患,成军事重地,设千户所,属昌国卫,始筑所城。依山傍海,用山石围了一个城垒,城高二丈三,周围六百余丈,西、南、北三面有门,设楼置垛。有"城"必有"隍",石浦千户所城隍庙,大约与昌国卫所、爵溪千户所的城隍庙同时建,据说石浦城隍老爷姓莫名成,在一次朝廷命案中代主受死。六月初六是莫成生日,石浦城隍庙设祭。此外财神菩萨和戚继光也于光绪二十四年(1898)起祭供在神殿中。

清顺治十八年(1661),为防南明武装攻击,皇帝一道"迁海令",石浦及

图 10-5　象山县石浦老街和城隍庙

浙东许多海岛和沿海乡镇成为无人区,城毁庙倒,百姓流离失所。直到康熙三十三年(1694),取消"迁海令"后,重新筑城。乾隆五十二年(1787),石浦重建城隍庙。道光五年(1825)和光绪八年(1882)分别重修,并增建了后殿。1984年被列入象山县文物保护单位,近年又重修庙和前后两戏台。

石浦城隍庙坐落于石浦老城西门的山坡上,千家万户尽收眼底,现有建筑占地2400平方米,面朝东南的东海大目洋。中轴线上自外向内的建筑群依次有外照壁、街路、门楼、戏台、前殿、后门楼、后戏台、后殿。前后两院各有东西厢楼,前院建于清代中期,后院建于清代晚期,各院落依地势逐级升高,墁铺石板。由于地形限制,除了戏台为歇山翘角,其余都为硬山式单檐或重檐建筑。

前殿的建筑头门、仪门、檐廊、倒座、过厅与戏台全都连在一起,七开间,开三道门。戏台面对着高耸显赫的神殿,有对联写道:"天知地明,行些善事百世臻福;心正体安,做个好人千秋有德。"戏台额曰"鉴古亭"。

前殿戏台台口宽5.5米,深5.6米,高2.15米,这是山坡地形造成的。戏场主看台在神殿前,高出戏台地基1.8米,故进门看戏要攀登十级石阶。台前各两长两短四石柱,柱础精心雕刻,与木制的台面、戏台上方的额枋榫

图 10-6　石浦城隍庙前殿戏台及其同心圆藻井

图 10-7 后戏台及其螺旋娥罗顶藻井

接，檐下斗拱平身科四攒与角科七踩外拽三重装饰，假昂（小斗拱昂头）漆朱贴金，辉煌绚丽。戏台顶部方口圆形藻井用十六串小斗拱叠涩结集于顶部铜镜，额枋的透雕牙子承托藻井，台前额枋垂吊一对倒挂花篮。

或许是一个戏台满足不了数万石浦人的需求，在清代晚期又扩建了后殿和后戏台。后戏台与前殿神殿的明间相连，由于场地所限，尺寸比前戏台小大约五分之一，但整体样式与前戏台相同，不同的是戏台藻井为螺旋娥罗顶。然而这戏台娥罗顶的小斗拱昂头有二十四列，长度长，在十二层叠涩榫接过程中上面过分密集，穹隆半圆球体的胖度不够，成为罕见的漏斗状螺旋顶，满贴金箔，华光四射。后戏台额书"怡和台"。看场小而平坦，台面高1.5米，台前柱改用铸铁，同样在每年春秋做戏两次。

第三节　爵溪街心古戏台与城隍庙古戏台

蓬瀛朗鉴此高台,一日登临曙色开。巷口多传王谢姓,十街生聚是雄才。

这首清代诗人的《爵溪八咏》之一,写的就是十字街心戏亭。距离街心戏亭百余米,就是爵溪城隍庙古戏台。街心戏亭与东门月洞雄关相距也只有百余米。如今城门、街台和庙台,俨然成为新爵溪三处历史文化亮点。

爵溪,宝庆《四明志》称为"县东游仙乡有雀溪保",明嘉靖《宁波府志》记载"村西南有一溪东注入海,鸟雀甚多而名雀溪","雀"通"爵"。元延祐六年(1319)的古碑最先以"爵溪"名村。清康熙《象山县志》称爵溪"原为

图10-8　象山县爵溪古城门

潮汐冲齿之隅,浮沙连片,人迹稀疏"。当时大瀛、玉泉二乡以爵溪十字街为界,鱼汛季节,东门外千帆云集,十字街商贸应运而兴。

街心戏台建于清初,依山濒海,形若沙舟,雄踞城中心,旧称"桅亭"。亭为四角重檐攒尖,朝南面阔9.6米,东西进深11.42米,占地100余平方米,总高度11.2米。檐下枋木上置斗栱平身科,上檐二攒,下檐四攒,角科七踩,曾经漆饰,如今褪尽,仅留残迹。藻井作于下层的顶部,四方形井口,八角九层叠涩攒尖,顶部覆铜镜,井口四边交接处雕装有垂花方斗,底部各刻"合""所""平""安"四字。1984年被列为象山县级文保单位,1997年8月列为浙江省文物保护单位。

清乾隆戊午年(1738),始修街心路亭,做戏时,只要在亭柱的榫孔装上木梁,即可搭成戏台。如今四条硕大石柱,下方上圆,每边42厘米,长5米,埋入地下至少1米。柱身离地1.7米处开有木梁孔,故亭的上部做戏,台下可通人。四石柱方形排列,柱与柱中心距4.8米,故戏台面宽、进深各有5米。戏亭与北面一排楼房靠近,只要挂一架木梯,四间楼房就可以兼作后场。十字街东、南、西三面可聚上千人看戏。

图10-9 爵溪十字街心戏台及其八角攒尖藻井

从街心戏亭北街往北百余米,就是爵溪所城隍庙。明洪武二年(1369),爵溪设巡检司;洪武十七年,在附近设八处烽火台;洪武三十年,升格为千户所,驻兵千余,翌年筑石城,周3里,高2.8丈,开东、西、南三门。此后爵溪成为浙东海防重镇,城隍庙也于此时建造。清道光十七年(1837)庙宇扩建,光绪和民国年间又累次修缮。1994年拆除头门及两厢,将十分精美的古戏台置于一栋钢筋混凝土的大楼之中。

幸存城隍庙戏台额曰"春熙台",翘角飞檐的屋顶已改建,留下了螺旋娥罗顶及方井天花和檐枋斗拱,漆朱贴金,蔚为壮观。戏台面宽4.6米,进深5米,高2米。前柱石质,上圆下方,刻有对联:"古今人何处不相及;天下事当作如是观。"

保存下来的还有道光十六年(1836)和光绪十七年(1891)的古碑,面对戏台的神殿保留部分木结构殿堂,城隍老爷及文武差衙、捕快们造像各司其职,显得一本正经。殿内对联又制造出肃穆气氛:"天知地知,你知我知,何谓不知;善报恶报,迟报速报,终须有报。"据介绍,昔年正月初、三月三、七月半和九月十二城隍生日,庙内做戏,近千看客挤满占地1500平方米的戏场。

图10-10 爵溪城隍庙古戏台及其藻井

第四节　墙头村欧祠古戏台

歌舞倚春声，长此八千新岁月；蒸尝逢美景，居然六一好林泉。

这是甬上清代诗人张恕在清咸丰九年（1859）为二百里外的象山墙头欧家老祠堂所写的对联。张恕（1790—1878），道光八年（1828）举人，不愿做官，精研书道。张恕有《大雷山》诗一首，说"一叶扁舟墙头渡，百年乔木寺前庄"，这大雷山、墙头渡、智门寺都是今象山县墙头旧迹。

墙头在象山县城之西，一山之隔，今有隧道相通。北濒象山港西沪港，南有大雷山，西有陆路通宁海和宁波城区。今墙头镇23村以墙头村为最大，近千户3000余人，欧姓占八成以上。收藏于欧氏宗祠的《欧氏宗谱》记载，宋建隆初，欧氏先祖任明州录事参军，巡抚沿海时，见此地"四山拥翠，水涵明清，即有栖迹之意"，然后偕妻族梯山航海从福州迁此伊家山下，广置良田、栽植桑麻、环种松木，名曰"欧家山"。后来，其子欧彻为殿中御史右司谏，四世孙为侍讲学士，世代簪缨绵延，成为大族。元至正年间，欧氏十二世迁居墙头。

一说欧氏迁入此地后耕读传家，在村周围植杏，因名"杏花墙头"，又曰"墙头"。但据《宗谱》记载，此村北有西沪港，可眺望船樯之顶，故又称"樯头"。清咸丰九年（1859），建宗祠，占地800平方米，今称"老祠堂"，祠内有戏台和祖堂。民国十三年（1924），又在老祠西首新建了一座祠堂，称"新祠堂"，也有戏台和祖堂。

老祠朝西，门口就是从海港通向大雷山的主道，规模颇大，七开间三道门，光绪元年（1875）又增立一对恩科举人旗杆石。这座祠堂气派显赫，地处要冲，历史上常被占作他用。所幸大堂及南北厢房结构未损坏，大门仪门尚存框架，于是2006年原地重建，恢复原貌。如今20余米宽的硬山式建筑

图 10-11　墙头欧氏老祠堂

图 10-12　老祠堂古戏台及其鸡笼顶藻井

左右有五马头墙围护,气派非凡。

　　进入门内,屏风后就是重建的古戏台。戏台仍用石柱,刻张恕对联。台口宽、深各5.5米,高1.6米,三面围栏杆。台顶盖歇山高翘小筒瓦,檐下平身科和角科装饰华丽,全都漆朱贴金,藻井恢复原有的贴金漆朱螺旋娥罗顶。

　　新祠堂距老祠堂约500米。这座称为"文房"派的新祠堂在清宣统年间

图 10-13 欧氏新祠古戏台及其藻井

动工，民国三年（1914）竣工，耗银万元，通体不漆饰贴金。从外观看，低矮简朴，也没有东西马头墙和门楼。

正门的位置是一方长20米、宽9米的荷花池。仪门与倒座台楼合一，又兼作檐廊，七开间单檐硬山式。檐下双步廊卷棚顶，月梁清雕双龙戏珠、仙鹤寿桃、暗八仙、牡丹花等。撑拱牛腿也精雕牡丹飞凤。柱顶按三踩十字斗拱，置花篮状方斗，翘与拱头分别刻奇花异卉。

戏台在院子中心，左右厢楼各三间。台板长、宽、深各4.5米，高1.5米，台前石质方柱上承铁铸圆柱，与戏台后柱即廊柱共同承托一口形如巨锅的藻井。这座藻井直径4米，用雕花木板拼合成倒覆锅形，内壁刻浮雕牡丹凤凰等吉祥花纹。藻井四围卷草、花牙子、暗八仙、蝙蝠、龙头等，与戏台屋檐下九踩四翘的角科、四攒平身科等，构成了丰富多彩的精雕细刻。

面对戏台的大堂，七开间，高于戏台地坪0.6米，进深10米，梁枋雀替刻饰精美，也不施色，地面已使用水泥地坪。

第五节　黄埠村圆峰庙古戏台

金铃对舞红蓬拆；玉笛飞声赤凤来。

这是刻在象山县晓塘乡黄埠村圆峰庙的戏台对联。黄埠村民并不姓黄，因古代有"横埠头"，可从村口的九龙江乘船出海而得名。刻在庙内外的光绪二年（1876）《永禁赌碑》和道光七年（1827）《禁伐山林碑》，显出古村优良民风。

黄埠曾称"后岭"，因在石浦青山头巡检司的岭后。元至元年间，原籍福建莆田的潘氏先迁居岭后昌国，后越岭定居于九龙江畔，见此鳌峰松青林茂，涂田腴美，遂定居。当地有民谚道："做人最苦大泥塘，一场大雨泪汪汪。三日无雨精打光，十年倒有九年荒。"象山半岛风潮频起，咸潮涌入九龙江，

图 10-14 黄埠村圆峰庙庙匾与庙神

导致两岸经常颗粒无收。于是村民寄望于神灵,先在村口面对九龙江的高坡上建了一座圆峰庙,庙前建镇龙塔,又凿开稻桶岩,建起了一座既可泄洪,又可拒咸蓄淡的二眼碶,有效解决了水患灾害问题。

圆峰庙占地600平方米,朝南硬山式单檐五开间,面宽20米,开三道门。檐廊、卷棚、月梁、撑拱施雕彩漆,进门后屏板将戏台遮住。正对戏台的神殿中间坐着五位菩萨、两位侍从,共七位。左右文武差衙威风凛凛,神情肃穆。其余还有土地神、雷公、电神、财神、吕纯阳、药师等。据民国《象山县志》等资料记载,圆峰庙在象山各乡都有,原有二十余座,圆峰为邑之主山,故三乡社庙多奉其神。传说,明末清初郭、陈、洪、沈等七位异姓兄弟奋勇抗倭,屡建奇功,丧生于海,于是成为老百姓祭奠的对象。挂在五开间神殿内的匾额有"保我黎民""德威化神"等,坐在中间的就是圆峰菩萨郭将军。

戏台歇山翘角,左右有厢楼。藻井简洁,四方额枋中心的"井",仅是凸向屋顶的硬山式四庇,中间对偶式的月梁和童柱施雕上彩,檐下撑拱牛腿刻蝙蝠、寿桃等浮雕,唯台前左右圆形石柱刻的对联古雅精巧,中心短石柱顶刻一对石狮子。戏台宽、深各4.5米,台板高1.55米,戏台额曰"熙春台",出入场门书"吐角""含商"。

图10-15　圆峰庙古戏台及其藻井

到了后台,板壁上书宁波、宁海、新昌、三门、处州、黄岩及本地定塘剧团的演出记录。戏台年年做戏,正月十二到十五做上灯戏,八月初九、初十做神诞戏。

第六节　丹城镇姜毛庙古戏台

真伪忠奸皆入戏；悲欢离合总关情。

这副对联书于象山县丹城姜毛庙。《浙江古今地名词典》说,丹城,唐神龙二年(706)立县治,宋治平间积土为城。明嘉靖三十一年(1552)筑石城御倭,清康熙间因城依丹山而名。姜毛庙就在正对县衙的县前街西首,占地千余平方米。雍正《象山县志》载:"南市中二神,姜姓、毛姓,古传为唐进士,弃官隐此,施药济人,卒而有灵,乃立庙祀焉。"

1994年,象山县文物管理部门发现结构较为完整的姜毛庙,并列入县级文物保护点。从古碑可知,姜毛庙有近千年历史,一直是当地民众祭祀求医的庙祠,累毁累修,几经沧桑。明嘉靖二十八年(1549)庙宇修复,清嘉庆年间又进行修缮。清咸丰十一年(1861),太平天国军队驻扎于此。同治五年(1866),部分毁于火,10余年后修复。民国九年(1920)扩建后殿,即今城隍、娘娘殿。民国三十三年(1944)最后一次修缮,此后曾专辟为戏馆,京剧、越剧名角如筱毛豹、胡志鹏、王麟昌、赵瑞花等都在此演出。中共地下党曾在此组织集会讲演,演过抗日救亡戏。后又改作治安公所和小学,新中国成立后又作为县政府的一个办公场地,后又改民居。庆幸的是建筑物基本完好。

姜毛庙旧又称"姜殿庙",坐西朝东,前后三进,除戏台为歇山翘角,其余都为硬山式、穿斗与台梁结合的木结构。其中五开间九架的神殿为明代遗存,清嘉庆年重修,檐下有精巧卷棚顶,檐柱雕牛腿倒挂狮。檐下石柱础方

图 10-16　姜毛庙祭祀的两位民间医神

图 10-17　姜毛庙古戏台及其藻井

形,其余圆形,配覆盆式柱础。神殿内供姜、毛两位医士雕像,神龛上方悬"泽被山海"额。神殿之后,一道宽1.5米的石库门通向后殿。据称,原来就有娘娘殿,县城隍庙拆除后,城隍老爷也移到此处。

正对神殿的戏台、仪门倒座楼和两厢,1995年后重修重建。临街的五开间三门倒座,既是入口主门,又是过厅。屏壁后的古戏台宽5.7米,深5.1米,高1.55米,戏台额书"同赏共鉴",出入后场的门额为"游龙""戏凤"。戏台四周围栏精雕细刻,台顶藻井螺旋娥罗顶,与檐下的十二组花拱、平身科十八踩角科和精雕出头枋、龙凤戏曲木雕额枋,全都漆朱贴金,富丽堂皇。

据说,姜毛庙除正月灯头戏,还有三月十二日神诞戏。由于地处闹市,做戏时往往水泄不通,庙里开了十一道门便于疏散人流,足见其吸引力。

第七节　南充村永丰庙古戏台

南充是象山半岛中部茅洋乡的一个山村,因地处南山与冲头山之间谷地,取名南冲,"冲""充"谐音,取物阜民丰之意,改为"南充"。全村约500户1500人,姓氏35个,以郑姓居多,叶姓次之。

民国《象山县志》记载,明代初年,郑主簿仁义,慕此近海靠山,在大雷山南坡安家,一部分在南充,一部分在溪口街北郑家庄、楼下陈等地。据说,郑氏先祖本宁海县西洲(今长街西岙)人,是发运使郑霖的一支后裔,于南宋末迁往象山各地。其中,三门湾岳井洋蟹钳港北岸林木丰茂,北有大雷山矗立为屏,东有荷花芯,西有小竹湾岗等山体护卫,风水颇好,故在南充立足发族。公路未建时,南充村在石鼓岭南端,是古道要冲。

村口大路旁有一座王将军庙,供奉的是王将军和药皇、财神等菩萨。这里是南充与附近村民祈求平安丰年的场所,旧《象山县志》记之为"永丰庙"。庙始建于清康熙年间,几经维修。古戏台早年常做戏,三月十八王将军生日必做三日。

图 10-18 永丰庙供奉的神像雕塑

永丰庙建筑为砖木结构硬山顶，坐北朝南，占有千把平方米地盘，平面横"日"字形。前为山门，山门后的中央间与戏台、勾连廊搭檩连建，两旁厢房，后进神殿，地势自前至后缓缓高起，外观三面红墙，醒目而不失庄重。山门门楼就是戏台后的台楼，是剧团放行头、化妆、候戏的地方，为倒座。倒座门楼同正屋神殿都面宽五开间，门楼中央间、两头间开门，共三洞。门前檐廊因出檐深远，显得宽阔，出入庙门方便，做戏时下雨下雪也不怕。据说，旧时三洞大门开在中间，两头无门，塑解差、马夫。门前廊子木构件施雕饰漆，但檐柱头前不出斜戗的倒挂狮子等撑拱，与一般庙宇不同。"永丰庙"匾额高立于上下檐间，很是夺目。

进门之后发现里面很宽敞，戏台前与神殿相连的两间连廊有 6 米长，两厢各三开间，厢房前廊与门楼、神殿相通，增加了室内面积，还有两个墁铺卵石的天井。戏台宽 5.2 米，深 5.6 米，台面高 1.4 米，前台柱侧脚，台三面矮围栏。近年重修的藻井采用四角斜撑，神殿与两厢一样高过门楼，梁枋雀替等构件雕花漆彩，堪称考究。百余年前重建时的石柱刻有助柱人姓名，如"吴氏男郑德厚舍石柱"等。

图 10-19　永丰庙外景

图 10-20　永丰庙连廊式古戏台

古戏台历经沧桑，多次修缮，20世纪60年代几乎废弛。如今村民进出永丰庙，即使庙中不供神仙，台上不演戏，也总会勾起他们曾经做戏看戏的美好记忆。

第八节　东溪村励祠古戏台

当日声名垂魏郡；迄今支派衍东溪。

东溪村，在象山县新桥镇，位于海拔557米的五狮山南麓，有大溪自东流经村前，西入三门湾北头的蟹钳港。从县城至石浦古道，东溪是中间点，现在省道茅石线又从村西通过，故得山海之利、舟楫之便。东溪村与跨溪而建的东溪桥在宝庆《四明志》里都有记载，历史悠久。宋景德三年（1006）为"东溪保"，隶属归仁乡。1926年为"东溪市"，大概是象邑有影响的集市。新中国成立后，为东溪乡治所，全乡12000余人，其中励姓有4000多。

励氏宗祠在村东南，面南而建，头门所在白色围墙前仿孔庙"外为泮池，跨以石桥"，今桥尚在，泮池被毁。头门两边围墙各写1米见方的"励""和"二字。

励祠前原有坪场，辟作街路，尚存四棵老樟。走进官帽式的头门，看出

图10-21　东溪村励氏宗祠

图 10-22　励祠连廊式古戏台

祠堂规模宏大,占地近 1500 平方米。仪门门厅前大道地,宽 25 米,深 16 米,溪石铺满,小草青绿,显得开阔而宁静。中轴线上自前至后为仪门门厅、戏台、甬廊、堂屋,两边各四间厢房,祠堂建筑一概砖石木结构硬山顶。门厅三开间,仪门三关六扇,两端砖砌八字墙,墙外侧各有两间倒座耳房。门廊卷棚顶,廊子月梁、荷叶墩、雀替及廊柱柱头科、牛腿等木构件精雕细刻,多为乾隆时物。2 米宽的"励氏宗祠"匾额悬立门楣,落款"大明正德十一年"。

进入仪门之后即为戏台,宽 4.2 米,深 5.6 米,台面高 1.34 米,三边围护着鹅颈靠矮栏。仰观戏台藻井,如同四角凉亭的内顶。前台柱头外侧的瑞兽——狮与鹿雕刻很精细。戏台与两条长 7 米的甬廊连通,象山本地叫穿台,增加了遮阳避雨的功能。戏台、甬廊和两厢间的两个天井,各占地百来平方米,比一般的穿台祠堂大了许多,能容纳更多观众。

祖堂建于高出天井三级踏步的台基上,五开间,明间抬梁式,粗柱大柁,架深宇高。据说,原来挂有 33 块匾,如今仅幸存数块。正中祖宗神龛上方的大匾"征戎第一功",是由明嘉靖三十四年(1555)浙江兵备道赠给东溪励氏第六世祖敬爵公的。《励氏宗谱》记载,励氏以周宣王时齐国君无忌的谥号"厉"为姓,后裔曾担任魏郡太守,以河南南阳为发祥地。后世一支南迁浙

图 10-23 励祠祖先神位

江义乌和奉化尚田。北宋末年,时任南宋明州录事参军的表二公,为避金兵,迁来象山。第六世祖励敬爵因率众抗倭有功,又乐善好施,救饥济困,故受人敬仰。祖堂对联写道:"公南迁,始祖到东溪筚路开基业;喜枝派,后昆分四海门庭耀辉煌。"

从《宗谱》中得知,宗祠始建于明天启辛酉年(1621),并造宗谱。戏台建于清乾隆元年(1736),族人勠力同心,前后造了八年,后又多次重修,现为县级文物保护单位。

第九节　东门岛古戏台

逶迤山势自西来,谁把天门诀荡开。浪起中流横石间,天教雄险镇明台。将军遗像坐巍然,掷珓扶乩卜有年。郎不耕田侬罢织,一年生计在渔船。

这两首描述象山县东门岛山海风物和人文胜迹的《东门竹枝词》，为咸丰六年（1856）象山恩贡王植三所作。东门岛形如瀚海雄关，戚继光、朱纨、俞大猷等抗倭名将在此留下千古不朽的功业。这里有城隍庙、天后宫、王将军庙三座古庙，庙中皆有古戏台。

不足3平方公里的东门岛在石浦港东北头铜瓦门、东门之间，是石浦的天然屏障，因地接宁海之东，故名"东门"。东门岛地处海道要冲，历为军防重地，宋置寨，元设巡检司，明初迁定海昌国卫于此，清为东门汛。今辖7个自然村，1800余户近6000人口，仍以渔业为主，号称"浙江渔业第一村"，村中尚存大小11座庙宇，城隍庙、天后宫、王将军庙都在东门昌国卫老城内。

东门岛城隍庙古戏台

城隍庙筑于山岩上的东段南城墙后，坐北朝南，居高临下，可观东门港。庙旁《昌国卫故址碑》载，卫指挥万钟筑城建庙云云。红色庙墙宽20余米，高近8米，庙门三洞，正门顶嵌"城隍庙"石匾，旁门顶置"护国""佑民"额。

图10-24　东门岛定海昌国卫城隍庙

图 10-25　城隍庙古戏台及其藻井

入正门即戏台，台曰"今古鉴"，宽 4.8 米，深 5 米，高 2.4 米，台下可走人。戏台对联写道："你背地做些什么，好大胆，还是瞒我；我这里轻饶那个，快回头，莫去害人。"神殿墙壁上有 2.7 米见方的"赏""善""罚""恶"四字，又有对联："行些善事，天知地鉴鬼神钦；做个好人，心正体安魂梦稳。"城隍老爷和左右文吏武差们表情各异。

戏台翼角飞翘，贴金漆彩，顶上四面做四个五彩卷棚，中间藻井八方形，以八列斗拱作七层叠涩收缩成形，顶覆铜镜，尤显精巧。据说这里一般五月十三、六月初三、九月二十做戏，前后殿都热闹非凡。后殿是关公殿，香火兴旺。

东门岛天后宫古戏台

天后宫又称"娘娘宫"，坐北朝南，在城隍庙西首的山下，是一座清嘉庆二十四年（1819）重修的硬山式砖木结构古建筑，占地上千平方米。庙建于山麓坡地，庙前台基高出民宅 2 米左右。三间门楼各开一门，门廊有精巧卷

图 10-26　东门岛妈祖庙天后宫仪门

图 10-27　天后娘娘塑像

图 10-28　天后宫神殿古戏台

棚。庙门对联很有新意,如"生于庶民,益于贫民,恩被黎民;出于湄洲,功于九州,惠播神州"(陈启元书)。

中门顶上挂"天后宫"直式匾额,左右门额挂"护国""庇民"。庙内,前是戏台,后为娘娘殿,左右是看戏厢楼,殿中挂民国十五年(1926)"百世蒙庥""千秋遗迹"等旧匾。据史料记载,端坐神台的"娘娘"姓林名默,福建湄洲岛林愿之女,生于北宋建隆元年(960),未嫁,27岁升天,成为渔航的保护神。也有当地文史专家认为原祀为宋代寇承御,后改祀妈祖。

戏台台高2米,宽5米,深5.5米,藻井样式与城隍庙的相同。台额书"古今观"。有对联写道:"一曲越剧唤醒今古奇观;两副面孔演尽悲欢离合。"

全世界凡有华人航迹则有妈祖庙娘娘宫,东门岛也不例外。庙每年三月二十三妈祖生辰和六月二十三渔船回洋都演戏。农历三月半前后七天,选择晴好天潮涨时刻,渔民们在娘娘宫祭神、许愿、祈佑,然后演戏三至五天,称为"开洋戏"。

东门岛王将军庙古戏台

王将军庙又称"王公祠",当地渔民称王将军为"王公公"。王将军,象山人,文武双全,元时任庆元路蒙古字学录职。至正年间,调任象山东门巡检司事达六年之久,时境平民安,盗寇无犯。及王将军去,盗寇又起,王将军再组民兵卫乡破贼。明洪武十二年(1379),受污蒙冤卒于京师狱中。岛民感其德,建庙祀之,每年农历三月十八王公生日设祭演剧。庙虽不大,占地约500平方米,演戏时倒容得下五六百人观看。王将军庙在妈祖庙西首150米,红色围墙,南面开三洞石库门,中门直书"王将军庙"额。建筑为硬山式,构造样式同前二庙,但规模、雕饰略逊。

戏台歇山顶,宽、深各5米,高1.54米,四围护栏,台柱刻对联"戏台方寸悬明镜;优孟衣冠启后人",台额"古今鉴"。神殿五开间,悬"经文纬武""仰蒙神庥"等旧匾,前廊贴金漆朱卷棚顶。

图 10-29　东门岛王将军庙外景

图 10-30　王将军庙古戏台

第十节 上马岙村黄祠古戏台

伙飞斩长蛟,遗图画中见。登舟既虎啸,激水方龙战。鳞推白刃下,血染沧江变。感此壮古人,千秋若对面。

这首录在《象邑马坡黄氏宗谱》中的诗,由欧阳修撰书,说的是古明州城始建者黄晟(859—909),任明州刺史时,发民在三江口筑城。据传,他仗剑跃入滔滔急流中,与蛟龙恶战,血染江水,以身殉职,即今之"桃花渡"。黄晟斩蛟的事迹不仅在浙东广泛流传,也感染了大名鼎鼎的欧阳修为其画像作赞。

图 10-31　欧阳修题赞　　　　图 10-32　《黄氏宗谱》中的黄晟像

据《黄氏宗谱》记载，黄晟为黄帝108世裔孙，祖上居福建，转迁绍兴。唐神龙二年（706），因先祖任职象山，29口人从柳溪村迁入海滨，居象山月楼岙。后又一分支迁入鄞塘姜山九房村，黄晟生于此。由于黄晟任刺史，族人一支从鄞塘迁入城内狮子街司府前。黄晟死后，建墓在东钱湖隐学山。后梁乾化二年（912），因裔孙永阶任职象山而迁珠溪，祖墓也自隐学山迁走，墓旁建永乐寺。宋仁宗时，第四代珠溪黄氏又迁入"上马坡"，即今"上马岙"，已传三十余世，如今村中还保存着完好的《黄氏宗谱》。

象山半岛南面的泗洲头镇，西有不高的山丘为依，南连宁海县长街镇，东靠蟹钳港、马岙门，气候湿润，雨水丰沛，在农业经济社会中能得山海之利。特别是旧称"马坡"的古村，紧靠三门湾滩涂，兼营渔盐农桑。

1993年《象山县地名志》记载，马岙村因村北有马面山，地处平坡，故旧称"马坡"。后来分为两个自然村，都建在一条流向蟹钳渡的清流上，其中上游为上马岙村，下游为下马岙村，共计近600户，黄姓均占半数以上。二村的建村时间并不一致，下马岙村的始祖也是黄晟。南宋景定年间，鄞塘黄氏迁入石桥，第四代为避元兵，以马坡山水肥沃，迁来马坡，在位于上马岙下游一里处建村隐居，称下马岙。两个黄姓村庄同尊一位始祖，各建宗谱和祠堂。但由于下马岙的祠堂和古戏台近年彻底改造，留下来的仅上马岙的古祠、古戏台。

上马岙黄祠建在村子的入口处，朝南，左右及后面都是民居，北边有虎头山和老鹰岩雄峙如屏。出入祠堂的门开在西首，祠堂是一座硬山式四合院建筑，占地约800平方米，五开间。从梁柱式样可知，该建筑始建于明代晚期，除了中进的穿堂式看场是近年新建，戏台和祖堂都在清晚期累次修缮，保持着简朴风貌，特别是宽敞又三面遮拦的戏台，还保存明代勾栏的特征。

祠堂古戏台包含在前进建筑中，位于五开间中间，靠边墙的为边间，紧靠戏台的为看场和后场。戏台朝向祖堂，面宽4.6米，高1.37米，进深4.7米。戏台前、左、右三面有高出台面0.4米的护栏板。戏台与后场间仅一块简陋的板壁相隔，板壁后留下2米的候场空间，演员出入戏台需从木梯上下。戏台用四条较粗的木柱支承，上部不设藻井，露出梁椽，梁架由两条较粗的月梁承重。台前柱上有撑拱牛腿，整体未经漆饰，略施雕刻，朴实无华。看场占地200平方米，原来可能是一块露天的道地，为了不受日晒雨淋，搭建了

图 10-33　上马岙村黄氏宗祠古戏台

图 10-34　黄氏宗祠内圣旨牌

通间廊屋,仅在戏台和祖堂两边留出狭长的天井。

祖堂也是五开间五架抬梁,中间朝向戏台的祭坛神龛上坐着黄晟像,立有一块红底木板,书"唐敕封忠济侯黄晟公之神位",并挂有"忠济侯"金字匾和"世锦堂"堂额。祖堂中的对联也道出黄氏祖上丰功伟绩及后裔处世宗旨:"半夜二更半捐躯殉难斩蛟;中秋八月中立功垂名千古。""教子孙二条正路,唯耕唯读;继祖业一脉真传,克勤克俭。"

第十一节　昌国卫大庙古戏台

曲是曲也,曲尽人情,愈曲愈妙;戏其戏乎,戏推物理,越戏越真。

这副对联写在昌国卫大庙的戏台台前柱上,意韵深远。上联把戏曲之"曲"当成曲折之"曲"来解释,引人入胜。下联将戏曲的"戏"与生活的"戏"关联,真实生活是艺术创作的源泉。旁书"陈安世助,翁再忠书",未写撰联者。

昌国卫,今属象山县南乡石浦镇,离县城近三十千米。清宣统二年(1910)原称昌国镇,民国称昌国乡,新中国成立后改昌国区,1961年划归石浦。今2000余户7000余人90余姓,又分数村。昌国之名原系宋代定海旧县名,明初海寇侵扰,定海的昌国卫迁石浦。"卫"源于明代的卫所制度,据成化《宁波郡志》记载:"昌国卫,郡南三百五。城西北跨山,东南皆原野。城周围七里一十步。明洪武二十七年指挥武胜筑,辟门四,穴水门二于西南。"雍正《宁波府志》载:"顺治十八年,遣居民入内地,城毁。康熙二十三年,展复如故。"

昌国卫大庙近昌国卫西门,面南,背依县南主脉大明山(天门山)麓,称"九龙盘踞",一脉伸向大海,故名"蛟龙山"。庙北的西门已不存,庙前宽5米的大街伸向民居密集处。古庙近年又经修葺,占地500平方米,前进仪门、头门合一,硬山式五开间,门开三道,左右耳房。屋顶垂脊缓翘。六扇庙门分别彩绘程咬金、秦叔宝、徐茂公、魏徵等初唐名臣,中门额书"大庙"。前后两进各五间,左右厢房各四间,门内左右塑马夫书吏。前进梢间是倒座式的,主进三开间,戏台在门楼与大殿之间的中轴线上,由勾连廊连接在一起。据《碑记》载,大庙乃昌国卫"十庙九祠之首",唐乾符五年(878)建庙,历代修缮,庙神为唐代名相刘晏,号"勇南王",被尊为城隍庙庙神。昔日自除夕至元宵举办龙鱼马灯会,菩萨乘八人抬的大轿出巡四门,庙内外连日做戏。五月十五菩萨生日还有三天还愿戏。

戏台高1.5米,宽4.4米,进深4.25米,台匾上书"承平豫泰"。戏台后的屏风上有福禄寿三星,旁有两副对联:"三更内重出数百代义士仁人;中夜间再见几千年忠臣孝子。""目见古人上半夜;心思自己中三更。"戏台顶部没有藻井,非常简朴。台下全部用砖封住,面对观众的一面太师壁,还绘上松鹤延年、喜上眉梢、荷花鸳鸯等。

大殿内正中端坐的神像是唐代刘晏。刘晏(716—780),字士安,曹州南华人。开元十三年(725),唐玄宗东封泰山,十岁的刘晏献上《东封书》,玄宗读后大为惊叹,命宰相张说试他才能。张说测试后,大为称奇,对玄宗说:"国瑞也。"即授任秘书省正字,从此号为神童,后来官至宰相,改革财政制度,是一位杰出的经济学家。庙内的一块碑上写着:"晏为国理财二十年,兵戎相继,州县益减,而人不加赋,财用不减,国赖以安。东南一隅为中唐财赋所出,晏行均输平准,敛与民而能缓急先后之。丰则贵取,饥则贱与,民被其恩泽,

图10-35　昌国卫大庙外景

图 10-36　大庙古戏台

图 10-37　大庙神殿和刘晏神像

因立庙于象邑国卫以祀之。"之所以祭祀刘晏,是因为昌国卫近海,古代老百姓多从事烧盐工作,而刘晏为相时,改革了盐政,实施"榷盐法",使老百姓获利,百姓感其恩德。

第十二节　杉木洋村徐公祠古戏台

弦管齐鸣,声振南洲望族;绮罗交舞,辉腾东海名宗。

这是刻在象山县东乡大徐镇杉木洋村徐公祠戏台前的一副对联。杉木洋村曾名"杉坡",《象山县地名志》记载:"元至正十七年,大徐徐旃后裔迁此,烧盐定居成村,因山坳皆植杉树,远望一片绿海,故村名杉木洋。"大凡浙东村名中称"洋"者,或山峦连绵,或平川宽广,如"山洋""茅洋""上洋"等。

徐公祠就在这山海水陆交接处,其貌不扬,是一群占地约500平方米的低矮单层硬山式建筑。祠堂重建于清代,朝东南,主体建筑由前进仪门与后进主殿组成,前进三开间仪门挂额"徐公祠",檐廊月梁施雕,不置牛腿。前后进之间用连廊连接,左右厢房。进入中门,绕过倒座、太师壁,进入天井,戏台就在前后进间勾连廊下。

图10-38　徐公祠门匾

图 10-39 徐公祠古戏台及守台石柱狮

戏台与看廊共两间,顶上"人"字披抬梁,无雕刻。台高1.3米,宽6.4米,进深4.6米。台下立八条柱,台面前后成圆弧形,台前二短石柱顶上各刻雌雄守台狮。

面对戏台的主殿祖堂五开间,抬梁穿枋,石板铺地。庙内供奉神佛,中心穿深灰官服、戴软翅乌纱帽的就是徐县令。殿内又有对联写道:"立县神龙邈邈千年怀大德;开宗象邑绵绵百代祀吾公。"墙壁上悬挂一批制盐文化图片,显示出祠堂与制盐的不解之缘。

据说,大徐和杉木洋徐氏的先祖均为徐偃王。据《徐氏宗谱》记载,徐公祠祀主叫徐旃,是象山立县后的第一任县令。清末甬上学

者董沛在《两浙令长考》中记载了象山四位唐代县令,分别为徐旃、杨弘正、厉铎皇、张夔。而徐旃的生平只在《徐氏宗谱》里有记载:"旃,字志勉,奉化小万竺人。生唐嗣圣元年甲申,卒大历四年己酉。神龙二年象山令,停官后寓居邑东大徐。卒赠中大夫。"文字中还提到他"生而颖异,长而磊落光明",任上"凡市井城池,身为经营,不辞劳瘁,利者兴之,害者除之。百姓感仰"。据其他资料说,徐旃在象山当了五十年县令,老成持重,七十八岁时退休,定居大徐,成为象山徐姓始祖。他的19世孙一支从大徐迁杉坡定居。据介绍,杉木洋徐氏煮海熬盐,诗礼传家,21世孙荣登洪武十八年(1385)进士,任户部主事。徐公祠大门口还有一副对联:"气蒸水化煮海事业;鼎调美和维生功夫。"是说徐旃后裔在此以盐为业。

图10-40 徐公祠徐旃塑像

第十一章 江北区、镇海区、北仑区、余姚市、慈溪市古戏台

第一节 江北区马径村张祠古戏台

童姚马径张,银子好打墙。

这是流行在宁波姚江北岸庄桥街道的一句民谚,古戏台就在这里提到的庄桥马径村祠堂内。

马径村地处慈江平原水网地带,河流纵横。百年以前,村庄东、南、北三面环水,仅西部有大路通向旧慈溪县城,即今慈城镇。据《慈东马径张氏宗谱》等资料记载,马径村村名与养马有关。马径张氏族祖张万岁,原是唐武德年间(618—626)的太仆寺卿,任职全国"马政",管辖皇帝车轿、马道、马匹等有关事务,被戏称为"弼马温"。然而此"马政"又称"太仆""太仆寺卿",清代称"太仆卿",为皇帝"九卿"之一,有三品官职。旧时,马径村西门牌楼上有对联:"派接清河太仆第高宗马径;支分元祐建昌风古播梅坡。"说明此村张氏祖上发于河南清河,曾有一支在北宋元祐年(1086—1094)迁建昌。据《宗谱》,张氏从河南迁鄞的祖宗张宰,进士出身,唐末宋初迁居茅山,后分七族,即今"东张"。明末清初时,第十七代东张张氏一支迁居于慈东,此地四面有河,四向筑门,西有陆道,车马出入。为不忘先祖,村名"马径"。

"银子好打墙"的马径张氏从第十九代开始发迹。清嘉庆十年(1805),张氏从"农儒"转为"儒商"之后,在杭州创"张同泰国药号"。此时,马径张氏的"永思堂"及其戏台改建扩大,成为慈东赫赫大宅,前新屋、乾坤房、后新屋等也接踵立于祠堂周围。

光绪二十七年(1901),永思堂及其戏台进行了大规模重扩建,占地面积近千平方米,坐北朝南。祠堂南照墙内前明堂立双重旗杆,左右开东西轩门。前明堂占地近300平方米,第一进的门厅五开间,左右有轿厅,仪门卷棚顶,檐下木结构小斗拱及门墙灰雕、砖刻都聘名匠制成。进门后可见"九国钦差"金字直匾,后明堂内就是气派不凡的戏台,以及两厢楼和高大的祖堂。

戏台台口宽4.82米,深6.4米,高1.57米,后场宽5米。戏台由高达6米的石柱承托歇山翘角的亭顶,三面檐枋下刻坐斗、昂头。正面檐枋花拱下刻两只倒挂花篮,虽未漆朱贴金,但用料考究,百余年来未见霉蛀。戏台演出空间高达4米,台顶木结构,中心为大卷棚式藻井。石柱上对联写道:"韵事悠悠,到此别开图画景;江山古矣,只今犹奏管弦声。"戏台左右三开间看戏厢楼也高大宽敞,刻在石柱上的对联道出马径张氏诗礼传家的传统,如

图11-1 马径张祠古戏台及其藻井

"孝友家风绳其祖武;诗书夙好诒谋子孙""天下无不是底父母;世间最难得者兄弟"。

张氏宗祠曾改作仓库、工厂、宿舍等,"文革"时演过宣传戏,此后就归于沉寂。2004年起,祠堂和戏台重归张氏村民,全村数百人自发捐资修缮。每年正月初二、清明前、七月半、十二月廿三,分四次祭祖,其中正月初二祭祖时每户可分得印有"某年永思堂张氏"的饭碗和自制麻饼。如今,马径村张氏祠堂和戏台已被列为马径村五处文保点之一。

第二节 江北区湾头社区都神殿古戏台

绘声绘色,莫道逢场作戏;载啼载笑,无非触景生情。

这副江北区湾头都神殿古戏台石柱上的对联刻于"咸丰戊午季秋月",是旧慈溪名士姚辅臣撰写,距今已160余年了。湾头,在宁波城区之北,总面积近7平方千米,原辖21个自然村共6000余人。当地俗话说"湾头田不

图 11-2 江北区都神殿匾额

图 11-3　江北区都神殿古戏台及其藻井

落空,拔掉萝卜就种葱",这是说勤劳的湾头人在这块姚江沙洲沉积平原上,充分利用有限的土地资源耕作辛劳。

据有关史料记载,宋嘉定七年(1214),里人金世安建福海寿堂。五世孙金泽就房舍地穿井盖亭,以憩行者。可知这块土地在八百年前已经成陆。由于东海潮汐出入,土地贫瘠不宜耕种,因此虽有金氏家族迁居于此,建造了亭子供过往客商歇息,但当时还稀有人聚居。

明洪武三年(1370),信国公汤和在湾头围塘,又凿井99口。嘉靖四十四年(1565),宁波府郡守钟祚发起浚河修塘,建堰筑闸。此后有张、吴、胡等移民在此植棉种菜,土地始肥,并建清湾庙,祀钟姓郡守等,今存《浚河碑记》。至清代乾隆年,四方人士涌入这块"开发区"淘金,水陆交通频繁,人口繁盛,李碶渡边的都神殿就应运而生。

这座都神殿又称"五都府",祀五都元帅,或称"五方神""五瘟神"。湾头初属鄞县北林镇,1958年并入甬江公社,设湾头乡,归属江北区。在我国古代,"都"是城市范围,"五里为邑,十邑为都,置正付都头",俗话有"官到尚书吏到都"之说。据传隋开皇十一年(591),隋文帝杨坚敕封"五都神",明代称"五瘟使者",即春瘟张元伯、夏瘟刘元达、秋瘟赵公明、冬瘟钟仁贵、总管中瘟史文业,曾在全国各地建庙,江北区今存此一座。庙神又分红、黄、蓝、白、黑五色。民间相传,都神殿以五月廿五为神诞,设祭演戏三日。

都神殿面对姚江,渡口对岸就是原属庄桥的李碶渡。庙内原建有硬山顶单层建筑群,包括江边的前明堂、前殿、中明堂及戏台、两厢和神殿,今存的还有头门、前殿和戏台,江边存清代石香炉和一对旗杆石。进入庙门后就是五开间神殿,与殿后的戏台一板之隔。戏台宽5米,深5.5米,高1.4米,保存完好的四条方石柱宽0.28米,高4.5米。戏台为歇山顶,前角飞翘,檐下四出平身科和两组角科三叠拱,雕刻精巧,三面额枋围成方形藻井口。戏台藻井设四条斜角梁斜庇中心卷棚。

第三节　镇海区澥浦村都神殿戏台

磊落石棱,相接梭城之胜境;回环形势,遥连澥浦之名山。

澥浦镇在东海之滨、杭州湾南岸,与舟山金塘岛遥遥相望。南宋宝庆《四明志》中已有"澥浦港""澥浦镇"。元延祐《四明志》记载,此地"渔舟聚集之地,外通大洋,有巡检司税务在焉"。如今留下的古澥浦古城东门保存较完好,

图11-4　镇海区都神殿古戏台

从上述对联可知,这里的古城墙曾形如长梭,接山拒海。古城内没有建城隍庙的记载,但有一座"五都府",或称"都神殿"。都神殿古戏台至今仍存,金碧辉煌,昔日每逢五月廿五做戏,从山北的邱王、城西的河头和山南的十七房也会有村民前来看戏。

澥浦地处海疆,乃兵家争战之地,有"镇北重镇"之称,宋时已有土城。明洪武二十三年(1390),在通向慈溪的大岭岗南坡又用土石筑城。大岭岗又称"凤凰山",高仅40余米,著名将领戚继光曾驻兵于城内关隘,都神殿就建在北城的城门口。澥浦北门先后建造了头门、神殿、两厢、戏台等成套建筑,其中尤以戏台最为精巧。2000年12月,都神殿被列为镇海区文物保护单位。

都神殿坐北朝南,占地近700平方米,自南至北逐级升高,面对澥浦大街及101米高的息云山。都神殿与流芳厅、雨花庵、太平庵等组成澥浦特色风景。据《金氏宗谱》记载,南宋初年,兵荒马乱,金氏随宋高宗南渡,迁此定居。今澥浦中心地段的金道弄、金家巷等都是金氏迁入后留下的痕迹。旧澥浦港有渔船180号、商船40余号,谚云:"三百号渔船回洋转,二哥还在崇明县。"《浙江沿海图志》也记载,从明清至民国初期,此地"市肆颇盛"。抗

图 11-5
镇海区都神殿古戏台藻井及其天花角

日战争后,渔业和商业衰落,城北都神殿戏台在民国十年(1921)八月又一次修缮,并做了六天六夜戏。庙前庙后形成规模空前的市集,如今戏台留下的朱金木雕仍不减当年风韵。建筑群内满铺石板,除了戏台屋顶歇山翘角,其余都为五开间硬山式。头门有楼,开门三道,左右山墙的出跳墀头、石雕、灰塑砖刻精美。由于曾改作文化馆和敬老院,旧匾额、对联无一留存。檐下廊柱雕花撑拱,特别是荷花、荷叶撑拱雕饰精致。

进入中门之后就是过厅和戏台,左右厢楼檐下刻有精巧的吊篮花斗 12只。戏台由两条长 5 米的石柱在后,两条短石柱和两条铸铁柱在前共同支撑,戏台屏刻深浮雕梅兰竹菊。戏台面宽 5.2 米,左右宽 5 米,高 2.3 米,台面板厚一寸余。

都神殿戏台最精彩的是藻井,方井口天花的四角刻双鹿、双鹤共八只,蓝底贴金。中心圆井底径 4 米,层层盘绕结于顶部铜镜,方井四周有精巧的小斗拱承托,也都贴金漆朱,外檐三面各四组花拱,檐下角科伸出的昂头组成朵朵花形。戏台后场有精巧的卷棚彩漆,门窗刻有精巧的栲头。

第四节　镇海区河头村横溪庙古戏台

礼乐干戈一席地;悲欢离合片时间。

这副对联镌刻在九龙湖山岙深处的一座古戏台的石柱上。九龙湖因毗邻九龙山而得名,1977 年至 1988 年建成水库,库容 2000 余万立方米,为镇海区和江北区 10 余乡镇解决了缺水问题,成为镇海区最大的人工湖,1988年定名为"九龙湖水库"。近人有诗句写道:"九龙盘青山,松竹映碧波。"湖的南北都有车道通入,随一条曲折东流的横溪延伸,尽处即是横溪村。再往深山里走,人迹罕至的山道边有一座古庙隐藏在万木岩壑下,这就是横溪庙,独立无依,古戏台就在庙内。

图 11-6　镇海区河头村横溪庙庙门

九龙湖之北有十八座大山为屏，山上有秦始皇时徐福东渡遗留的"达蓬"古迹，南有九龙山耸峙难攀，而东与西是雁门古道和十里桃花岭。从九龙湖深处可进入慈溪和江北境内，昔日此处的横溪河头村是沟通东西南北的枢纽，古称"鸿落河头"，有航船和"脚夫"经此运送货物到镇海及余慈各地，历来隔日有市。宋时，余、徐、张等大姓迁此定居。昔日客商可溯南北夹涧的横溪古道至横溪村，因山道狭长如笔，村原名"笔管岙"。据《宗谱》记载，王氏先祖于宋建炎三年（1129）随北方难民逃过长江，定居此山岙，后发族分为四房，建 7 个小村，共 250 余户 800 余村民。

横溪庙是横溪村最靠里、自东向西最后的建筑物，占地 700 平方米，门口钉着"高屋 17 号"的牌子，高大的松杉竹丛簇拥，背靠山体。庙门檐廊低矮，出檐很深，五开间，其中左右为耳房，开三道门，朝向南面九龙山。

头门檐廊有四条檐柱，横枋上雕戏曲人物，为了增加出檐深度，采用了双重出橡和连楹木，因此檐拱连楹有力支撑屋面，这是清代晚期民间建筑师的技艺。戏台在院子中心，地上满铺石板。四条石柱支撑屋顶，戏台口宽 5 米，深 5.5 米，高 1.3 米，四围有栏杆，前台口有两条高 2 米的石柱，柱顶刻一对石狮子。戏台顶部瓦流吻脊及翘檐完好，屋顶下的天花藻井中心部分是

下篇 · 宁波地区主要古戏台选介

图 11-7
横溪庙古戏台
及其藻井、戏台画

烟熏灰积的卷棚，油黑发亮。四周檐庇直接承重。最别致和精巧的是使用了四条雕花饰彩的井口角撑，既起到加固功能，又增加美观度。悬在四角的角撑中心又悬吊着四只精雕细刻的方斗形垂花。此外，戏台顶部的四条檐枋彩绘戏曲人物和山水花鸟，有韩世忠、梁红玉等。戏台外檐的两角安置了左右两组装饰花拱角科，与从石柱中穿出的雕刻出头拱起到装饰作用。戏台前檐枋也刻有两只雕花吊斗，漆红绘绿，分外显目。

戏台对面是五开间单层的神殿，神龛上端坐、身着盛装的就是韩世忠、梁红玉及其子女。村民说老祖宗逃难过江时，韩世忠、梁红玉力战金兵，保国护民。史料记载，北宋晚期金兵南侵，江淮兵乱。宣和三年（1121），名将韩世忠与梁红玉相遇，结为夫妇，生了一子一女。韩世忠在黄天荡以八千宋军与十万金兵交战，梁红玉击鼓助阵，助韩世忠与金军相持四十八天。在镇江金山寺水战中，韩世忠生擒金将龙虎大王，传为美谈。梁红玉及其子韩亮曾被乱军掳为人质，被解救后多次交战，奋勇杀敌。在民间，梁红玉与花木兰、穆桂英同享巾帼女将的盛誉。而横溪王氏深感失国逃难之痛，在九龙湖深处安家立业之后，以韩世忠、梁红玉为偶像，世代供奉为村落的保护神。因此，横溪庙又称"韩公庙"，每年三月十六起，做戏三日。

第五节　镇海区陈家村后丰林庙古戏台

当年北海历风霜；此时丰林流惠泽。

这副对联刻在镇海区蛟川街道陈家村后丰林庙戏台厢楼石柱上，使我们对庙神苏武产生敬意。苏武（前140—前60）是汉武帝时的外交使节。公元前100年，为与匈奴结好，汉武帝命已经40岁的苏武带着副手张胜等出关到匈奴。没想到匈奴单于背信弃义，要苏武投降，苏武宁死不屈，自杀不成，被软禁在荒无人烟的北海牧羊。他在远离故土的北海（今贝加尔湖）

图 11-8　后丰林庙庙门及庙神苏武像

以雪代水,以草根野果及兽皮充饥,唯一与他昼夕相伴的就是代表着祖国神圣使命的"旌节"——挂着缨穗、长约 2 米的杆子。就这样,苏武在北海牧羊 19 年。直到公元前 85 年,单于死了,汉武帝也死了,匈奴发生内乱,接任的汉昭帝派使节向匈奴索要苏武,新任匈奴首领说苏武已死。第二年,汉朝又派使者到匈奴,苏武闻讯,暗中使人与使者通信,用大雁传书到京城长安。匈奴终于同意苏武返国,全长安官兵百姓倾城迎接,当时他已 59 岁。苏武成为汉民族两千余年以来百代传颂的爱国代表。镇海的这座后丰林庙,是浙东纪念苏武的唯一现存的古庙了。

"苏武牧羊"的事迹,在《汉书·李广苏建传》中仅寥寥数语。元代周仲彬首编杂剧《苏武持节》,明代出现了传奇《牧羊记》,后来又出现了川剧、粤剧、豫剧、河北梆子、汉剧等剧目。之后,王瑶卿编著京剧《苏武牧羊》,由马连良演绎,张君秋、李玉菇、罗惠兰等名旦也都相继演唱,苏武其人为更多百姓所熟知。镇海后丰林庙以苏武为庙神,想必也是当地人从戏文中被苏武的人品和气质感染。

后丰林庙所在地旧称"徐家堰头",明代时还稀有人居。清代初年,余姚徐姓首迁此处,此后又有陈姓等陆续迁入。由于地处镇海县城与骆驼镇的官道上,往来客商行旅不绝,故形成隔日市集。据庙内道光八年(1828)的石碑记载,此庙由当地八堡村民集资于是年重修,"自嘉庆甲子至道光乙酉

图 11-9　后丰林庙古戏台及其藻井

已积余庙资五拾余百贯"。徐、周、李、施、陈、王、董、傅八大姓共建此庙,至今已有近三百年岁月。在这块曾经荒芜的土地上建起新家园必须要寻找一个精神寄托,于是就把苏武请出来了。庙内神殿上挂"浩气永存""福利我得""功高无疆""成事在志""忠心感人"等匾额。

后丰林庙近年又有一次重修,庙门朝南,占地近千平方米。由于五开间仪门之前有一块前天井,立有一对旗杆,有红色照墙围住,故头门开在东南方,额书"后丰林庙",门联书:"南渡君臣增感慨;襄阳耆书有仪型。"进入庙内可见仪门开三道,精巧的卷棚顶,施雕漆朱和檐柱、牛腿、月梁,中门立有一对高大的石门鼓。据说,庙前原有一对大石狮,现已守卫在招宝山威远城上。原来庙前还有河,可通海,船可达镇海各地,今明州大桥引桥就在庙后。

庙内中心即古戏台,保存十分完好。四条5米高、0.31米见方的戏台石柱刻有两副含义深刻的对联:"任他为诈为奸,徒博眼前快意;果尔伴忠作孝,永留身后嘉名。""虚弄干戈原是戏;又加点缀便成文。"

戏台宽5.8米,高1.85米,深5.4米,台顶歇山翘角,檐下角科坐斗雕刻精丽,檐枋与四方石柱用一对石刻倒挂狮作雀替,台前额书"东观弥世",台后额书"以史为鉴"。戏台四围雕栏美人靠,台顶方口四卷棚,中心方井斜角梁八角攒尖藻井,贴金漆朱。戏台后场由四扇朱金漆木雕屏风隔开,左右"出将""入相"门与后场、左右厢楼相通。看戏楼左右各三间,能容数百人。

神殿五开间,朱红列柱,石柱础全都刻精美装饰。在神殿坐着看戏的除"苏武菩萨",现在又增加了关公及佛教中的菩萨。据介绍,后丰林庙往昔二月有庙会,菩萨出巡进入八堡,有时过年和市集也做戏。但从1980年起陆续重修,2000年被列为镇海区文物保护点后就没有做戏,现由村老年协会管理。

第六节　北仑区阳东村猫礁庙古戏台

霞岸横栏,永固堤塘御卫防;梅子对岐,重新庙貌焕文章。

这是刻在北仑区穿山岛猫礁庙内戏台前的对联,庙在浙东大陆伸向东海的犄角状的半岛东南端,面对隔海相望的梅山港梅子岛,即今梅山岛。大约500年前,这里还是潮进潮退的海涂,有一块形如猫头的礁石常年经受涛击浪打,而远看又似巨蚶,故称"猫礁石"或"毛蚶山"。

清代初年,猫礁成为海涂孤岩。乾隆年间(1736—1795),郑氏自慈溪伏龙山下郑家村至此,看中这里白象山、和尚山之南有一块既利于山林耕种,又盛产鱼贝的海涂,于是举族迁居,并在村宅之前、猫礁山之南筑塘,以捍御海潮,即今郑家塘村。村中60户260余人皆郑姓。

此后,闻讯前来定居的还有霞浦钟氏、张氏、周氏,绍兴石氏、叶氏、钱氏等,于是在郑家塘左右分别有了钟家湾、钱家湾、石家湾、胡家、张家塘等小村,现在都属白峰街道阳东村。此地虽有梅山岛阻隔,但在风潮季节,终不免塘毁潮进,于是同治四年(1865),由张姓、郑姓等发起,众姓共同出资建猫

图 11-10 北仑区郑家塘猫礁庙神殿和匾额

礁庙，希望庙神保佑国泰民安。神殿石柱对联刻道："俎豆常新，阖境永沾惠泽；炉香远绕，两塘密布人烟。"

猫礁庙占地近 400 平方米，紧靠 10 米高的巨蚶状猫头岩，庙的头门和仪门为低矮的五开间硬山顶，石柱上刻有："千门月华，满城管弦乐太平；九陌灯彩，万里河山铺锦绣。"庙门三道，檐下设有精致雕饰，进门就可看到屏板后面不大的戏台，宽、深仅 4 米半，高 1.2 米。台顶歇山翘角，额枋雕有龙头，藻井用斜角枋木，中心 1.5 米正方卷棚顶，将顶椽遮住，台前石柱刻对联："后之视昔亦犹今；逝者于斯未当往。"戏台三面都是不大的天井，或称明堂。10 年前庙里做戏时，来自附近村庄的五六百观众就坐立在明堂或神殿内。海边村民最喜欢看越剧的笃班、甬剧滩簧、京剧武打戏，如今的戏台上只能演不用布景的折子戏，五开间的神殿也稀有人来烧香拜菩萨。

神殿中男女菩萨四人，即韩世忠、梁红玉夫妇及其子女（他们的生平详见本章第四节）。猫礁庙将韩世忠一家奉为神，春秋祭祀，额曰"泽沛海隅"。神殿东侧还制作一只挂有虎头牌的木帆船模，据称是韩世忠的战船。刻在

图 11-11
北仑区郑家塘猫礁庙戏台及其藻井

庙内石柱的对联"神灵显赫,人人肃似雷霆;圣泽无私,处处恩同雨露",是对韩世忠一家保国安民的赞誉。

第七节　北仑区山防村保宁庙古戏台

借得山河灵秀气;添来庙宇吉祥光。

这是浙东穿山岛白峰街道山防村保宁庙戏台神殿中的对联。山防村村民最早系鄞州邱隘横泾村的一支陈氏,明末清初迁此定居。不久,虞、谢、沃、邵、乐等诸姓也迁入山防,各建村落。清乾隆己未(1739),为祀求这一方

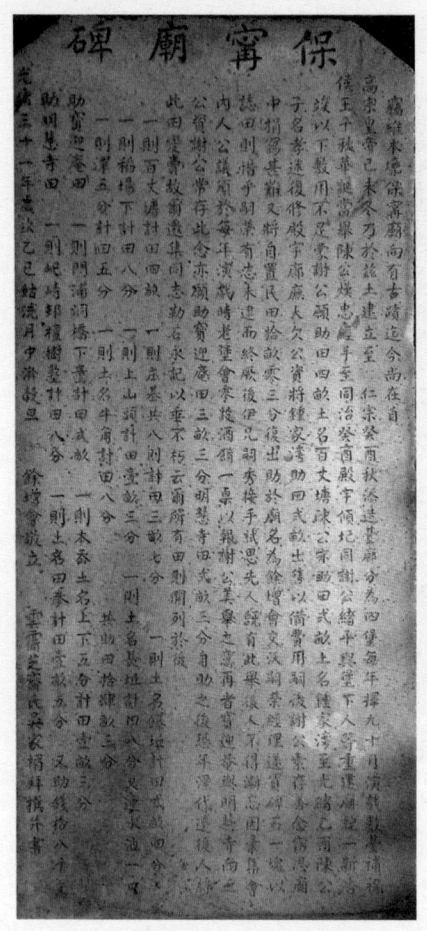

图11-12 北仑区白峰街道保宁庙古碑

237户640名男女老幼平安,众姓村民建立了一座"保宁庙",又称"山防庙",庙中建有一座不大的戏台。清嘉庆癸酉(1814),庙与戏台重修;同治十年(1871),陈家村陈汉忠再出资重修。光绪三十一年(1905),神殿上挂起"阖境平安"的匾额。端坐在神台上的菩萨是"杨家将"中杨七郎杨延嗣。据明代《杨家府世代忠勇通俗演义》描述,宋太宗赵光义于太平兴国元年(976)继承皇位,原山西晋王麾下名将杨业及其妻子等归降。在与辽兵的交战中,骁勇善战的七郎杨延嗣被奸臣潘仁美灌醉,遭七十二乱箭穿心而死。这一出惊天地泣鬼神的《杨家将》曾感动山防村民,他们一致凭吊七郎,尊他为本地神主。

保宁庙占地500平方米,头门和神殿都为五架抬梁五开间硬山式,中间为戏台,左右两厢为三开间看楼。暗红色的庙墙、庙门面对凤凰山,庙后为塔山。庙前是通向各自然村的大路和流向竺家坑水库及入海的山溪。庙内对联写道:"与君高唱踏歌行;为我小试奏艺技。""坐塔向南安乐地;面山飞舞凤朝天。"

庙内戏台宽、深各4.5米,屋顶为歇山式,二角缓翘,檐椽双重,发戗平缓。四面檐枋未雕,上置八只平身科斗拱,是屋檐和藻井的支撑。这座戏台的藻井雕刻漆绘不多,八根角枋搁在八只坐斗上,再向上用直拱构成四庇,中心用卷棚顶,露出屋顶砖皮,可见匠师别出心裁,使戏台简朴实用。戏台前仅用两根细铁管支撑檐枋及屋顶,出头枋雕了花纹。据立在庙内神殿的光绪三十一年(1905)《碑记》记载:"自乾隆四年建戏台,每年九、十月演戏数台,补祝侯王千秋华诞……"除陈氏、谢氏、沃氏等都曾捐田修缮。新中

图 11-13
北仑区保宁庙古戏台及其藻井

国成立后,古庙曾改作村办公室和文化活动室。1990年和2000年都曾重修,从2002年开始几乎每年都做戏。

第八节　余姚市马家堰村关帝庙古戏台

旁观者清,做戏何如看戏易;结果要好,下场更比上场难。

这副绝妙的对联刻在余姚市马家堰村的一座关帝庙内,旧称"武圣殿",庙门外是由余姚市文物保护部门立的"关帝庙及戏台"石碑。庙在河东,庙旁两个口的堰坝曾是沟通宁绍三镇的水脉通衢,一河二街"双邑桥"也曾人声鼎沸。"一水生分宁绍界,东西咫尺半边街。"这就是武圣关帝庙戏台外的马家堰。

马家堰并无马姓,关帝庙内的四块古碑记载着同治九年(1870)、光绪廿七年(1901)及民国初年数百捐资修庙造桥人的名单,也无马姓,可见堰与姓无关。马家堰因地处三镇交会处,堰坝河港通衢而兴,昔日粮店、油坊、棉布、百货、油盐及旅店、饭馆一应俱全,仅酒坊就有昌盛、日兴、新泰丰等数家,名宅有积庆堂、申禄堂、余庆堂、春泽堂等。故清代晚期,众商家倡议建"合庆会"。光绪二十三年(1897),从绍兴运来数十条大石柱,建造了祀武圣关帝、财神等神灵的关帝庙。每逢年节和市集,庙内戏台多有绍兴大班、越剧折子戏和京班武打戏上演。特别是五月十三关老爷生日,做戏三天,人山人海。

关帝庙戏台从抗日战争以后逐渐冷落,村西新造公路后,水上交通萎缩。新中国成立后,马家堰供销社曾经火了数十年,关帝庙的戏虽然少了,依然管理得有条不紊。余姚市文管会认为,关帝庙是余姚市唯一一座全石柱结构的古庙,具有重要的历史、艺术和科学价值,因此在1997年就将其列为余姚市文物保护单位。2005年11月,余姚市和牟山镇又一次出资进行维修。

马家堰关帝庙从外观看平淡无奇。一套前后二进两厢的硬山顶四合

图 11-14　余姚市马家堰双邑桥

图 11-15　光绪武圣庙碑记

图 11-16　马家堰关帝庙戏台及其藻井

院建筑,占地约 1200 平方米。朝西的三道庙门并不宽敞,也无精巧雕饰,门前就是马堰河船埠。北墙靠双口堰,可通向宁绍平原各乡村。庙墙开有边门,东边神殿墙外是一大片农田,南边有墙弄,开有边门。庙内的戏台在院子中心,宽、深近5米,四条圆形石柱高达6米,略侧脚。戏台面离地1.5米,没有护栏。台前两条石柱的对联通俗风趣:"斯人莫道世间无;此曲只应天上有。"

戏台顶部方口圆形藻井,井口宽达4.5米,下层逐渐向上收缩,同心圆小斗拱八圈,四十八条放射状小斗拱漆红色,上层连接的螺旋娥罗顶可能是重修时新制,二十条涡线结集于顶部的铜镜。戏台顶部龙头吻脊,歇山顶,檐下戗角飞翘。台前檐枋刻平身科、角科及檐柱倒挂狮。左右两廊看戏楼及神殿石柱、石座雕刻精巧,月梁、撑拱、额枋、卷棚的制作也很精致。

第九节　余姚市金冠村兴隆庙古戏台

大丈夫休粉涂脸；贤弟子莫学油腔。

这副对联刻在余姚市东南街道金冠村里冠佩兴隆庙的戏台石柱上，时在"光绪辛丑"（1901），读来犹如长者的谆谆教诲。柱上还刻有"信女何门李氏，男孝芳喜助"等字样。余姚市城南金冠村，原属梁辉镇黄明乡。发源于东大丬岗的南庙溪，流经冠佩和金岙两个古村落后，在龙坑村汇入梁辉水库。岙底的古村名为"冠佩"，冠佩村又以兴隆庙为界，溪水上游称"里冠佩"，下游称"外冠佩"，再下游为金岙村。流经三个村的曲折清溪又称"凤嶂溪"，长达三千米。

图 11-17　兴隆庙戏台

图 11-18
兴隆庙清代碑记及其檐拱

光绪《余姚县志》记载:"冠佩里,在双雁乡南山。宋朱廷碧,熙宁兵部尚书,致政来姚,见双雁石仓之美而卜筑,遂世居焉。石仓如冠如佩,因名冠佩里。"这就是朱姓聚居的外冠佩,190户658人,兴隆庙就在村尾。庙上首的里冠佩多姓何,100户350人,村始建于南宋。冠佩村下游的金岙,建村略晚。据记载,南宋建炎三年(1129),金兵南下,族人为避其祸,改刘姓为金,死后墓碑才恢复刘姓。1925年,黄明烈士生在金岙,原名金达,1942年入党,参加抗日救国运动。日本投降后又投入反击国民党反动势力革命斗争,曾任中共余姚上虞县委特派员,1947年牺牲,年仅23岁。新中国成立后,此处名"黄明乡"。

兴隆庙是一座面溪背山的古庙,占地不足500平方米。据村民们说,兴隆庙地处上、下冠佩村之间,庙内供奉的天医菩萨护佑一方。八月初一菩萨生日,村里会请来戏班子做戏三日。清光绪六年(1880),有一贫妇静安,何氏之女,夫君死后就与父母住在庙内,既农耕供养双亲,又化缘修庙。故这座兴隆庙百余年来一直有人管理。光绪十七年(1891)静安死后,村人在庙内立了一块石碑纪念她的善行,2007年庙又重修。据石碑记载,1941年5月,余姚沦陷。1942年10月至1945年1月,中国共产党领导的抗日游击武装挺进四明山,在冠佩村成立了姚南办事处,得到了村民们的帮助和掩护。这座兴隆庙是秘密联络站之一。

兴隆庙前后二进,都是单层硬山式,庙门朝东,五开间,门开三道,檐下撑拱施雕漆朱。一进门就见低矮的五开间神殿,梁柱有雕刻漆饰。左右两厢三开间看楼,戏台宽、深仅3.5米,台面高1.5米,不设护栏,故戏台上只能做折子戏。戏台顶部藻井已毁,然而石柱与连接的檐枋、撑拱刻有花拱和精巧的雕刻。戏台顶部原歇山顶已重修。前部与左右明堂铺溪滩卵石,已长出青草,显得分外古朴。

金冠三个村,东西南三面环山,海拔500米,仅北面有崎岖山道,通往山外。改革开放以来,古戏台偶尔做几次戏。村中还保留了两座三折边直板拱石梁桥和一座石拱桥。村中的老房子依溪而筑,大多保留了原有风貌。1987年,金冠村被列为"宁波市十佳名村"之一。

第十节　余姚市芦田村王祠古戏台

半夜寻幽上四明,手攀松桂触云行。相呼已到无人境,何处玉箫吹一声。

这是唐代诗人施肩吾《同诸隐者夜登四明山》中的诗句。四明山又称"句余山",地跨宁波、绍兴二市,海拔600—800米,主峰在余姚和嵊州交界处。与嵊州接壤的芦田村就在四明山西南最高的区域,新中国成立前属嵊县五联乡十四保,1960年才划归余姚。从宁波城区到芦田村,走奉化溪口雪窦山最方便,过四明山镇经棠溪村数千米后,路尽处就是芦田村。四明

图 11-19　余姚市芦田村王氏始迁祖像

山上最精美、最完好的古戏台就在村里的王氏家庙中。据村民说,明代时,原籍金庭王羲之故里的东林村三角道地王氏一支,因祭扫上虞乾溪的祖墓,途经此处,偶在积水洼中插上芦竹。一年之后再次路过时,芦竹成片,知是吉地,遂举家迁居于此。如今已传26代,村中有王姓366户317人,村名芦田。

芦田村朝南,背山依水,村前有一方占地数十亩的水洼,现为碧波荡漾的蓄水山塘,1974年建成峡口水库,与村后犀牛山组成"犀牛望月"风景。山塘清流流向山下的嵊县,一条古道可通嵊州境内。家庙中对联写道:"树植幽庭浮古翠;笙吹远峤度仙风。"据《芦田上宅派王氏宗谱》记载,宗祠名"树滋堂",始建于明代,清乾隆戊申(1788)重建,嘉庆、光绪和民国年间分别重修,占地近500平方米。平面呈凸字形,由前进(门厅、耳房)戏台、两座看楼和祖堂大厅组成,所有的石料红砂岩都为嵊州产,雕梁画栋。祠堂硬山式,前进门厅三开间,高4米,显得高敞。面宽12米,开三道门,左右门各挂"文元""贡元"匾额,中门挂"王氏家庙"额。前进深8米,包括檐廊3米,左右二层楼耳房门墙朝南,各宽5.5米。祠内场地可容近千人看戏。

图11-20 芦田村山景及王氏祠堂匾额

位于祠堂内的古戏台与前进相通,楼上共五间,可用作后场。从板壁文字可知,嵊州红星剧团曾演出《玉麒麟》《高平关》《闹宛城》《龙虎斗》等"绍兴大班"。前进楼房又与戏台左右四间看戏厢楼相通。面对戏台的祖堂大厅虽只有三开间,但特别宽敞,中心挂"树滋堂"匾。明间抬梁式用四柱八檩,次间抬梁、穿斗式架梁结合。堂内采用十条高6米、周长1.14米的圆形石柱为金刚柱,左右各七条靠墙木柱嵌入山墙内,结构十分稳固。石柱上各刻光绪四年(1878)精彩对联,表示王氏出身名门望族,耕读孝悌传家,如"三槐绵世泽,贻厥孙谋;九佰树风声,绳其祖德""敬所尊爱所亲,胥望能由是路;入则孝出则悌,何为不得其门"。

戏台在明堂中间,顶部将前进与后进用勾连廊相连。戏台台柱四条,高4.5米,用上圆下方的石柱。廊下勾连枋施雕彩漆,台前石柱的础石制成四方收分,下承方形的覆盆和基石。台前又补了两条高2.2米的方形石柱。戏台高1.86米,宽、深各4.6米,没有围栏。戏台顶部藻井中心瓜棱状穹隆顶,直径1.8米。藻井外围四卷棚顶。台上太师壁额书"有声图画",出入场门额"朝风""听月"。勾连看廊的顶上中心为卷棚顶,左右铺小方格平棋天花,与祖堂檐廊顶部天花组成五彩缤纷的上层空间。据村民介绍,原来家庙前还有一座节孝石碑坊,今存一块石刻"圣旨"匾。

地处宁波的"青藏高原"上,芦田村曾数百年远隔尘世。其古戏台对联写道:"此事未经人道过;今朝都到眼前来。"今天的四明山顶已不再是那个"相呼已到无人境"了。

图 11-21　王氏宗祠戏台及其藻井

第十一节　余姚市鹿亭乡中村仙圣庙古戏台

坎坎鼓蹲蹲舞,千秋永歌圣德;熙熙来攘攘去,万民共被神圣。

这副对联刻在余姚市鹿亭乡中村仙圣庙戏台的石柱上。庙门口立着"余姚市文物保护单位"牌子,写道:"仙圣庙戏台,1998年10月。"仙圣庙朝向西南的牛山,北靠庙后山,晓鹿溪和樟村通向余姚市梁弄的公路就在庙门口经过。晓鹿溪又称"长涧""大溪",自西北向东南流向樟村的皎口水库,全长20余千米。庙前有一座始建于唐贞观年间(627—649)的"白云桥",宋代鄞县文士楼钥有诗道:"客路行随流水远,征舆坐与白云高。……野溪清浅渡危桥,径策枯藤上紫霄。"当年官员、文人多骑马或乘轿进山,从山水之中寻找诗情画意。

据《石潭龚氏宗谱》记载,最初迁入此处的是龚氏家族,唐代时,慕此地白云缥缈,清涧长流,在此建白云村,造白云木桥。此地当时正好是四县(鄞县、奉化、余姚、上虞)三镇(鄞江、梁弄、陆埠)之中心,以"中村"为名名副其实。南宋建炎年间(1127—1130),河南荥阳郑氏也来到此处,与龚氏分住

图 11-22　余姚市鹿亭白云桥

图 11-23　余姚市鹿亭仙圣庙外景

白云桥南北。刻在白云桥上的对联也道出此事："地界鄞余，二韭三菁歌利济；村联龚郑，千秋万载庆安澜。"清康熙四十八年(1709)，中村已有近千人，政府专设"中村巡检司"，维持治安，抑制盗匪。后又建官舍九间，驻兵六十，仙圣庙的香火也分外兴旺。

中村仙圣庙大约始建于南宋，在明代时重建。清康熙三年(1664)又重建，历时五年。如今的仙圣庙占地近千平方米，前进、后殿各五开间、硬山式。前殿开三道门，左右有马头封火墙护围，庙建在高出地面1.5米的石台上。前殿的檐廊卷棚顶，月梁、檐柱雕花鸟、戏曲、人物，极尽精巧。登上十

图 11-24 仙圣庙古戏台及其藻井

余级台阶进入大门,就是典型的正方形四合院,左右两厢楼及头门明间与前楼后场连在一起。正对戏台的就是硬山式五开间神殿,檐廊卷棚雕饰精致。"仙圣"指的是谁,有关羽、财神、龙王、医神等几种说法。据黄宗羲《四明山志》记载,1500年前的梁代,有一位仙隐孔佑,在此地救了一头中箭的鹿,建了"鹿亭",终日与鹿相伴。后来不知所终,仅留下"鹿亭"之名。

仙圣庙的戏台呈正方形,在院内中心,台宽5米,深5.5米,台前使用两条长5米的圆形石柱、两条短石柱,其他都是木结构。台顶额枋施平身科四攒出五踩,昂头象鼻状卷起。檐枋坐斗两侧各刻八块圆形的沙帽翅"八仙"。顶部中心的藻井圆形,井口直径1.7米,口边雕有八只龙头及倒挂花篮。穹隆顶井口雕八条翘昂娥罗顶涡圈线,结集于直径0.6米的圆镜。台后太师壁屏板挂"歌舞升平"四字。戏台台板离地高1.7米,三面有精巧护栏,台口短柱刻一对小狮子。戏台屋顶龙头吻脊,歇山翘角傲然于蓝天白云之间。仙圣庙戏台并不十分精致,又少贴金绘彩,但三百多年的风风雨雨,使它成为浙东最早有明确年代记载的山村古戏台。因此,它的历史和文化价值十分突出。

第十二节　慈溪市任佳溪村灵龙宫与沙湖庙古戏台

洒满恩膏,长使人间鼓舞;拨开云雾,会闻天上笙歌。

这是刻在慈溪市掌起镇任佳溪村灵龙宫古戏台上的对联,道出了昔日村民求龙神恩惠,保佑国泰民安的愿望。任佳溪,原称"任家溪",因任氏聚居而得名。发源于三北(即古慈溪北、余姚北、镇海北)长溪岭的溪水,流经任氏居住的古村,注入海迹形成的灵绪湖(灵湖)。任佳溪西1.5千米的东埠头,据称曾是东吴大帝孙权操演水师、率船出征之处。数百年后,东埠头早已无舟可泊,任佳溪这块地方也已成陆,山麓形成的灵绪湖可渔可航,成

图11-25　慈溪市任佳溪村灵龙宫外景

为横亘在慈溪平原的快船江及东横河之源头。湖水与溪水滋育任氏八百年之久,任佳溪的尽头就是灵龙宫,以及它的前身——沙湖庙。

北宋晚期,金兵铁骑直逼江淮,世居河南乐安府的任氏(古写作妊,传为古太昊氏之后)在宋哲宗驸马都尉任伯雨的带领下,随南逃移民过江淮入浙中,以"仁""义""礼""智""信"五派分居东阳、浦江、剡县、姚江东山(陆埠山)等地,而属"信"派的姚江东山任氏不久迁入三北东埠头聚居。古人以为地灵人杰、家业兴旺得益于山水之灵,于是在明代时建了一座沙湖庙,供祭地方神主,还给灵绪湖的龙神建了一座神殿。清乾隆《镇海县志》载:"灵龙宫在任家溪,祀土谷神、石陡龙神(附祀)。"光绪《镇海县志》又称:"清道光间于庙东重建新龙宫。"

这座百余年之前的"新龙宫"于1982年被列为慈溪市文物保护单位,经过一次重修,大多恢复原貌。2005年6月19日,30多位韩国任氏后裔到任佳溪寻祖,考察了沙湖庙和灵龙宫。据介绍,明代时任佳溪任氏之祖出使高

图 11-26　灵龙宫神殿壁画、古戏台及其藻井

丽，因明亡，在外成族。500余年后，任氏后裔才实现寻祖之愿。

灵龙宫又称"龙廷"，坐北朝南，占地600余平方米，以狮子山和将军山为屏，在任佳溪下宅村之尾。昔日任佳溪水注入灵绪湖，而现在，湖面远远高出溪，故只有干旱时开闸放水，湖水流向溪中。灵龙宫头门外就是一汪溪水，过一条长5米的仁美桥，就可以从边门进入头门。头门屋顶硬山式，门廊三开间，一排木栅栏将檐廊围住。打开栅栏门，檐廊虽然低矮，但檐枋和撑拱雕花一丝不苟，其中月梁满雕双凤牡丹。进入头门之后，才真正体会到龙廷的庄严雄伟。这是一座双重檐歇山顶、龙头吻脊的建筑物，古时大概只有帝王宫殿才有资格如此建造。殿内外刻"物阜民安""风顺雨调""五谷丰登"。大殿五开间，金刚柱高达20米，相当于五层楼，用稀有柏木，千年不朽。神殿正中端坐的三位龙王据说是三兄弟，殿中挂"威震雷廷"金字匾。檐下双卷棚顶，两壁绘高3米、宽4.5米的"云龙施水图"。灵龙宫约建于清道光年间（1821—1850），清晚期和民国都有修缮。戏台台口离神殿8米，宽、深各5米，高2.5米。左右厢楼与戏台后部相连，台前两条长石柱支撑双龙

图11-27　任佳溪村沙湖庙戏台及其藻井

吻脊歇山翘角式屋面,又有两条短石柱承托台面,四周雕精巧美人靠栏杆。戏台藻井为方形,四角素枋斜撑趴梁,中心部分八角攒尖小斗拱,都还是宋明样式。井口四角悬挂四只倒吊方形垂斗,刷一道暗红色。

与灵龙宫一弄之隔的就是沙湖庙,朝南面溪的红墙长20米,高2.5米,仅开一道小门。门内建筑物全是低矮的硬山式,乌瓦粉墙。左右耳房偏殿开成八角形和圆头式的洞门,不像神庙,倒像一座古代的书院。中间的仪门过厅仅开一道门,挂"沙湖庙"黑底红字匾。檐拱牛腿雕刻精巧,墙基石保留宋明样式。神殿也是硬山式单檐,面朝戏台,一排七开间,前有檐廊卷棚,后设神龛,分成左、中、右三个小殿堂,供奉的有土地神、财神、送子娘娘、菩萨等,原龙王菩萨已迁入灵龙宫。

沙湖庙占地600余平方米,中庭的歇山顶戏台特别低矮,支撑屋面的两条方形削角石柱仅3.5米高。戏台宽4米,深5米,离地不足1米,三面围栏,正面木柱顶刻一对台柱狮子。戏台藻井中心卷棚、月梁,井口角撑趴梁,四周椽庇。戏台没有后场建筑。东西两厢离戏台10米,故台上演戏时与观众十分亲近,类似古代的勾栏戏场。

沙湖庙的建筑群低矮而古雅,建筑年代不详,从遗存石刻、样式、规制来看,是清代初期的建筑。1986年被列为慈溪市文保点,2005年升格为文物保护单位。沙湖庙戏台也有一副对联,读来朗朗上口:"可以兴,看来多少贤奸事;斯为美,歌出承平雅颂声。"但除了每年农历五月初四,附近老人照例到庙里坐夜祭神,戏台已多年未做戏了。

附录

浙东古戏台（宁波卷）

附录一　宁波地区现存古戏台名录

一、海曙区（25处）

1. 老城区（8处）

钱业会馆戏台、郡庙戏台、秦祠戏台、董孝子庙戏台、月湖花果园庙戏台、关帝庙戏台、白龙王庙戏台（与高桥镇共用）、鼓楼街戏台（新建）

2. 原鄞州区西部（17处）

石碶街道：上王村王祠戏台

古林镇：古林街台、黄古林庙戏台、西洋港陈祠戏台、石马塘羊府庙戏台

鄞江镇：梅园村槭楂祖庙戏台、槭楂南庙戏台、禅岩村吴祠戏台

龙观乡：磻溪灵威庙戏台

高桥镇：秀水村三成庙戏台、梁祝公园戏台（新建）、白龙王庙戏台

章水镇：崔岙崔祠戏台

横街镇：惠民村接胜庙戏台、擎天池三元殿戏台、竹丝岚村统国庙戏台、诚应庙戏台

二、江北区（5处）

庄桥街道：马径张祠戏台

甬江街道：湾头都神殿戏台

慈城镇：半浦村老安仁庙戏台、慈城镇城隍庙戏台（移建）、清道观戏台（重建）

三、鄞州区（47处）

东胜街道：庆安会馆前戏台、后戏台，安澜会馆前戏台、后戏台

钟公庙街道：后庙村费君庙戏台

首南街道：月浦乾崇庙戏台

下应街道：江六陆祠戏台、史家码史祠戏台、潘火蔡祠戏台

邱隘镇：横泾陈祠戏台、跨泾桥戏台

东吴镇：太白庙戏台

东钱湖镇：下水王安石庙戏台、下水灵佑庙戏台、韩岭金祠戏台、俞家塘裴君庙戏台、陶公山王祠戏台、陶公山忻祠戏台

塘溪镇：上周村宝庆庙戏台、童村童祠戏台、华山华祠戏台、上城黄祠戏台、邹溪庙戏台、沙村沙祠戏台、东山钱祠戏台

咸祥镇：咸祥庙戏台、杨公祠戏台（新建）、上蔡蔡祠戏台、下蔡蔡祠戏台、芦浦舒祠戏台

姜山镇：上张村伙飞庙戏台、俞家埭俞祠戏台、陈家团陈祠戏台、虎啸周周祠戏台

云龙镇：前徐村徐氏家庙戏台、圆巘村李祠戏台、观音庄小梅庙戏台、云龙碶张祠戏台、上李家李祠戏台、前后陈水祠戏台、陈郎岸陈祠戏台、王夹岙王祠戏台（重建）、姚家浦姚祠戏台

横溪镇：俞家山俞祠戏台、吴家山吴祠戏台、上山坑徐祠戏台、清塘村杨祠戏台

四、镇海区（4处）

澥浦镇：都神殿戏台、十七房村黄公庙戏台

九龙湖镇：河头村横溪庙戏台、汶溪村明代八部庙戏台

五、北仑区（6处）

霞浦街道：霞南村张祠戏台（存顶）
大碶街道：青林庙戏台（存顶）
大榭街道：苔岙张公庙戏台（重建）
春晓街道：干岙阳山庙戏台
白峰街道：郑家塘猫礁庙戏台、山防村戏台

六、奉化区（70处）

江口街道：孙俞村琏琳新庙戏台、竺家村竺祠戏台、前江村马公东庙戏台
西坞街道：水潛地村雷山庙戏台
萧王庙街道：棠云许家山江祠戏台、萧王庙戏台、云集村柳祠戏台、棠村龙溪庙戏台、青云村孙祠戏台、何家村护国夫人庙戏台、集胜村（白柞杨）新兴庙戏台、何家村何祠戏台、上汪村云溪庙戏台、下汪村云溪祠戏台
尚田街道：方门西祖庙戏台、鸣雁村响岩庙戏台
莼湖街道：吴家埠村降渚庙戏台、朱家店村上琅溪庙戏台、马夹岙村伏波庙戏台、桐照村陈君庙戏台、栖凤村沈祠祖庙戏台、下泽庙戏台、塘头周村周祠戏台
裘村镇：杨村摵拘庙戏台、吴江泾村吴祠戏台、曹村曹王庙戏台、应家棚村石城碛镜庙戏台
溪口镇：葛竹村王祠戏台、栖霞坑村灵佑庙戏台、蒋祠戏台、武山庙戏台、隐潭庙戏台、班溪村董祠戏台、董一村戏台、董二村戏台、董三村戏台、董四村戏台、三石村陈祠戏台、三石村何祠戏台、三石村赵祠戏台、白坑村九溪庙戏台、畸上村畸山庙戏台、五林村吴祠戏台、上白村徐祠戏台、许江岸张祠戏台、西岙张祠戏台
大堰镇：常照村英济庙戏台、竹林村祝灵庙戏台、柏坑村王祠戏台、岔坑村灵济庙戏台、张家村张祠戏台、谢界山村日升庙戏台、大公岙村鲍祠戏台、后畈村董祠戏台、西岸村后保庙戏台、南溪口村董祠戏台、大周村周祠戏台、后山村汪祠戏台、宦勘村鲍祠戏台、丁家坑村刘祠戏台、西畈村叶祠戏

台、枫树岭村上等保庙戏台、石井村大保庙戏台、田墩村船溪耳保庙戏台、李家村李祠戏台、下旺村东庙戏台、董家村董祠戏台、大杆树村严祠戏台

松岙镇： 后畈村景佑庙戏台、五百呑村五百呑庙戏台

七、余姚市（11处）

城南街道： 金冠村兴隆庙戏台
牟山镇： 马家堰村关帝庙戏台
四明山镇： 芦田村王祠戏台
陆埠镇： 南雷村剡湖庙戏台、石门村永兴庙戏台、杜徐岙村上东岩庙戏台
大岚镇： 柿林村沈祠戏台
三七市镇： 二六市村乾镇庙戏台
马渚镇： 杨岐岙村杨祠戏台
鹿亭乡： 中村仙圣庙戏台、李家塔村仙庆庙戏台

八、慈溪市（2处）

掌起镇： 任佳溪村灵龙宫戏台、任佳溪村沙湖庙戏台

九、宁海县（95处）

桃源街道： 浦西村徐祠戏台（迁建）
桥头胡街道： 文岙潘祠戏台、涨家溪金祠戏台、东吕村吕祠戏台、桥头胡胡祠戏台、双林村林祠戏台、储家村大庙戏台
梅林街道： 岙胡村胡祠戏台、五松坑朱祠戏台、丁家岙丁祠戏台
跃龙街道： 石舌章村老祠戏台、城隍庙戏台、大路李村李家庙戏台
西店镇： 礼村刘祠戏台、石家村崇兴庙戏台、团堧村戴祠戏台、崔家村崔祠戏台、集义村邬祠戏台、洪家村洪祠戏台、王家村王氏戏台、老詹村詹祠戏台、樟树村孙祠戏台、海口村皇封庙戏台、璜溪口村邬祠戏台、洪家村邬祠戏台、溪头村南堡庙戏台、塘下村东庙戏台、前金村邬祠戏台、牌门舒村舒祠

戏台、溪头村刘祠戏台、凫溪村徐祠戏台

深甽镇：孔家孔氏家庙戏台、柘坑村戴祠戏台、柘坑村永丰庙戏台、岭徐村徐祠戏台、马岙村俞祠戏台、龙宫村陈祠戏台、大蔡村胡祠戏台、下樟村孙祠戏台、岭下村汪祠戏台、桶坑村俞祠戏台、梁坑村潘祠戏台、长洋村郭祠戏台、赤岙村二堡庙戏台、岭下村胡祠戏台、大里村王祠戏台、溪边村竺祠戏台、中胡三省村胡祠戏台、上胡村李祠戏台、白岩村徐氏家庙戏台、三坑村戏台、清潭村双枝庙戏台、清潭村孝友堂戏台、清潭村飞凤祠戏台、姜家村姜祠戏台、里家坑村俞祠戏台

岔路镇：渡头村章祠戏台、上金村娄祠戏台、新园村娄祠戏台

强蛟镇：加爵科林氏家庙戏台、下浦魏祠戏台、峡山村尤祠戏台、薛岙家庙戏台

长街镇：山头村西山殿戏台、岳井村蒋祠戏台、伍山村石洞戏台（近年不存）、冯氏家庙戏台

力洋镇：田交朱村朱祠戏台、岭峧村叶祠戏台

一市镇：里岙山上方村方祠戏台、箬岙村褚祠戏台、里岙村叶祠戏台、牛台村褚祠戏台、官塘周村周祠戏台、东岙村王祠戏台、东岙村褚祠戏台、东岙外岙叶祠戏台、下洋陈村陈祠戏台

黄坛镇：留五扇村杨祠戏台、杨家村杨氏老祠戏台、杨氏花祠堂戏台

桑洲镇：田洋卢村卢祠戏台（改建）、南山章村章祠戏台

前童镇：岭南村陈祠戏台、竹林村王祠戏台、前童村大宗祠戏台

胡陈乡：大赖村赖祠戏台

茶院乡：柘浦村关王庙戏台、东南溪村陈祠戏台、庙岭村胡祠戏台、上徐村徐祠戏台

越溪乡：七市大林村林祠戏台、七市大陈村陈祠戏台、梅枝田村白鹤庙戏台、下田村田祠戏台

十、象山县（58处）

丹城：城关姜毛庙戏台、樟府庙戏台（迁建石屋迎鹤亭）

爵溪街道：十字街戏亭、城隍庙二戏台

丹西街道：杨家村善智庙戏台、上吴村吴祠戏台、仇家山村仇祠戏台

丹东街道：陆祠戏台、桥头林村普济庙戏台、河东村护峰庙戏台

西周镇：关山村南奠庙戏台、柴溪村陈祠戏台、牌头村行宫戏台、文岙村闻岙庙戏台、莲花村翁祠戏台

石浦镇：城隍庙前戏台、城隍庙后戏台、昌国大庙戏台、鸡鸣村林祠戏台、东门岛城隍庙戏台、天后宫戏台、王将军庙三戏台、延昌宋皇宫戏台

墙头镇：欧祠新老祠二戏台、蒋祠戏台、孔祠戏台、大雷庙戏台、溪上方村五雷庙戏台、孙家村孙祠戏台、下沙村何祠戏台、白墩村新丰庙戏台

新桥镇：东溪励祠古戏台、黄吉岙林祠戏台、黄公岙史祠戏台、海台村韩祠戏台、山根村顾祠戏台、洋坑村吴祠戏台、高湾村行馆戏台

泗洲头镇：下马岙村黄祠戏台、塘岸村中保庙戏台、后王村王祠戏台

贤庠镇：木瓜村瞿公庙戏台

大徐镇：杉木洋村徐祠戏台、安东村庆丰庙戏台、大徐鹰山庙戏台

鹤浦镇：蟹厂村武圣庙戏台

定塘镇：中站村镇潮庙戏台、中坭村灵峰庙戏台、镜架岙村武圣殿戏台、新岙村俞祠戏台

涂茨镇：东港村萧祠戏台

东陈乡：东陈村鉴池公祠戏台、南堡村西山行宫戏台、南堡村东岳庙戏台、樟岙村神庆庙戏台、岳头村吴祠咸水祠堂戏台

晓塘乡：黄埠村圆峰庙戏台

茅洋乡：南充村古戏台

附录二 民国《鄞县通志》中的社庙戏俗

说明： 今之"庙"即古之"社"。"社"也可代表今之"街坊"或"村落"，故"社"是古代最基本的区域聚居单位。一般坊内或村中奉一位或数位庙神为"境主"，这庙神可以是天上神仙，也可以是人间帝王、将相、文士等。社庙的规模，取决于人群聚居的规模，旧称"庙脚"，即供养管理庙祠的庙户，多者数千户，少者数十户，并建有相应的"会董""会首""首事"等。

社庙的一个重要社会功能是寓教于乐，将朴素的人伦道理融于戏台建筑和舞台表演之中，起到教化的目的。很多目不识丁的百姓通过看戏，接受历史知识和为人处世道理的学习。从文献资料中可知，旧鄞县包括宁波老城区共有神庙517座，半数以上建戏台，常有演艺、赛会等活动。古庙保存的地方民俗文化信息十分丰富，如今不少古庙已列入文保单位，进行合理开发利用。

下面选录民国《鄞县通志》中记载的部分社庙信息，可窥见宁波旧日戏场之盛。

一、原老城区、原鄞县西乡片及今江北湾头等（23处）

药皇殿（庙存，戏台不存）：祀神农氏，清康熙四十七年始建。

后天王庙（不存）：祀魔礼二神，旧历三月二十、九月二十神诞演戏。

前天王庙（不存）：祀魔礼二神，清乾隆年间建，旧历十一月十三、二月十五神诞演戏，唱南词。

海神庙（不存）：元至正间迁咸塘街，祀罗清宗，修仙升之术，统海神，祷雨应之。农历六月神诞演戏。

东护城庙（不存）：清康熙重修，祀关厢之神，农历十月十神诞演戏。

皂荚庙（不存）：宋时建，祀汉刘纲，农历十一月廿二神诞演戏。

天后宫（不存）：旧称天妃宫，祀天后妈祖，宋绍熙二年建，毁于民国，春秋祭祀演戏。

汤令公庙（不存）：清同治四年重修，祀明初信国公汤和，农历九月廿六神诞演戏。

乌楼庙（不存）：清乾隆五十八年建，祀晋鲍盖。农历四月初十、九月初九，王郑二姓值祭祀演戏。

新水仙庙（不存）：宋时建，祀水仙渊灵侯，祷雨有应，即阿育王寺龙神。庙脚1400户6000余人，元宵灯祭、八月十五神诞演戏致敬。

关岳庙（今存）：今属佛教居士林，明崇祯三年建，奉关帝、岳飞，建戏台。

花果园庙（庙存，戏台重建）：宋淳祐间建，祀杜恺。

实圣庙（不存）：宋庆历间建，祀王安石、姜昂、伍符、张津、杨最、曹诰、沈恺、魏良贵、戴新、杨钟英等。农历二月廿九王公生日，前后演戏三天并祭。

茶场庙（不存）：元至正十九年敕封，祀宋副提举兼明州茶使徐砚。仲春祭演。

纯德庙（不存）：原西大路董孝子庙，唐大历十二年在其故宅立庙，宋扩建，屡毁建，农历六月六祭演。

忠佑庙（城内，不存）：祀宋代沙城，农历五月初五演戏。

忠佑庙（城北，不存）：祀东汉刘植，晋代建武初立庙赐额，农历六月十七神诞演戏。

金仙庙（不存）：祀东汉刘植，农历八月廿一至廿八演戏。

清湾庙（修复）：俗称北郭庙，位于今江北湾头。祀浚河有功的明代太守张茂才，农历五月廿七神诞，演戏三至五日。

汤君庙(不存)：祀唐代汤华，唐元和间建庙，农历六月初五为神诞演戏。

栎木庙(不存)：明代建，农历二月十二神诞，八月十六出巡演戏。

乘石庙(不存)：清乾隆修，祀三位女神，具体不详，农历九月十三神诞有戏。

都神殿(修复)：位于今江北湾头，祀五都神。

二、原鄞县西乡(65处)

崇福庙(不存)：又称栎社庙，位于今石碶街道。宋绍兴年间立，祀唐白居易，农历正月二十神诞，九月初一秋演戏。

风棚庙(重建)：位于今石碶街道。宋熙宁间建，祀宋邑令虞大宁，农历八月十四神诞演戏。

新风棚庙(不存)：位于今石碶街道。祀宋邑令虞大宁，清道光重修。农历正月初二、八月十四神诞演戏。

新福庙(不存)：明嘉靖建，祀明代建文方氏靖难济阳教谕王省，农历九月初六演戏。

俞圣君庙(不存)：位于今藕池。清同治十一年重修，祀宋敕应纪侯俞充。农历九月廿二神诞演戏。庙会九月廿一、廿二，演戏敬神。

白龙王庙(重建)：祀广德湖龙神宣圣王。南宋建，清康熙二十九年重建，春秋有敬神庙戏。旧载齐梁时有神姓白名玉，常乘白龙往来显圣，故名白龙王庙。

义忠王庙(重建)：又名梁山伯庙，位于今高桥镇。晋安帝时刘裕奏封，祀晋鄮县令梁山伯，晋时立庙，宋郡守李茂诚有记。农历三月初一神诞演戏；八月十六为神忌日，八月十七有戏。庙脚1300余户。

三成庙(重修)：位于今高桥镇。祀晋鲍盖等，宋景定二年建庙，制使吴潜有记，明万历十五年重建，戏台顶上有三藻井。庙脚630户，农历元宵灯祭，重阳有戏。

锋头庙(不存)：又名风洞庙，位于今高桥镇。南宋建，祀高桥之战首将杨沂中。农历正月初一及元宵灯祭，八月初十神诞演戏。

薛将军庙(不存)：又称老庙，位于今高桥镇。北宋末建，祀唐薛仁贵。

农历正月初一、元宵灯祭,十二月十四神诞演戏。

塘东庙(不存):又称新庙,位于今高桥镇。明嘉靖间御史章檗建,农历正月初一、元宵、十二月十四神诞演戏。

朱将军庙(不存):位于今高桥镇。清乾隆四十二年建,祀宋朱大元帅,农历九月初四演戏。

九里浦庙(不存):又名厚报庙,位于今高桥镇。明崇祯间建,祀宋柳晖。农历三月初八、九月初一至初九演戏。

石塘庙(重建):位于今高桥镇。祀唐王元昹,十月初十神诞演戏。

浮石庙(庙修复,戏台重建):位于今高桥镇。宋代衢州知州薛朋龟别业,有石浮来止,建庙祀神,元泰定年间重建。祀王元昹,明周应浙有记。八月十五神出巡,廿二归殿,庙中演戏。

刘侯庙(庙存,戏台毁):旧称刘端公庙,位于今古林镇。祀汉刘植,明洪武张氏重修,民国重建。农历端午演戏敬神。

萧侯庙(不存):位于今古林镇。祀唐萧瑀,清道光八年重修,农历十一月十五神诞演戏。

天仙圣女庙(今重修,无戏台):位于今古林镇。祀东汉孝女黄姑,始建于宋,康熙二十六年,黄姑林庙改祀黄石公,仍旧名。正月灯祭演戏三日,八月竞渡。宋《桃源志》记庙神为黄伯玉之女。

萧王庙(不存):位于今古林镇。祀汉相萧何,农历九月有会戏,三月初八、初九演戏。

圣女黄姑祠(重建,无戏台):位于今古林镇。道光七年迁建今址。祀昭惠庙神黄伯玉之女。农历八月廿三迎神至俞氏老祠,当晚回殿,当日演戏敬神。

少峰庙(重修,戏台建于街上):位于今古林镇。原为明代资善庵,改祀戴浩,又增祀戴鳌、戴鼂。清代又入祀戴惠尔,改称少峰祠。冬至祭神演戏。

羊府庙(戏台重建):位于今古林镇。祀羊馔,明崇祯建,八月廿五、廿六敬神演戏。

槙楂东庙(今不存):位于今古林镇。祀孝子康用锡,农历正月十三演戏。

石臼庙(不存):位于今古林镇。祀葛洪,九月初九祭神演戏。

湖山庙(不存):位于今古林镇。祀葛洪,正月演戏二日。

黄公林庙（修复）：旧称黄姑林庙，位于今古林镇。祀汉夏黄公。又云祀桂林俞氏女，清康熙二十三年改祀黄公，庙脚4000余户，农历正月灯祭演戏。

丰惠庙（重建）：俗称楼太师庙，位于今集士港镇。祀明州太守楼异。楼废广德湖为田，后人建庙，始建于南宋嘉定，农历正月有庙戏。

白鹤山庙（不存）：位于今集士港镇。祀唐刺史任侗。农历正月二十神忌演戏三天，九月初一神诞演戏。据清董阆记，庙建于宋神宗元年，祀有功于广德湖诸贤吏。

石塘庙（不存）：位于今集士港镇，祀唐王元昕。农历十月初一为神诞演戏。

裴圣君庙（不存）：俗称潘岙庙，位于今集士港镇。建于唐，唐刺史王密撰碣铭。正月、五月祭神演戏。

西岙庙（不存）：位于今集士港镇。清乾隆二年建。祀汉丞相萧何，附祀龙神。农历正月和八月十六演戏。

灵波庙（重建）：位于今横街镇。祀原广德湖圣宣王。南朝齐永明元年建白龙祠，唐贞观十年建庙，赐额灵龙。宋熙宁七年改赐灵波，鄞令张峋奉敕再建。宋绍兴初重建。明成化《志》称庙神姓白名玉，又称上白龙王庙。正月廿二、廿三、廿四三日演戏敬神。六月初六祭龙，八月演戏，十月演会戏。

接胜庙（今存）：位于今横街镇。祀多神。

诚应庙（重建，有戏台）：旧称石岙庙，位于今横街镇。宋嘉定年间，郡守程覃祷雨有应，奏赐"诚应"，祀龙神。庙西岙内有石龙潭。八月十六为神诞演戏。

鲁氏庙（不存）：乡人又称鸬鹚庙，位于今横街镇。祀水神鲁娘，又称鲁姑。农历九月重阳节演戏祭神。

胡将军庙（不存）：位于今横街镇。宋代建，祀胡将军渊国。农历正月初演戏敬神。

汪王庙（不存）：俗称祖宗庙，位于今横街镇。据《桃源志》，庙主原为吕不韦，因板仓立秦始皇庙，此处改立唐越国公、桃源汪氏之祖汪华。庙脚600余户，元宵祭祀演戏。

德胜庙（不存）：位于今横街镇。祀陆通，明成化二十二年建，正月演戏二日。

接子庙（不存）：位于今横街镇。祀张姓神，附祀龙神、财神，乾隆年建，正月演戏。

统国庙（重建）：位于今横街镇。祀秦始皇，清初建，正月演戏。

南雷庙（不存）：位于今横街镇。祀舜井龙神，清代有碑记，正月敬神演戏。天旱另有龙王戏。

胡将军庙（不存）：位于今横街镇。宋代建，正月初演戏二日。

新丰庙（不存）：又称李君庙，位于今洞桥镇。祀唐太和中县丞李均，农历十月十三、十四神诞演戏。

陈圣君庙（不存）：位于今洞桥镇。祀陈胜，二月初二神诞演戏。

虞忠肃公庙（不存）：位于今洞桥镇。祀宋虞允文，农历正月廿三演戏。

东社坛庙（不存）：位于今洞桥镇。祀社稷之神，正月廿六演戏。

灵显庙（不存）：位于今龙观乡。祀宋检校中郎将郑世忠，正月初九神诞演戏两日。

童君庙（不存）：位于今龙观乡。祀唐代奉化县丞童义，庙建于五代吴越。二月初二神诞演戏。

童君庙（不存）：位于今龙观乡。祀唐童义。农历九月十一演戏敬神。

童君庙（不存）：位于今龙观乡。祀唐童义。九月十一演戏敬神。

灵威庙（今存）：位于今龙观乡。祀宋郑世忠，正月初九演戏祭神。

应岙庙（不存）：又称萧君祠，位于今鄞江镇。一说祀汉酂令萧何，一说祀善医施药济人的萧君。

楔栀祖庙（今存）：位于今鄞江镇。祀康用锡，农历八月初十祭神演戏。

楔栀南庙（重建）：位于今鄞江镇。祀康用锡，正月初八、初九演戏。

显湖庙（不存）：位于今鄞江镇。庙神未详。正月初演戏，六月初一演寿诞戏。

悬慈庙（戏台不存）：位于今鄞江镇。始建于宋，春秋二季演戏三日。

寿隆庙（不存）：位于今章水镇。庙神未详，正月初演戏，十月初九又有寿诞戏。

蜜岩庙（重建）：位于今章水镇。祀宋户部尚书陈显、宋儒游酢、唐观阳侯应公辅。春秋雨季演戏敬神。

大蛟庙（不存）：位于今章水镇。祀宋屠孟坚，农历正月初一、十五演戏。

显湖庙（不存）：位于今章水镇。桂家、郑家、徐家、周家、长潭五村庙脚，正月初、六月初一演庙戏。

斋堂庙（不存）：位于今章水镇。祀宋屠孟坚，宋淳祐元年建。张即之书庙额。正月、二月有赛会，擎天池、竹丝岚来迎神演戏。

下斋堂庙（不存）：位于今章水镇。祀宋屠孟坚，正月演戏。

灵山庙（不存）：位于今章水镇。祀徐偃王，明崇祯二年建，正月初演戏，庆祝冬至。

嵩岩庙（不存）：位于今章水镇。祀徐偃王，正月初演戏。

永灵庙（不存）：位于今章水镇。清代建，十月演戏。

三、原鄞县东乡及东钱湖（94处）

协清庙（不存）：位于今钟公庙街道。祀西庄庙神之二女，明嘉靖已有庙，农历九月廿七、廿八神诞演戏。

乾崇庙（今与协清庙合并）：位于今钟公庙街道。祀庙神齐间（唐僖宗时进士）、明州刺史陈矜及铜盆浦普泽龙王，八月廿一为齐公诞，正月十七为陈公诞，演戏。

齐君庙（不存）：位于今钟公庙街道。祀齐间，四月廿四为神诞演戏。

费君庙（今存）：位于今钟公庙街道。祀汉三国费祎，元至正建。农历二月赛会，九月初二、初三演戏敬神。

钟公庙（重建）：位于今钟公庙街道。宋庆元年间建，祀邑令钟廉，农历九月十五、十六演戏敬神。

栖木庙（今存）：位于今钟公庙街道。祀唐薛仁贵，农历十月十一、十二演戏敬神。

上戊子庙（不存）：位于今钟公庙街道。祀汉刘植，或云神主姓艾。农历十月十六神诞演戏两天。

古塘庙（不存）：位于今钟公庙街道。祀鲍盖，农历十月十三神诞演戏。

蓉江庙（不存）：位于今钟公庙街道。祀汉孔安国，农历十月十二祭神演戏。

新安王庙（不存）：位于今钟公庙街道。农历三月初十演戏。

任君庙（不存）：位于今钟公庙街道。祀唐刺史任侗，三月二十一演庙戏，八月有会戏一日。

朱将军庙（不存）：位于今钟公庙街道。六月演戏。

齐府行宫（不存）：位于今钟公庙街道。祀唐齐言之、文昌帝君。九月十一、十二演戏。

新安王庙（不存）：位于今钟公庙街道。祀宋吴璘，三月初十庙戏。

挡皇庙（不存）：位于今中河街道。祀宋勋臣慕容延钊，二月二十八神诞演戏四天。

西庄庙（不存）：位于今下应街道。祀唐齐英，二月十三、九月十一至十二会戏。

六村庙（不存）：位于今下应街道。祀唐齐英，二月二十、八月二十会戏。

国泽庙（不存）：位于今下应街道。祀唐齐闸。四月初一、三月、九月初五至初六会戏。

天王庙（不存）：位于今下应街道。祀鲍盖，五月十五神诞演戏。庙前沙公祠八月二十六神诞演戏。

金崇庙（不存）：位于今下应街道。祀鲍盖，元至正间建。八月初六、初九、十二巡行赛会戏。

小朴木庙（不存）：位于今下应街道。祀鲍盖，宋元时建。二月演戏敬神。

都神殿（不存）：位于今下应街道。二月初八、初九、十三演戏，敬五都神。

善兴庙（不存）：位于今下应街道。庙神姓单于，元人，征高丽有功，因病隐甬，旱时开"六"字形河，民感其德建庙。九月十二演戏敬神。

大朴木庙（不存）：位于今潘火街道。祀鲍盖，二月演戏敬神。

楼君庙（不存）：位于今横溪镇。祀唐楼茂郯，农历十月廿七神诞演戏。

方君庙（不存）：位于今横溪镇。庙神不详，农历正月灯戏，九月十七祭戏。

施君庙（不存）：位于今横溪镇。庙神不详，农历二月演戏二日，九月初演戏敬神三日。

龙神庙（不存）：位于今横溪镇。祀仙人井龙神，农历六月演戏敬神，俗称龙王戏。

梅岭庙（不存）：位于今横溪镇。祀汉梅福，正月演戏敬神。

伙飞庙（今存）：位于今姜山镇。祀唐江厦侯黄晟，九月初一、初二有赛会演戏，庙脚五千余户。

李判官庙（不存）：位于今姜山镇。祀李仕元，农历九月初二演戏。

柘木庙（不存）：俗称下施庙，位于今姜山镇。祀张仁聪，正月初十演戏。

茅山灵应庙（不存）：位于今姜山镇。祀唐张仁皓，走马塘村始祖，农历正月十三日起祭演至十七日。六月有赛会戏，八月初三演戏二日。

永丰庙（不存）：位于今姜山镇。祀鲍盖，九月十五有戏。

三圣庙（不存）：位于今姜山镇。祀鲍盖、梅福、黄晟，九月十五庙戏。

甘君庙（不存）：位于今姜山镇。祀南宋初名将甘战、石守信，正月灯戏二日。

蓉江庙（不存）：位于今姜山镇。祀汉孔安道，十月二十有庙戏。

参政庙（不存）：位于今姜山镇。祀宋参政赵抃，八月初一演戏。

碶头庙（不存）：位于今姜山镇。祀赵抃，九月初九重阳戏。

太傅庙（改建）：位于今姜山镇。祀唐白居易，正月二十庙戏。

乌区庙（不存）：位于今姜山镇。祀抗金宋将刘安世，正月初八庙戏。

寿春岩官庙（不存）：位于今云龙镇。祀汉梅福，宋大中祥符建，二月初三神诞，八月十七、十八赛会戏。

岩官庙（不存）：位于今云龙镇。祀汉梅福，农历二月初九神诞有戏。

小梅庙（重建）：位于今云龙镇。祀汉梅福，春秋季演戏敬神。

墩峰庙（不存）：位于今云龙镇。祀晋鲍盖，四月二十二神诞戏、八月中有劝惩会戏。

裴君庙（今存）：位于今东钱湖镇。祀唐观察使裴肃，正月演戏三日，八月十一神诞演戏二日，正月灯戏。

花桐殿（重建）：位于今东钱湖镇。祀花桐娘娘，搭台演戏。

胡公祠（不存）：位于今东钱湖镇。祀宋代郡守胡榘。农历九月十二有会戏。

白石庙（不存）：位于今东钱湖镇。祀唐薛仁贵，春冬二季演戏敬神。

上塔山庙（重建）：位于今东钱湖镇。祀宋郡守李夷庚，主簿吕献之，农历九月十一、十月十五演戏敬神。

韩岭裴君庙（今存）：位于今东钱湖镇。农历正月十三至十八灯戏六天，四月初一至初六亦六天，十月十六神诞演戏敬神。

大堰裴君庙（重建）：位于今东钱湖镇。祀裴肃，农历八月廿六演戏。

凤山庙（不存）：位于今东钱湖镇。祀唐裴肃，正月有戏。

忠应庙（今存）：位于今东钱湖镇。正月十二神诞演戏，祀宋王安石。

忠堡庙（不存）：位于今东钱湖镇。祀晋鲍盖，农历正月灯戏。

西亭庙（重建）：位于今东钱湖镇。祀晋鲍盖子，由北宋节度使钱亿建，庙脚1600户，正月初八演戏，八月十六至廿四演戏赛会。

裴君庙后庙（不存）：位于今东钱湖镇。祀唐裴肃，八月二十二演戏敬神。

青山庙（重建）：位于今东钱湖镇。祀晋鲍盖。唐代建，宋嘉定重修。九月十三赛会演戏。

灵佑庙（今存）：位于今东钱湖镇。祀王安石，正月十二神诞演戏。

永兴庙（不存）：位于今东钱湖镇。祀鲍盖，九月十五神诞演戏。

鸡山庙（不存）：位于今东钱湖镇。祀唐裴肃，七月初十演戏敬神。

宝庆庙（今存）：位于今塘溪镇。祀唐代裴肃，宋淳祐间建庙，有社田百余庙，每年正月中旬各堡轮流演戏。

管江庙（不存）：位于今塘溪镇。祀唐裴肃，正月十三至十七灯戏。

邹溪庙（重建）：位于今塘溪镇。祀裴肃，正月十三至十七灯戏五天，六月有稻花会。

鹳山庙（不存）：位于今塘溪镇。祀唐裴肃，农历七月半有会戏。

裴君庙（不存）：位于今塘溪镇。农历正月演戏。

岱山庙（不存）：位于今瞻岐镇。祀隋代右御卫将军陈稷，庙从明初岱山迁来故名，十月十五神诞演戏。

大嵩城隍庙（不存）：位于今瞻岐镇。明初建，祭城隍，农历正月演戏五日，八月十六神诞演戏。

中堡庙（不存）：位于今瞻岐镇。祀唐裴肃，农历四月十八神诞演戏。

咸祥庙（今存，含杨公祠）：位于今咸祥镇。明中期建，祀裴肃，庙祠下信众七千户，正月十三至十八演戏敬神，十月神诞演戏。

白龙王庙（不存，鄞西分庙）：位于今邱隘镇。祀龙神，正月初八演戏。

古城隍庙（戏台不存）：位于今邱隘镇。祀神可能为城隍。农历十月演戏。

择木庙（不存）：位于今邱隘镇。祀晋鲍盖、德化知县邱恭，农历八月十五、九月初七演戏敬神。

鄞郭祖城隍庙（不存）：位于今邱隘镇。庙脚千余户，明正德建。八月十二、十月初五、正月灯祭都演戏。

新建庙（不存）：位于今邱隘镇。祀晋鲍盖，正月二十五、二十六灯戏二日。

横山庙（不存）：位于今五乡镇。祀宋邑令石凤先，宋代建，明清重建。农历八月初七、初八神诞演戏。

鄞郭城隍庙（不存）：位于今五乡镇。祀古鄞县城隍，明正德建，八月十二与十五赛会、正月灯祭时演戏。

福康庙（不存）：位于今五乡镇。祀晋鲍盖，三月初二敬神演戏。

羊府庙（不存）：位于今五乡镇。祀羊馔，八月二十五神诞演戏。

鬼谷子庙（存部分）：位于今五乡镇。宋建庙，祀先秦鬼谷先生。二月半有庙戏。

宝幢大庙（不存）：位于今五乡镇。祀晋鲍盖，宋嘉祐建，农历二月初八赛会演戏。

老东亭庙（重建）：位于今五乡镇。明代建，清雍正五年重建。祀鲍盖，二月初十演戏敬神。

新东亭庙（重建）：位于今五乡镇。祀鲍盖，清乾隆从老庙分祀，二月十一演戏。

横山庙（不存）：位于今五乡镇。宋代建，祀宋邑令石凤先，八月初七、初八神诞演戏。

太白庙（今存）：位于今东吴镇。祀唐孝子杜雍，农历正月灯戏，九月十六赛会演戏。

青山庙（今存）：位于今东吴镇。祀晋鲍盖，旧鄞县最古庙，唐天祐间建，南宋重建。农历九月十三演戏敬神。

山前庙（今存）：位于今东吴镇。祀晋鲍盖，农历二月十五、八月廿八有赛会戏。

东吴大庙（重建）：位于今东吴镇。祀晋鲍盖，南宋建，农历九月十五至十七迎神赛会演戏，正月灯戏。

少白庙（不存）：位于今东吴镇。分祀城内花果园庙神杜恺，明代建，农历正月、五月端午、九月十三演戏。

峰山祖庙（不存）：位于今东吴镇。祀宋学士潘南溪，正月及五月十五演戏。

合溪庙（不存）：位于今东吴镇。庙神姓叶，三月初十神诞演戏。

下画龙庙、中画龙庙（不存）：位于今东吴镇。祀晋鲍盖，二月演戏敬神。

梅墟庙（不存）：位于今高新区梅墟街道。祀汉梅福，清重建。春秋祭，三月十二神诞演戏。

大新域庙（存戏台）：位于今高新区梅墟街道。祀汉梅福，始建于宋，明成化间重建。庙脚1200户3600余人。春秋祭赛会演戏，曰"稻花会"。

附录三 主要参考文献

吴开英等《中国古戏台研究与保护》,中国戏剧出版社2009年版。

吴开英《中国古戏台匾联艺术》,当代中国出版社2007年版。

韦明铧《江南戏台》,上海书店出版社2004年版。

浙江省鄞县地方志编委会编《鄞县志》,中华书局1996年版。

严水孚《蛟川史痴文集》,香港天马出版有限公司2006年版。

林华东《河姆渡文化初探》,浙江人民出版社1992年版。

陈忠来《河姆渡文化探原》,团结出版社1993年版。

林平海主编《奉化对联集成》,宁波出版社2011年版。

象山县文物管理委员会办公室编《蓬岛遗珍:象山县第三次全国文物普查成果选编》,西泠印社出版社2012年版。

奉化市文物保护管理所编《历史的见证》,2011年编印。

蔡康主编《老宁波》,2007年编印。

李秋香主编,陈志华撰文《乡土瑰宝系列:宗祠》,生活·读书·新知三联书店2006年版。

李秋香主编,陈志华撰文《乡土瑰宝系列:庙宇》,生活·读书·新知三联书店2006年版。

一丁、雨露、洪涌《中国古代风水与建筑选址》,河北科学技术出版社1996年版。

谢涌涛、高军《绍兴古戏台》,上海社会科学院出版社2000年版。

徐培良、应可军《宁海古戏台》,中华书局2007年版。

谢振岳编著《宁波节令风俗》,当代中国出版社2001年版。

张传保修民国《鄞县通志》,宁波出版社2006年版。

廖奔《中国戏曲史》,上海人民出版社2004年版。

周时奋编著《活色生香宁波话》,宁波出版社2000年版。

车文明《中国古戏台调查研究》,中华书局2011年版。

罗德胤《中国古戏台建筑》,东南大学出版社2009年版。

何兆兴编《老戏台》,人民美术出版社2003年版。

吕松云、刘诗中《中国古代建筑辞典》,中国书店1992年版。

慧缘编著《感悟风水》,延边大学出版社2003年版。

楼庆西《中国古建筑二十讲》,生活·读书·新知三联书店2001年版。

蒋中崎编著《甬剧发展史述》,浙江文艺出版社1991年版。

蒋中崎、黄韶、严亚国编著《姚剧发展简史》,百花文艺出版社1994年版。

蒋中崎、沈煜生、冯允千编著《宁海平调史》,宁波出版社1995年版。

苏州市文化广播电视管理局编《宁波昆剧老艺人回忆录》,2002年编印。

钱百治《余姚梨园史话》,中国文化出版社2020年版。

张如安著,张萍主编《宁波历代文选(戏曲卷)》,宁波出版社2013年版。

裴明海主编《宁波剧作家优秀作品选》,宁波出版社1996年版。

王国维撰,叶长海导读《宋元戏曲史》,上海古籍出版社1998年版。

顾学颉《元明杂剧》,上海古籍出版社2011年版。

顾学颉选注《元人杂剧选》,人民文学出版社1998年版。

卢前《明清戏曲史 读曲小识》,中华书局2014年版。

廖奔《中国古代剧场史》,中州古籍出版社1997年版。

周贻白《中国戏剧史长编》,上海书店出版社2007年版。

徐宏图《浙江戏曲史》,杭州出版社2010年版。

徐宏图《浙江昆剧史》,中国社会科学出版社2012年版。

后记

终于，倾注了我们20余年心血的《浙东古戏台》宁波卷要付梓了！

记得最初，笔者在1956年出版的《浙江民间美术》一书中，读到浙江美院邓白教授的序。邓教授在序中赞赏宁波城隍庙古戏台的鸡笼顶藻井"鬼斧神工"，从此，笔者开始关注宁波以及浙东地区的古戏台。2000年，我们在宁波市宁海县岙胡村发现一座祠堂的古戏台顶部，悬吊着三个不同构造、无比精丽的藻井，于是产生了对古戏台深度探访和研究的兴趣。

我国原始歌舞起源很早，最初的演艺并无定处。《诗经·陈风·宛丘》："坎其击鼓，宛丘之下。无冬无夏，值其鹭羽。"描绘出古人于鼓乐伴奏中，在山坡下四季歌舞的景象。唐人诗中说："举手整花钿，翻身舞锦筵。马围行处匝，人簇看场圆。"不论何处，只要有群众围观，即可辟出场地表演。当然，从文献记载和考古发掘中，我们也可以看到许多专门用作戏曲表演的场地，如戏楼、戏亭、戏棚等。

到了南宋，浙东的经济文化因康王南渡而强势崛起，唐时的梨园、教坊在民间发展为勾栏、酒肆、瓦舍等，始称"戏场"。宋代分官府雅乐和民间散乐、杂剧。陆游诗中曾有"空巷看竞渡，倒社观戏场"之句，可见浙东戏风之兴盛。

明清是浙东戏曲艺术发展和古戏台兴建的又一个繁

荣期。促成这一现象的原因很多，一是经济和商贸的发展，城镇乡间集市普遍，国事咸安，民享太平，有了文化娱乐的需求；二是手工业的不断发展，工匠技艺提高，戏台戏场的建造工艺和水平也空前提升；三是当时有一批文人钟情戏曲，他们不但观看戏曲，而且参与编演和研究，有力推动了戏曲事业的发展，尤其是以屠隆（1542—1605）为代表的宁波剧作家，"能新声，颇以自炫。每剧场，辄阑入群优中作伎"；四是明代晚期民间社庙、宗祠戏台普及，受众更为广泛。以上这些因素，都在一定程度上促进了宁波以及浙东地区戏曲和古戏台建筑的发展和成熟。

　　古人说："人生如戏，戏如人生。"宁波老话讲："编戏是才子，做戏是癫子，看戏是呆子。"一出戏，就是一本书，不识字的人也看得懂。看戏文不仅是享受乐趣，也要接受善恶是非、忠孝节义、伦理纲常的教化，而其中一个重要的媒介，就是分布于民间各处的戏台。清代宁波（鄞县）民间神庙、宗祠戏台达500余处，老百姓每年每月有戏看。很多目不识丁的城乡居民，在戏台前学会了明教化、守礼仪、知古今、辨善恶。

　　回顾20余年来寻访、研究的经历，笔者不禁感慨，戏曲和戏场的发展与社会人文关系如此之密切。随着探访研究的深入，我们愈发感受到，浙东古戏台的历史风貌、技艺特色以及与之相关的戏曲表演创作、民俗风情，竟是如此光辉灿烂，令人赞叹！

　　本书得以顺利完成并出版，需要感谢诸多机构和人士的支持与帮助。感谢宁波市社科院数次呈报课题，并全额出资支持出版；宁波出版社数次列入出版项目计划，并最终成功实施。感谢支持和协助本书出版的市文化广电旅游局、市文学艺术界联合会、市民间文艺家协会、市文物保护管理所（现改名为"市世界文化遗产保护管理中心"）、宁海县文物管理委员会等部门，《宁波晚报》《东南商报》等多家媒体机构曾多次参与报道。感谢市民间艺术家协会周静书主席为本书作序。对曾经共同参与考察的王介堂、龚国荣、谢国旗、王根甫、张东波、陈英杰、陈科峰、徐培良诸先生，也深表谢意！

　　值得一提的是，在本书调研过程中，笔者每到一处，总是能够得到当地相关部门的大力支持，特别是得到各乡村、社区和所在地村民及志愿者的欢迎。每当他们缓缓打开封闭已久的木板门，正对着的古戏台，或像久经风霜的老人古朴凝重,或像浓妆艳抹的新秀鲜艳靓丽,笔者心中都会涌起对戏台建造者和守护者的崇高敬意,都会燃起传承保护戏曲戏台文化遗产、提升我国传统文化自豪感和自信心的斗志!

  本书内容体量大、图文编排难度高,好事多磨,终于在今天实现了笔者多年夙愿。当然,限于能力学识,书中难免有缺漏和瑕疵,祈望读者不吝指教。

杨古城 周东旭

2020 年 10 月